U0602661

"十四五"时期国家重点出版物出版专项规划项目

教育部人文社会科学研究青年基金项目"湘方言重叠研究"（11YJC740043）

国家社科基金重大招标项目"湖南及周边省区汉语虚词时空立体研究及数据库建设"（21&ZD291）

国家社科基金一般项目"湘西南地区湘、赣方言语法的深度描写与接触、比较研究"（21BYY010）

南方 语言文化研究丛书

丛书主编　唐贤清

湘方言重叠研究

蒋协众　著

湖南师范大学出版社·长沙

图书在版编目（CIP）数据

湘方言重叠研究 / 蒋协众著. —长沙：湖南师范大学出版社，2022.10
（南方语言文化研究丛书 / 唐贤清主编）
ISBN 978-7-5648-4714-2

Ⅰ.①湘… Ⅱ.①蒋… Ⅲ.①湘语—方言研究 Ⅳ.①H174

中国版本图书馆 CIP 数据核字（2022）第 175644 号

湘方言重叠研究

XIANGFANGYAN CHONGDIE YANJIU

蒋协众 著

◇出 版 人：吴真文
◇策划编辑：刘苏华
◇责任编辑：刘苏华
◇责任校对：张晓芳
◇出版发行：湖南师范大学出版社
　　　　　地址/长沙市岳麓山　邮编/410081
　　　　　电话/0731-88873070　88873071　传真/0731-88872636
　　　　　网址/https：//press.hunnu.edu.cn
◇经销：新华书店
◇印刷：长沙雅佳印刷有限公司
◇开本：710 mm×1000 mm　1/16
◇印张：24.75
◇字数：380 千字
◇版次：2022 年 10 月第 1 版
◇印次：2022 年 10 月第 1 次印刷
◇印数：1—600 册
◇书号：ISBN 978-7-5648-4714-2
◇定价：85.00 元

如有印装质量问题，请与承印厂调换。

总　序

　　我国南方民族众多，历史悠久，先秦时就有"百越"一说。多语言、多方言是我国南方地区最为突出的语言分布特征，特别是湖南及周边省区地处南北方言的交界处，同时也是南部方言和民族语言的过渡地带。早期汉语的一些语法结构或特点在普通话中消失或不常用，而在该地区仍得以保留。要解释某种语法现象的断代差异或历史变迁，常常要借助这一过渡地带。这一过渡地带又以不同的方式杂居着其他民族，研究与解释语言接触所导致的语言变化，揭示语言的类型与层次，湖南及周边省区是具有标本性的重要资源。因此该区域汉语方言、民族语言句法语义特征的研究，可以成为南北方言语法系统以及近现代汉语语法系统研究的桥梁，语言地位极其重要与独特。

　　基于以上认识，我们申请成立了湖南省社会科学创新研究基地"语言服务传播与南方语言文化研究中心"，建立了一支研究领域覆盖现代汉语、古代汉语、汉语方言、民族语言、应用语言学等多学科的学术团队，重点开展南方语言文化的调查研究工作。"南方语言文化研究丛书"即是中心团队成员部分研究成果的集中展现。收入丛书的著作主要是以湖南及其与贵州、广西交界区域的汉语方言和民族语言的特殊语法现象为研究对象，内容涉及形容词、副词、量词、重叠、空间范畴、程度范畴、体貌范畴、语序等多个方面。丛书的最大特点是"普方古民外"立体研究法的理论与实践。

"普方古民外"立体研究法是我们多年来倡导的一种研究范式。该范式主张立足于汉语语法结构的历史演变，利用现代汉语共同语、汉语方言、民族语言和境外语言的研究材料和理论方法来解决汉语历史语法研究的课题，为汉语历史语法研究提供新的视角，拓宽研究领域，形成"三结合"，即把历史语言学与语言类型学、接触语言学等相关理论结合起来，把文献研究与田野调查结合起来，把历时研究与共时研究结合起来，从而助推汉语历史语法研究的发展。

一、"普方古民外"立体研究法的研究思路

（一）汉语历史语法研究与汉语方言

方言语法研究可以为汉语历史语法研究提供佐证材料，为某些汉语历史语法现象提供更为合理的解释。汉语历史语法研究存在两种材料缺乏的情况：

一是某一语法现象在历史语料中曾经大量存在，但在现代汉语共同语中已经消失，这就会造成"下不联今"的假象，从而给汉语历史语法研究带来困惑。

我们在研究古汉语程度副词"伤"时，考察了大量的材料，发现"伤"作程度副词的用例，程度副词"伤"一般只修饰形容词，很少修饰其他词类和短语。如：

（1）过此以往则伤苦；日数少者，豉白而用费；唯合熟，自然香美矣。（贾思勰《齐民要术》卷八）

（2）今人读书伤快，须是熟方得。（朱熹《朱子语类·论语一》）

"伤"用作程度副词《齐民要术》共24例，《朱子语类》共13例，全部修饰形容词。南宋以后，"伤"作程度副词的用例在共同语文献中就很难找到了，到现代汉语共同语里，"伤"已不再作程度副词。这就给我们研究"伤"的语义演变带来了困难。通过检索和调查，我们发现"伤"作程度副词在中原官话、赣语、闽语、苗话（民汉语）里存在大量用例，如：

（4）中原官话（山西万荣话）：你伤相信他了，不要被他骗了。你太相信

他了，不要被他骗了。①

（5）闽语（福建泉州话）：汝阿妈**伤**惂汝喽。你奶奶太疼你了。 （许亚冷
2010）②

（6）赣语（江西樟树话）：你刚做**伤**欺负人哩。你这么做太欺负人了。

苗话：

（7）龙胜伟江话：箇个人额头**伤**简单很哇。这个人头脑太简单了。

（8）资源车田话：你**伤**行快□tie，我跟不到。你走得太快了，我跟不上。

（9）城步五团话：伊坐唎**伤**背底呱，望不到。他坐得太后面了，看不见。

（10）城步兰蓉话：伊**伤**担心伊□nie⁵⁵□nie⁵⁵弟呱，不眼死。他太担心他的
孩子了，睡不着。

从这些用例我们看到，程度副词"伤"在现代汉语方言里不仅用例丰
富，可以修饰形容词，而且也能修饰心理动词、方位词、动词短语等，搭
配功能也比较强。这就为我们研究古汉语的程度副词"伤"的语义演变提
供了线索和旁证。

二是某一语法现象虽然在历史语料中存在，但是用例很少，有些甚至
是孤例。我们知道，虽然中国古代语言研究的成果颇丰，但自觉的语法研
究成果很少，很多汉语历史语法现象是靠自然语料来记录的，而不是用语
法专著来记录的。自然语料对语法现象的记录具有真实可靠的优点，但也
存在不系统和不全面的缺点，难免造成有些语法现象语料丰富，有些语法
现象语料极少的不均衡局面。语言学界历来信奉"例不十，法不立"的原
则，研究者往往对这些出现次数少的用例不敢加以利用，甚至怀疑这些用
例的准确性和真实性。如果这些用例在方言中大量存在，则可大大提高其
可信度和使用价值。

关于近代汉语复数词尾标记"们"的来源，学界一直存在争议，其中

---

① 文中所用方言例句，除标明来源外，均为笔者调查所得。发音人信息如下：谢志忍（山西
万荣话），男，汉族，1966年生，高中文化。饶芳（江西樟树话），女，汉族，1995年生，研究生
文化。以下为苗话发音人：石生武（龙胜伟江），男，苗族，1948年生，中专文化；兰支珍（城步
五团），男，苗族，1964年生，大专文化；雷学品（城步兰蓉），男，苗族，1972年生，大专文化；
杨建国（资源车田），男，苗族，1947年生，中专文化。

② 许亚冷．泉州方言程度副词研究 [D]．福州：福建师范大学，2010：16．

比较有代表性的说法有三种："辈"字说、"门"字说、"物"字说。争议产生的主要原因之一是历史文献资料的不足，导致论证不够，缺乏直接有力的确证。江蓝生从多种语音演变途径和现代汉语方言的直接证据两方面，对"们"源于"物"的旧说做了进一步的阐述和修正。"们"源于"物"说，由于在历史文献资料中没有找到直接有力的证据，虽然这一判定有其理据，但是很难从假说成为定论。江蓝生通过考察江西安福话、福建建瓯话、福建顺昌洋口话、陕西关中方言、甘肃唐汪话、甘肃甘沟话以及晋北、陕北等西北方言的复数词尾标记，发现在部分汉语方言中存在复数词尾标记"们"源于"物"的直接而有力的证据，使这一具有争议性的汉语历史语法问题得到了更加合理的解释。①

此外，我们这里说的汉语方言还应包括海外汉语方言。由于汉民族向海外迁徙，乡情维系的缘故，海外华人移民通常按地缘、族缘关系集结，自然形成了华人华语社区。在华语社区内，人们多使用汉语方言进行交流，而且方言的通行也具有相对的区域集中性，如新加坡牛车水、马来西亚吉隆坡通行客家话，马来西亚槟城、菲律宾马尼拉通行闽南话，美国旧金山、澳大利亚悉尼通行粤语等。② 这些形成于不同时期的同源异境海外汉语方言也可为汉语历史语法研究提供参考。

（二）汉语历史语法研究与民族语言

汉语历史语法研究还需要有民族语言视角。汉语有为数众多的亲属语言，汉藏语系语言约占我国语言总数的一半以上。③ 许多与汉语具有亲属关系的民族语言中，至今仍然保留了不少古代汉语的语法形式。

较早提出汉语和民族语言结合研究的是陈寅恪先生。1934 年他在致沈兼士的信中曾强调汉语的词源研究联系亲属语言的重要性："读大著（注：《右文说在训诂学上之沿革及其推阐》，1933）所列举诸方法外，必须再详考与中国语同系诸语言，如：西藏、缅甸语之类，则其推测之途径及证据，

---

① 江蓝生. 再论"们"的语源是"物"[J]. 中国语文，2018（3）：259-273.
② 陆露，唐贤清. 同源异境视野下汉语方言比较研究的新探索 [J]. 南京师大学报（社会科学版），2022（2）：141.
③ 孙宏开，胡增益，黄行. 中国的语言 [M]. 北京：商务印书馆，2007：12.

更为完备。"①

　　李方桂 1939 年 12 月 29 日为国立北京大学文科研究所做的《藏汉系语言研究法》报告中也曾说："但是我也不希望，比方说，专研究汉语的可以一点不知道别的藏汉系语言。印欧的语言学者曾专门一系，但是也没有不通别系的。就拿汉语来说，其中有多少问题是需要别的语言帮助的。单就借字一个问题在研究汉语的历史看来，就没有人系统地做过……只有别的语言借汉字而没有汉语借别的语言的字。原因是近来研究汉语的人根本不知道别的语言，而别的语言如南方的苗瑶台等对于汉语不能没影响，北方的蒙古等语也不能没影响。只是我们对于这些语言没有做过科学的研究，而研究汉语的人更无从取材了。"②

　　我国是一个统一的多民族国家，民族融合程度高，语言接触频繁。汉语与民族语言在长期的接触中，互相借鉴和吸收了对方很多语言成分，特别古汉语中的一些语法成分和特点至今仍保留在许多民族语言历史文献中。我们通过参照民族语言，可以为汉语历史语法研究提供有力的证据和更加合理的解释。例如，戴庆厦 2008 年指出，古汉语中出现过的"田十田""牛十牛"等反响型量词，在现代的哈尼语、载瓦语里还大量存在。古汉语曾经有过的使动范畴的形态变化这一语法形式，在藏缅语许多语言中（如景颇语、载瓦语、独龙语等）仍然使用。汉语与其亲属语言之间的关系，使得民族语言能为汉语的历史研究提供大量的、有价值的线索和旁证，也能为构拟原始汉藏语和揭示汉藏语历史演变规律提供证据。③

　　除境内民族语言外，我国与周边国家还分布有 50 余种跨境民族语言，约占我国语言总数的 40%④，如哈尼语、拉祜语、傈僳语、毕苏语、彝语、阿侬语、怒苏语、阿昌语、载瓦语、勒期语、浪速语、独龙语、景颇语、藏语、傣语、壮语、仡佬语、拉基语、佤语、苗语、瑶语、巴哼语、布朗

　　① 沈兼士 . 右文说在训诂学上之沿革及其推阐［M］//沈兼士学术论文集 . 北京：中华书局，1986：183.
　　② 李方桂 . 藏汉系语言研究法［M］//汉藏语学报（第 7 期）. 北京：商务印书馆，2013：9-10.
　　③ 戴庆厦 . 古汉语研究与少数民族语言［J］. 古汉语研究，2008（4）：3.
　　④ 黄行 . 我国与周边国家跨境语言的语言规划研究［J］. 语言文字应用，2014（2）：10.

语、德昂语、克木语、越南语（京语）、宽话、布辛话等。从跨境民族语言的对比研究中，我们能够获取有关语言演变的新规律①，从而有助于深化我们对汉语历史语法演变规律的认识。

（三）汉语历史语法研究与境外语言

汉语历史语法研究除了要具有汉语方言学、民族语言学视角，还应该关注境外其他语言的相关语法现象。通过观察境外其他语言的相关语法现象，不仅可以帮助我们更好地认识单一语言内部的某一语法现象，还可以帮助我们对这些语法现象做出更加合理的解释。吴福祥 2003 年也指出，人类语言之所以会存在大量的普遍语法特征，原因在于这些语言具有某些相同的语法演变模式，而语法演变模式的类同本质上是因为具有相似的语法演变机制和认知语用动因。因此在考察某个特定语言的语法演变时，如果能够将单个语言的语法演变放到人类语言演变的背景下来考察，我们对它的演变模式、机制和动因就会有更本质的把握和更深入的解释。②

例如汉语史中陈述句句末"也"有静态和动态两种用法，汉语学界对这两种用法的关系有两种说法：一是"记音说"，认为后者是"矣"或其他语气词的记音；一是"扩展说"，认为后者是前者的功能扩展。陈前瑞 2008 年在前人研究的基础上，参考体貌类型学的相关研究，发现境外其他语言中的体貌标记存在"类助动词＞结果体＞先时体或完成体＞过去时或完整体"的语法化路径，比如英语中类似于结果体的意义是由"be＋ed"构成，如 He is gone，表示状态还存在（他此刻不在这里），"have＋ed"构成的完成体则是从"be＋ed"构成的结果体发展而来的。而汉语史中陈述句句末"也"的典型用法为判断用法，与英语"be"的词源意义非常接近。陈文认为汉语史句末静态"也"也表示状态，属于广义的结果体，是由判断用法发展而来；而动态"也"大部分用法属于完成体，则是静态"也"进一步语法化的结果。汉语史句末"也"的语法化路径正好符号上述的语法化链，

---

① 戴庆厦等．论跨境语言研究的理论与方法［J］．云南师范大学学报（哲学社会科学版），2009（3）：25.

② 吴福祥．汉语伴随介词语法化的类型学研究——兼论 SVO 型语言中伴随介词的两种演化模式［J］．中国语文，2003（1）：55.

这充分阐释了句法"也"由静态功能向动态功能的扩展路径。①

汉语历史语法与现代汉语共同语的比较研究，属于典型的古今演变的范畴，这里不再阐述。

二、"普方古民外"立体研究法的价值

（一）发展了历史比较语言学理论，形成了具有中国特色的理论视角

打破时空限制，将不同时期、不同地域的汉语语法现象勾连起来，以古鉴今，以今证古，实现时空互证的立体研究，是汉语历史语法研究在方法论上的突破，能使汉语历史语法的某些特殊现象得到更加合理的解释。事实上，以黎锦熙、王力、吕叔湘、蒋礼鸿、朱德熙、邢福义等为代表的老一辈语言学家早已意识到，研究汉语应当打破时空限制，实现纵横比较。江蓝生、邵敬敏、曹广顺、贝罗贝、张谊生、汪维辉、吴福祥、杨永龙等也指出，加强语言学内部纵横两方面的沟通，采用纵横结合的方法来研究汉语词汇、语法是一条可行的途径，前景广阔。

邢福义 1990 年提出了"普方古"大三角理论，此理论将普通话视为基角，方言和古代汉语对"普"角起着外证的作用，即"以方证普""以古证今"，形成对现代汉语语法的立体研究思路。② 三十余年来，学界又引进了诸多的国外语法理论来研究汉语语法，并取得了丰硕的成果。总体来看，利用历史文献材料来为现代汉语共同语、汉语方言和民族语言研究服务的成果较为常见，而利用现代汉语共同语、汉语方言、民族语言和境外语言来为汉语历史语法研究服务的成果则相对较少。我们立足于汉语历史语法研究，提炼出了服务于汉语历史语法研究的"普方古民外"立体研究法。

"普方古民外"立体研究法是对老一辈语言学家所提出的"时空结合"理念的继承、深化与发展，尝试为汉语历史语法研究提供新思路，形成具有自身特色和优势的学术话语体系。它是以汉语语法结构的历史演变为基角，利用现代汉语共同语、汉语方言、民族语言以及境外语言的研究材料、

---

① 陈前瑞. 句末"也"体貌用法的演变［J］. 中国语文，2008（1）：28-36.

② 邢福义. 现代汉语语法研究的两个"三角"［J］. 云梦学刊，2009（1）：81-84.

理论方法来对汉语历史语法进行全方位的立体的研究。图示如下：

图 1　"普方古民外"立体研究法示意图

江蓝生 2018 年指出，考察语言演变的历史，包括考证一些语法成分的来源，不得不利用历史文献数据。但是历史文献资料往往有很大的局限性：它们多数是零星的、不连贯不完整的，有的甚至是被扭曲的。在这种情况下，要想溯源求本，就要从现代汉语方言中去找线索、找旁证，通过方言比较寻绎古今语言演变的轨迹。①

比如，吕叔湘 1941 年在《释〈景德传灯录〉中在、著二助词》一文中探讨近代汉语语助词"在里"的由来时，就借助了汉语方言材料进行佐证：②

> 在里一词由处所副词变而为纯语助词，方言中亦有事象可相比勘者。蜀语与北京语同属官话系统，迄今仍以在字为语尾助词，其音作 tsai 或作 tai，如云"睡到在"，"放到在"，"忙到在"；惟为用殊窄，仅限于与到（＝着）相连（B 组之一部分），此外皆已用哩（l-或 n-），与北京之呢大体相符。
>
> 最足资为印证者为吴语。今以苏州语为例。……

同理，现代汉语共同语、民族语言以及境外语言的研究材料与理论方法也可为汉语历史语法研究提供参照与证据。现代汉语共同语、汉语方言、民族语言和境外语言对汉语历史语法研究的作用受语法结构的类别制约，

---

① 江蓝生．再论"们"的语源是"物"[J]．中国语文，2018（3）：272．
② 吕叔湘：汉语语法论文集（增订本）[C]．北京：商务印书馆，1984：62-63．

比如句法结构是比较普遍的语言现象，一般语言中都有主谓、动宾、定中、状中、并列结构，所以在探讨某一句法结构的历史演变时，现代汉语共同语、现代汉语方言、民族语言和境外语言均可以提供线索和证据，而在探讨量词的历史演变时，相比句法结构的演变能够参照的语言或方言要受限得多，因为量词主要分布在东亚、东南亚语言区域中，世界大多数语言量词不显赫，且该语言区域内部的语言、方言之间量词的显赫度也存在差异，如藏缅语的量词一般不显赫，而壮侗语族、苗瑶语族以及汉语南方方言的量词则比较显赫。① 世界语言量词的不均衡分布自然而然会制约各种语言、方言对量词历史演变研究的作用。

（二）倡导了跨方言跨语言的类型学研究范式

现在语言学界的倾向或者是新的标准是：哪怕是个别语言或方言的研究，也要考虑共性和类型，更进一步考虑对语言理论的贡献。这无疑提高了研究的难度，但同时也提升了研究的水准。以往汉语历史语法研究多是集中对汉语历史文献资料进行考察，很少将其置于历史类型学视角下进行探讨。如此就会产生两大弊端：一是只局限于汉语史内部寻绎某一语法现象的演变轨迹及动因，如果汉语历史文献资料不充足，就会造成论证不够，从而判断错误；二是无法确定哪些语法演变是汉语的特性，哪些是世界语言普遍出现的演变模式，不利于汉语历史语法研究的深入。吴福祥 2005 年指出，在汉语历史语法研究中借鉴历时类型学的理论、方法，不仅可以帮助我们判定哪种演变方式更为可能，还可以帮我们检验我们对语法演变的解释是否合理。比如上古汉语的"及、与"，中古汉语的"将、共"，近代汉语的"和、跟、同"，吴语的"搭、帮"，闽语的"合"等，这些在汉语的不同历史阶段以及汉语不同的方言里，都出现了同一个语素既可以用作伴随介词又可以用作并列连词的现象。以往学界对于伴随介词和并列连词之间的演变方向有两种对立的观点，即"伴随介词＞并列连词"和"并列连词＞伴随介词"。如何判定哪种观点更加科学有据，不仅要把着眼点放在汉语历史文献上，还应该开阔视野，吸取类型学形态句法的研究成果。已

---

① 刘丹青 . 语言库藏类型学构想 ［J］. 当代语言学，2011（4）：289-303.

有成果表明"伴随介词＞并列连词"是 SVO 语言中一种普遍常见的演变模式，而"并列连词＞伴随介词"的演变模式在迄今已知的人类语言形态句法演变中却未被证实。因此，我们可以确定汉语中伴随介词和并列连词之间的演变方向应该是"伴随介词＞并列连词"，而非相反。如此可见，类型学的方法和成果对汉语历史语法的研究是十分必要的。①

（三）丰富了历史类型学研究

"普方古民外"立体研究法的引入，突破了汉语史的框架束缚，将汉语语法现象的演变置于世界语言普遍语法演变模式的范围内考察，不仅能够有助于我们拓宽研究视角，加深对世界语言普遍语法演变模式的认知，还可以帮助我们更加深入地探讨汉语语法现象演变的轨迹，进而区分哪些语法演变是汉语的特性，哪些是世界语言普遍出现的语法演变模式。同时也能够为历时类型学研究提供汉语历史语法研究的实证。完整体到最近将来时这一语义演变路径是类型学上极为罕见的语法现象，在波斯语、新阿拉米语（Neo-Aramaic）、印度尼西亚中部苏拉威西岛的语言 Pendau 等极少数语言中发现有此类语义演变模式。而陈前瑞 2012 年参照类型学的演变模式，考察汉语历史文献和汉语方言材料后发现，从完成体向最近将来时方向的演变，是汉语通用语和汉语方言时体将来时演变的常见现象，如现代汉语的句尾"了"、近代汉语的"去"和"也"、吴语汤溪话"得"等。② 汉语通用语和汉语方言中的这种常见的时体演变模式，不仅可以为完整体到最近将来时这一类型学罕见形态句法现象提供佐证，验证其正确性，还能够将汉语通用语及其方言纳入到类型学考察的语言样本中，从而在语言学研究领域增强我国科学研究的国际影响力。

三、"普方古民外"立体研究法的难点

（一）语料的收集与甄别难度大

"普方古民外"的立体研究需要大量的语料，但汉语方言和民族语言的

---

① 吴福祥．汉语历史语法研究的目标［J］．古汉语研究，2005（2）：2-14.
② 陈前瑞．从完成体到最近将来时——类型学的罕见现象与汉语的常见现象［J］．世界汉语教学，2012（2）：158-174.

语料并不丰富，有些语法现象没有材料，或者已有的材料不够精细，这都需要研究者亲自进行田野调查，要求研究者要有较强的语言调查能力。对境外语言材料的收集，则还要求研究者还要有较高的外语水平。要解决这一难题，组建各有特长的研究团队势在必行。

除了材料少外，已有材料的查找也是一项艰苦的工作。目前，古汉语和现代汉语共同语都有了方便查找的语料库，但是方言和民族语言的语料库建设还相当薄弱，能利用计算机进行智能搜索的材料很少，大多要采用人工检索。在大量材料中对某一语法现象进行人工检索，有时如大海捞针，费时费力，且收效甚微。要解决这一难题，需要大力加强方言和民族语言语法的语料库建设。

（二）句法语义演变的识别和判定难度大

一个语言中特定的句法语义演变，既有可能是该语言本身内部因素作用的结果，也有可能是语言接触导致的产物。语言独立发生的句法语义演变和语言接触引发的句法语义演变在很多方面并无二致，因此在大多数情况下，面对一个特定的句法语义演变，我们常常并不容易判定它是语言接触引发的，还是该语言内部因素导致的。比如汉语方言虽与古汉语一脉相承，但方言分化的历史久远，相同的语法现象是方言对古汉语的继承，还是分化以后方言独立发展的结果，难以判定。同样，境内的民族语言，特别是汉藏语系语言，与汉语有着共同的原始祖语，历史上又有过长期而密切的接触，共同的语法现象是继承自共同的祖语，还是接触的影响造成的，也很难分辨。而且部分民族语言的系属并不明确，更加大了判定的难度，如果不是同一祖语，则还有可能是类型学上的相似性。例如，对于中古译经中"亦"的并列连词用法的来源，学界就有不同看法。许理和（1987）、龙国富（2005）、徐朝红（2012）将其归因于译经者的误用，蒋冀骋（1994）诠释为外来语的影响，张延成（2002）认为是汉语自身的演变，徐朝红、吴福祥（2015）则认为"亦"是类同副词变为并列连词，是一种比较典型的接触引发的语义演变。①

---

① 徐朝红，吴福祥．从类同副词到并列连词——中古译经中虚词"亦"的语义演变［J］．中国语文，2015（1）：38.

针对这一难点，我们除了要具有历时类型学视角，把汉语形态句法演变置于世界语言普遍语法演变模式范围内考察，还应该熟悉各语言之间的亲属关系，善用排除法，逐一判定。

（三）句法语义演变的共性与差异的解释难度大

语言研究的高层次追求是"解释的充分性"，如何对通过"普方古民外"的立体比较得出的句法语义演变的共性和差异进行充分的解释，尤为困难。例如，我们 2011 年指出汉语方言中保留了古汉语程度补语"煞"的五种用法，但是不同的汉语方言继承了不同的形式，探讨这种差异形成的原因，就非常困难。①

要提高这种解释能力，对研究者的理论素养提出了更高的要求。要求我们从事历史语法研究的学者，不仅要有扎实的历史语法功底，还要抛弃对各种理论流派的成见，兼擅接触语言学、比较语言学、语言类型学等学科理论。

历史语法研究的目标是揭示已有演变的规律、解释共时语言现象以及预测未来演变的方向。②"普方古民外"立体研究法的引入不仅有助于我们判断汉语历史语法中相关语法结构的演变方向，帮助我们更加合理地解释某一语法现象产生的根源，而且还可以拓宽我们的研究视角，让我们对世界其他语言的形态句法演变有更加深入的了解，同时也能够为语言类型学研究提供汉语历史语法研究的实证。

"普方古民外"立体研究法并非只局限于汉语历史语法，它为跨语言比较研究提供了一个新的思路，即多维比较、多角互证的时空立体观。多维比较是指语言研究的普方比较、古今比较、民汉比较、中外比较；多角互证是指语言研究的普方互证、古今互证、民汉互证、中外互证。通过多维比较、多角互证的语言研究，把现代汉语共同语、汉语方言、古代汉语、民族语言、境外语言结合起来，既有利于看清某一语言系统的真实面貌，也可以让一些语言现象得到更加科学、合理的解释。

---

① 唐贤清，陈丽. 程度补语"煞"的历时来源及跨方言考察 ［J］. 理论月刊，2011（2）：5-9.
② 吴福祥. 汉语历史语法研究的目标 ［J］. 古汉语研究，2005（2）：2-14.

　　"南方语言文化研究丛书"包括《跨语言副词比较研究》《跨语言语序类型研究》《湘方言持续体的语法化研究》《湘方言名量词研究》《湘方言重叠研究》《黔东苗语空间范畴认知研究》《湖南凤凰山江苗语形容词研究》《湘桂边苗族平话程度范畴研究》《湘桂边苗族平话名量词研究》《湘桂边苗族汉话体貌研究》等，后续还将有系列成果推出。本次有 10 册图书成功入选"十四五"时期国家重点出版物出版专项规划项目。这些成果均是团队成员多年潜心研究的学术结晶，突出了"普方古民外"研究范式的立体感，不敢说很成功，但是力图这样去做，是非功过，交由学界评说，如能抛砖引玉，提起各位同仁的注意，展开更深入的讨论，亦为丛书价值所在，即感欣慰。

　　"南方语言文化研究丛书"能够顺利面世，得力于湖南师范大学语言与文化研究院的鼎力资助，并获得了湖南师范大学出版社的大力支持，在此表示衷心感谢。

唐贤清

2022 年 10 月 9 日于岳麓山下

序

　　协众的新著《湘方言重叠研究》即将正式出版了。这是他个人的第一本著作，是他学术生涯中的一件大事。他很虔诚地请我写个序言，作为他的博士生指导老师，我自然非常乐意。

一

　　协众 2010 年至 2014 年跟着我攻读博士学位，当时他是河南科技大学的一名青年教师。记得在之前举行的全国汉语方言学会第十三届学术年会、首届湘语国际学术研讨会等好几个大型学术会议上，这个既充满活力又虚心向学的湖南小伙子，就给我留下了深刻的印象。当他跟我说要报考我的博士研究生时，我欣然表示欢迎。他确实是"插队"成为我的博士生的。他考上博士以后，我跟他的接触就更多了。从他扎实的专业基础、开阔的学术视野、严密的逻辑思维和对语言现象的敏感力、对学术的执着追求中，我相信他一定能够学有所成。果然，不出我所料，关于他的好消息源源不断地传来。攻读博士学位期间，他在《中国语文》《汉语学习》《对外汉语研究》《澳门语言学刊》等刊物上一共发表了 10 多篇论文，其中光《中国语文》就发表了 2 篇！他博士论文《湘方言重叠研究》的选题获得了教育部人文社会科学基金的立项资助。在博士论文匿名评审和答辩会上，都得到了专家们的一致好评，后来还被评为"湖南省优秀博士学位论文"。现在，以博士论文为基础修改而成的书稿即将正式出版，这将为湖南方言语法研究增添新的创新成果，想想真是一件值得庆贺的喜事。

二

与 20 世纪相比，湖南汉语方言研究呈现出了新的发展趋势，形成了语音、词汇和语法全方位展开的研究局面。近十年来，这种发展趋势更加强劲，在方言语法研究方面表现得尤为突出。这种强劲势头主要表现在以下几个方面：

1. 高水平研究成果的不断涌现

比如，在《中国语文》《方言》《语文研究》《汉语学报》等期刊上发表的湖南方言语法研究论文相比之前明显增多。湖南方言语法研究的专著也不断增多，其中既包括深挖单点方言语法特点的专著，也包括以整个湖南方言或者其中某个大区方言语法现象为研究对象的专著。以湖南方言语法为主要研究对象的国家社科基金项目甚至国家社科基金重大招标项目立项也越来越多。

2. 研究队伍不断壮大

2010 年以来，仅在《中国语文》《方言》《语文研究》《汉语学报》等语言学专业核心期刊上发表过湖南方言语法论文、出版过专著、获得过国家社科基金项目的学者，就可以列出一大串名单来，其中好些都是"80 后"，甚至"90 后"，可见湖南方言语法研究的队伍不仅在不断壮大，而且呈现年轻化的趋势，后劲十足。

3. 研究视角和方法不断更新

10 余年来的湖南方言语法研究，学者们在继续保持对湖南方言特色语法现象的挖掘和对语法事实的详细描写的基础上，还努力尝试把语法化、类型学、参考语法、配价语法、语义地图、语言接触、认知语言学等理论、方法运用到对语言规律的总结和解释中去，在为学术界提供湖南方言语法语料的同时，还为汉语方言和当代语法学理论的互动提供了很多参考。

我们可喜地看到，协众和他的这部《湘方言重叠研究》，在以上三个方面都得到了很好的体现：作为湖南方言语法研究的青年骨干，他正积极探索运用新的视角、方法，为湖南方言语法研究不断贡献新的成果。

三

具体到协众的这本书，他致力于在类型学视角下，对湘方言中的重叠现象进行全面的描写和多角度比较，分析湘方言重叠现象的共性与差异，挖掘方言重叠现象的类型学意义。纵观全书，我认为至少有以下几个优点值得推介：

1. 挖掘出很多有价值的湘方言重叠现象

作者通过对湘方言 5 个片 8 个代表点的田野调查，对湘方言中的主要词类、短语的重叠现象和一些重叠句式进行了全面的描写、分析，并且首次把"原生重叠"和"次生重叠"的概念引入到湘方言重叠的研究当中，为汉语方言重叠研究提供了许多来自湘方言的宝贵语料。比如，湘方言中，数词性语素重叠构成亲属称谓名词或表示排行，名词的"AAB"式重叠表示减量，量词的"AXA"式重叠表示计量方式，形容词的"AXXB""A 闹＝A 屎＝"式重叠只在特定的区域范围内分布，非谓词性词语可以重叠构成反复问句，副词性词语可以拷贝构成话题拷贝结构，等等，都是很有特色的方言语法现象。

2. 熟练运用比较法开展纵横立体比较研究

作者将湘方言重叠现象在湘方言内部，与湖南省境内其他方言，与其他汉语方言以及与古代汉语进行多角度的共时、历时比较，探讨湘方言重叠的共性特征和差异类型，分析古代汉语重叠现象在湘方言中的留存与创新，对于认识湘方言重叠的特点和发展演变做了有益的探索。比如，通过横向比较，作者认为大多数湘方言中都存在 AXA 式量词重叠，但根据其与AA 式的使用频率差异，可以将湘方言分为三种类型：娄邵片、永全片属于AXA 式占优势型；长益片、衡州片属于势均力敌型；辰溆片属于 AA 式占优势型，其 AXA 式可能是受周边方言影响所致。再如，通过纵向比较，作者认为，湘方言重叠共性的形成，有的是对古代汉语中某些重叠形式的共同继承和发展，有的是对人类语言普遍共性和认知共性的体现。而其内部差异的形成，有古代汉语重叠形式在不同湘方言中有不同的留存和创新的因素，也有湘方言各点受普通话影响的深浅程度不同的因素，以及方言自身演变的因素。

3. 在类型学视野下探索方言语法研究的新路

近些年来，语言类型学越来越多地引入汉语的研究中。类型学有其特定的研究对象和特有的方法论基础，其中，蕴含共性和四分表分析是其最基本的方法。作者在这本书中，运用类型学的特定程序和方法，以湘方言重叠为语料基础，通过跨方言的比较，提出了 10 余条方言蕴含共性，概括出很多汉语方言重叠的共性规律和差异类型。例如，他根据汉语方言中量词 AXA 重叠和数词 AXA 重叠的共现情况，归纳出"数词能以 AXA 式重叠⊃量词能以 AXA 式重叠"这条蕴含共性，总结出"在某个汉语方言中，如果数词可以按 AXA 式重叠，则量词也可以按这种方式重叠"的规律，在看似不太相关的两类重叠式中建立起联系。这样的总结是有相当的概括力的。再如，他根据大多数汉语方言中构成重叠式反复问句的多是谓词性成分，而湘语邵阳话等少数方言中除了谓词性成分外，副词等非谓词性成分也可以重叠构成反复问句的语言事实，将汉语方言分为"谓词重叠疑问句独用型方言"和"谓词重叠疑问句和非谓词重叠疑问句并用型方言"两种差异类型，并提出"非谓词重叠疑问句⊃谓词重叠疑问句"这条蕴含共性，指出在汉语方言中，如果有由非谓词重叠构成的重叠式反复问句，则肯定有由谓词重叠构成的反复问句。

4. 体现了作者严谨的治学态度和对学术的执着追求

协众的这本书是以他的博士论文为基础，历经 8 年时间，陆陆续续修改而成的，这种情况在目前的学术评价体系下，是相当难能可贵的。前面已经提到，他的博士论文获得了来自多方面的较高评价。但是，作者并没有以此为满足，而是按照专家们的意见，认认真真地补充调查、厘清概念、完善论证，不断用新出现的方言材料来验证自己提出的蕴含共性。并且，面对可能的反面材料，他并不回避，而是采取科学的态度去积极面对、冷静思考、寻求解释。我曾经多次问及他这本书什么时候出版，他都是笑着说再改改，再看看，看那些蕴含共性到底在汉语方言中有多大的普适性。这一方面可以看出他对待学术的严谨态度，也可以看出他对那些蕴含共性是有相当自信的。协众在本书的结语中老实而客观地提到两个不足之处：

"对重叠现象的描写和比较可能存在不够准确的地方""对重叠现象范围与分类的界定可能存在交叉和边缘地带"。我倒是认为，既然这些不足是非母语人在方言语法调查、描写和比较的过程中在所避免的，既然重叠的语言事实本身就这么纷繁复杂，连语言学大家都不一定能做得很完美，我们对协众也不能太苛求，他自己也不必太过自责。

四

协众博士毕业以后留在湖南师范大学文学院工作，他的爱人蒋遐后来也跟着我攻读了博士学位，也主攻湖南方言语法研究，她的博士论文也很出色。他们夫妻俩恩爱有加，比翼齐飞，有两个可爱的小女儿，一家人和和美美，我真心替他们高兴。

协众为人诚恳，基础扎实，勤奋好学，在湖南方言语法研究之路上默默耕耘。这几年，他跟随唐贤清教授做博士后研究，在继续深耕湖南方言语法的同时，还把研究的范围扩展到周边省区的汉语方言和一些少数民族语言。他获得了国家社科基金项目立项，也是唐贤清教授主持的国家社科基金重大招标项目的重要骨干成员。我相信，以他的资质和勤奋，又有名师的指导，他的学术之路会越走越宽，我们期待他产出更多、更优秀的成果。

是为序。

罗昕如

2022 年春于湖南师范大学长塘山寓所

目 录

绪　论

第一节　湘方言、重叠及相关研究概述

▶▶ 一、湘方言的范围及其分区

　　湘方言又称湘语，是汉语的主要方言之一。在相当长的一段时间内，人们都有一个认识上的误区，认为湘方言就是湖南方言，或者湖南方言就是湘方言。随着调查研究的深入，人们逐渐认识到它们是既紧密联系又相互区别的两个概念：湘方言着眼于语言特征，而湖南方言则着眼于语言地理。湘方言作为湖南省内地域分布最广、使用人口最多的方言，主要分布在该省境内的湘江、资江流域以及沅江流域的少数地区，但又不仅仅局限于湖南省境内，广西东北部的全州、资源、灌阳、兴安、龙胜5县，四川省境内的江油、安州、绵阳、绵竹、三台、德阳等45个县市区的局部地区，贵州省六盘水、晴隆2县市的部分乡村，陕西省南部汉阴县、石泉县、宁陕县、汉滨区（原安康县）的秦巴山区以及安徽省南部的广德、宁国、南陵、青阳等县的一些乡村，都有湘方言的零星分布。而湖南省境内的汉语方言也很复杂，除了湘方言以外，还有西南官话、赣语、客家话以及系属未定的湘南土话和乡话（陈晖，2006：2）。

　　湘方言的确认一直都是依据语音标准。"历来对湘语的确认，是以声母的发音方法作为标准，即古浊音声母今逢塞音和塞擦音时，无论保留浊音

或是浊音清化，不管平仄，一般都念不送气音。"（侯精一，2002：123）对于湖南省境内的汉语方言，学术界明确认定属于湘方言的方言点有 40 多个县市，它们主要分布于湘江、资江流域，沅江流域的辰溪、泸溪、溆浦等地是否属于湘方言，学术界存在一定的分歧，虽然有学者曾主张将其归入西南官话，但自《中国语言地图集》出版以来，更多的学者主张将其划入湘方言（陈晖，2006：2）。对于湖南省境外的湘方言，陈晖（2006：2-3）认为，由于"目前资料匮乏，有些是不是湘方言，还需进一步调查研究。相对来说，研究四川湘方言的资料稍多一些。""至于广西东北部、陕西南部、安徽南部以及贵州等地方，我们只知道有湘方言散布，至于这些湘方言的语音特点、历史源流等都知之甚少。"目前，有的学者对某些以往被视为湖南省境外"湘方言"的方言归属问题提出了异议，如黄启良（2011、2013）就认为广西灌阳话不属于湘语，而应该归属西南官话。

对于湘方言的内部分区、分片问题，自 20 世纪 60 年代《汉语方言概要》（袁家骅等，1960）以有无浊音声母为依据将湘方言分成新老两派以来，学术界有过两分、三分、四分、五分等不同看法（陈晖，2006：3；卢小群，2007：1-3）。鲍厚星、陈晖（2005）首次将湘方言分成长益片、娄邵片、衡州片、辰溆片、永州片五片，他们提出了如下几条确认湘方言的语音标准：①古全浊声母舒声字今逢塞音、塞擦音时，无论清浊，一般都念不送气音；②古塞音韵尾［-p -t -k］完全消失，也无喉塞尾［-ʔ］；③蟹、假、果摄主要元音形成［a］、［o］、［ʊ］序列；④声调有五至七类，绝大多数去声分阴阳；并指出"在使用上述标准的过程中，能用第①条或第①②两条解决问题时就不去涉及③④条，只有当依靠前面的条件还感到困难时，才考虑加用后面的条件。"鲍厚星（2006：5-6，9-38）在此基础上略作调整，将湖南省及与之紧邻的广西北部部分地点的湘方言划分为长益片、娄邵片、衡州片、辰溆片、永全片五片。

▶▶ 二、重叠的性质、范围与分类

重叠是在世界各地的许多语言（特别是口语）中都十分常见的语言现象，有关重叠的研究成果十分丰富。但是，在实际的重叠研究中，如何描写和分析重叠形式，往往因人而异，甚至对于重叠的性质、范围、分类等问题，也存在不少争议。

对于重叠的性质，学术界历来就有不同的认识，有的将其等同于附加，有的将其等同于并列，有的将其视为一种变化，有的将其看作一种抽象的语言手段。华玉明（2003b：2）在总结前人研究成果的基础上，从重叠范围的角度提出"重叠是复现不表义的音节、非独用语素、词和短语而构成重叠式的手段"。孙景涛（2008：3）认为，重叠是一种形态构词手段，在重叠过程中，一个形式得到重复，从而产生出一个新的意义，重叠的运作是为了给某一特定意义以形式载体，重叠是在语音与语法（或语义）的界面上运作的形态构词机制。石锓（2010：1）认为，"重叠是使某一语言形式连续重复出现的语言手段"。胡伟（2017）认为，重叠是语义特征触发的形态操作或次生说明阶。储泽祥（2021）认为，汉语的重叠是指接连反复某一构词成分或一个词的语法方式，用于构词和构形。

随着对重叠性质的认识日渐加深，人们对重叠的范围界定也有了新进展。比如，华玉明（2003b：7）将"重叠"与一般的"反复"进行了比较，认为它们的区别主要表现在以下三个方面：在性质上，重叠属语法学范畴，反复属修辞学或语用学范畴。在形式上，重叠一般只复现一次，反复可复现多次；重叠内部没有明显的语音停顿，书面上不能用标点符号隔开，反复则不是这样。在作用上，重叠使基式增加语法意义，反复则是突出语用意义。石锓（2010：2）在比较"重叠"与"重复"的区别时，也大致持相同观点，并认为"重叠是连续的重复，不连续的重复不算重叠"，"构词构形的重叠不形成任何基本的句法结构"。尽管对重叠的范围还没有达成共识，但进入 21 世纪后，研究者一般都不再把"老罗呀老罗""好！好！好！"之类话语"反复"看成是重叠了。但是，值得重视的是，刘丹青（2012）在"反复"与"重叠"之间搭起了一座桥梁，认为一些重叠现象究其来源就是话语反复。储泽祥（2021）又强调了构形重叠和词的重复的区别。

对于重叠的分类，根据不同的研究需要，从不同的角度，可以有不同的分类方式，学术界素有语法重叠与语音重叠、构词重叠与构形重叠、完全重叠与不完全重叠、变形重叠与不变形重叠等的区分。刘丹青（1988）

曾提出了一套汉藏语系语言或方言重叠形式的综合性分析模式，该模式认为，汉藏语系中重叠的种类繁多，但都可以从基础形式及其与新增形式的关系、生成过程的次数、重叠手段的运用次数、重叠与其他手段的配合等十个方面去分析其不同的生成过程，相应地，可以为重叠提出语音重叠、语素重叠和语段重叠，完全重叠与变形重叠，单一重叠、反复重叠和复杂重叠，单纯重叠和综合重叠，等量重叠和超量重叠，整体重叠和部分重叠等十组分类方式。刘丹青（1988）指出，"每个重叠式都能从十个方面去进行分析，由于汉藏语系中重叠形式非常丰富多样，因此确实从多种角度才能反映出种种区别，然而，在实际的描写和研究中，不需要也不可能对每个重叠式都从十个方面去分析它的特点，特别是比较简单的重叠式。"孙景涛（2008：4）在研究古汉语重叠构词法的时候，又提出了逆向重叠、顺向重叠、双向重叠、裂变重叠等分类方法。

值得重视的，是刘丹青（2012）所提出的原生重叠与次生重叠的区分，该文认为，"重叠是一种抽象的语言手段，这种手段与具体语言单位的结合便会产生一种新的形式——重叠式"，原生重叠就是按照这种方式构成的天生的重叠，如重叠手段作用于基式"爸"得到重叠式"爸爸"；而次生重叠的源头不是通过上述重叠操作构成的，这种重叠式的两个同形成分原本有某种句法关系，只是在历史的演化中进行了重新分析，被后代人当作一种重叠形式而整合进语言的重叠系统中，如现代汉语中来源于动量式句法结构"V—V"的动词VV式重叠。我们认为，刘文的分类对于认识重叠的来源及其形态本质、对于理解重叠式表义功能的多样性等，具有非常重要的意义，应该给次生重叠留有一席之地。胡伟（2017）从分布形态学的角度，将汉语的重叠分为音系驱动和形态语义驱动两大类，认为量词、动词和"矮矮"类形容词重叠属于复合构词，是汉语重叠的主要或原生机制——形态复制，名词和"饱饱"类形容词重叠等属于派生，属汉语次生重叠类型——音系复制。说明他也是承认次生重叠的。

但是，储泽祥（2021）强调构形重叠中间没有任何插入或连接成分，强调原式与拷贝式之间不能有主谓、述宾、偏正、述补等结构关系，因而把次生重叠排除在重叠的范围之外。

综上可以看出，对于重叠的性质、范围和分类确实还没有取得一致的意见。本书在综合各家观点的基础上，对于重叠的基本认识如下：

（1）重叠是对某一"基式"进行有限次重复运作后而在语言形式上形成"重叠式"的一种语言手段。

（2）我们强调"有限次"重复运作，以区别重叠与重复。重叠的次数是有限的、固定的，而重复可以是不固定的多次。比如，表示应付性应答的"好好""好好好"甚至还可以说"好好好好"，是重复，但某些方言中只能固定形成三音节的以表示高程度的"好好好"，则是重叠。

（3）我们强调在语言形式上形成"重叠式"，以给由句法结构蜕化而来的"次生重叠"留出一席之地。

（4）可以从不同的角度对重叠进行分类，其中，构词重叠和构形重叠是最重要的分类。

（5）我们原则上赞同储泽祥（2018）关于构词重叠和构形重叠的核心论述：构词重叠是词法手段，重叠的结果是词；构形重叠是句法手段，重叠的结果是短语；构词重叠是指接连反复某一音节或词根以组成新词的一种构词方式，构形重叠则是某一个词连续使用两次以表示某种语法意义的结构方式；汉语的构词重叠和构形重叠不能使用同一种方式，具有互斥性，这种互斥性表现为二者呈互补分布态势，例如汉语有重叠式名词因而名词不能有构形重叠，汉语动词可以构形重叠而不能构词重叠。

三、相关研究概述

（一）湘方言研究概述

到目前为止，已经有不少学者对近百年来的湘方言研究作了总结和概括。为了避免重复，这里不拟再做详细概述，只对一些重要的综述性著述做一个简单介绍，具体内容可以参看相关书文的详细述评。

比如，鲍厚星、陈立中、彭泽润（2000）对整个 20 世纪的湖南方言（主要是湘方言）研究进行了详细回顾，他们把这一时期的湖南方言研究划分为以下三个历史阶段，对每一阶段的研究特点和取得的成绩做了述评：第一阶段从 20 世纪初期到 40 年代，是从传统到现代的转变时期；第二阶段从 50 年代中期开始，是以语音为重点的普查时期；第三阶段从 80 年代初期到 20 世纪末期，是方言研究的全面发展时期。陈晖（2006：5-12）分三个阶段对 20 世纪以来湘方言语音研究的历史及其现状作了较为详细的述评。卢小群（2007：3-10）也曾花了不少的篇幅对 20 世纪以来的湘方言语音、词汇、语法研究作过介绍。鲍厚星（2009）从宏观微观研究、方言区划研究、方言比较研究等三个方面总结了 2000 年以来学术界在湘方言研究方面所取得的成就。瞿建慧（2010）归纳了 21 世纪开局十年湖南汉语方言研究呈现出的新态势，具体包括：形成了语音、词汇和语法全方位的研究体系；形成了湘南土话和湘西乡话的研究热点；开始注重与周边方言或少数民族语言的比较研究；开始将方言与地域文化结合起来进行研究；开始了汉语方言地理学的研究；开始了实验语音学、计算机语言学的相关研究。

近十年来的湘方言研究也取得了长足的发展，尤其是在语法研究方面成果显著，比如，陈山青（2012、2015 等）对汨罗湘语语法研究的系列论文，夏俐萍（2020、2021 等）对益阳湘语语法的研究，尤其是她的《湘语益阳（泥江口）方言参考语法》（2020），是国内第一部汉语方言参考语法专著，在方言学界产生了重要影响。

（二）重叠研究概述

重叠研究一直是汉语语法研究的热点，成果颇丰。下面分普通话重叠研究和方言重叠研究两个方面分别进行概述。

1. 普通话重叠研究概述

《汉语学习》2000 年第 3 期刊发了吴吟《汉语重叠研究综述》一文，对20 世纪（主要是 20 世纪五六十年代至世纪末）的汉语重叠研究进行了回顾。进入 21 世纪以后，重叠研究方兴未艾，2000 年，重叠问题国际学术研讨会（华中师范大学）的成功举办，推动了这一研究。近些年的重叠研究呈现出以下几个特点：

（1）研究成果更加丰硕，研究范围不断拓展

新世纪以来，发表重叠研究论文 1700 多篇①，是 20 世纪后 50 年重叠研究论文总和的近 9 倍（我们用同样方法搜索到 1950 年 1 月 1 日至 2000 年

---

① 该数据系我们在本书修改过程中，通过在"中国知网"的分类目录"中国语言文字"中，以"重叠"作为"题名"或"关键词"搜索所得，时间节点是 2000 年 1 月 1 日至 2022 年 1 月 1 日。目前这个数据还在持续增长。

1月1日的论文数为193篇），此外，还出版了《汉语重叠研究》（华玉明，2003）、《动词重叠式研究》（李珊，2003）、《古汉语重叠构词法研究》（孙景涛，2008）、《动词重叠历史考察与分析》（贺卫国，2009）、《汉语形容词重叠形式的历史发展》（石锓，2010）、《近代汉语动词重叠专题研究》（崔山佳，2011）、《汉语动词重叠的历史考察》（崔应贤，2011）、《汉语动词重叠的历史研究》（潘国英，2015）、《现代汉语单音节动词重叠研究》（崔慜知，2015）、《基于实际语用的动词重叠量性研究》（李宇凤，2020）等多部专著和1部会议论文集《汉语重叠问题》（汪国胜、谢晓明主编，2009）。在研究成果不断增多的同时，研究范围也在不断拓展，从吴吟（2000）的综述可知，整个20世纪，重叠研究主要集中在动词和形容词这两大词类，偶有对副词、名词重叠的研究，之外的研究成果极为罕见。进入21世纪以后，不仅数词、量词、代词、拟声词等词类的重叠引起了学术界的关注，人们还对某些短语、句式的重叠产生了一定的研究兴趣。

（2）研究视角更加开阔，研究方法不断更新

新世纪以来，人们将语言类型学、认知语言学、语法化学说、语用学、构式语法、儿童语言学、韵律句法学、话语分析、优选论、实验语音学、计算语言学、统计学等理论、方法运用于重叠研究中，使得研究的视角更加开阔，研究方法不断更新。这些我们从近些年来的一些论文题目就可以看出来，例如：《基于大规模调查的动词重叠形式自动识别方法与形式特征研究》（尚英，2004）、《动词重叠AABB式的语法化》（胡孝斌，2006）、《汉语口语交谈中的话语重叠现象》（匡小荣，2006）、《优选论框架下现代汉语双音节词重叠现象的研究》（陈璐，2007）、《汉语动词重叠式的语用考察》（徐阳春，2007）、《实词的拟声化重叠及其相关构式》（刘丹青，2009）、《形容词、动词重叠对语义认知的影响》（王贤钏、张积家，2009）、《量词重叠与构式的互动》（李文浩，2010a）、《与"动叠＋补"组合相关的若干类型学参项》（李文浩，2010b）、《普通话动词重叠形式早期习得的过程与机制》（宋刚，2010）、《汉语表短时体的动词重叠的韵律机制和语体动因》（王永娜，2010）、《量词重叠式的语义认知模式》（张恒悦，2012）、《重叠多功能模式的类型学研究》（王芳，2012）、《现代汉语量词重叠式生

成语法研究》（郭艳瑜，2013）、《动词重叠的体标记地位及语篇语用研究》（鞠志勤，2013）、《动词重叠的句法》（隋娜、胡建华，2016）、《汉语重叠音系的分布形态学分析》（胡伟，2017）、《指称与描述：量词重叠的功能差异与韵律表达》（贾林华，2020）、《汉语副词重叠式研究》（唐贤清，2021），等等。

（3）重视语言事实的挖掘和比较，力求作出科学合理的解释

新世纪以来，人们更加自觉地重视从方言、民族语等语言学宝藏中挖掘有价值的语言重叠现象，在充分描写其句法、语义的基础上，从历时的角度探讨其发展演变，并通过跨方言、跨语言的比较，结合人类的普遍认知规律，尝试对汉语重叠现象进行解释。比如，张敏（2001）、刘丹青（2012）对汉语重叠的语义共性的探求，就是在深入挖掘现代汉语共同语、汉语方言乃至民族语、外语重叠现象的基础上，从类型学、认知语言学等角度作出解释。刘丹青（2008a）在检视数十种汉语方言文献所载的数百种方言材料及一些汉藏语言的基础上，提出汉藏语谓词重叠疑问句的两条共性，并用四条普遍原则对重叠问句的来历和相关共性做出了完整的解释。刘丹青（2009）则挖掘出了一些目前的重叠研究尚未引起足够关注的"拟声化重叠"现象。储泽祥（2018）认为汉语的构词重叠和构形重叠不能使用同一种方式，具有互斥性，这种互斥性造成构词重叠与构形重叠呈互补分布态势。

2. 方言重叠研究概述

从我们所掌握的材料看，较早关注汉语方言重叠现象的论文要数傅佐之的《温州方言的形容词重叠》（1962）和范继淹的《重庆方言名词的重叠和儿化》（1962）。1987年，《方言》杂志设置了"西南官话名词和动词重叠式"专栏，对方言重叠研究起到了极大的推动作用。此后，方言重叠现象引起了方言学界的广泛关注，据我们统计，有关方言重叠研究的专题论文类成果已有500多篇，其中包括《汉语方言动词重叠比较研究》（王红梅，2005）、《湖南涟源杨家滩话重叠式研究》（彭春芳，2007）、《汉语方言形容词重叠研究》（杨俊芳，2008）、《重叠多功能模式的类型学研究》（王芳，2012）、《汉语方言重叠式比较研究》（付欣晴，2013）等多篇博士学位论文

和 70 多篇硕士学位论文。下面我们从词重叠、短语重叠和重叠句式三个方面略作介绍。

(1) 汉语方言中各类词的重叠研究

从 20 世纪 80 年代末开始，汉语方言中的形容词重叠一直是学术界关注的焦点之一。截至目前，这方面的专题论文已有 120 多篇。从方言系属上看，目前已覆盖官话、晋语、吴语、徽语、湘语、赣语、客家话、粤语、闽语和平话等各大方言，其中尤以西南官话最多，约占论文总数的三分之一，晋语次之，其他系属的方言形容词重叠现象的关注度则相对较低。

汉语方言中的动词重叠也是学术界关注的重点之一。截至目前，这方面的专题论文约有 100 余篇。各方言动词重叠研究也存在不平衡现象，研究得最多的是官话方言，占到总数的三分之一强，其次依次为闽语、吴语、湘语等方言，其他方言如粤语、赣语、客家话的动词重叠目前还很少有人关注。

截至目前，大约有 80 余篇论文专门关注汉语方言名词重叠现象。从方言系属上看，这些论文大多关注的是北方方言的名词重叠，其中尤以贵州、四川、湖南、湖北、广西等省区的西南官话最多，约占论文总数的一半；山西、内蒙古、河南等省区的晋语次之，约占总数的四分之一；其他省区和其他系属的方言名词重叠现象也较少有人关注。

学术界对于汉语方言中的量词重叠现象并没有引起足够的重视。根据我们的统计，专门研究方言量词重叠的论文在 20 篇左右。从方言系属上看，这些论文虽然覆盖了官话、客家话、吴语、赣语、粤语、湘语和湘南土话等几种方言，但并不平衡，其中以西南官话、江淮官话最受关注。

从研究内容和方法上看，现有的研究成果大多从结构类型、语法意义、语法功能等几个方面对某个单点方言中某类或某几类词的重叠现象进行描写，最多将其与普通话进行比较，以突出该方言较之普通话在重叠方面的特点。近年来，一些研究者开始重视方言的共时历时比较研究。比如，刘凤丽（2009）在研究桂北平话和土话名词重叠时，将其与周边的多种湘南土话、西南官话、湘方言甚至苗瑶语进行比较。王红梅（2005）、杨俊芳（2008）、付欣晴、胡海金（2012）、叶祖贵（2020）等在研究方言动词、形容词重叠时，更是将比较的范围扩大到近乎整个汉语方言。少数研究者尝试就重叠式的形成和历史层次问题进行探索，如叶晨（2011）从语言民族心理以及台州地理位置的特殊性出发，认为台州话量词的"A 加 A"式重叠是台州地区内部以及周边地区方言接触所导致的区域扩散的结果。

（2）汉语方言中的短语重叠研究

汉语方言中的短语重叠现象很少引起学者们的注意。专门论及方言中的短语重叠现象的主要有施其生（1988）和林华勇（2011）等。前者描写了汕头话中某些偏正式动词短语、动补短语、动宾短语和助动词短语重叠用以形容某些状况、表达程度比其基式有所减弱的用法。后者在描写了廉江粤语中的某些动词短语重叠式和方位短语重叠式的句法、语义特点后，运用认知上的"有界化"对它们与其基式的差异进行了归纳和解释。该文认为，短语重叠这一事实的存在，是汉语语法简明性的体现，"但此类现象似未引起足够的重视。与普通话相比，汉语方言中的短语重叠现象较为丰富，对其结构和语义加以概括和解释，是一个很好的出发点"。

此外，丁雪欢（2001）从句法功能、语法意义等方面详细描述过湖南沅江话中的"V 哒 V 哒"式和"V 起 V 起"式两类"动词重叠结构"。施其生（2011）在论及汉语方言中词组的"形态"时，也讨论了一些方言中的动词短语、动补短语、数量短语的重叠情况。

（3）汉语方言中的重叠句式研究

这方面的研究主要包括对方言中的"重叠式反复问句"和"拷贝式话题结构"① 的研究。

较早关注到方言中"重叠式反复问句"的要算项梦冰（1990），据他介绍，连城（新泉）话反复问句最常见的形式就是采用"重叠"的方式造成的，如"猪肉还新新鲜欤?"，但所谓"重叠"只是一种表面现象，其实是由合音造成的。朱德熙（1991）也曾论及闽语福州话、吴语绍兴话和嵊县话等方言中，"V-neg-VO"式也可以紧缩为"VV（O）"式，并将其概括为省略否定词的"省略式"和否定词跟前边动词融合成一个音节的"融合式"

---

① 拷贝式话题结构严格说来不属于重叠的范围，但汉语中有些话题结构从形式上看是对话题中某个成分的拷贝或重叠，本文纳入研究范围，这个问题下文会有讨论。

两类。此后，这类方言现象被陆续挖掘出来。

邵敬敏、周娟（2007）根据已经发表的方言材料和作者自己的调查，总结出汉语方言中重叠式反复问句主要分布在随州、浠水、重庆、泗阳、舟曲、诸暨、嵊县、绍兴、金华、武义、于都、会昌、连城、长汀、福州、横县等方言点，这些方言分别归属于官话、吴语、闽语、客家话、平话等方言区。至于"VV（O）"式的紧缩方式，除了朱德熙（1991）所概括的"省略式"和"融合式"之外，还包括否定词跟后边动词融合成一个音节的紧缩方式，如横县平话。

刘丹青（2008）在检视数十种汉语方言文献所载的数百种方言材料及一些汉藏语言的基础上，归纳出汉藏语重叠式反复问句的生成模式和共性特征，并用四条普遍原则对重叠问句的来源和相关共性做出了完整的解释。

此后，《江苏淮阴方言的重叠式反复问句》（李文浩，2009）、《晋语五台片的重叠式反复问句》（郭利霞，2010）、《广西湘语的重叠式反复问句》（罗昕如、彭红亮，2012）、《湖南东安官话方言的副词重叠式反复问句》（胡乘玲，2018）等，又分别补充了江淮官话洪巢片、晋语五台片、广西湘语、东安官话等方言的材料。

拷贝式话题结构，又叫同一性话题结构，指句法结构中话题（含次话题）和述题中的某个成分完全或部分同形，同形成分间在语义上也是一致的，形成一种拷贝（复制）关系。"拷贝"是个比喻，只是说明前后两个成分相同，并不表示何为基础形式何为拷贝出来的形式，如上海话的"水末水紧张，电末电紧张"。

Li & Thompson（1976）提出"主语—话题"类型学，并将汉语列为话题优先型语言的典型代表之后，国内刘丹青、徐烈炯（1998）首次对普通话和上海话的拷贝式话题结构进行了全面的描写和分析，认为这类结构在探讨话题优先型语言或方言的语序类型时具有重要的类型学意义，呼吁人们对这类现象加以关注。刘丹青（2007）进一步认为，拷贝式话题结构的研究"对更清晰、更完整地认识普遍意义上的话题结构是非常必要的，同时也可以帮助我们确信话题优先语言作为一种语言类型的存在"。

然而，截至目前，专门对某方言中的拷贝式话题结构进行全面描写的研究成果并不多见。郭利霞（2011）曾提到，方言拷贝式话题结构的研究和普通话比起来，显得分外冷清，"只有项梦冰（1998）和袁毓林（2002）分别对连城话和北京话进行了深入探讨，郭校珍（2003）对晋语的话题结构进行了细致描写，刘丹青、徐烈炯（1998）则首次对上海话的拷贝式话题结构进行了分析和描写"，该文分"对举式拷贝话题句"和"谓词拷贝话题句"两类，描写了山西山阴方言的拷贝式话题句。此后，张兴（2012）、任利霞（2012）、黄玉莹（2018）、黄玲（2018）、尧妍（2019）、魏醒（2021）等，也讨论了方言中的拷贝式话题结构。

（三）湘方言重叠研究概述

专门研究湘方言重叠现象的论文类成果并不多，目前只有为数不多的单篇期刊论文，例如：《湖南沅江话中的一种动词重叠结构》（丁雪欢，2001）、《溆浦汉语方言的重叠方式》（夏先忠，2003）、《隆回湘语的重叠式名词》（丁加勇，2004）、《汨罗长乐话中的"AA哩"重叠式》（陈山青，2005）、《娄底方言重叠式的构成形式及特征》（尹钟宏，2005）、《冷水江方言中动词的重叠用法》（谢元春，2005）、《新化方言中丰富的动词重叠》（刘卓彤，2006）、《湘乡方言形容词的重叠式》（李雨梅、曾常红，2007）、《沅江话的形容词重叠式研究》（熊赛男、龙理鹏，2007）、《湖南绥宁方言的量词重叠式及历史层次》（李康澄，2010）、《广西湘语的重叠式反复问句》（罗昕如、彭红亮，2012）、《湘方言表程度的形容词重叠形式》（龚娜，2014）、《湖南祁东方言的名词重叠式》（王毅，2017）等等。《邵阳（马草）话的状态形容词》（蒋协众，2005）、《湖南涟源杨家滩话重叠式研究》（彭春芳，2007）、《新化方言重叠式研究》（刘卓彤，2007）、《长沙方言单音形容词生动式研究》（陈永奕，2008）、《湘方言状态形容词考察》（唐茜，2016）等，是目前见到的少数几篇研究湘方言重叠现象的学位论文。

除了上述专门研究湘方言重叠的论文以外，一些单点方言研究专著、地方方言志中，也有相关章节或零散的词条涉及湘方言重叠现象。

综观目前的湘方言重叠研究，可以明显地感觉到以下几个特点：

1. 研究热度持续升温

特别是进入21世纪以后，有关湘方言重叠现象的研究成果不断涌现，这从上文所列出的论文类成果中可以明显地看得出来。

2. 研究对象相对集中

已有的研究成果主要集中于词重叠现象的研究，注重对某个单点湘方言的动词、形容词、名词、量词等词类中的某类或某几类词的重叠现象进行研究，而对湘方言中的短语、句式的重叠很少关注。专门研究湘方言短语重叠的，似乎只有丁雪欢（2001）对沅江话中的"Ｖ哒Ｖ哒"式和"Ｖ起Ｖ起"式两类"动词重叠结构"的描写。就重叠句式而言，除孙叶林（2009）对邵东话的重叠式反复问句有过简略描述，林素娥（2006）对双峰、邵东等地方言中的拷贝式话题结构有所论及外，湘方言中的重叠句式也很少有人关注。本书的初稿《湘方言重叠研究》对湘方言的重叠式反复问句和拷贝式话题结构进行了描写和比较，之后这方面的研究略有增多。

3. 研究方法比较传统、单一

目前的研究主要偏重从结构形式、语法意义、语法功能等方面对某个单点湘方言中的重叠现象进行描写，方言间比较的功夫做得不深，新的语言学理论、方法的使用非常少见。彭春芳（2007）专辟一章，从社会语言学角度讨论湖南涟源杨家滩话形容词重叠式的社会使用差异，可以说是一个亮点。

总的来说，相比于其他方言而言，湘方言重叠研究的这种现状与其在汉语方言中的地位是很不相称的，着眼于整个湘方言重叠现象的系统研究极为罕见，因此，对湘方言中的重叠现象进行全面的、综合的研究很有必要。

第二节　本书的主要内容

本书拟通过深入、细致的田野调查，结合已有研究论著中对湘方言重叠的相关记载，在类型学的框架下，对湘方言中的重叠现象（包括主要词类、短语的重叠现象和一些重叠句式）进行较为全面的研究。

在研究对象上，我们的研究一般不关注那些明显属于修辞上的"反复"的现象，但也不排斥那些已经有语法化为"重叠"倾向的话语反复和由句法结构减省而来的"次生重叠"。

本书的主要内容除绪论和结语外，主要包括三大块：

一、湘方言中主要词类的重叠

词类重叠是汉语普通话和方言重叠研究的常规内容。考虑到湘方言中副词、代词等词类的重叠与普通话差别不大，主要是词项上的差别，这一部分主要研究湘方言中名词、量词、动词、形容词等词类的重叠问题。主要从结构类型、语法、语义功能等方面对湘方言各词类重叠现象进行描写、分析，并从共时、历时两个角度进行横向、纵向比较。

此外，视各词类重叠的具体情况讨论一些相关问题。比如，在讨论湘方言名词重叠时，探讨名词重叠在汉语方言小称表达中的地位问题；在讨论湘方言量词重叠时，考察汉语方言中量词重叠式的共现规律及其蕴含共性；等等。

二、湘方言中的短语重叠

短语重叠是汉语方言重叠研究中的薄弱环节。这一部分主要对湘方言中的量词短语、动词短语和形容词短语等三大类短语重叠现象进行概述性描写、分析，重点从句法语义功能、内部构成等方面讨论湘方言中的"VX-VX"式动词短语重叠，并结合湖南省境内非湘语方言及省外其他汉语方言中"VXVX"式的使用情况，对其作跨方言的比较。

三、湘方言中的重叠句式

重叠句式是汉语方言重叠研究中的新课题。这一部分主要对湘方言中的重叠式反复问句和有可能会演化为次生重叠的拷贝式话题结构进行描写、分析，并通过与其他方言的比较，对重叠式反复问句的共性与类型及湘方言的语序类型等问题进行重新思考。

第三节　本书的研究方法

▶▶ 一、调查法

方言研究所需方言语料的获得，离不开方言调查。方言调查是方言研究的前期准备和工作基础，因此，严格说来，调查法并不属于研究方法，但是，"调查如果没有体现研究的需要就做不好，研究者如不亲自动手做调查，也很难驾驭调查材料，因此把调查方法视为研究方法的初步也无不可"（李如龙，2001：9）。

本书对湘方言的重叠现象所进行的描写与分析，其主要语料都是以深入、详细的田野调查为基础的。

▶▶ 二、比较法

李如龙（2001：11）指出，"方言的研究必从比较始"，方言比较研究可以分为横向的共时比较和纵向的历时比较两类，共时比较是现代方言与共同语比，甲方言与乙方言比，历时比较是现代方言与古代的汉语共同语或方言比较。

唐贤清等（2018）所提出的"普方古民外"立体研究法，也倡导进行普方比较、古今比较、民汉比较、中外比较等多维比较。①

本书的研究注重比较法的使用，并试图通过将重叠现象在湘方言内部，在湘方言与湖南省境内非湘语方言之间，甚至与湖南省境外其他方言、民族语言之间做共时比较，努力寻求湘方言内部、湘方言与共同语和其他方言的共性与差异，挖掘汉语方言重叠现象的类型学意义；通过与古代汉语进行比较，了解湘方言重叠现象的历史发展和源流关系。

---

① 唐贤清，姜礼立，王巧明. 汉语历史语法的"普方古民外"立体研究法 [J]. 古汉语研究，2018（4）.

▶ 三、共时与历时相结合、描写与解释相结合的方法

李如龙（2001：147-154）曾指出，为了把方言语法的研究引向深入，很有必要提倡在描写的基础上开展纵横两面的比较研究，并且认为，在方言语法研究中，有两种作法值得提倡：一是从类型学的角度探讨汉语方言语法特点的地理分布，并尝试用语言接触来理解汉语方言语法特点的形成过程；一是从人类的一般认知角度来理解方言之间语法现象的共性和特性。李先生的观点可以用一句话来概括，那就是"共时与历时相结合、描写与解释相结合"。

本书的研究注重从共时的角度详细描写湘方言重叠现象的结构形式、句法、语义功能及其地域分布；从历时的角度探讨古代汉语重叠现象在湘方言中的留存与创新；从类型学、认知语法等方面解释湘方言重叠现象与其他方言、语言的共性和差异。

▶ 四、类型学的研究方法

当代语言类型学是近几十年来迅速发展起来的一个语言学流派。它的根本理念就是不相信仅靠对某单一语种的深入研究，就能洞悉人类语言的普遍共性，因而致力于通过跨语言的比较来获得对人类语言普遍共性的认识。类型学特有的研究对象，就是人类语言间的共性和差异，差异不可逾越的极限也即语言共性之所在。其特有的研究方法，包括语种库的建立及其均衡性要求，参项的选择，相关语言要素或语言特征间的四分表分析，绝对共性和蕴涵性共性的建立，对跨语言的优势现象和标记性的总结，等等。（刘丹青，2003）方言类型学的研究旨趣和方法与语言类型学相类似，旨在通过跨方言的比较，来探求汉语方言在相关语言要素上的共性与差异。

李如龙（1996b）在上个世纪末就曾倡导方言类型学的研究，他指出，方言的类型学研究是汉语方面的综合比较研究，类型学的方法是一种以简驭繁的方法，这种方法对于材料繁多的汉语特别重要，特别有效，是彻底解决方言分区问题的根本出路，可以为方言的定型定位、为汉语语言学乃至普通语言学的研究等提供宝贵的材料，成就崭新的理论。

本书在对湘方言的各类重叠现象进行描写之后，尝试运用方言类型学

的研究方法，将其与其他汉语方言进行比较，努力挖掘湘方言重叠的类型学意义，探讨汉语方言重叠现象的共性和类型。①

第四节　本书的研究意义

作为一种能产的语法手段，重叠极为广泛地分布在世界上大多数语言中。汉语方言中的重叠更为丰富多彩，各方言的重叠现象既有共性，又各有特点。湘方言中的重叠现象比较丰富，希望通过我们的研究，能在以下几个方面产生一些积极作用：

（1）有助于全面认识湘方言重叠现象，推动湘方言研究的发展。虽然重叠现象已经引起了学者们的广泛关注，但以往的研究大都只是就某一个单点方言中的某个或某几个词类重叠的形式、意义和功能进行研究，缺乏对某一个大的方言区的各种重叠现象的综合、比较研究。有关湘方言重叠的研究成果较少，且不成系统。本书对湘方言各主要词类和短语的重叠现象以及常见的重叠句式进行系统研究，有利于全面认识湘方言的重叠现象和语法特点，推动湘方言研究的发展。

（2）为汉语方言重叠的比较研究提供湘方言语料。本书将挖掘出湘方言中与重叠相关的一些有价值的语言事实，可以为总结汉语方言重叠现象的规律，为进行汉语方言语法的比较研究，提供来自湘方言的语言材料。举例来说，邵敬敏等（2010：224）在对汉语方言疑问范畴进行比较研究时，所列 VV（O）型重叠式反复问句的地域分布中没有提及湘方言，事实上，这种重叠式反复问句在某些南部湘语中不仅较为常见，而且很有特色。

（3）推动汉语重叠现象的类型学研究。汉语方言中的重叠现象既有共性又有差异。本书将湘方言重叠现象置于类型学视角下，将其与相关方言进行比较，初步归纳出某些方言重叠现象的蕴涵共性，可以进一步深化对

---

① 曾有老师建议我们在书名上旗帜鲜明地体现类型学的视角、方法，把书名叫作"类型学视野下的湘方言重叠研究"，考虑到本书还有少部分章节并没有贯彻这种视角、方法，我们还是朴实一点，仍然保留"湘方言重叠研究"的名称。

重叠本质的认识，也有利于把握重叠的共性特征和个性差异，具有一定的类型学价值。

第五节　本书的语料来源及相关说明

》 一、本书的语料来源

本书语料主要有两个来源：

（一）自己调查所得的语料

前文已经指出，湘方言分布范围较广，在湖南省境内境外都有所分布，湖南省境外的所谓"湘语"，其方言归属有的尚不明确，湖南省境内的湘语，其内部分区、分片也尚存争议。有鉴于此，本书的调查研究暂不考虑湖南省境外的湘语。对于湖南省境内的湘语，我们拟重点调查长益片和娄邵片，并兼顾辰溆片、衡州片和永全片，因而选择了长沙、益阳、娄底、邵阳①、新化、溆浦、衡南②、祁东等地作为调查点。其中，长沙、益阳、娄底、邵阳、溆浦等地，自《湖南方言的分区》（鲍厚星、颜森，1986）和《中国语言地图集》（李荣等主编，1987）以来，历来都被分别视为长益片、娄邵片和辰溆片（或叫吉溆片）湘语的代表；衡南原属长益片，现在是新划出的衡州片的代表点之一；祁东原属娄邵片，现在是新划出的永全片的代表点之一；新化话属于湘语娄邵片，因其在重叠问题上很有特色，我们也将其作为一个调查点。这样，就形成了长益片两个点，娄邵片三个点，辰溆片、衡州片、永全片各一个点的布点格局。

我们的调查可分为三个阶段：第一阶段是在本书写作之前的 2011 年 11

---

① 若非特别说明，本书所谓的邵阳话均指我们所调查的邵阳县五峰铺镇、下花桥镇一带的方言，为笔者的母语。

② 彭兰玉（2005：5-6）指出，"一般人所说的衡阳话，指的是以衡阳城区为中心的包括衡阳县和衡南县在内的方言"，由于衡南话与衡阳话差异较小，下文有时候将衡南话直接称为衡阳话。

月至 12 月，以中老年发音合作人为调查对象所进行的实地调查，这次调查所得语料是本书最主要的语料来源；第二阶段是在本书的写作过程中，以大学生发音合作人为调查对象所进行的通信调查，主要对第一阶段调查所得的语料进行补充，调查前跟发音合作人特别强调，如果自己的语感与当地人存在差异，一定要向当地人核实。第三阶段是在本书的修改过程中，增补了一些语料。

以下是主要发音合作人的基本情况：

杨荣华，男，1938 年生，初中文化，长沙市岳麓区师大社区人，退休干部。

曾　臻，女，1993 年生，长沙市岳麓区石岭塘社区人，湖南师范大学文学院 2011 级本科生。

刘　艳，女，1970 年生，大学文化，益阳市赫山区桃花仑社区人，益阳电视台编辑。

肖明玉，女，1995 年生，益阳市赫山区桃花仑社区人，湖南师范大学文学院 2011 级本科生。

刘翻新，女，1951 年生，高小文化，衡南县洲市乡竹塘村人，农民。

罗　平，男，1993 年生，衡南县茶市镇金鼓村人，湖南农业大学信息科技学院 2012 级本科生。

龙胜祥，男，1956 年生，高中文化，娄底市娄星区花山社区人，娄底市供销社职工。

李　津，女，1988 年生，研究生文化，娄底市娄星区公园社区人，大学生村官。

李桂贤，男，1957 年生，高小文化，新化县上梅镇华新社区人，新化县水泥厂职工。

袁　丹，女，1993 年生，新化县上梅镇永兴社区人，湖南师范大学文学院 2011 级本科生。

徐爱冬，女，1955 年生，小学文化，邵阳县五峰铺镇马草村人，农民。

蒋　遐，女，1979 年生，研究生文化，邵阳县五峰铺镇双河村人，长沙师范学院教师。

刘仁敏，男，1957 年生，中师文化，溆浦县双井镇塘湾村人，小学教师。

舒喜珍，女，1963 年生，小学文化，溆浦县双井镇塘湾村人，农民。

向昱蓉，女，1993 年生，溆浦县卢峰镇长乐村人，湖南师范大学文学院 2011 级本科生。

唐望生，男，1962 年生，高中文化，祁东县白鹤铺镇百家村人，村主任。

肖秋红，女，1971 年生，初中文化，祁东县洪桥镇温泉村人，农民。

（二）已有文献所记载的语料

除了我们自己调查所得的语料外，在描写湘方言重叠现象时，我们还参考了大量湘方言研究文献，主要包括以下几类：

（1）早期出版的单点湘方言著作：

李永明：《衡阳方言》，湖南出版社，1986。

李永明：《长沙方言》，湖南出版社，1991。

（2）"现代汉语方言音档"中的湘方言著作：

鲍厚星：《长沙话音档》，上海教育出版社，1997。

曾毓美：《湘潭话音档》，上海教育出版社，1997。

（3）《现代汉语方言大词典》分卷本中的湘方言词典：

鲍厚星、崔振华、沈若云、伍云姬：《长沙方言词典》，江苏教育出版社，1993。

颜清徽、刘丽华：《娄底方言词典》，江苏教育出版社，1998。

（4）《湖南方言研究丛书》中的湘方言著作：

鲍厚星、崔振华、沈若云、伍云姬：《长沙方言研究》，湖南师范大学出版社，1998。

储泽祥：《邵阳方言研究》，湖南师范大学出版社，1998。

崔振华：《益阳方言研究》，湖南师范大学出版社，1998。

李维琦：《祁阳方言研究》，湖南师范大学出版社，1998。

罗昕如：《新化方言研究》，湖南师范大学出版社，1998。

陈　晖：《涟源方言研究》，湖南师范大学出版社，1999。

贺凯林：《溆浦方言研究》，湖南师范大学出版社，1999。

彭泽润：《衡山方言研究》，湖南师范大学出版社，1999。

曾毓美：《韶山方言研究》，湖南师范大学出版社，1999。

刘丽华：《娄底方言研究》，中南大学出版社，2001。

（5）单点湘方言语法著作：

徐　慧：《益阳方言语法研究》，湖南教育出版社，2001。

曾毓美：《湘潭方言语法研究》，湖南大学出版社，2001。

彭兰玉：《衡阳方言语法研究》，中国社会科学出版社，2005。

孙叶林：《邵东方言语法研究》，花城出版社，2009。

此外，上文"湘方言重叠研究概述"部分所列的专门研究湘方言重叠现象的论文类成果以及《湖南方言语法研究系列》（伍云姬主编，湖南师范大学出版社，1996—2007）、《湘方言研究丛书》（鲍厚星主编，2006）中的一些著作等，也为我们提供了不少相关语料。

▶▶　二、关于本书标音的说明

1. 由于本书主要研究的是方言语法现象，为了节省篇幅，例句一般不标音，只有在一些重叠现象因语音变化而影响到句法、语义功能等的时候才标音。

2. 本书标音时采用国际音标标音，调值在音节右上角用数字表示，轻声在音节前面用［·］表示。

3. 本书标音时，邵阳话采用我们自己调查所得的音系，见附录一。衡南话采用彭兰玉（2005）所提供的衡阳话音系，其他单点方言除非特别注明，均采用《湖南方言研究丛书》中各单点方言的音系，详见相关著作，不再详细列出。

▶▶　三、符号体例说明

1. 本书常用符号

小号字　　　表示方言词语、例句的普通话释义，为了节省篇幅，一般只在某个方言词或句子第一次出现时释义。

XXX   表示例句中被论述的部分。

（　）   在例句或格式中表示其中的成分可以省略。

X⁼   表示该字是用同音字记录的。

＊   表示该说法不成立。

？   表示该说法虽然也可以说，但不地道、不自然。

∣   表示例词或例句间的间隔。

（1）   表示例句的序码。本书调查所得的例句每章单独编号，序码原则上一排到底，但当例句较多时，也可分节重新编号。

2. 本书例句常用字注释

箇   近指代词，相当于普通话的"这"，本字当为"个"，在湘方言中使用得较为普遍，湖南方言著作中有"咯、箇、固、果、该"等记法，为了避免将表示"这个"和表示"每个"的"个个"混淆，本书将近指代词"个"记为"箇"。

个   名词化标记，相当于普通话"的$_3$"，娄邵片湘语常用，湖南方言著作中有"咯、箇、喀、个、咕"等记法，本书记为"个"。

咖   完成体标记，相当于普通话的"了$_1$"，在湘方言中使用得较为普遍，湖南方言著作中有"嘎、咖、介、夹"等记法，本书记为"咖"。

渠   第三人称代词，相当于普通话的"他"，娄邵片湘语常用，湖南方言著作中有"其、己、佢"等记法，本书记为"渠"。

下   总括副词，相当于普通话的"都"，湖南方言著作中有"下、咸"等记法，本书记为"下"。

以上几个常用字在引用他人著作时，一律按原文实录。除上述常用符号和例字以外，其余援引自他人著作的例句也遵从原文，或在有需要说明的地方随文做出说明。

第一章
湘方言中的名词重叠

本章拟从结构形式、变调模式、语法语义功能等几个方面对湘方言中的名词重叠现象进行描写、分析，并从共时、历时两个角度对湘方言中的名词重叠现象进行横向、纵向比较，最后在方言类型学视野下，讨论重叠在汉语方言名词小称表达中的地位问题。

第一节　湘方言名词重叠的结构形式

朱德熙（1982：26）指出，普通话中的重叠式名词主要是亲属称谓，如"爸爸、妈妈、哥哥、姐姐"之类，亲属称谓以外的重叠式名词只有"娃娃、星星、宝宝、蝈蝈、蛐蛐、馂馂、猩猩"等少数几个。与普通话相比，湘方言中的名词重叠形式要丰富得多。

从理论上讲，与名词相关的重叠现象包括名词重叠式和重叠式名词两种情况，前者属于构形重叠，后者属于构词重叠。构形重叠属于语法学范畴，构词重叠属于词法学范畴。严格地讲，两者具有不同的性质和特点。然而，正如张谊生（1999）所言，由于汉语缺乏形态变化，语素和词、词和短语之间并无绝对界限，所以，有时候也会存在一些可此可彼的中间现象。储泽祥（2018）认为，构词重叠与构形重叠呈互补分布态势，汉语有重叠式名词，所以汉语名词不能有构形重叠。从下文的讨论中，我们将会看到，湘方言中的名词重叠形式主要属于构词重叠，但某些结构类型的名词重叠形式，还多少带有构形重叠的性质，我们在讨论的时候只对它们的构成情况进行客观的描述，在指称的时候有时称为"名词重叠形式"。

据调查，湘方言中名词重叠形式主要有 AA 式、ABB 式、ABCC 式、AAB 式、AABC 式、AABB 式等几种结构形式。

▶▶ 一、AA 式

湘方言中的 AA 式名词主要包括亲属称谓词、普通名词和专有名词三类：

（一）AA 式亲属称谓词

与普通话和其他方言一样，各地湘方言中都存在不少 AA 式亲属称谓词，它们有的与普通话一致，有的则具有鲜明的地方特色。下面我们首先来看邵阳话的情况。

1. 邵阳话中的 AA 式亲属称谓词

邵阳话中的 AA 式亲属称谓词主要有：

（1）祖辈：公公曾祖父 爹爹老派称祖父 爷爷新派称祖父 奶奶 婆婆外婆

（2）父辈：耶耶老派称爸爸 爸爸   妈妈   叔叔

     伯伯   大大大伯   二二二叔 三三三叔

     婶婶   姑姑   晚晚叔叔或姑姑 舅舅

     姨姨   亲亲干爹或干妈

（3）平辈：哥哥   嫂嫂   姐姐   妹妹

（4）晚辈：崽崽对年幼的晚辈的昵称 宝宝对侄儿侄女的昵称

     外外对外甥或外孙等的昵称

第（1）组中，与祖父"爹爹、爷爷"对应的外祖父，在邵阳话中不是用重叠形式表示，而是说成"客公、外公"，老派称"客公"，新派称"外公"。表示外婆的"婆婆"有时候也称"客婆"，尤其在用于背称时更是如此。

第（2）组中，"耶耶"是老派对父亲的面称，年轻人一般称"爸爸"。"伯伯"是对父亲的哥哥的称呼，"叔叔"是对父亲的弟弟的称呼，它们也可用作对不具有亲属关系的父辈长者的泛称。伯伯、叔叔可以按排行称

"大爷、二爷、三爷、四爷"等，但最常用的方式是称大伯为"大大"，余者按排行分别称"二二、三三、四四"等，有时候一个大家族都按这种排行称呼，比如，笔者父亲所在家族有兄弟十个，我父亲行大，我对几个叔父的称呼分别是"二二、三三、四四、五五、六六、七爷、八爷、九爷、晚晚"。之所以"七叔"以后不再称"七七"等，可能是音律方面的原因——"八八"与"爸爸"音近，"七、九、十"声母为塞擦音或擦音，韵母开口度小，重叠后发音比较拗口。

"婶婶"用得很少，是对没有亲属关系的父辈女性的称呼，也可称为"叔叔"。对于有亲属关系的伯父、叔父的配偶，多按排行可称"大唧、二唧、三唧"等，也可以用数字重叠的方式称呼"大婶、二婶、三婶"等为"大大、二二、三三"等。为了与表示大伯、二叔、三叔等男性亲属的"大大、二二、三三"相区别，就在重叠式前面加个"大"表示男性，加个"细"表示女性，形成"大大大、细大大、大二二、细二二、大三三、细三三"等的对立。"姑姑"是对父亲的姐妹的称呼，也可称为"姑唧"，"晚晚"是对父亲的弟弟、妹妹的称呼[①]，"姑姑、晚晚"按排行可称呼"大姑姑、二姑姑、大姑唧、二姑唧、大晚、二晚、细晚、大晚晚、二晚晚、细晚晚"等。"舅舅"是对母亲的兄弟的称呼，也可称为"舅爷"，按排行可称呼"大舅舅、二舅舅、晚舅舅、大舅爷、二舅爷、晚舅爷"等。"姨姨"是对母亲的姐妹的称呼，也可称为"姨唧"，按排行可称呼"大姨姨、二姨姨、晚姨姨、大姨唧、二姨唧、晚姨唧"等。

"亲亲"一般指的是"干爹"，但也可以用来称呼"干娘"，为了区别，则称干爹为"大亲亲"，称干娘为"细亲亲"。

第（3）组中，对于比自己年长的平辈亲属，无论背称、面称，一般都称"哥哥、姐姐、嫂嫂"，对于比自己年轻的平辈亲属，一般面称时直呼其小名，"妹妹"多只用于背称，表示"弟弟"的背称一般用"老弟"，面称除直呼其小名外，还可用"老宝"。

第（4）组中，"崽崽"独用时是对年幼的晚辈的面称，具有通称的性

---

① 罗昕如（2006：61）指出，"晚晚"俗写为"满满"，明代史惇《痛馀杂录》载"呼叔曰晚晚，言晚得也"。

质，带有十分亲昵、疼爱的意味；也可以放在普通名词前面或后面，作为表示"小称"的词缀，组成 ABB 式、ABCC 式名词，这在下文中我们还会讨论。"宝宝"是对年幼的侄子、侄女的面称，"外外"是对年幼的外甥、外甥女及外孙、外孙女的面称，不分男女，都有亲昵的意味。侄子、侄女、外甥、外甥女及外孙、外孙女年龄稍长以后，一般不再用这种重叠式的称呼，改为直呼其名，或称"老侄""老外"。

邵阳话中，AA 式亲属称谓词的基础形式大多是黏着语素，除了表示父亲的"爷"可独立成词外，多不能单用，如该方言一般不单呼"爹、爸、妈、叔、婶、哥"等。

2. 湘方言其他点中的 AA 式亲属称谓词

各地湘方言中，都有一些与普通话用法不一样的亲属称谓词。

Ⅰ. 娄邵片

娄底话中，称祖父为"佳꞊佳꞊"，称比父亲小的姑姑为"嫚嫚"，未出嫁时称丈夫的妹妹为"满满"。（刘丽华，2001：156-157）这些称谓方式是比较有特色的。

新化话中，祖父、外祖父都称"公公"，外祖母与祖母一样，也称"奶奶"，称父亲的妹妹为"嫚嫚"。[①]

涟源话中，称高祖父（曾祖父之父）为"太太唧"，称父亲最小的弟弟为"满满"，称父亲的妹妹为"嫚嫚"，称伯父为"爸爸"。[②]

邵东话中，称"爷爷"为"爹爹"，称"外婆"为"婆婆"，称"大伯父"为"大大"，称"叔叔"为"满满"，这些与邵阳话基本上是一样的。不同的是，该方言中的"满满"也可以用来称呼"阿姨"。（孙叶林，2009：15）

---

① 新化话在父亲的姐姐的称谓上也存在内部差异，罗昕如（1998：153）将城关镇话的"嫚嫚"释义为"姑妈（父亲的妹妹）"，刘卓彤（2007：29）记作"满满"，释义为"姑姑"，看来是不区分与父亲的年龄关系的。

② 陈晖（1999：147）认为，"爸爸、爹爹、爷爷"同为父亲的称谓词，并明确指出"嫚嫚"为"父亲的妹妹"，而彭春芳（2007：91）则认为"爸爸"指"伯父"，"嫚嫚"指"姑姑"，可能还包括父亲的姐姐，这说明涟源话内部在亲属称谓词的使用上存在一定的差异。

隆回话中，称父亲的堂姐妹为"娘娘"，也是比较特殊的。（丁加勇，2004：447）

韶山话中，称祖父为"家家"或"公公"，称祖母为"嫡嫡"，称父亲为"爷爷"，称姑姑为"嫚嫚"，称叔叔为"满满"。（曾毓美，1999：114-115）

Ⅱ. 长益片

长沙话中，"爹爹"和"爷爷"的称谓存在书面语和口语的差异："爹爹"读书音作［tie³³·tie］，意为父亲，口语音作［tia³³·tia］，意为祖父；"爷爷"读书音作［ie¹³·ie］，意为祖父，口语音作［ia¹³·ia］，意为父亲。长沙话中，表示祖母的词语用"娭毑"来称谓，现在也有称"奶奶"的。外公称"公公"，其他亲属称谓与普通话差不多。

崔振华（1998：103）分析了益阳话亲属称谓词的特点。益阳话称父亲为"爷爷"，而称祖父为"爹爹"，从字面上看，与普通话正好相反。该方言父亲的兄嫂都称"伯伯"，父亲的弟妹都可称"满满"，父母双方的姐姐、姐夫都可称"婿婿"（多为儿童用语），"伯伯、满满、婿婿"都不分男女。这种亲属称谓词分长幼而不分男女的情况，在汉语方言中是比较特殊的。

此外，湘潭话中，祖父称"公公"，新派有时外公也称"公公"，叔父称"满满"。（曾毓美，2001：41）

Ⅲ. 其他片

溆浦话中，亲属称谓词很有特色，其中称曾祖父、曾祖母为"太太"，称祖父、祖母分别为"公公"和"娘娘"，称父亲的姐姐为"伯伯"，称弟弟为"佬佬"，这些在湘语其他方言点甚至在其他汉语方言中也是比较少见的。该方言父辈称谓中，长幼关系占有重要地位。例如，称父亲的姐姐为"伯伯"、妹妹为"嫚嫚"，称母亲的姐姐为"姨娘"、妹妹为"姨姨"，就是根据与父亲、母亲的长幼关系来区分的。此外，溆浦话中的 AA 式亲属称谓词还具有以下一些特点：

（1）亲属称谓词"妹妹"和相当于普通话"弟弟"的"佬佬"，具有特殊的泛化用法：父母可以用之称呼自家儿女，一般人可以泛称小于自己的同辈人，也可作为长辈对晚辈的泛称。

（2）该方言中有将表示排行的数字重叠起来称呼儿女的用法，如"□□① [n̠iã⁴⁴·n̠iã]_{老二}、三三_{老三}、四四_{老四}、五五_{老五}"等。

衡阳话与普通话有差异的 AA 式亲属称谓词主要有"公公_{爷爷}、爹爹_{爸爸}、晚晚_{叔叔}"等。

祁东话中，曾祖父、曾祖母都称为"老老"；称祖父为"爹爹 [ti³³·ti]"或"爷爷"，祖母为"嫉驰"或"奶奶"；外公、外婆都可以称为"外外"。老派称父辈中的"爸爸"为"爷爷 [ia²¹·ia]"，称妈妈为"妳妳 [nen³³·nen]"；伯伯和伯母都可以称"伯伯"，叔叔婶婶称为"晚晚"。

祁阳话中，其亲属称谓也很有意思。该方言称祖父为"爹爹"，称父亲为"爷爷"，称母亲为"奶奶"，伯父和大伯子都称"伯伯"，叔叔和小叔子都称"晚晚"。（李维琦，1998：147，114）

（二）AA 式普通名词

1. 邵阳话中的 AA 式普通名词

普通名词是表示普通事物名称的名词。下面我们从义类划分、基式的语法属性两个方面来分析邵阳话中的 AA 式普通名词。

Ⅰ. AA 式普通名词的意义类别

《现代汉语方言大词典》各分卷本都有个"义类索引"对各方言词汇进行分类，该分类比较笼统，不少地方存在交叉。苏新春等（2010）在谈及义类词典的分类时指出，"不同类别的词语有着不同的性质与特点，也有着不同的建类要求与方法。同时又是非常细致、操作性很强的工作，每一个词都要有归属，每一个类都要有依傍"，"如何做到最为妥帖适切，有着许多问题需要斟酌切磨"。看来要对汉语词汇进行严格的义类划分，还有很多工作要做，方言词汇的义类划分尤其如此。因此，本节以及下文所涉及的"意义类别"也只是个比较笼统的分类。

邵阳话中的 AA 式名词大致包括以下几个意义类别：

ⅰ. 器具、用品类。例如：

罐罐_{罐子}　　　铲铲_{铲子}　　　桶桶_{桶子}　　　筛筛_{竹篮}

---

① 贺凯林（1999：102）写作"躲躲"。

盒盒盒子	台台台子	盆盆盆子	筒筒量米的器具；筒状物
钵钵钵子	盘盘盘子	锹锹调羹	筷筷童言谓筷子
杯杯童言谓杯子	碗碗童言谓碗儿	篓篓篮子	箩箩箩筐
碟碟童言谓碟子	棍棍棍子	棒棒细长的杆状物	索索绳子
钩钩钩子	凿凿凿子	盖盖盖儿	垫垫垫子
刷刷刷子	手手把手	架架架子	座座底座
管管管子	衬衬小支架	牌牌标签儿	棚棚棚子
板板板状物	矮矮童言谓小矮凳	圈圈圈儿	把把把儿
罩罩罩子	围围圆形物	槽槽槽儿	挂挂用来挂东西的钩类

系系尿桶、粪箕等器物上用来承重的提梁 提提篮子、提包等上面用手提的部分

ⅱ. 动物、植物类。例如：

啰啰 no^{13}no^{13}童言谓鸭	猡猡 no^{55}no^{55}童言谓猪
羿羿 ko^{35}ko^{35}童言谓鸡	哞哞 man^{13}man^{13}童言谓牛

狗狗童言谓狗	苗苗苗儿	芽芽芽儿	叶叶叶儿
薹薹菜薹	根根根儿	籽籽粒状物	蔸蔸根儿
桠桠树枝	秧秧嫩苗	梗梗植物的茎	肉肉果仁儿
芯芯芯儿	须须须儿	藤藤藤儿	秆秆植物的茎
皮皮皮儿	壳壳壳儿	毛毛绒状物	荪荪嫩芽

ⅲ. 服装、穿戴类。例如：

鞋鞋童言谓鞋子	袜袜童言谓袜子	帽帽童言谓帽子	包包包儿
裤裤童言谓裤子	袋袋袋子	套套套子	兜兜兜儿
香香护肤霜	夹夹发夹	襻襻用布等做的用途似纽扣的东西	

ⅳ. 餐饮、副食类。例如：

䏦=䏦=童言谓肉	啵=啵=童言谓禽蛋	柑柑童言谓橘子	饼饼童言谓饼儿
枣枣童言谓枣儿	汤汤童言谓汤水	茶茶童言谓茶水	馍馍包子、馒头
粑粑饼类食物	浆浆较浓的液体	粉粉粉状物	水水较稀的液体；汤汁
脚脚茶、药等的沉淀物		沉沉茶、药等的沉淀物	

渣渣物品提取精华后的剩余物

Ⅴ. 天文、地理类。例如：

构构冰   坡坡坡儿   凼凼坑儿   坑坑坑儿

坪坪平地   堆堆堆积物   空空空地儿

墈墈水田、池塘等较高的那面岸

Ⅵ. 方所、位置类。例如：

边边边儿   底底底儿   面面面儿   背背物体的背部

顶顶顶儿   沿沿物体的边缘部分   口口口儿   嘴嘴嘴儿

尖尖尖儿   脑脑物体的顶端或末梢

头头头目或物体的顶端

Ⅶ. 其他类。例如：

本本本子   叫叫哨子   泡泡泡沫   缝缝缝儿

格格格状物   印印印迹；印章

卡卡年龄等的界限   柱柱短而大的柱状物

对对打牌时成对的牌   坎坎最紧要的地方；坎儿

Ⅱ. AA式普通名词中基式的语法属性

AA式名词是邵阳话中唯一一类属于整体重叠的重叠式名词，它们在重叠过程中，重叠手段的作用范围是整个基础形式，其基础形式要么是一个语素，要么是一个无意义的音节。按照其基式的语法属性，该方言AA式普通名词可以分为名素重叠、动素重叠、形素重叠、量素重叠和音节重叠等几个小类。其中以名素重叠和动素重叠构成的AA式普通名词最多。

ⅰ. 名素重叠

这一类是由名词性语素A通过一次重叠操作后构成的。例如①：

(1) 罐罐   盒盒   台台   叶叶   鞋鞋

    袜袜   帽帽   口口   嘴嘴   头头

(2) 桶桶   筛筛   根根   坡坡   凼凼

    坑坑   坪坪   脑脑   棍棍   棒棒

(3) 芽芽芽儿   苗苗   霉霉霉菌

---

① 为了节省篇幅，摘自前文的例词不再一一释义，下同。

以上各例中的名词性语素，前两类一般都不可以单说，属于不成词语素，例如邵阳话不说"他手里拿着个罐、你给我拿个桶来"之类。所不同的是，第（1）组名词一般有对应的"子"尾词，第（2）组没有对应的"子"尾词。例如，邵阳话中有"罐子、盒子、台子、叶子"等，而没有"桶子、筛子、根子、棍子"等说法。第（3）组中的名词性语素可以单说，但没有对应的"子"尾词，例如，邵阳话可以说"蒜脑发咖芽哩""箇滴米长起霉哩"等，但不说"芽子、霉子"等。由于很多普通话中的"子"尾词在邵阳话中要用重叠的方式来表达，因此，邵阳话中的"子"尾词相对比较匮乏而重叠式名词比较丰富。

ⅱ. 动素重叠

这一类是由动词性语素 A 通过一次重叠操作后构成的。例如：

（1）铲铲　　　　盖盖　　　　挂挂　　　　襻襻　　　　挖挖
（2）凿凿　　　　刷刷　　　　叫叫　　　　扣扣　　　　垫垫

以上各例中的动词性语素一般都可以单说，是成词语素，单说时就是动词。第（1）组名词一般都没有对应的"子"尾词，例如邵阳话不说"铲子、盖子、挂子"等，第（2）类名词一般都有对应的"子"尾词，例如邵阳话有"凿子、刷子、叫子"等说法。

ⅲ. 形素重叠

这一类是由形容词性语素 A 通过一次重叠操作后构成的。这类 AA 式名词并不多。例如：

矮矮　　　圈圈　　　香香　　　尖尖　　　弯弯

以上各例中的形容词性语素都是成词语素，单说时就是一个形容词。它们有的没有对应的"子"尾词，如"圈圈、香香、弯弯"；有的虽有对应的"子"尾词，但与重叠式所表示的意义相去很远，如"矮矮"一般指的是"小矮凳"，"矮子"指的是"小矮人"，"尖尖"指的是事物的一端，"尖子"指的是出类拔萃的人物。

ⅳ. 量素重叠

这一类是由量词性语素 A 通过一次重叠操作后构成的。这类名词也不多。例如：

本本　　对对打牌时成对的牌　　双双双胞胎　　粒粒粒状物

Ⅴ. 音节重叠

这一类是由一个本来没有意义的音节 A 通过一次重叠操作后构成的。由音节重叠构成的 AA 式名词多为儿童用语或"儿向语言"用词。例如：

豝⁼豝⁼　　啵⁼啵⁼　　猡猡　　啰啰　　羿羿　　哞哞

其中的"豝⁼、啵⁼、猡、啰、羿、哞"等从来不在别的场合出现，本身也没有什么意义，只有重叠以后才能表义。它们与普通话中的"蝈蝈、蛐蛐、猩猩"等一样，是音节的重叠，不是语素的重叠。

2. 湘方言其他点中的 AA 式普通名词

湘方言中都或多或少地存在 AA 式普通名词，为节省篇幅，这里每个方言点只举十例。

Ⅰ. 娄邵片

娄底：子子细小的块状物或粒状物｜杵杵短小的圆木棒｜须须须状物｜薹薹菜薹｜坨坨细小的团状物或小疙瘩｜豝⁼豝⁼童言谓肉食｜本本证书之类的东西｜棒棒棍棒｜圈圈圆形物｜冻冻半固体状物

新化：皮皮植物的皮｜脚脚沉淀、残渣｜路路条状的纹理｜筒筒筒状器物｜挂挂挂钩｜罩罩罩在物体外面的东西｜蟋蟋蟋蟀｜双双双胞胎｜片片片状物｜样样模板

涟源：瓣瓣片状物｜块块块头｜皮皮果皮、瓜皮等｜坑坑洼下去的地方｜凤凤金龟子｜毛毛婴儿｜泡泡肥皂泡｜粒粒粒状物｜边边边沿｜橱橱把儿（陈晖，1999）

邵东：格格格子｜皮皮皮子｜脚脚残渣｜江江小溪｜铲铲铲子｜钩钩钩子｜耙耙耙子｜戳戳戳子｜尖尖尖儿｜圆圆圆形物（孙叶林，2009：15-17）

Ⅱ. 长益片

长沙：子子细小的块状物或粒状物｜唧⁼唧⁼儿语谓乳房或乳汁｜鸡鸡儿语谓男性生殖器｜蛐蛐蟋蟀｜糊糊糊状食品｜巴巴泛指各种圆形扁平状的物体，特指印章｜粑粑饼类食物｜咬咬难缠的人｜弹弹小孩玩的玻璃球｜凤凤金龟子

益阳：包包包儿｜圈圈圈儿，圈形物｜筋筋筋儿｜眼眼眼儿，窟窿｜坎坎坎儿｜钩钩钩子｜渣渣渣子｜牌牌牌子｜架架架子｜管管管子

湘潭：它它｜票票｜皮皮｜毛毛｜橱橱｜粑粑｜粒粒｜根根｜圈圈（曾毓美，2001：41）

Ⅲ. 其他片

溆浦：篮篮_{篮子} | 沿沿_{器物的边沿} | 蕻蕻_{菜薹} | 笼笼_{笼子} | 糊糊_{糊状食品} | 稿
稿_{甘蔗} | 坑坑_{小溪} | 潭潭_{水潭} | 尖尖_{尖儿} | 钩钩_{钩状物}

祁东：厄厄_{粪便} | 圆圆_{龙眼} | 皮皮_{人身上的死皮} | 毛毛_{婴儿} | 荠﹦荠_{童言谓饭}
| 㧻﹦㧻_{蛋或者詈骂词} | 凼凼_{小水坑} | 须须_{须儿} | 盖盖_{盖子} | 棒棒_{棍子}

祁东话中的 AA 式普通名词不是很丰富，"子"缀较为发达，如"脚子
_{残渣}、弹子、铲子、棍子、对子_{对联或者成对的牌}、印子_{印迹}"等。

李维琦（1998）所描写的祁阳话中，这类名词也只有"圆圆_{龙眼}、馍馍
_{馒头}、棒棒_{棍子}、圈圈_{圆形物}"等少数几个。其原因可能是因为这些方言中的
"子"缀比较发达，其他方言中用 AA 式普通名词表示的事物，在这些方言
中多用"-子"来表示，如李维琦（1998：98）认为，祁阳话用"子"构词
的情形较多，是一个特点。

衡州片湘方言中的 AA 式普通名词都不是很丰富。彭泽润（1999）、彭
兰玉（2005）所描写的衡山话、衡阳话中几乎看不到这类名词，我们对衡
南话的调查情况也是如此。彭兰玉（2005：39）认为，衡阳话"子"的结
合面非常广，功能也多样。

（三）AA 式专用名词

在某些湘方言中，常常重叠人名中一个汉字作为他的小名，形成 AA 式
专用名词。例如，邵阳话中：

（1）男名：谢谢　　军军　　勇勇　　健健

（2）女名：洋洋　　艳艳　　慧慧　　兰兰

以前，邵阳人取名一般按辈分起名，男人的名字尤其这样，同一个家
族的同一辈分一般都共用一个字，共用的字是族谱上预先规定的，叫作
"辈分字"，不同的字就重叠一次作为小名。

当然，重叠只是邵阳人取小名的一种方式，其他的还有用"辈分字"
外的单字加后缀"-伢唧""-妹唧""-妹""-毛""-佗""-哈巴""-哈婆"等，
其中后缀"-伢唧""-哈巴"一般只用于男名，"-妹唧""-妹""-哈婆"一般
只用于女名，"-毛""-佗"则不分男女都可使用。例如，上述几个人名可分
别取如下小名：

| 谢伢唧 | 军伢唧 | 勇毛 | 健毛 | 谢哈巴 | 军哈巴 | 勇佗 | 健佗 |
| 洋妹唧 | 艳妹唧 | 慧妹 | 兰妹 | 洋哈婆 | 艳哈婆 | 洋佗 | 艳佗 |

益阳话中 AA 式人名也比较常见，尤其在用于对女孩子的小称或昵称时。例如：

妹妹　扬扬　伟伟　倩倩　晶晶

益阳话中的 AA 式专名具有以下几个特点：

（1）重叠后可以带上"唧"尾，带上"唧"尾后更加强调了小称和昵称的意味。

（2）去声字很少通过 AA 式重叠作为人名，这一方面是由于益阳话中的去声音节本来就少，一方面可能是因为去声发音低沉，不响亮不好听。

此外，曾毓美（2001：42）也专门提到，湘潭话中有用 AA 式名词作为小名的情况，表达对孩子特别是女孩的爱称。

在长沙、娄底、衡阳、溆浦、新化等地，也存在使用 AA 式名词作人名昵称的情况，但总体来说不如邵阳、益阳、湘潭等地常用。我们的发音合作人表示，他们更常用的表达方式是取人名中的某个字，然后加"-唧、-伢唧、-妹唧、-宝唧、-毛唧、-奶唧、-婆"等后缀。如新化话中"唧"类后缀非常丰富，罗昕如（1998：227）指出，该方言"唧"广泛用于人名称谓中构成表人名词，双名后直接加"唧"，单名或双名中取一代表音节或表排行的词根，其后加"宝唧""毛唧""吉唧""妹唧"，"宝唧"男孩女孩通用，"毛唧"一般用于男孩，"吉唧"用于男孩，"妹唧"用于女孩。例如：

-唧：	国军唧	新汉唧	桂花唧	红林唧
-宝唧：	安宝唧	祥宝唧	怡宝唧	如宝唧
-毛唧：	东毛唧	汉毛唧	三毛唧	满毛唧
-吉唧：	华吉唧	龙吉唧	四吉唧	满吉唧
-妹唧：	红妹唧	兰妹唧	二妹唧	满妹唧

祁东话在称呼人名时，也可以用 AA 重叠式，如"杰杰、磊磊、冬冬、龙龙、丽丽、思思、静静、萍萍"等，但男孩更常用名字中的一个字加后缀"奶唧、佗"，女孩则加后缀"妹唧、婆"，如"龙奶唧、杰佗、思妹唧、丽婆"等。长辈在表示爱称时，还可以加后缀"晚"，如"杰晚、萍晚"等。

溆浦话中多在人名或排行后加上"-婆"，例如"向勇婆、华英婆、美婆、元婆"等。（贺凯林，1999：102）

▶ 二、ABB 式与 ABCC 式

（一）ABB 式

对于普通话中是否存在 ABB 式重叠名词，学术界有不同的看法。争论的焦点可能在于，对于像"布娃娃、山沟沟、树根根"之类的词汇单位，它们到底是词还是短语，人们有不同的看法，坚持认为它们是短语的，就会认定普通话中没有 ABB 式重叠名词。我们不打算在这个问题上做过多的纠缠，而是一律把湘方言中的 ABB 式词汇单位看成是重叠式名词，这么做的原因主要有以下几个：（1）根据胡伟（2017）、邓盾（2022）等的研究，分布形态学甚至把动词、形容词（如 AABB 式等）的构形重叠都看成复合词，而它们都被一些学者认为是短语；（2）学界在讨论方言名词重叠现象时，大多将 ABB 式名词性词汇单位看成是重叠式名词，为便于方言间的比较，我们也采取从众的原则；（3）因为有较为丰富的 AA 式重叠名词为基础，湘方言中的 ABB 式名词性词汇单位丰富而常用，这本身也可算是湘方言在名词使用方面的一个特点。下文要讨论的其他几类名词重叠形式，我们也这样处理。

1. 邵阳话中的 ABB 式名词

Ⅰ.ABB 式名词的意义类别

邵阳话中的 ABB 式名词非常丰富，大致包括以下几个义类：

ⅰ.器具、用品类。例如：

瓷罐罐	铁铲铲	木桶桶	篾筛筛 篾制的筛子
纸盒盒	钢管管	木棒棒	胶牌牌 塑料做的卡片

这一类中的 A 多为"瓷、铁、木、篾、纸、钢、胶、石、金"等表示事物材质的名词性语素，与 AA 式重叠名词组合成一个 ABB 式的偏正式复合词。它们在普通话中一般不用重叠式，而直接用 AB 式表示。

ⅱ.动物、植物类。例如：

鸡崽崽	鸭崽崽	狗崽崽	牛崽崽

猪崽崽　　　　树崽崽　　　　瓜崽崽　　　　菜叶叶

树苑苑_{树的底部}　树桠桠_{树枝}　　菜薹薹_{蔬菜老了以后长出的茎}

这一类中的"崽崽"可以看作是一个表"小称"的名词性词缀，它的组合面非常宽，几乎可以加在各种动植物、器物名词后面表示小称。此外，还有几个由"-崽崽"构成的词"娘崽崽、爷崽崽、鬼崽崽"等有了引申义，成为长辈对晚辈的昵称，带有既爱又恨的意味。从字面上看，它们是父辈亲属称谓与重叠式晚辈亲属称谓的组合，故意造成辈分错乱，以达到某种表达效果，经常用在小孩犯错的时候表示嗔怪、埋怨等，如"你箇只爷崽崽，老唔听话_{你这个小鬼，一点都不听话}！"。

ⅲ. 餐饮、副食类。例如：

面粉粉　　　　汤水水　　　　药渣渣　　　　糖粑粑_{甜饼}

鸭耙⁼耙⁼_{童言谓鸭肉}　　　　鸡啵⁼啵⁼_{童言谓鸡蛋}

茶脚脚_{茶水中的沉淀物}

这一类词语不多，其中的"鸭耙⁼耙⁼、鸡啵⁼啵⁼"主要见于儿童用语或"儿向用语"中。

ⅳ. 天文、地理类。例如：

冰构构_{冰凌子}　水凼凼_{水坑}　　粪坑坑　　　　草坪坪

田塝塝　　　　土堆堆　　　　山坳坳　　　　山坡坡

山冲冲_{深山}　　山尖尖　　　　山顶顶　　　　山脊脊_{山顶}

ⅴ. 方所、位置类。例如：

嘴边边　　　　脚底底　　　　手心心　　　　手背背

蒜脑脑　　　　线头头　　　　刀口口　　　　瓶嘴嘴

Ⅱ. ABB 式名词的内部组合关系

从内部组合关系上看，ABB 式名词一般有两种分析方式，一种是 A＋BB 式，一种是 AB＋B 式。前一种分析方式是把 ABB 看作一个重叠形式 BB 与 A 的组合，A 和 BB 都是词根，从重叠类型上讲，是重叠手段与偏正构词手段的结合，应该属于构词重叠，也是"综合重叠"；后一种分析方式是把 ABB 看作是在 AB 式双音词基础上的一种扩展，重叠的作用范围只是基础形式的一部分，可以看做构形重叠，也是"部分重叠"（刘丹青，1988）。

ABB 式名词的这两种组合关系，我们可以图示为：

邵阳话中，ABB 式名词可以分为两类：一类是只能分析为 A＋BB 式的，这一类占了大部分。例如：

瓷罐罐　　　　　篾筛筛　　　　　鸡崽崽　　　　　树桍桍

菜薹薹　　　　　鸡耙⁼耙⁼　　　　鸭啵⁼啵⁼　　　　药渣渣

茶脚脚　　　　　山坳坳　　　　　线头头　　　　　山尖尖

以上各例中，AB 形式的"瓷罐、篾筛、药渣"等在邵阳话中要么不能说，要么会改变原意，所以，它们只能分析成 A＋BB 式。

一类是既可以分析为 A＋BB 式，也可以分析为 AB＋B 式的。这一类的数量比较少。例如：

钢管管　　山坡坡　　草坪坪　　田塝塝　　手背背　　蒜脑脑

以上各例中，"钢管、山坡、草坪、田塝、手背、蒜脑"和"管管、坡坡、坪坪、塝塝、背背、脑脑"等都可以看作是一个独立的 AB 式或 AA 式名词，所以，这些 ABB 式词既可以分析为 A＋BB 式，也可以分析为 AB＋B 式。

2. 湘方言其他点中的 ABB 式名词

湘方言中都或多或少地存在 ABB 式名词，溆浦话最为丰富。为节省篇幅，我们每个方言点最多只举十例。

Ⅰ. 娄邵片

娄底：铁杆杆｜衣架架｜皮箍箍橡皮圈｜碗蒂蒂碗底部｜羊咪咪蜻蜓｜红疤疤公章｜毛讽⁼讽⁼毛毛雨｜山搭⁼搭⁼山谷深处｜铳子子火铳的弹药｜白赖⁼赖⁼洗得发白的衣服

新化：木棒棒｜圆圈圈｜脚丫丫｜线团团｜柴堆堆｜血丝丝｜草棚棚｜牛罾罾牛笼嘴｜门环环门上的搭扣｜脚弯弯大小腿结合处

涟源：鸡崽崽｜石子子小石子｜沙子子小沙子｜红疤疤官印、公章｜毛哄哄蒙蒙细雨｜山搭⁼搭⁼山谷深处｜山排排山坡｜洋咪咪蜻蜓｜耐⁼粑粑烙饼｜好嫚嫚喜欢讨好别人的人（陈晖，1999；彭春芳，2007）

邵东：床边边床沿｜路边边路边｜鸡崽崽小鸡｜鸭崽崽小鸭｜水圈圈漩涡｜手圈圈手镯｜山坳坳山窝｜山窠窠山窝｜树尖尖树尖 (孙叶林，2009：22-24)

隆回：脚背背｜脚腕腕｜脚瓣瓣｜血泡泡｜水泡泡｜铁箍箍｜皮箍箍｜铁桶桶｜盐罐罐｜木盖盖 (丁加勇，2004)

Ⅱ. 长益片

长沙：寒婆婆特别怕冷的人｜米糊糊米制糊状食物｜鸡芤꞊芤꞊童言谓鸡肉｜木子子乌桕籽｜骚子子青春痘｜灶蛐蛐灶马；对厨师的贬称｜炮子子子弹｜印巴巴圆形印章｜零巴巴零分｜洋咪咪蜻蜓

益阳：桑子子桑椹儿｜汤婆婆热水袋｜嫩毛毛婴儿｜涎兜兜围嘴儿｜发粑粑一种米制食物｜锅盖盖锅盖｜线头头线头｜纸筒筒纸筒｜药渣渣药渣｜鸡崽崽小鸡儿

Ⅲ. 其他片

溆浦：米糊糊一种米制食物｜纸坨坨纸团｜山垅垅有田的山谷｜粪凼凼粪坑｜空壳壳秕谷｜藕叶叶荷叶｜葱脑脑葱白｜蒜蕻蕻蒜薹｜笋壳壳笋皮｜红皮皮花生米的外皮

祁东：红点点小红点｜鱼籽籽鱼卵｜猪猡猡猪｜纸壳壳用纸包的外壳｜蛋啵꞊啵꞊蛋｜山坳坳山窝｜糖粑粑用糯米和糖做的粑｜田块块田边｜门旯旯门缝｜树苑苑树根

祁阳：磨把把磨把儿｜葱脑脑葱白｜树尖尖树梢｜树丫丫树杈｜杉刺刺杉刺｜牛崽崽牛犊儿｜洋咪咪蜻蜓｜煤粑粑煤球｜秤杆杆秤杆｜屋顶顶屋顶 (李维琦，1998)

在调查中我们感到，有的湘方言中的 ABB 式名词极为丰富，如邵阳话、溆浦话；有的方言中由"-崽崽"构成的名词很多，且类推性强，如邵阳话、娄底话。相比而言，某些湘方言中的这类名词却较为贫乏。比如，在《衡山方言研究》（彭泽润，1999）中，我们只见到"老墩墩对老人的厌称、老公公曾祖父的面称、老奶奶曾祖母的面称"等少数几个。在《衡阳方言语法研究》（彭兰玉，2005）中，则更难看到有 ABB 式名词的身影。据我们调查，衡南话中的这类名词也非常有限。

（二）ABCC 式

ABCC 式可以看作是 ABB 式的变式，它们的区别在于，ABB 式中与重叠形式 BB 组合构成名词的是单音节成分，而在 ABCC 式中，与重叠式 CC 组合构成名词的是双音节成分。

1. 邵阳话中的 ABCC 式名词

Ⅰ. ABCC 式名词的意义类别

ⅰ. 动物、植物类。例如：

萤火啰＝啰＝萤火虫 　　　唧＝呀＝嘶＝嘶＝蝉 　　　秧里秋＝秋＝蝌蚪

播丝网网蜘蛛网 　　　棉花毛毛棉絮 　　　鸡脚爪爪鸡爪

翼胛排排鸡中翅 　　　高粱毛毛高粱秆 　　　包谷秆秆玉米秆

萝卜丁丁萝卜丁 　　　苏子叶叶苏子叶 　　　花生肉肉花生米

西瓜籽籽西瓜子 　　　鸡婆蛋蛋松球 　　　丝瓜络络丝瓜老了以后的经络

甘蔗梗梗甘蔗 　　　木渣丝丝锯木灰 　　　茄子崽崽小茄子

西瓜崽崽小西瓜

ⅱ. 身体、部位类。例如：

鸡婆烂烂鸡皮疙瘩 　　　骚子坨坨青春痘 　　　鼻子痂痂鼻屎

鼻子干干鼻梁 　　　脚板皮皮脚板皮 　　　墁垢屎屎皮肤上的污垢

肚脐眼眼肚脐眼 　　　王心把把心脏顶部 　　　屁股丫丫两片屁股之间的部位

眼屎荠＝荠＝眼屎 　　　脑毛尖尖脑门心 　　　脚板心心脚板心

ⅲ. 器具、用品类。例如：

粪箕系系粪箕的提梁 　　　小淅桶桶尿桶 　　　钢笔筒筒钢笔筒

铅笔芯芯铅笔芯 　　　衣衫架架晾衣架 　　　老虎钳钳钳子

锅锹把把锅铲把 　　　蛇皮袋袋外观像蛇皮的尼龙编织袋

鼎罐盖盖鼎之盖 　　　石灰桶桶建筑工地上用来盛泥、沙的桶

ⅳ. 天文、地理类。例如：

圞风旋旋龙卷风；喻狗吃屎 　　　禾场坪坪晒谷场

尿泥凼凼房前屋后的臭水沟 　　　泥巴浆浆稀泥水

弄布窠窠荆棘丛生的地方 　　　雪花点点小雪花；电视、电影屏幕上的斑点

阳历婆婆掌管农时的女神；健康的老太婆 　　　农天婆婆掌管农时的女神；老天爷

ⅴ. 餐饮、副食类。例如：

油煎粑粑油饼 　　　丸子坨坨用瘦肉剁碎后做成的丸状食物

茶叶沉沉_{茶水中的沉淀物}　　　　　　粑皮皮[＝]_{锅巴；嘴唇干裂形成的皮}

ⅵ. 穿戴、服饰类。例如：

钥匙挂挂_{钥匙扣}　　　　　　　　头发夹夹_{夹发卡}

帽子啄啄_{帽檐}　　　　　　　　　烂布筋筋_{碎布条}

Ⅱ. ABCC 式名词的内部组合关系

从内部组合关系上看，ABCC 式名词有以下几种分析方式：（1）"AB＋CC"式，这种分析方式是把 ABCC 看作一个重叠形式 CC 与 AB 的组合，其中的 AB 和 CC 都是词根，其重叠类型属于构词重叠，也是"综合重叠"；（2）"ABC＋C"式，这种分析方式是把 ABCC 看作是在 ABC 式三音节词基础上的一种扩展，其中的 ABC 是词根，其重叠类型属于构形重叠，也是"部分重叠"；（3）还有一种分析方式是需要从整体上来认识 ABCC 式词，其中的 AB、ABC 和 CC 都不能成词，或者虽然成词，但其作为构词成分时与其单说时意思和用法不太一样，似乎不好归入刘丹青（1988）中所总结的任何一种重叠类型。

邵阳话中，ABCC 式名词根据其内部组合关系可以分为三类：

一类是只能分析为 AB＋CC 式的。这一类占了大部分。例如：

鸡脚爪爪	鸡婆蛋蛋	鸡婆烂烂	播丝网网
骚子坨坨	鼻子痂痂	鼻子干干	屁股丫丫
王心把把	眼屎荠[＝]荠[＝]	脑毛尖尖	粪箕系系
丝瓜络络	钢笔筒筒	茶叶沉沉	衣衫架架
蛇皮袋袋	泥巴浆浆	丸子坨坨	钥匙挂挂
头发夹夹	帽子啄啄	西瓜崽崽	茄子崽崽

以上各例中，AB 和 CC 都分别可以独立成词，但 ABC 却不能独立成词，如可以分别说"鸡脚""爪爪""鼻子""痂痂"，但没有"鸡脚爪""鼻子痂"等说法。

一类是既能分析为 AB＋CC 式，又能分析为 ABC＋C 式的。例如：

高粱毛毛	西瓜籽籽	铅笔芯芯	甘蔗梗梗
木渣丝丝	脚板皮皮	墁垢屎屎	肚脐眼眼
锅锹把把	鼎罐盖盖	石灰桶桶	小淤桶桶

以上各例中，AB、CC 和 ABC 都分别可以独立成词，如既可以说"高粱""毛毛""石灰""桶桶"，也可以说"高粱毛""石灰桶"，形成 AB、CC、ABC、ABCC 并存的格局。

一类是只能做 ABCC 整体认识的。例如：

萤火啰＝啰＝　　秧里秋＝秋＝　　农天婆婆　　　阳历婆婆

以上各例中，"萤火、啰啰、秧里、农天、阳历、秋秋"等都不能成词，"婆婆"虽然能单说，但其单说时读为阳平调，表示"外婆"的意思，而这里读作阳去调，与其"外婆"义也相去较远，只能看作是不表义的叠音形式，只有与前面的 AB 组合以后才能表义。

2. 湘方言其他点中的 ABCC 式名词

Ⅰ. 娄邵片

娄底：狮王爷爷掌管六畜的神 | 灶司公公灶王爷 | 泥巴坨坨泥团；呆板的人 | 鸡脚爪爪鸡爪 | 蜘蛛网网蜘蛛网 | 伊＝啊＝嘶＝嘶＝蝉 | 鼻头间间鼻梁 | 鼻头尖尖鼻尖 | 糯米坨坨糯米团；喻性格软弱的人 | 凉水坨坨一种有清凉效果的食物

新化：椅子掌掌椅子掌儿 | 豆子梗梗豆秸 | 鼻头干干鼻梁儿 | 帽子啄啄帽檐儿 | 姨娘奶奶父之姨母 | 叔伯哥哥堂兄 | 天老公公天老爷 | 小三娘娘爱耍脾气的女人 | 手指脑缝缝手指缝

涟源：闪电娘娘闪电 | 土地公公土地神 | 灶司公公灶神 | 桑树子子桑葚 | 大蒜子子蒜瓣 | 印子粑粑印有花纹的粑粑 | 面麦粑粑小麦粉做的粑粑 | 谷麦粑粑大麦粉做的粑粑 | 荞麦粑粑荞麦粉做的粑粑 | 糯米坨坨性格懦弱的人 | 泥巴坨坨泥团，泥塑的偶像 | 鼻头间间鼻梁（陈晖，1999；彭春芳，2007）

邵东：江江边边小溪边 | 街子头边边走廊边 | 帽子边边帽檐 | 锅铲板板一种形状像锅铲底的发型 | 洋芋崽崽小土豆 | 眼珠眶眶眼圈 | 鼻头干干鼻梁 | 鼻头尖尖鼻尖 | 骚粒子坨坨粉刺 | 妹唧崽崽小女孩（孙叶林，2009：22-24）

Ⅱ. 长益片

长沙：月亮巴巴童言谓月亮 | 蒿子粑粑一种饼状食物 | 糖油粑粑一种饼状食物 | 葱油粑粑葱油饼 | 南瓜粑粑南瓜饼 | 瓢妙姑姑[①] | 亲家爹爹对兄弟的岳父、姐妹的公

---

① 《长沙方言词典》（1993：119）的解释为：旧时在农历新春由两个姑娘抬着用红布包着柄的木瓢让人们询问吉凶（一种迷信活动），这两个姑娘被称为"瓢妙姑姑"。

公的称谓｜亲家妈妈对兄弟的岳母、姐妹的婆婆的称谓｜桑叶坨坨桑椹儿

益阳：眼珠子子眼珠儿｜牛屎粑粑—种饼状食物｜汽水粑粑—种饼状食物｜蒿子粑粑—种饼状食物｜玻璃杯杯玻璃杯｜肥皂泡泡肥皂泡｜瓶子盖盖瓶盖｜老虎崽崽小老虎｜狮子崽崽小狮子｜熊猫崽崽小熊猫

Ⅲ．其他片

溆浦：石头坬坬石坑｜红菜蕻蕻油菜薹｜高粱稿稿高粱秆｜桐油坨坨桐子｜喉咙洞洞喉管｜辣子末末辣椒面儿｜萝卜皮皮萝卜干儿｜竹子稿稿—种甘蔗｜橘子丝丝橘络｜丝瓜瓤瓤丝瓜络

祁东：泥巴坨坨泥团｜马路边边马路边｜香瓜籽籽香瓜籽｜瓜子壳壳瓜子壳｜橘子皮皮橘子皮｜鸭婆狢狢鸭子｜土地公公土地神｜奶唧崽崽小男孩｜妹唧嘎嘎小女孩｜铅笔芯芯铅笔芯

祁阳：棉花包包棉桃儿｜豆子秆秆豆秸｜鼻筒间间鼻梁｜手指那那手指缝｜屁股那那屁股沟｜眼珠边边眼圈｜帽子缠缠帽檐｜元宵粑粑有馅儿汤圆｜瓦屋翘翘屋角上翘的飞檐（李维琦，1998）

▶ 三、AAB 式与 AABC 式

（一）邵阳话中的 AAB 式和 AABC 式名词

邵阳话中的 AAB 式名词为数不多，例如：

（1）红红色浅红色　　灰灰色浅灰色　　紫紫色浅紫色　　青青色浅黑色
　　黑黑色浅黑色　　白白色浅白色　　蓝蓝色浅蓝色　　绿绿色浅绿色
　　黄黄色浅黄色　　麻麻色褐色中点缀着别的花色

（2）娘娘婆巫婆　　　毛毛雨小雨　　　□bən³²⁴□bən⁰ 山后台
　　唎唎鸟八哥　　　囲囲货圆形物　　扯⁼扯⁼货形状、角度不正的物品
　　寡寡味食物没有什么味道　　　叫叫子嗓门大的人；不务实的人

第（1）组中的 AAB 式名词都是颜色词，其中的"红色""灰色"等都可独立成词。从构成上看，它们都是在 AB 复合词的基础上，重叠前一个语素而形成的，可以看做构形重叠，其构成方式可以分析为"AB $\xrightarrow{\text{重叠}}$ ABB"。

第（2）组中的 AAB 式名词都是由一个 AA 式重叠名词通过复合或附

加的方式构成的，属于构词重叠，其构成方式可以分析为"AA＋B"式，其中的 AB 一般不可独立成词，如邵阳话中不说"毛雨""唧鸟""图货"等，"娘婆""叫子"虽然可以独立成词，但它们分别表示"动植物的母体"和"哨子"的意思，与 AAB 式名词的意思相去甚远。

邵阳话中的 AABC 式名词也为数不多，例如：

匠匠师傅工匠师傅　　　　饱饱脑壳好出风头的人　　　啄啄头发刘海

单单胚子瘦高个　　　　　花花肠子诡计多端的人　　　钩钩鼻子鹰钩鼻

以上各例都是由一个重叠成分 AA 与一个双音节名词复合而成，属于构词重叠，其中的 AA 多不可单说，且组合面不宽。

此外，"崽崽-""孖＝孖＝（［ma⁵⁵ma⁵⁵]）-"是邵阳话中表小的重叠式前缀，可以与双音节的普通名词和长辈亲属称谓词等组合，构成 AABC 式名词，表示体积、面积小或年纪轻等意思，类推性较强。例如：

崽崽栽锄小锄头　　　　　崽崽西瓜小西瓜　　　　　崽崽黄瓜小黄瓜

孖＝孖＝叔爷年幼的叔叔　　孖＝孖＝姑唧年幼的姑姑　　孖＝孖＝舅爷年幼的舅舅

（二）湘方言其他点中的 AAB 和 AABC 式名词

1. 娄邵片

娄底：细细风微风｜背背风顺风｜花花云无规则的点状云｜温温雷断断续续的雷声｜毛毛雨小雨｜钩钩云钩状云｜毛毛眼近视眼｜巴巴脑发髻｜困困禾东倒西歪的秧苗｜粒粒帽子瓜皮帽｜啄啄脑壳奔儿头｜啄啄帽子有帽檐的帽子

新化：挈挈风旋风｜毛毛雨牛毛细雨｜温温水温水｜坨坨凳方凳｜尖尖鞋弓鞋｜娘娘婆巫婆｜慢慢游载人三轮车｜板板面扁形脸｜鼓鼓眼珠鼓眼泡儿｜啄啄帽子鸭舌帽

涟源：背背风从后面吹来的风｜温温雷断断续续的雷声｜毛毛雨小雨｜巴巴脑发髻｜瘪瘪公表面凹下去的东西｜扯扯公歪歪斜斜的东西｜转转路弯路；繁难、琐碎的事｜困困禾插得歪歪扭扭的秧｜爆爆蛋鸡蛋（陈晖，1999；彭春芳，2007）

邵东：红红色｜灰灰色｜喷喷雨毛毛雨｜毛毛雨｜温温雷断断续续的雷声｜困困禾插得歪歪扭扭的禾苗｜转转路弯路｜尖尖脚弓鞋｜尖尖鞋小脚｜啄啄脑壳奔儿头｜啄啄额头奔儿头（孙叶林，2009：20-22）

韶山：微微风微风｜花花云无规则的点状云｜毛毛雨小雨｜毛毛雪小雪｜月月红月季花｜巴巴头发髻｜毛毛眼近视眼｜转转路弯路｜杵杵公顶端光秃的棍状物｜啄啄帽子有帽檐的帽子(曾毓美，2001)

2. 长益片

长沙：巴巴头盘在脑后的发髻｜巴巴腔下流话｜喔喔话悄悄话｜糊糊面糊状面食｜蓬蓬头一种发型｜娃娃菜刚长出两片嫩芽的萝卜菜｜泡泡果一种米制食物｜毛毛汗微汗｜转转莲一种儿童玩具｜掉掉皮一种皮肤病｜鬏鬏辫羊角辫｜坨坨妹子身材矮胖的姑娘

益阳：毛毛风微风｜巴巴凳小圆凳｜蓬蓬头一种发型｜猫猫风假积极｜转转莲一种花炮｜巴巴头盘在脑后的发髻｜慢慢悠拉客的三轮摩托车｜娃娃菜刚长出两片嫩芽的萝卜菜｜坨坨妹子身材矮胖的姑娘

3. 其他片

属于辰溆片的溆浦话 AAB 式名词比较丰富，如：

微微儿风微风　　　细细儿风微风　　　尕尕（[ṇiā⁴⁴·ṇiā]）风微风

末末雨小雨　　　　颗颗肥颗粒状肥料　　□liaʌ³⁵□liaʌ³⁵货形状不正的物体

稿稿树甘蔗　　　　圆圆肉龙眼肉　　　　巴巴药中医膏药

颗颗肉肉丁　　　　水水粪腹泻物　　　　棒棒柴劈柴

此外，溆浦话中重叠式的"儿儿-"可以作为名词前缀，置于单音节或双音节名词前面，构成"儿儿 A"式或"儿儿 AB"式名词，表示小称意义，类推性很强，这种情况在湘方言中比较特殊。例如：

儿儿风　　　儿儿雨　　　儿儿人　　　儿儿鸡

儿儿鸭　　　儿儿鹅　　　儿儿猪　　　儿儿狗

儿儿凳　　　儿儿货　　　儿儿碗　　　儿儿书

儿儿白菜　　儿儿萝卜　　儿儿书包　　儿儿箱子

永全片的祁东话中 AAB 和 AABC 式名词数量较少，例如：娃娃菜一种蔬菜｜毛毛雨小而细的雨｜啵⁼啵⁼蛋蛋或詈骂词｜圆圆肉龙眼肉｜泡泡手短胖的手｜蒸蒸蛋蛋羹｜花花日头偶尔出现的小日光｜屄屄奶唧脏兮兮的小男孩｜崽崽妹唧小女孩。但该方言中，用前缀"崽崽-"与名词组合表小称很常见，具有很强的类推性，如"崽崽豹子、崽崽桌子、崽崽池塘、崽崽姑唧"等。

　　李维琦（1999：113-114）所描写的祁阳话只收录有极少数的几个（如"毛毛雨_{牛毛雨}、崽崽锅_{小锅}、圆圆肉_{龙眼肉}、蒸蒸蛋_{鸡蛋羹}"等）。但该方言中叠音词缀"崽崽-"可以加在亲属称谓词前面，构成"崽崽 AB"式的名词，表示"排行最末的"，如用"崽崽晚晚"表示排行最末的叔叔，其他如"崽崽妹子、崽崽哥哥、崽崽婶子、崽崽姑子"等。

　　衡州片湘方言的这两类名词更为贫乏，如彭泽润（1999）所描写的衡山话中，几乎看不到这两类名词的身影，我们调查的衡南话也是如此。

▶ 四、AABB 式

　　普通话中的 AABB 式名词比较丰富。邓盾（2022）认为，现代汉语的 AABB 片段为复合词而非重叠式。我们认为，从理论上讲，如果 AB 不成词，它们所构成的 AABB 更适合于看成是词，因为无法解释 AABB 是由 AB 变化而来；如果 AB 成词，而且 AABB 跟它在语义上有一定的联系，则更容易把 AABB 看成是它的重叠变化形式（吴吟、邵敬敏，2001）。

　　除了普通话中那些常见的 AABB 式名词在湘方言中经常使用外，湘方言还有一些 AABB 式名词是在普通话中难以见到的。我们先来看邵阳话中的情形。从义类上看，邵阳话中 AABB 式名词主要包括以下三类：

1. 人物关系类

例如：

爹爹孙孙_{爷爷和孙辈们}	奶奶孙孙_{奶奶和孙辈们}	娘娘崽崽_{母亲与子女们}
爷爷崽崽_{父亲与子女们}	弟弟兄兄_{哥哥与弟弟们}	姊姊妹妹_{姐姐与妹妹们}
叔叔侄侄_{叔叔与侄儿侄女们}	舅舅甥甥_{舅舅与外甥外甥女们}	
大大细细_{年纪大的和年纪小的}	伢伢崽崽_{泛指小孩}	头头脑脑_{泛指领导们}

2. 普通事物类

例如：

花花朵朵_{童言谓花儿}	把把戏戏_{杂七杂八的东西}
麻麻点点_{小麻点之类}	斑斑点点_{小斑点之类}
粒粒簸簸_{凹凸不平的小事物}	嘴＝嘴＝龅龅_{凹凸不平的事物}

根根须须_{植物的根须之类}　　　　　苑苑脑脑_{植物的根须之类}

瓶瓶罐罐_{瓶子、罐子之类的器皿}　　汤汤水水_{汤水类食物}

坛坛罐罐_{坛子、罐子之类的器皿}　　花花草草_{花草之类的植物}

棍棍棒棒_{棍棒之类东西}　　　　　　渣渣水水_{汤水类食物}

3. 方所时间类

例如：

圈圈转转_{四周围；到处}　　　　　角角边边_{每个角落；到处}

里里外外_{里面和外面；到处}　　　前前后后_{前面和后面；从头至尾}

上上下下_{上面和下面；到处}　　　方方面面_{各个方面}

从构成上看，邵阳话中的 AABB 式名词大致包括以下两种情况：

一种情况是，AB 是一个双音节名词，AABB 式名词由其作为基础形式重叠而成，其构成方式是"AB $\xrightarrow{\text{重叠}}$ AABB"，可以看做构形重叠，也是整体重叠。如"爹爹孙孙""姊姊妹妹""把把戏戏"之类，就是由"爹孙""姊妹""把戏"等重叠而成的。

一种情况是，AB 不成词，AA、BB 分别为两个重叠式名词，AABB 式名词是由它们叠结而成，其构成方式是"AA＋BB $\xrightarrow{\text{叠结}}$ AABB"。储泽祥（2009：30）指出，叠结是汉语重要而又颇具特色的构形手段。邵阳话中的"伢伢崽崽""粒粒簌簌""圈圈转转"等就属于这一类。其中的 AA 和 BB 之间或者是近义关系（如"粒粒簌簌、苑苑脑脑"），或者是反义关系（如"大大细细、嚷ᵌ嚷ᵌ鲍鲍"）。

在湘方言其他点中，AABB 式名词的使用情况也基本上与普通话差不多，但也有一些普通话不用的词例，如长沙话中的"寸寸节节_{条状物的每一小节；连续不断的一段时间}""筋筋绊绊_{肉类中的筋儿；零碎破烂的东西}"；益阳话中的"筋筋襻襻_{肉类中的筋儿；零碎破烂的东西}""角角落落_{每个角落}""丁丁末末_{细小的颗粒类事物}"；新化话中的"婆婆公公_{外祖父}""婆婆奶奶_{外祖母}"；祁东话中的"娘娘崽崽_{泛指母亲与孩子们}""把把戏戏_{杂七杂八的小东西}""金金蓬蓬_{金龟子}""同同转转_{四周围}"，等等，这里不再赘述。

第二节　湘方言重叠式名词的变调

朱德熙（1982：26）指出，在普通话中，重叠式名词主要是亲属称谓词，重叠式亲属称谓词的第二个音节读轻声，第一个音节如果原来是上声，在重叠式里变为半上，如"奶奶、姥姥、姐姐"。邵敬敏主编（2007：57）在谈到普通话中轻声的音高时指出，轻声音节的实际调值取决于它前面那个音节的调值：大致说来，当前面一个音节的声调是阴平、阳平或去声时，轻声音节的调值是一个短促的低调，阳平之后的轻声降调起点较高，阴平之后次之，去声之后的最低；当前面一个音节的声调是上声时，轻声音节的调值是一个短促的高调。他们所举的例子中包括"哥哥、婆婆、弟弟、奶奶"等重叠式名词。

湘方言中，重叠式名词在声调上也有一定的变化，下面我们主要以邵阳话和益阳话为例来加以说明。

▶ 一、邵阳话重叠式名词的变调

邵阳话的重叠式名词中，除 AABB 式是两个 AA 式的复合或叠加外，其他各种结构类型的重叠式名词中都只包含一个 AA 式叠音成分。各种结构类型的重叠式的变调情况与 AA 式基本一致，下面我们仅以 AA 式名词为例，分析该方言重叠式名词的变调情况。

邵阳话的单字调有阴平 55、阳平 13、上声 33、阴去 35 和阳去 324 五个调类，下面我们首先根据变调前的调类对该方言 AA 式名词的变调情况进行分析。

（一）阴平调重叠时的变调

邵阳话中，当 AA 式名词的第一个音节是阴平调 55 时，其变调包括如下两种情况：

1. 55＋55→55＋53

这种情况是，第一个音节保持阴平调 55 的调值，后一个音节的调值变为一个短促的高降调 53。属于这种变调情况的 AA 式名词多为普通名词和专有名词。普通名词例如：

钵钵 po^{55} po$^{55-53}$ 钩钩 kəw^{55} kəw$^{55-53}$

弯弯 vaŋ^{55} vaŋ$^{55-53}$ 筛筛 sai^{55} sai$^{55-53}$

专有名词例如：

君君 tɕyn^{55} tɕyn$^{55-53}$ 青青 tɕʰin^{55} tɕʰin$^{55-53}$

坤坤 kʰuən^{55} kʰuən$^{55-53}$ 丹丹 tan^{55} tan$^{55-53}$

2. 55＋55→55＋11

这种情况是，后一个音节的调值变为一个短促的低平调 11，属于这种情况的 AA 式名词多为亲属称谓词，例如：

爹爹 tia^{55} tia$^{55-11}$ 奶奶 nai^{55} nai$^{55-11}$

爸爸 pa^{55} pa$^{55-11}$ 妈妈 ma^{55} ma$^{55-11}$

伯伯 pei^{55} pei$^{55-11}$ 哥哥 ko^{55} ko$^{55-11}$

但同属亲属称谓词的"叔叔、姑姑、亲亲"不在此列，它们的音变情况与上一类相同，分别读为［su^{55} su$^{55-53}$］、［ku^{55} ku$^{55-53}$］、［tɕʰin^{55} tɕʰin$^{55-53}$］。

（二）阳平调重叠时的变调

邵阳话中，当 AA 式名词的第一个音节是阳平调 13 时，其变调也有两种情况：

1. 13＋13→11＋35

这种情况是第一个音节由阳平调 13 变为低平调 11，第二个音节变为一个短促的阴去调 35，如果是全浊音声母，多伴随有清化的趋势，第一个音节为阳平调的 AA 式普通名词都属于这种变调情况，例如：

薹薹 dai$^{13-11}$ dai$^{13-35}$ 盆盆 bən$^{13-11}$ bən$^{13-35}$

盘盘 baŋ$^{13-11}$ baŋ$^{13-35}$ 箩箩 no$^{13-11}$ no$^{13-35}$

2. 13＋13→13＋11

这种情况是第一个音节保持阳平调 13 的调值，第二个音节的调值变为一个短促的低平调 11，如果是全浊音声母，多伴随有清化的趋势，属于这种情况的 AA 式名词为数不多，主要是一些儿童用语、专有名词和一些亲属称谓词。儿童用语例如：

鞋鞋 ɣai¹³ɣai¹³⁻¹¹	馍馍 mo¹³mo¹³⁻¹¹
猡猡 no¹³no¹³⁻¹¹	哞哞 man¹³man¹³⁻¹¹

专有名词例如：

梅梅 mei¹³mei¹³⁻¹¹	甜甜 dian¹³dian¹³⁻¹¹
兰兰 nan¹³nan¹³⁻¹¹	琳琳 nin¹³nin¹³⁻¹¹

亲属称谓词例如：

婆婆 bo¹³bo¹³⁻¹¹	姨姨 ʐ̩¹³ʐ̩¹³⁻¹¹

（三）上声调重叠时的变调

邵阳话中，当 AA 式名词的第一个音节是上声调 33 时，该上声调保持不变，后一个音节的调值变为一个短促的高降调 53。无论是普通名词，还是亲属称谓词，抑或是专有名词，当它们原调读为上声时，它们的变调情况都是一致的，都是 33＋33→33＋53。

普通名词例如：

铲铲 tsʰan³³tsʰan³³⁻⁵³	桶桶 tʰuŋ³³tʰuŋ³³⁻⁵³
管管 kuaŋ³³kuaŋ³³⁻⁵³	矮矮 ŋai³³ŋai³³⁻⁵³

亲属称谓词例如：

晚晚 man³³man³³⁻⁵³	嫂嫂 sau³³sau³³⁻⁵³
姐姐 tɕia³³tɕia³³⁻⁵³	宝宝 pau³³pau³³⁻⁵³

专有名词例如：

晓晓 ɕiau³³ɕiau³³⁻⁵³	凯凯 kʰai³³kʰai³³⁻⁵³
美美 mei³³mei³³⁻⁵³	磊磊 nuei³³nuei³³⁻⁵³

（四）阴去调重叠时的变调

邵阳话中，当 AA 式名词的第一个音节是阴去调 35 时，该阴去调变成低平调 11，第二个音节保持阴去调 35 不变。原调为阴去调的 AA 式普通名词、专有名词和亲属称谓词"妹妹""外外"，其变调规则都是 35＋35→11＋35。

普通名词例如：

罐罐 kuaŋ³⁵⁻¹¹kuaŋ³⁵	棍棍 kuən³⁵⁻¹¹kuən³⁵
对对 tuei³⁵⁻¹¹tuei³⁵	叫叫 tɕiau³⁵⁻¹¹tɕiau³⁵

专有名词例如：

亮亮 niaŋ³⁵⁻¹¹ niaŋ³⁵　　　　　耀耀 iau³⁵⁻¹¹ iau³⁵

慧慧 fei³⁵⁻¹¹ fei³⁵　　　　　娟娟 tɕyan³⁵⁻¹¹ tɕyan³⁵

亲属称谓词例如：

妹妹 mei³⁵⁻¹¹ mei³⁵　　　　　外外 vai³⁵⁻¹¹ vai³⁵

（五）阳去调重叠时的变调

邵阳话中，当 AA 式名词的第一个音节是阳去调 324 时，该阳去调变成低平调 11，第二个音节变成一个短促的阴去调 35，如果是全浊音声母，多伴随有清化趋势。普通名词、专有名词和亲属称谓词在变调上也没有什么区别，都是 324＋324→11＋35。

普通名词例如：

碟碟 diɛ³²⁴⁻¹¹ diɛ³²⁴⁻³⁵　　　　棒棒 baŋ³²⁴⁻¹¹ baŋ³²⁴⁻³⁵

凿凿 tsʰo³²⁴⁻¹¹ tsʰo³²⁴⁻³⁵　　　　扣扣 kʰəɯ³²⁴⁻¹¹ kʰəɯ³²⁴⁻³⁵

专有名词例如：

凤凤 vəŋ³²⁴⁻¹¹ vəŋ³²⁴⁻³⁵　　　　静静 dʑin³²⁴⁻¹¹ dʑin³²⁴⁻³⁵

柱柱 dʐʮ³²⁴⁻¹¹ dʐʮ³²⁴⁻³⁵　　　　杰杰 tɕʰiɛ³²⁴⁻¹¹ tɕiɛ³²⁴⁻³⁵

亲属称谓词例如：

舅舅 dʑiəɯ³²⁴⁻¹¹ dʑiəɯ³²⁴⁻³⁵　　　大大 da³²⁴⁻¹¹ da³²⁴⁻³⁵

综合以上分析，我们可将邵阳话 AA 式名词的变调情况归纳为：

表一　邵阳话 AA 式名词的变调情况

重叠前调类	重叠前调值	变调情况	
阴平	A⁵⁵	普通名词、专有名词、大部分亲属称谓词	①A⁵⁵ A⁵⁵⁻⁵³
		少数亲属称谓词	②A⁵⁵ A⁵⁵⁻¹¹
阳平	A¹³	普通名词	③A¹³⁻¹¹ A¹³⁻³⁵
		儿语名词、专有名词、亲属称谓词	④A¹³⁻¹¹ A¹³⁻¹¹
上声	A³³	⑤A³³ A³³⁻⁵³	
阴去	A³⁵	⑥A³⁵⁻¹¹ A³⁵	
阳去	A³²⁴	⑦A³²⁴⁻¹¹ A³²⁴⁻³⁵	

可以看出，邵阳话中的 AA 式名词共有 7 条变调规则，并具有以下几个

变调特点：

①变调可以只发生在重叠式的后一个音节上，也可以发生在重叠式的前后两个音节上。

②从变调后的调型来看，有平调（11），有降调（53），也有升调（35）。

③AA式名词的变调主要与其重叠前的调类紧密有关，此外还与名词的类别有关：

原调为阴平调的AA式名词，除少数亲属称谓词的后一音节变为11调外，其他名词都是后一音节变为53调；

原调为阳平调的AA式名词，除少数儿语名词、专有名词和亲属称谓词的后一音节变为11调外，其他普通名词都是前一音节变为11调，后一音节变为35调；

原调为上声调的AA式名词，统一将后一音节变为53调；

原调为阴去调的AA式名词，统一将前一音节变为11调，后一音节保持35调。

④原调为阳平调和阳去调的AA式名词，变调时往往还伴随有全浊音声母的清化。

在讨论汉语音变的时候，人们习惯上把语流中由于两个或多个音节相连而发生的声调变化称作"连读变调"，最典型的如普通话中的"上声变调"：当两个上声连读时，前一个上声需要由214变为35，如"理想、美好"等。这种连读变调发生的条件是单纯的语音条件，只要满足这个条件，变调就会发生。通过对比可以看出，邵阳话中，AA式名词的变调显然不是这种单纯依据语音条件的连读变调，因为，当两个声调相同的音节相连构成非重叠式名词的时候，它们并不需要发生上文所列的声调变化，试比较[①]：

声调组合	重叠式名词	非重叠式名词
阴平＋阴平	钵钵 $po^{55} po^{55-53}$	心肝 $\varsigma in^{55} kan^{55}$
阳平＋阳平	盆盆 $bən^{13-11} bən^{13-35}$	牛羊 $ȵieu^{13} ʑiaŋ^{13}$

---

① 重叠式名词发生变调，而非重叠式名词不发生变调，可能跟这些名词的轻重音格式有关。

上声＋上声	桶桶 $t^hu\eta^{33}t^hu\eta^{33\text{-}53}$	楷体 $k^hai^{33}t^hi^{33}$	
阴去＋阴去	棍棍 $kuən^{35\text{-}11}kuən^{35}$	细布 $\varphi\gamma^{35}pu^{35}$	
阳去＋阳去	棒棒 $ba\eta^{324\text{-}11}ba\eta^{324\text{-}35}$	剩饭 $zən^{324}van^{324}$	

彭泽润（2006）提出"词调模式化"的概念来分析汉语方言中的某些声调变化，他指出："'词调模式化'是一个词的全部音节、部分音节的声调固定地读成一个高、低或者弱的声调，没有语流语音条件地形成一种高低、强弱模式的语音现象。这个声调被模式化的语素不管它被单独指称或者在其他词中表现的声调是什么，也不管它前后的语音条件是否相同。"并认为"词调模式化"是没有单纯语音条件的音变，在相同的语音条件下，可能发生词调模式化现象，也可能不发生词调模式化现象。根据"词调模式化"的理论，表一中邵阳话 AA 式名词的 7 条变调规则可以概括为以下 4 种变调模式：

①11＋35，X＝13［普通名词］//35//324①

该公式表示，邵阳话中，AA 式名词的声调可能模式化为一个固定的声调组合［11＋35］，其条件是原调为 13 调的 AA 式名词（例如"薹薹、盆盆"），以及所有原调分别为 35 调（例如"罐罐、棍棍/亮亮、慧慧/妹妹、外外"）和 324 调的 AA 式名词（例如"碟碟、棒棒/凤凤、静静/舅舅、大大"）。

②X＋53，X＝33

该公式表示，邵阳话中，当 AA 式名词的原调为 33 调时，其后一个音节要模式化为 53 调，例如"铲铲、管管/晓晓、凯凯/晚晚、嫂嫂"。

③X＋11，X＝13

该公式表示，邵阳话中，当 AA 式名词的原调为 13 调时，其后一个音节要模式化为 11 调，例如"鞋鞋、馍馍/梅梅、兰兰/婆婆、姨姨"。

④55＋X，X＝53//11

---

① 公式中的数字表示声调的调值，"＋"表示声调在重叠式名词中的组合，"X"表示这个音节没有模式化，声调读原调，","表示后面是变数的情况，"＝"表示"X"可能有的调值类型，"［］"里面的文字说明这个调型中只有括号里面的这些重叠式名词次类按这种方式词调模式化，"//"隔离不同的调值类型，"/"隔离相同调值的例子中重叠式名词的类别，其中的重叠式名词按"普通名词/专有名词/亲属称谓词"的顺序排列。下同。

　　该公式表示，邵阳话中，当 AA 式名词的原调为 55 调时，其后一个音节要模式化为 53 调或 11 调，前者如"钵钵、杯杯/君君、丹丹"，后者如"爹爹、奶奶"。

▶二、益阳话重叠式名词的变调

　　从上文的描写我们知道，益阳话中的重叠式名词是比较丰富的。该方言中的重叠式名词在使用过程中也会发生变调，徐慧（2001：34-39）曾对该方言重叠式名词的变调情况有所描写，下面结合她的描写和我们的调查，进一步对益阳话重叠式名词的变调情况进行分析。

　　除轻声外，益阳话中共有五个单字调，各调类的名称和调值分别为[①]：

阴平 34　阳平 13　上声 41　去声 21　入声 45

　　该方言中，不同原调的 AA 式名词有不一样的变调规律，我们首先也按其原调的类型来分别分析。

（一）阴平调重叠时的变调

益阳话中原调为阴平调的 AA 式名词的变调有两种情况：

1. 34＋34→34＋55

其后一音节变为高平调 55，属于这种情况的多为普通名词。例如：

包包 pau³⁴ pau³⁴⁻⁵⁵　　　　　圈圈 tɕʰyē³⁴ tɕʰyē³⁴⁻⁵⁵

筋筋 tɕin³⁴ tɕin³⁴⁻⁵⁵　　　　　钩钩 kəu³⁴ kəu³⁴⁻⁵⁵

2. 34＋34→34＋33

其后一音节变为中平调 33。属于这种情况的多为专有名词和亲属称谓词。专有名词例如：

姝姝 ɕy³⁴ ɕy³⁴⁻³³　　　　　　欣欣 ɕin³⁴ ɕin³⁴⁻³³

娇娇 tɕiau³⁴ tɕiau³⁴⁻³³　　　　佳佳 tɕia³⁴ tɕia³⁴⁻³³

亲属称谓词例如：

爹爹 tia³⁴ tia³⁴⁻³³　　　　　　妈妈 ma³⁴ ma³⁴⁻³³

---

　　① 崔振华（1997）和徐慧（2001）所调查的益阳话声调略有出入，我们采用的是徐慧（2001）的声调系统。

哥哥 ko³⁴ ko³⁴⁻³³

（二）阳平调重叠时的变调

该方言原调为阳平调的 AA 式名词的变调也有两种情况：

1. 13＋13→13＋55

其后一音节变为高平调 55。属于这种情况的多为普通名词和专有名词。普通名词例如：

皮皮 pi¹³ pi¹³⁻⁵⁵   毛毛 mau¹³ mau¹³⁻⁵⁵

牌牌 pai¹³ pai¹³⁻⁵⁵   筒筒 tən¹³ tən¹³⁻⁵⁵

专有名词例如：

扬扬 iɔ̃¹³ iɔ̃¹³⁻⁵⁵   梅梅 mi¹³ mi¹³⁻⁵⁵

霞霞 ɕia¹³ ɕia¹³⁻⁵⁵   荷荷 o¹³ o¹³⁻⁵⁵

2. 13＋13→13＋33

其后一音节变为中平调 33。属于这种情况的是某些亲属称谓词，例如：

爷爷 ia¹³ ia¹³⁻³³   婆婆 po¹³ po¹³⁻³³

（三）上声调重叠时的变调

益阳话中原调为上声调的 AA 式名词的变调也有两种情况：

1. 41＋41→41＋11

这是后一音节变为低平调 11。属于这种情况的多为普通名词和专有名词。普通名词例如：

眼眼 ŋā⁴¹ ŋā⁴¹⁻¹¹   管管 kɔ̃⁴¹ kɔ̃⁴¹⁻¹¹

坎坎 kʰā⁴¹ kʰā⁴¹⁻¹¹   口口 kʰəu⁴¹ kʰəu⁴¹⁻¹¹

专有名词例如：

伟伟 uei⁴¹ uei⁴¹⁻¹¹   喜喜 ɕi⁴¹ ɕi⁴¹⁻¹¹

羽羽 y⁴¹ y⁴¹⁻¹¹   美美 mei⁴¹ mei⁴¹⁻¹¹

2. 41＋41→41＋55

这是后一音节变为高平调 55。属于这种情况的是某些亲属称谓词，例如：

婶婶 sən⁴¹ sən⁴¹⁻⁵⁵   晚晚 mā⁴¹ mā⁴¹⁻⁵⁵

（四）去声调重叠时的变调

益阳话中，专有名词很少有人用去声字重叠的，所以，该方言中的 AA 式名词多为普通名词和亲属称谓词，而且这种普通名词和亲属称谓词也并不多见，它们的变调规则只有 $21+21 \rightarrow 21+55$ 一种，即后一音节变为高平调 55。例如：

帽帽 $mau^{21} mau^{21\text{-}55}$ 　　　　　豆豆 $təu^{21} təu^{21\text{-}55}$

凤凤 $xən^{21} xən^{21\text{-}55}$ 　　　　　婧婧 $to^{21} to^{21\text{-}55}$

（五）入声调重叠时的变调

益阳话中原调为入声调的 AA 式名词，其变调情况也很简单，无论是普通名词，还是专有名词、亲属称谓词，其变调规则都是 $45+45 \rightarrow 45+55$，都是后一个音节变为高平调 55。普通名词例如：

角角 $ko^{45} ko^{45\text{-}55}$ 　　　　　棒棒 $pɔ̃^{45} pɔ̃^{45\text{-}55}$

罐罐 $kɔ̃^{45} kɔ̃^{45\text{-}55}$ 　　　　　壳壳 $k^h o^{45} k^h o^{45\text{-}55}$

专有名词例如：

倩倩 $tɕ^h i\tilde{e}^{45} tɕ^h i\tilde{e}^{45\text{-}55}$ 　　　俊俊 $tsən^{45} tsən^{45\text{-}55}$

栋栋 $tən^{45} tən^{45\text{-}55}$ 　　　　　旺旺 $ɔ̃^{45} ɔ̃^{45\text{-}55}$

亲属称谓词例如：

叔叔 $səu^{45} səu^{45\text{-}55}$ 　　　　　伯伯 $pa^{45} pa^{45\text{-}55}$

我们也可以将益阳话中 AA 式名词的变调情况列表如下：

表二　益阳话中 AA 式名词的变调情况

重叠前调类	重叠前调值	变调情况	
阴平	A^{34}	普通名词	① $A^{34} A^{34\text{-}55}$
		专有名词、亲属称谓词	② $A^{34} A^{34\text{-}33}$
阳平	A^{13}	普通名词、专有名词	③ $A^{13} A^{13\text{-}55}$
		亲属称谓词	④ $A^{13} A^{13\text{-}33}$
上声	A^{41}	普通名词、专有名词	⑤ $A^{41} A^{41\text{-}11}$
		亲属称谓词	⑥ $A^{41} A^{41\text{-}55}$
去声	A^{21}	⑦ $A^{21} A^{21\text{-}55}$	
入声	A^{45}	⑧ $A^{45} A^{45\text{-}55}$	

可以看出，益阳话中的 AA 式名词有 8 条变调规则，并具有以下几个变调特点：

①变调只发生在重叠式的后一个音节上。

②从变调后的调型来看，只有平调（11、33、55），没有降调和升调。

③除原调为阴平调、上声调的少数情况以外，该方言 AA 式名词的后一音节的调值相对变调前都有高化的趋势，且以变为高平调 55 调最为常见。

根据"词调模式化"理论，也可以将益阳话 AA 式名词的 8 条变调规则概括为以下 3 种变调模式：

①X＋55，X＝34［普通名词］//13［普通名词/专有名词］//41［亲属称谓词］//21［普通名词/专有名词］//45

该公式表示，益阳话中，AA 式名词的后一个音节可能模式化为 55 调，其条件是：原调为 34 调的普通名词（例如"包包、圈圈"）；原调为 13 的普通名词（例如"皮皮、毛毛"）和专有名词（例如"扬扬、梅梅"）；原调为 41 的亲属称谓词（例如"婶婶、晚晚"）；原调为 21 的 AA 式名词（例如"帽帽、豆豆/婿婿"）；原调为 45 的 AA 式名词（例如"角角、棒棒/倩倩、俊俊/叔叔、伯伯"）。

②X＋33，X＝34［专有名词/亲属称谓词］//13［亲属称谓词］

该公式表示，益阳话中，AA 式名词的后一个音节可能模式化为 33 调，其条件是：原调为 34 调的专有名词（例如"娇娇、欣欣"）和亲属称谓词（例如"爹爹、妈妈"）；原调为 13 调的亲属称谓词（例如"爷爷、婆婆"）。

③X＋11，X＝41［普通名词/专有名词］

该公式表示，益阳话中，AA 式名词的后一个音节可能模式化为 11 调，其条件是：原调为 41 调的普通名词（例如"眼眼、管管"）和专有名词（例如"伟伟、美美"）。

三、湘方言其他点重叠式名词的变调

名词重叠时发生变调的情况，在其他一些湘方言点也可以见到。例如，属于娄邵片的新化话中，AA 式名词无论其原调是什么调类，一律将后一音节高化为去声调 45，如"尖尖尖儿、环环小环儿、水水少量的水、把把把儿、壳壳壳儿"等。（罗昕如、李斌，2008）隆回话中，AA 式名词的后一个音节发生音变，其规律是：如果原调是阴平，后一个音节变为 31 调，如"根根、粒粒"等；如果是非阴平，后一个音节变为 55 调，如"盆盆、桶桶、盒盒、泡泡"等。（丁加勇，2004）

属于长益片的湘潭话中，部分 AA 式亲属称谓词，也是将后一音节高化为阴去调 ［55］，如"伯伯、叔叔、满满、舅舅"等。（曾毓美，2001：16）另据罗昕如、李斌（2008）介绍，婴幼儿与青少年叠音名字本调为阳平的，后字一般变为高调 45 或 55 的情况，在长益片湘语中十分普遍。衡山话中，儿童用语中的重叠式、部分 AA 式亲属称谓词，也是无论原调是什么调类，一律将后一音节高化为阴去调 55，如"鸡鸡赤子阴、鞋鞋、糖糖、饼饼、手手、奶奶、伯伯、满满"等。（彭泽润，2006）

从以上分析可以看出，大多数湘方言中的名词重叠形式都要发生声调变化，而且都有高调化趋势，其中尤以变为 55 调最为常见。

第三节 湘方言名词重叠的语法、语义功能

一、湘方言名词重叠的语法功能

一个语法单位的语法功能一般包括其组合功能和充当句法成分的功能两个方面。华玉明（2003：15-17）从组合功能和句法功能两个方面将普通话中名词重叠式与其基式的语法功能进行了比较，认为二者在上述两个方面有相同之点，也有不同之处：在组合能力方面，其相同点是二者都不能前加否定词和程度副词，不同点是单音节原形名词一般可以前加形容词和数量短语，而重叠式则不能；在句法功能方面，其相同点是重叠式与基式都能作主语，一般都不能作谓语，不同点主要表现在充当宾语和状语的差异方面，这又与音节数目有关系：单音节名词可以比较自由地作宾语而其重叠式比较受限；双音节名词一般不能作状语而其重叠式则可以。

湘方言的各种名词重叠形式中，除 AABB 式具有自身的一些特点外，

基本上仍然保持了名词的语法特征，具有一般名词所具有的组合功能和句法功能。

（一）湘方言名词重叠的组合功能

1. 不受副词修饰

湘方言中的名词重叠形式都不能受否定副词和程度副词修饰，如邵阳话中不说"＊冇盖盖、＊唔罐罐、＊冇鸭崽崽、＊唔山尖尖、＊冇油煎粑粑、＊唔花花朵朵"之类，也不说"＊蛮坑坑、＊蛮山冲冲、＊老叶叶、＊老包谷秆秆、＊老扯＝扯＝货、＊老爷爷崽崽"等。①

2. 可受形容词修饰

湘方言中的各种名词重叠形式前面都可以受形容词修饰。例如，邵阳话中：

（1）红本本   大桶桶   嫩尖尖

   深水凼凼   臭粪坑坑   白棉花毛毛

   甜甘蔗梗梗 热油煎粑粑 老刨刨脑壳

（2）崭新个桶桶 鲅嫩个叶叶 老大个木棒棒

   壁陡个山坡坡 绯成绯成个萝卜丁丁 烂咖个坛坛罐罐

以上各例中，第（1）组是形容词与重叠式名词的直接组合，其中的形容词是单音节的性质形容词。第（2）组中的形容词与重叠式名词之间有一个相当于普通话中名词化标记"的₃"的"个"，是形容词与重叠式名词的间接组合，其中的形容词为双音节或多音节的状态形容词。

3. 与数量短语组合

除 AABB 式以外，湘方言中各种名词重叠形式都可与数量短语组合，构成"数词＋量词＋名词重叠形式"短语，前面还可以加指示代词构成指量短语。例如，邵阳话中：

AA 式：三只桶桶   三块耙＝耙＝   簡根棒棒

---

① 邵阳话中，"冇"既可作动词也可作否定副词，作动词时后面可以接名词构成述宾结构，这时可以说"冇盖盖、冇油煎粑粑"之类，但作为否定副词时不能这么说；"老"既可作形容词也可作程度副词，作形容词表示"年纪大""（植物）生长时间过长"等意义时，后面可以接名词构成偏正结构，这时可以说"老叶叶、老包谷秆秆"等。

ABB 式：一胖鸭崽崽　　　两只箢筛筛　　　那两根钢管管

ABCC 式：两只翼胛排排　　一脸骚子坨坨　　箇两筛鸡婆蛋蛋

AAB 式：一只娘娘婆　　　两对唎唎鸟　　　那一炝＝毛毛雨

AABC 式：一只龅龅脑壳　　两根花花肠子　　箇三把崽崽栽锄

以上各例中的量词既包括个体量词（如"只、根"等），也包括集合量词（如"对、胖＝"）、借用量词（如"筛、脸"）、动量词（如"炝＝"）等，可见该方言中名词重叠形式与数量短语组合的面还是比较宽的。

当"数词＋量词＋名词重叠形式"作宾语时，如果数词是"一"，往往可以省略。例如：

（3）益阳：你把哦根棍棍递得我。你把那根棍子递给我。

（4）娄底：他拿者只洋咪咪打死咖哒。他把那只蜻蜓打死了。

在娄邵片的一些方言点（如娄底、新化、涟源等地），"数词＋量词＋名词重叠形式"短语作主语时，如果数词是"一"，也可以省略，这时的量词往往带有指示词的作用。例如：

（5）娄底：只洋咪咪拿赐他打死咖哒。那只蜻蜓被他打死了。

（6）新化：根铁杆杆起锈了。这根铁杆生锈了。

湘方言中，之所以会出现名词重叠形式前面可以受形容词和数量短语的修饰这种与普通话不同的现象，是因为其中的名词重叠形式具有普通名词的特征，其在组合功能上的语法地位相当于一个普通名词，而普通话中的名词重叠具有量词的特征。普通名词在普通话中也是可以前加形容词和数量短语的。例如"老人、旧事、大字、长句、雪白的手、很深的书、冰凉的脸、三个人、四件事"等。[1]

湘方言中，AABB 式一般不能受数量词修饰，但可以受"指示代词＋不定量词"构成的指量短语修饰，构成"指量名"短语。例如邵阳话中的"箇滴伢伢崽崽、那滴汤汤水水、箇滴把把戏戏、那滴麻麻点点"等。娄底、新化、涟源等地方言中，不定量词"滴"后可以直接跟 AABB 式名词，作主语时，其中的"滴"也有指代词的作用。例如新化话中：

---

① 这些例子分别引自朱德熙（1980：10）和华玉明（2003：16）。

(7) 屋里尽是滴坛坛罐罐。家里全都是坛子罐子之类小家什。

(8) 滴汤汤水水吃唔完，倒咖算哩。这些汤汤水水吃不完，倒掉算了。

(二) 湘方言名词重叠的句法功能

湘方言中的名词重叠形式主要充当主语、宾语、定语等句法成分，有些重叠式偶尔也能作谓语、状语。这在湘方言各点没有多大区别，下面我们以邵阳话为例加以说明。

1. 作主语

邵阳话中，各种结构形式的名词重叠形式都可以作主语，前面常有数量词、指量短语、所有格等修饰限定性成分。如：

(9) 箇只盆盆漏水哩。这个盆子漏水了。

(10) 渠屋里个猪崽崽让别个瘀死咖哩。他家的小猪仔被人家药死了。

(11) 锅锹把把响咖哩，快迅吃饭哩。锅铲把响了，快吃饭了。

(12) 那只娘娘婆又上戆哩。那个巫婆又作法哩。

(13) 你箇滴啄啄头发唧唔剪咖算哩？你这么些刘海怎么不剪掉？

(14) 你屋里爷爷崽崽要去哪里去啊？你们父子要去哪儿啊？

2. 作宾语

邵阳话中，各种结构形式的名词重叠形式都可以作宾语，既可以是动词的宾语，也可以是介词的宾语。例如：

(15) 抽根矮矮坐倒箇里听我话白话。搬条小凳子坐这儿听我讲故事。

(16) 拿那滴药渣渣倒咖！把那些药渣倒掉！

(17) 捡滴鸡婆蛋蛋回去透煤火。捡些松球回家引煤火。

(18) 外头亦落毛毛雨哩。外面又下小雨了。

(19) 打死你箇只勉勉脑壳！打死你这个爱打小报告的人！

(20) 渠死咖哩唔坐起你箇滴娘娘崽崽。他死了以后还不是连累你们娘儿们。

3. 作定语

邵阳话中，各种结构形式的名词重叠形式都可以作定语，定语和中心语之间一般都得有定语标记"个"。例如：

(21) 箇只袋袋个颜色太亮哩。这个袋子的颜色太鲜艳了。

(22) 冇拿鸡崽崽个毛弄湿咖哩。别把小鸡的毛弄湿了。

（23）唧ᵉ呀ᵉ嘶ᵉ嘶ᵉ个声音好难听。知了的叫声很难听。

（24）我喜欢穿<u>灰灰色</u>唧个衣衫。我喜欢穿灰色的衣服。

（25）<u>龅龅脑壳</u>个话哪个信？爱打小报告的人的话谁信？

（26）你屋里爷爷<u>崽崽</u>个衣衫该洗得哩。你们父子的衣服该洗了。

普通话中，名词主要充当主语、宾语和定语，决不能作补语，除了少数名词外，一般不能作状语。（邵敬敏，2007：174）这与邵阳话中名词重叠形式的句法功能是基本一致的，这说明邵阳话中的名词重叠形式在句法功能上也具有普通名词的特征。

4. 作谓语、状语

邵阳话中能够充当谓语和状语的名词重叠形式主要是 AAB 式和 AABB 式。其中，AABB 式又以其方所时间类词最为常见。例如：

（27）箇只衣衫<u>灰灰色</u>唧，蛮好看。这件衣服灰色的，很好看。

（28）今日个菜<u>寡寡味</u>，老唔好吃。今天的菜没什么味道，一点都不好吃。

（29）箇只箱子<u>扯ᵉ扯ᵉ</u>货，唔好提。这只箱子形状不规则，不好提。

（30）我<u>圈圈转转</u>寻到咖哩都冇寻倒。我四下里找了个遍都没找着。

（31）渠<u>日日夜夜</u>守到只牌桌子边。他不分昼夜地守在牌桌边。

华玉明（2003）认为，双音节名词按 AABB 式重叠以后，在句法功能上具有趋近状态形容词的倾向。邵阳话中，AABB 式名词可以作状语（例 30、31），也可以说是其名词功能向状态形容词转化的表现。

▷ 二、湘方言名词重叠的语义功能

重叠既是一种构词手段，又是一种构形手段。由构词重叠构成的重叠式名词表现出一定的构词意义，由构形重叠构成的名词重叠式表现出一定的语法意义。下面分别讨论。

（一）湘方言名词重叠的构词机制

在讨论湘方言名词重叠的结构形式时，我们主要以邵阳话为例，分析了各类名词重叠形式的内部构成情况。从上文的讨论可知，在湘方言中，重叠作为一种常见的构词手段，可以构成多种名词，湘方言大部分名词重叠形式都是通过构词重叠形成的：一般地，各方言点首先通过重叠手段构成 AA 式名词，然后再以 AA 式名词作为构词成分，与其他构词成分通过复合、附加等方式构成其他类型的名词重叠形式。所以，这里我们也主要分析 AA 式名词的构词机制。

李小凡（1998：42）指出，重叠构词法有成词、转类、变义三种机制：不成词音节或语素重叠以后构成词是成词作用，词重叠以后改变句法功能变成另一类词是转类作用，词重叠以后词义强化、弱化或增加某种感情色彩则是变义作用。湘方言中，名词性语素、动词性语素、形容词性语素、量词性语素和不成词的音节等多种成分，都可以通过重叠手段构成 AA 式名词。在这些成分重叠构词的过程中，重叠手段所起的作用也是不一样的，我们也从成词机制、转类机制和变义机制三个方面来讨论。

1. 湘方言名词重叠的成词机制

在不成词的音节和不成词的名词性语素通过重叠手段构成 AA 式名词时，重叠在这个过程中所起的作用，主要是使它们由非词单位变成词汇单位，例如，邵阳话中的"罐罐、桶桶、坑坑"和"啵⁼啵⁼、猡猡、啰啰"等，其中的"罐、桶、坑、啵⁼、猡、啰"等一般都不成词，只有重叠以后才成为一个"词"。再如，长沙话中的"唧唧₍乳房或乳汁₎、凤凤₍金龟子₎、巴巴₍特指印章₎"、益阳话中的"根根、须须"之类也属于这种情况。

2. 湘方言名词重叠的转类机制

湘方言中，动词性语素、形容词性语素、量词性语素通过重叠手段构成名词时，相对于其构词成分而言，所构成的名词在词类属性上发生了改变。从词义上来说，则带有"转指"的性质。"转指"是朱德熙先生在分析汉语名词化标记"的、者、所、之"等的语法语义功能时提出来的概念，指的是像英语中动词 write 加上后缀-er 转化成名词 writer 时，词义由指动作行为或性质本身转化为指与行为动作或性质相关的事物的一种名词化方式。朱先生指出，汉语中的名词后缀"-子、-儿、-头"加在谓词性词根上造成的名词绝大部分都是表示转指意义的，如"扳子、傻子、盖儿、画儿、念头、看头"等。[①] 湘方言中的某些 AA 式名词多可与普通话中的"子"尾

---

① 关于"转指"的概念，请参看：朱德熙．自指和转指：汉语名词化标记"的、者、所、之"的语法功能和语义功能［J］．方言，1983，（1）：16-31．

词、“儿”尾词对应，也表示一定的转指意义，说明重叠在湘方言中也是一种名词化的方式：

①动词性语素重叠前表示一个动作、行为，重叠以后多表示实施该动作行为所凭借的工具。例如，娄底话中，“铲”表示的是“用锹或铲撮取或清除”的动作，“铲铲”则表示实施“撮取或清除”的动作时使用的工具“铲子”；“盖”表示“由上而下遮盖”的动作，“盖盖”表示“器物上部起遮盖作用的东西”。

②形容词性语素重叠前表示事物的性质、状态，重叠以后多表示具有该性状的人或事物。例如，邵阳话中，“弯”表示事物弯曲的状态，“弯弯”表示弯曲的事物；“香”表示气味好闻的性质，“香香”特指具有好闻气味的护肤霜。

③量词性语素重叠前表示人或事物的单位，重叠以后多转指习惯以这种单位计量的人或事物。例如，新化话中，“双”是对成对的事物的计量单位，“双双”则表示“双胞胎”；“片”是对成片的事物的计量单位，“片片”则表示“片状物”。

3. 湘方言名词重叠的变义机制

重叠是汉语方言中表示小称的主要方式之一。曹志耘（2001）认为，“小称”的基本功能或初始功能是“指小”，在“指小”的过程中，自然衍生出表示喜爱、亲昵、戏谑等功能，有时“指小”功能甚至已经不太明显了。沈明（2003）认为，小称就是表小指爱。在湘方言中，可以见到运用重叠手段表小示爱的现象，主要包括下面几种情形：

①用于儿童用语或儿向语言中，带有亲昵、喜爱的色彩，如通行于大多数湘方言的“鸡粑⁼粑⁼、鱼粑⁼粑⁼、鸡㑩㑩、猪猡猡”等。

②用于人名中作为昵称，如邵阳、益阳、湘潭等地方言中的“伟伟、军军、娇娇、花花”等。

③在某些湘方言中，还可以见到运用重叠手段构成的普通名词表小称的情况，例如，新化话中的“泡泡小水泡、坑坑小沟、凼凼小水坑、钩钩小钩子”等。

④在某些湘方言中，某些AA式名词如“崽崽”、叠音成分“孖⁼孖⁼”

"儿儿"等，可以作为构词成分，附加在其他名词性成分前面或后面，构成重叠式名词，由其构成的名词都含有"小称"的意义，表示人或事物在年龄、体积、面积等方面具有"小"的特征，这时的"崽崽""孜＝孜＝"等可以视为表示小称的名词性词缀。例如，邵阳、邵东、涟源、益阳、祁东、祁阳等地的"猪崽崽、鸡崽崽、鸭崽崽"，邵阳、邵东等地的"崽崽黄瓜、崽崽番瓜、栽锄崽崽、辣椒崽崽"，邵阳话中的"孜＝孜＝叔爷、孜＝孜＝姑唧"等，溆浦话中的"儿儿鸡、儿儿鸭、儿儿树"等。此外，祁阳话中，"崽崽"作为名词前缀，加在亲属称谓词前面，表示"排行最末的"，如"崽崽妹子、崽崽哥哥、崽崽婶子、崽崽姑子"等，可以视为在表"小"意义上的进一步引申。

但是，在一些湘方言中，通过重叠方式构成的名词，其初始"指小"功能已经基本消失了。比如，在邵阳话中，表示普通事物的重叠式名词，其空间量已无所谓加大，也无所谓减小，因为在它们前面可以自由地添加表示事物大小的形容词"大、细、半大唧个 不大不小的、中装唧个 中等大小的、老大个 非常大的"等修饰语，如"大棒棒、细棒棒、半大唧个棒棒、老大个棒棒"等。徐慧（2001：34）也曾指出，在益阳话中，成人语重叠式名词所指称的对象事物并不一定体积很小，也不完全表示小称，其语义和感情色彩与单音节名词基本没有什么区别。

有时候，重叠的几种机制可以同时发挥作用。比如，有的构词成分虽然也可以单说，但一经重叠以后，所构成的 AA 式名词在意义和用法上与其单说时有了较大的变化，这时，重叠手段所起的作用，除了使它们从这个词汇单位变成另一个词汇单位外，还发挥了其变义功用。例如，益阳话中，"口"、"口口"和"根"、"根根"都可以单说，但它们的意思不一样，"口"表示"嘴；容器通向外面的地方；口子；伤口"等意思，"口口"则表示"出入通过的地方"；"根"是植物学上"高等植物的营养器官，分直根和须根两大类"，而"根根"则"一般指须根，特别是食用时去掉的菜根"。（徐慧，2001：35）再如，长沙话中的"鸡鸡 男性生殖器、咬咬 难缠的人、弹弹 小孩玩的玻璃球"等也是如此。

（二）湘方言名词重叠的语法意义

总的来说，湘方言的名词重叠可以表示遍指、泛指、复数以及减量等几种语法意义。不同的重叠式所表达的语法意义是不一样的。其中，表示遍指、泛指和复数意义的主要是 AABB 式，表示减量义的主要是 AAB 式中的颜色词。

1. 表示遍指

张谊生（1999）认为，名词的 AABB 式重叠的表义功用主要表现在"遍指与统指"和"泛化与转化"两个方面。"遍指"大致相当于"每一"或"逐一"，"统指"大致相当于"所有"或"全部"。从数量关系看，遍指和统指是相通的，只是表述的重点不同而已，遍指重在个体，统指重在整体；遍指表示相对明确的量，统指表示相对模糊的量。湘方言中，方所时间类 AABB 式名词也常常表达遍指的语法意义，例如：

（32）邵阳：我<u>围围转转</u>都寻到咖哩都有看到你只鬼虮子！ 我四周围都找遍了都没见到你的鬼影子！

（33）长沙：简根麻绳子<u>寸寸节节</u>下沤烂哒。 这根麻绳的每一节都沤烂了。

（34）益阳：<u>家家户户</u>咀都要通知到，莫误事。 每家每户都要通知到，别误事。

（35）涟源杨家滩：莫<u>日日夜夜</u>简守者个电视机，去做滴作业唧。 别日日夜夜地守着看电视，去做点作业。（彭春芳，2007：95）

（36）祁东：我<u>同同转转</u>下寻了，就是有看到我串锁匙。 我四周围都找遍了，就是没有看到我的那串锁匙。

2. 表示泛指

这里的"泛指"是指词语语义的概括化和义域的扩大化，也即所指对象的外延和内涵有所改变或转移。普通话中，某些 AABB 式名词常常可以泛指与某物相类似的一类事物，而不是 AA、BB 所代表的事物的简单相加。李宇明（2000：317）根据这种情况认为 AABB 具有一定的"整体性"，储泽祥（2009：21）则认为，这种 AABB 式是相近相关事物的集合体，具有集合的性质。湘方言中，不少 AABB 式名词所表达的就是这种意义。例如：

（37）长沙：买的肉尽是些<u>筋筋绊绊</u>。 买的肉都是筋骨、韧带之类的。

（38）娄底：屋里尽是滴<u>坛坛罐罐</u>。 屋里全都是些坛坛罐罐之类。

（39）邵阳：你拿滴总爽个山药下选起去咖，剩起滴<u>根根须须</u>把我啊？ 你把那些完整的山药都挑走了，剩下的这些根啊须啊之类的给我吗？

（40）邵东：下是滴<u>汤汤水水</u>咯菜，何个吃得下？ 都是些汤汤水水的菜，怎么

吃得下？（孙叶林，2009：19）

（41）祁东：**屋里下是细咖唧耍个把把戏戏**。家里全是小孩玩的玩具之类的。

3. 表示复数

在邵阳话中，表示亲属间关系的 AB 式名词（如"爹孙、爷崽、弟兄、舅甥"等），重叠后构成 AABB 式名词（如"爹爹孙孙、爷爷崽崽、弟弟兄兄、舅舅甥甥"等），表示由这些亲属组成的一群人，相当于普通话中的复数形式表示法"AB＋们"。重叠前，AB 式名词可以受大于"一"的数词修饰，如"两爹孙、三爷崽、四弟兄"等，重叠以后则不再受这些数词修饰，而且只能用于这一群人的数目大于或等于三个人时。例如：

（42）**渠屋里爹爹孙孙亲热得很**。他们家爷孙们亲密无间。

（43）**今上午我里爷爷崽崽在屋里打牌**。今天上午我们家父子们在家里打牌。

（44）**渠屋里娘娘崽崽下晓得做针线**。她们母女都会针线活。

人类语言中存在一种"形式越多，内容越多"的句法隐喻，即更多的形式往往表达更多的意义，语言单位越多、越长，所表达的指物数量、性质等更多，范围更大，意义更强，认知语言学上称之为"句法象似性"。（张敏，1998：139）湘方言中，名词的 AABB 重叠式或叠结式表达遍指、泛指和复数等意义，是认知语法中所讲的句法象似性的体现。

4. 表示减量

李宇明（2000：331-332）指出，重叠（原文为复叠）是一种表达量变化的语法手段，"调量"是重叠最基本的语法意义，量变维度有加大和减小两种，与空间量相关的重叠现象主要是名词性成分的重叠和形容词性成分的重叠。他认为，在普通话中，名词性成分的重叠所表达的空间量没有表示加大的，只有表示减小的，如"纸条儿条儿、水泡儿泡儿"。

湘方言中，也存在一些表减量的名词重叠形式，它们主要是表示颜色的 AAB 式名词，如邵阳等地方言中的"红红色、黄黄色、蓝蓝色"等，所表示的颜色往往相比于其 AB 式词的颜色要浅一些，可视为一种减量。例如：

（45）邵阳：**渠买咖条白白色唧个牛仔裤**。他买了条白色的牛仔裤。

（46）邵阳：**我想拿头发染起黄黄色唧，但是有要太黄哩**。我想把头发染黄，但不要太黄。

（47）邵东：其咯裙下带<u>红红色</u>。她的裙子都有点红。（孙叶林，2009：22）

（48）邵东：懒＝只<u>白白色</u>衣衫穿在身上看啊看得。那件稍白颜色的衣服穿在身上很好看。（孙叶林，2009：22）

以上各例中的"白白色、黄黄色"都是表示较浅的颜色，这从例（46）中的后续句"但是冇要太黄"看得更加明显。

除了上述几种语法意义之外，湘方言中的部分名词重叠还可以表示位置的最极处等意义，如"边边""头头""顶顶""尖尖"等，这种表义功能在湘语以外的不少方言中也可以见到。①

第四节　湘方言名词重叠的共时历时比较

本节首先从共时和历时两个角度对湘方言名词重叠进行横向、纵向比较，然后将其置于方言类型学的背景下，探讨重叠在名词小称表达中的位置及其类型学意义。

▶▶ 一、湘方言名词重叠的共时比较

（一）湘方言内部的共时比较

上文我们从结构形式、变调模式、语法语义功能等几个方面详细分析了湘方言的名词重叠，可以看出，湘方言在名词重叠方面既存在不少共同点，也有一些内部差异。

1. 湘方言名词重叠的共性特征

在名词重叠问题上，湘方言内部呈现出以下几个较为一致的特征：

①在结构形式上，湘方言各点中或多或少地存在 AA 式、ABB 式、ABCC 式、AAB 式、AABC 式、AABB 式等几种名词重叠形式。根据黄伯荣（1996）的归纳整理，汉语方言中常见的名词重叠形式主要有 AA 式、

---

① 关于汉语方言中名词重叠可以表示位置的最极处，可参看付欣晴（2013：32-37）的归纳。

ABB 式、AAB 式、AABB 式、ABCC 式等五种①，并没有提及 AABC 式，但这种名词重叠形式在湘方言中却不难见到，有的湘方言点还比较丰富，如邵阳、溆浦、祁东、祁阳等地。这主要是因为在这些湘方言中，表示小称意义的 AA 式"崽崽-、儿儿-"等重叠式词缀可以与其他名词性成分组合构成新的名词，类推性较强。

②在构成方式上，湘方言中的名词重叠多为构词重叠，以重叠为构形手段形成的名词重叠形式所占比例不多。

③在变调模式上，大多数湘方言中的名词重叠形式都要发生声调变化，而且都有高调化趋势，其中尤以变为 55 调为常见。

④在语法功能上，由于湘方言名词重叠构成的仍为名词性成分，因此，多保留了名词的句法、组合功能，可以与数量词组合，不与程度副词、否定副词组合，主要作主语、宾语、定语等句法成分。

⑤在语义功能上，湘方言名词重叠形式多体现重叠构词法的成词、转类、变义三种机制，AABB 式多表达遍指、泛指、复数等意义，体现语言的"重叠象似性动因"。

⑥在语用功能上，湘方言名词重叠形式多在儿童用语或儿向语言中使用，带有表小、亲昵等感情色彩。

以上几个共性特征，在别的方言中也大致如此，可以认为是大多数汉语方言名词重叠的共性特征。

2. 湘方言名词重叠的内部差异

湘方言内部在名词重叠问题上的差异主要表现在以下几个方面：

①地域分布上的差异

尽管湘方言各点都或多或少地存在上述六种名词重叠形式，但各种名词重叠形式在湘方言各片区中的分布存在不平衡性。总体来说，娄邵片、辰溆片湘语的名词重叠形式比较丰富，长益片、衡州片、永全片相对比较贫乏。即使在同一个湘方言片，也存在不平衡性。比如，同为娄邵片，由于娄底、涟源、邵阳、邵东等地方言中，"-崽崽"作为后缀可以构成表小称

---

① 该书还提到第六种"名词的 ABA 式重叠"，但实际上并不是名词的重叠形式，而是"拷贝式话题结构"或量词重叠，我们后文会讨论到。

意义的 ABB 式、ABCC 式名词（如"鸡崽崽、茄子崽崽"等），邵阳话中"崽崽-、孖＝孖＝-"等还可作为前缀构成表小称意义的 AAB 式、AABC 式名词（如"崽崽西瓜、孖＝孖＝姑唧"等），且类推性较强，而在该片的新化话中，一般没有这类名词重叠形式，因此，比起新化话来，这些方言中的名词重叠形式就要丰富得多。

②亲属称谓词使用上的差异

湘方言中有一些较有特色的 AA 式亲属称谓词，它们有的只在少数湘方言点中使用，如益阳话中称父母双方的姐姐、姐夫为"婿婿"，溆浦话中称弟弟为"佬佬"等；有的虽在大多数湘方言点中使用，但所称谓的对象却不一样，如"晚晚"在邵阳、益阳等地湘语中可指称父亲的弟弟妹妹，但在邵东话中"晚晚"可指称叔叔和阿姨，在娄底话中可指称丈夫的妹妹，在韶山话中指称叔叔，涟源话中则指称最小的叔叔。再如，"公公"在湘潭、韶山、衡阳、溆浦等地湘语中指称祖父，在邵阳话中"公公"可指称曾祖父以上的老祖宗，在新化话中可指称祖父、外祖父，而在益阳话中多指称外祖父。

③语义功能上的差异

湘方言各点在是否使用"-崽崽、崽崽-"（如"鸡崽崽、崽崽西瓜"）、"儿儿-"（如"儿儿鸡"）、"孖＝孖＝-"（如"孖＝孖＝姑唧"）等表小词缀上存在差异。另外，有的方言点使用表"减量"义的 AAB 式颜色名词（如"灰灰色"），而有的方言点却很少使用，这些使得湘方言名词重叠在能否表达小称和减量义上也存在一些差异。

（二）与湖南省境内非湘语方言的共时比较

一些论文论著中曾零星论及过湖南省境内非湘语方言中的名词重叠现象。下面我们将以常德西南官话、常宁赣语和汝城客家话为例，与湘方言的名词重叠作一简单比较。

郑庆君（1999）、易亚新（2007）等在其著作中都曾讨论过常德西南官话中的名词重叠现象，郑庆君（1997）还曾专门对常德话名词重叠及其儿化现象进行过讨论。根据他们的研究，名词重叠是常德话中一种较为常见的现象，其名词重叠有 AA 式、AAB 式、AABC 式、ABB 式、ABCC 式、

AABB 式等六种结构形式。该方言的 AA 式名词中，亲属称谓词如"家家 外祖母、幺幺 叔叔、麻麻 婶婶、侄侄 侄子、牙牙 姑姑、外外 外甥"等较为特殊。AA 式普通名词较为丰富，如"叉叉 叉子、骨骨 果核、叫叫 口哨、套套 套子、罐罐 罐子、巷巷 巷子、盖盖 盖子、绳绳儿 绳子、印印儿 印子、包包儿 包儿、尖尖 尖儿；某方面突出的人物"等。此外，该方言也可用名词重叠作专名，如"昕昕、媛媛、航航、甜甜"等。其他各类名词重叠形式如（郑庆君，1999：230-235；易亚新，2007：30）：

AAB 式：伢伢书 小人书｜巴巴头 妇女的一种发式｜罗罗兵 小喽罗｜边边瞎 独眼龙

AABC 式：钩钩鼻子｜鼓鼓眼睛 鼓眼泡儿｜襻襻扣子 中式扣襻｜咂咂脑壳 奶头

ABB 式：树枝枝｜竹篙篙｜壶嘴嘴｜布筋筋 布条｜刷笤笤 带枝条的竹棍

ABCC 式：饼干末末｜斗笠壳壳 斗笠｜灰面坨坨 面粉疙瘩｜萝卜咖咖 萝卜干

AABB 式：棍棍棒棒｜汤汤水水｜花花草草｜筋筋襻襻 说不清楚的事情或关系

根据上述文献的研究，可以归纳出常德话名词重叠的几个特点：

1. 常德话名词重叠主要是单音节名词的重叠式，少数多音节名词也可以重叠。重叠形式绝大多数都与一种或多种平行格式并存，这些平行格式主要有单音形式、重叠儿化形式、"子"尾形式等。例如：

壳——壳壳——壳壳儿 壳儿　　　　窝——窝窝——窝窝儿 摇篮

印——印印儿——印子 印儿　　　　索——索索儿——索子 绳子

袋——袋袋——袋袋儿——袋子

刀——刀刀——刀刀儿——刀子

2. 常德话名词重叠多伴随着儿化，重叠而不儿化的名词在常德话中为数不多，仅限于亲属称谓名词、专有名词和儿童用语。

3. 常德话中名词单纯重叠和重叠儿化往往带有"小称"义，但该方言中表示动物幼小等意义时很少用重叠式类词缀"-崽崽""-儿儿"等，而是多在名词前加形容词"小"并儿化。如"小牛儿、小羊儿、小鸡儿、小鸭子、小鹅儿"等。

对于湖南省境内赣语、客家话的名词重叠，目前很少有人专门研究过。

吴启主（1998：212-214）对常宁赣语的名词重叠现象略有论及，根据他的研究，常宁话中有重叠形式的名词多为亲属称谓词，如"爹爹爷爷、丫丫奶奶、爷爷爸爸、奶奶妈妈、爸爸伯伯、大大伯母、满满叔叔、外外姥姥、佬佬弟弟"等，它们的用法多比较特殊。该方言中普通名词除在儿童用语中可以重叠外，通常不能重叠，我们在该书"常用词汇"节中，只找到"朵朵女阴、兜兜小孩用的竹碗、省省懵懵懂懂的人、毛毛雨、佯眯眯、眯眯佯蜻蜓、枞树宝宝松球儿、夹生爷爷愚蠢而又脾气犟的人、土地公公土地爷、啄啄帽子有帽檐的帽子"等为数不多的重叠式名词。不过，该方言中有表示小称意义的"-崽崽"等名词后缀，且类推性较强，如"鸡崽崽、鸭崽崽、狗崽崽、鞋崽崽、帽子崽崽、贼崽崽"等。

曾献飞（2006：97-98；152）曾讨论了汝城客家话中与数词、量词、动词、形容词等有关的重叠现象，但没有提及其名词重叠，可能是因为该方言在名词重叠方面没有太多特殊之处。该书显示，汝城客家话中，除重叠式亲属称谓词"公公爷爷、娘娘伯母、膊膊哥哥、大大姐姐"等用法较为特殊外，名词重叠形式并不丰富，在其"基本词汇表"中我们只找到"溜溜梗冰锥、喜鹊鹊喜鹊、帮帮姨蝉、双双双胞胎"等少数几个重叠式名词。此外，汝城客家话中表示动植物小称意义也很少用重叠式后缀"-崽崽"等，而是用"-崽唧、-唧"等后缀。

将常德西南官话、常宁赣语以及汝城客家话名词重叠的情况与湘方言相比较，我们可以得到以下几个初步认识：

1. 湘方言和湖南省境内的西南官话在名词重叠问题上具有较多的共性，而与赣语、客家话的差异较大。一般地，湘方言重叠式名词比赣语、客家话要丰富一些，尤其是娄邵片、辰溆片湘语更是如此。

2. 在名词重叠问题上，单点湘方言与湖南省境内其他汉语方言点之间的差异，并不一定比湘方言各点之间的差异显著。就拿湘语衡阳话、邵阳话和常宁赣语来说，衡阳话与常宁赣语较为类似，名词重叠形式都不是很丰富，我们也几乎看不出来邵阳话与常宁赣语的差异比其与衡阳话的差异更为显著。

3. 湖南省境内的湘语、赣语和客家话的名词重叠形式都很少儿化，这一点与西南官话形成显著的区别。

二、湘方言名词重叠的历时考察

（一）名词重叠的历时发展

有关名词重叠的历时发展问题，学术界很少有人详细研究过。邓运方（1987）的研究虽名为"谈古代汉语的名词重叠"，但所讨论的内容实际上都是一般认为的量词重叠式。太田辰夫（1987：80-81）和卢卓群（2009：481-499）曾对名词 AA 重叠式和 AABB 重叠式的发展情况进行过讨论。下面结合他们的论述和我们对"国家语委古代汉语语料库"和"中央研究院近代汉语标记语料库"的检索，来考察名词重叠的历史发展情况。

1. AA 式名词的历史发展

Ⅰ. AA 式亲属称谓词的发展

根据我们的语料调查，这类名词重叠形式大约在魏晋六朝时期的史书中就开始出现①，当时只限于"兄兄、姊姊、妹妹、家家"等少数几个，例如：

（1）陆令萱曰："兄兄唤，儿何不去？"（魏晋六朝·《北史》）

（2）若放臣，愿遣姊姊来迎臣，臣即入见。（魏晋六朝·《北史》）

（3）后主泣启太后曰："有缘更见家家，无缘永别。"（魏晋六朝·《北史》）

（4）绰兄弟皆呼父为兄兄，嫡母为家家，乳母为姊姊，妇为妹妹。（魏晋六朝·《北史》）

从以上各例可以看出，当时人们称父亲为"兄兄"，亲生母亲为"家家"，乳母为"姊姊"，妻子为"妹妹"，这些称谓在现在看来都是较为特殊的称谓。对于这种情况，太田辰夫（1987：80-81）认为，它们是北朝正史中的一些很特殊的记载，正因为特殊，才得以记录下来，如果是正常的东西，就不会被记录下来了。而卢卓群（2009：491-492）则直接认定它们是

---

① 本节语料时代的判定，依据的是"国家语委古代汉语语料库"中的标注，该语料库将古代汉语分为"周、春秋战国、汉、魏晋六朝、隋唐五代、宋、元明、清"八个时期。

六朝时期的方言用法，当时的共同语中用"阿父、阿母、阿兄、阿妹"等指称父亲、母亲、哥哥、妹妹。

　　大约在隋唐五代到两宋时期，AA 式亲属称谓词在共同语中得到扩展，出现了"娘娘、公公、婆婆、爹爹、妈妈、姨姨、爷爷（或作耶耶）"等称谓词，它们大多沿用至今。例如：

　　（5）阿师是<u>娘娘</u>孝顺子，与我冷水济虚肠。（隋唐五代·《敦煌变文集》）

　　（6）金钱银钱总不用，<u>婆婆</u>项托在何方？（隋唐五代·《敦煌变文集》）

　　（7）刘姨夫才貌温茂，何故不与他五道主使，空称纠判官，怕六<u>姨姨</u>不欢，深吃一盏。（隋唐五代·《玄怪录》）

　　（8）<u>爹爹</u>、<u>妈妈</u>明日请和尚斋。（宋·《五灯会元》）

　　（9）为公少止，起舞属<u>公公</u>莫起。（宋·《东坡文集》）

　　（10）记得<u>爷爷</u>，说与奴奴，陈郎俊哉。（宋·《全宋词》）

　　元明特别是明朝之后，又出现了"姥姥、奶奶、哥哥、嫂嫂、姐姐、弟弟、伯伯、姆姆、婶婶、舅舅、姑姑、叔叔、爸爸"等 AA 式亲属称谓词。例如：

　　（11）今日趁着你<u>姥姥</u>和六娘在这里，只拣眼生好的唱个儿，我就与你这钥匙。（元明·《金瓶梅》）

　　（12）董天然并伙妇人都来劝道："<u>奶奶</u>息怒，只消取了老爷回来便罢。"（元明·《初刻拍案惊奇》）

　　（13）商氏道："多是丈夫与<u>叔叔</u>做的事，须与奴家无干。"（元明·《初刻拍案惊奇》）

　　（14）是女儿与小梅商量，将来寄在东庄<u>姑姑</u>家中分娩，得了这个孩儿。（元明·《初刻拍案惊奇》）

　　（15）翠莲道："爹休嚷，娘休嚷，<u>哥哥</u>、<u>嫂嫂</u>也休嚷。"（元明·《快嘴李翠莲记》）

　　（16）公休怨，婆休怨，<u>伯伯</u>、<u>姆姆</u>都休劝，丈夫不必苦留恋，大家各自寻方便。（元明·《快嘴李翠莲记》）

　　（17）<u>婶婶</u>有过了两位令郎了，若今番生下女儿，奴与<u>姆姆</u>结个儿女亲家。（元明·《警世通言》）

（18）一个李尚书名字叫是李景让，两个<u>弟弟</u>，一个叫是李景温，一个叫是李景庄。（元明·《醒世姻缘》）

（19）而今做了官，正要来图谋这事，不想<u>舅舅</u>先定下了，他不知是<u>姐姐</u>，十分不情愿的。（元明·《二刻拍案惊奇》）

（20）不但公子认不出他<u>嬷嬷</u>爹来，连随缘儿都认不出他<u>爸爸</u>来了。（清·《儿女英雄传》）

至此，现代汉语中常见的 AA 式亲属称谓词差不多都已经产生，并广泛使用了。

Ⅱ. AA 式普通名词的发展

AA 式普通名词在汉语史上出现的时间非常早，但用例却一直不多。据考察，这类重叠式名词早在春秋战国时期就已经出现，例如：

（21）<u>燕燕</u>于飞，差池其羽。（春秋战国·《诗经》）

（22）肉之美者，<u>猩猩</u>之唇，<u>獾獾</u>之炙。（春秋战国·《吕氏春秋》）

对于例（21）中"燕燕"的性质，学术界有不同的看法，有的认为是构词重叠，有的认为是构形重叠。太田辰夫（1987：80-81）依据诗经毛传中有"燕燕，鳦也"的解释，认为其可以看作一个词，但《诗集传》中有"燕，鳦也。谓之燕燕者，重言也"，据此，他又认为其应当看作两个词。卢卓群（2009：491-492）花了不少篇幅论证了先秦时期的"燕燕"是单音词"燕"的构形重叠，认为"重叠之后明显地是泛指多，其数不定"。尽管"燕燕"的性质还有商榷的余地，但可以肯定的是，不管是构词重叠还是构形重叠，在先秦时期就已经出现了 AA 式的普通名词。

与"燕燕"不同，"猩猩""獾獾"之类属于重叠式名词是无可辩驳的，它们不能单用，应该属于音节重叠形成的重叠式名词，类似于现代汉语中的"蛐蛐""蝈蝈"之类。

此后，新出现的 AA 式普通名词并不多见，如汉魏六朝时期的《汉书》和《世说新语》中各只有"亲亲"一例，指亲戚关系：

（23）逆<u>亲亲</u>，厥妖白黑乌斗于国中。（汉·《汉书》）

（24）汝若不与吾家作<u>亲亲</u>者，吾亦不惜余年。（魏晋六朝·《世说新语》）（陈洁，2009：83）

隋唐五代以后的用例如：

（25）燕燕巢儿罗幕卷，莺莺啼处凤楼空。（隋唐五代·《全唐诗》）

（26）兰兰是小草，不怕郎君骂。（隋唐五代·《全唐诗》）

（27）时临泗水照星星，微风不起镜面平。（宋·《东坡文集》）

（28）人间八十最风流，长帖在儿儿额上。（宋·《全宋词》）

（29）干娘来得正好，请陪俺娘且吃个进门盏儿，到明日养个好娃娃！（元明·《金瓶梅》）

（30）山东酒店，没甚嘎饭下酒，无非是两碟大蒜、几个馍馍。（元明·《初刻拍案惊奇》）

（31）前年你来，我和你要隔年的蝈蝈儿，你也没有给我，必是忘了。（清·《红楼梦》）

（32）这里有饽饽，且点补些儿，回来再吃饭。（清·《红楼梦》）

除了亲属称谓词和普通名词外，太田辰夫（1987：81）还注意到古代汉语中 AA 式专用名词的情况，如有男孩的名字叫"甄甄"，女孩的名字叫"星星"的情况，他认为这可能是因为在幼儿语中是这样用来称呼"甄"和"星"，所以被用来取名。

2. 名词 AABB 式重叠的历史发展

这类名词重叠形式早在先秦时期就已经出现，例如：

（33）若兹监，惟曰欲至于万年，惟王子子孙孙永保民。（周·《尚书》）

（34）子子孙孙，勿替引之！（周·《诗经》）

（35）子又有子，子又有孙，子子孙孙无穷匮也，而山不加增，何苦而不平？（春秋战国·《列子》）

（36）旦为朝云，暮为行雨，朝朝暮暮，阳台之下。（春秋战国·《高唐赋》）

以上各例中，AB 式名词"子孙""朝暮"等在先秦汉语中可以单独成词，因此，其构成方式为 AB $\xrightarrow{重叠}$ AABB 式的构形重叠，表达"周遍"等语法意义。

但直到隋唐五代之后才可以见到较多的用例。例如：

（37）年年岁岁花相似，岁岁年年人不同。（隋唐五代·《全唐诗》）

（38）<u>夜夜朝朝</u>斑鬓新，<u>年年岁岁</u>戎衣故。（隋唐五代·《全唐诗》）

（39）每羡院南豪，向寿席，<u>花花草草</u>。（宋·《全宋词》）

（40）那时节东京扰乱，<u>家家户户</u>不得太平。（宋·《鲁德才说包公案》）

（41）把盏衔杯意气深，<u>兄兄弟弟</u>抑何亲。（元明·《金瓶梅》）

（42）今宜正薄俗，顺人心，<u>父父子子夫夫妇妇</u>，各得其道，然后和气普洽，福禄荐臻矣。（元明·《金史》）①

（43）我把随身的衣服与<u>鞋鞋脚脚</u>的收拾出来，另在一间房子住着，你把这原旧的卧房封锁住了。（元明·《醒世姻缘》）

（44）袭人听了，又笑起来说："我要不说，又掌不住，你也太<u>婆婆妈妈</u>的了。"（清·《红楼梦》）

（45）约莫半晌，那两个老人带领一个中年妇人出来，把二人<u>头头脑脑</u>仔细瞧了一瞧。（清·《女娲石》）

以上各例中，大部分 AABB 式可以看作是 AB $\xrightarrow{\text{重叠}}$ AABB 式的构形重叠，如"年年岁岁、岁岁年年、花花草草、家家户户、兄兄弟弟、父父子子、夫夫妇妇"等，在当时的汉语中都有 AB 式名词与之对应，只有少数几个只能看成是 AA＋BB $\xrightarrow{\text{重叠}}$ AABB 的构词重叠，如"夜夜朝朝、婆婆妈妈、鞋鞋脚脚"等，因为当时没有与之对应的"夜朝、婆妈、鞋脚"等 AB 式名词。

3. 其他名词重叠形式的历史发展

名词的其他重叠形式在古代文献中都很少出现。我们在《大藏经·长阿含经》中发现少数几例 AAB 式颜色名词的用例：

（46）<u>青青色</u>青明青见，譬如华名为郁者。

（47）<u>黄黄色</u>黄明黄见，譬如加尼华。

（48）<u>白白色</u>白明白见，譬如明星亦最成白衣。

（49）<u>赤赤色</u>赤见赤光，犹如加尼歌罗华。

---

① 在先秦汉语中，有"父父子子、夫夫妇妇、兄兄弟弟"等说法，但其中的第一个"父、子、夫、妇、兄、弟"为名词的意动用法，在这一例和上例中似可不作意动用法理解，如"父父子子夫夫妇妇，各得其道"可理解为"父亲和子女们、夫妻之间各得其道"，因此，我们认为它们是名词重叠式。

《长阿含经》为后秦弘始十四年至十五年（公元 412-413）沙门佛陀耶舍和竺佛念所翻译的汉译佛典，所反映的是魏晋六朝时期的口语语料，是研究中古汉语的有用材料。（马由，1992）《长阿含经》中 AAB 式颜色名词重叠当属构形重叠，但其语法意义表示颜色的加深还是减弱我们难以确定。

此后，AAB 式颜色名词在唐宋时期偶见使用，例如：

（50）爱尔<u>青青色</u>，移根此地来。（隋唐五代·《全唐诗》）

（51）忍见庭前，去年芳草，依旧<u>青青色</u>。（宋·《全宋词》）

颜色词之外的 AAB 式普通名词，我们在元明以后的语料中检索到"月月红、回回壶、毛毛匠、娘娘庙、奶奶庙、毛毛虫、星星翠、嬷嬷爹"等少数几个。例如：

（52）若引惯了他，做了个<u>月月红</u>，倒是无了无休的诈端。（元明·《警世通言》）

（53）玉楼止留下一对银<u>回回壶</u>与哥儿耍子，做一念儿，其余都带过去了。（元明·《金瓶梅》）

（54）姑夫，你到明日叫人做帽套呵，你可防备<u>毛毛匠</u>，别要叫他把好材料偷了去。（元明·《醒世姻缘》）

（55）我住的不远，就在这后宰门上<u>娘娘庙</u>里歇脚。（元明·《醒世姻缘》）

（56）刘姥姥道："大火烧了<u>毛毛虫</u>。"（清·《红楼梦》）

（57）这个又说："我有<u>星星翠</u>。"那个又说："我有<u>月月红</u>。"（清·《红楼梦》）

（58）不但公子认不出他<u>嬷嬷爹</u>来，连随缘儿都认不他爸爸来了。（清·《儿女英雄传》）

ABB 式名词多为亲属称谓词，它们由一个单音节亲属称谓词和一个 AA 式亲属称谓词组合而成，这在元明以后的语料中比较多见，如"姑奶奶、舅奶奶、祖公公、姨太太、舅太太"等，例如：

（59）俺们住锦衣卫骆爷房子的，这是骆爷的妹子，俺们叫<u>姑奶奶</u>哩。（元明·《醒世姻缘》）

（60）那周家先世，广有家财，<u>祖公公</u>周奉，敬重释门，起盖一所佛院。（元明·《初刻拍案惊奇》）

（61）明儿有人去，就顺路给那边**舅奶奶**带了去。（清·《红楼梦》）

（62）傅抚院只得一面哄劝**姨太太**，一面喊汤升出去打发那女人。（清·《官场现形记》）

除亲属称谓词外，ABB 式普通名词我们只在明代的《金瓶梅》中找到两例"艾窝窝"的用例：

（63）妇人与了他一块糖、十个**艾窝窝**，方才出门，不在话下。

（64）只见他姑娘家使个小厮安童，盒子里盛着四块黄米面枣儿糕、两块糖、几十个**艾窝窝**。

（二）湘方言名词重叠的历史分析

通过对汉语史上名词重叠形式的梳理，可以了解湘方言名词重叠的历史来源，并对湘方言名词重叠的内外部差异等作出解释。

首先，魏晋六朝时开始出现并在后世逐渐得到发展的 AA 式亲属称谓词，在现代湘方言各点中都或多或少地有所使用，但各方言点所使用的 AA 式亲属称谓词词项不尽相同，相同的词形所称谓的对象也存在一定的差异。造成这种差异的原因可能是，历史上所产生的各 AA 式亲属称谓词，在湘方言各点中有不同程度的继存，湘方言各点又各自发展出一些较具特色的亲属称谓词，并保留至今。

其次，汉语史上 AA 式普通名词和其他结构形式的名词重叠形式都不是很丰富，湘方言中的这些名词重叠形式当是其自身为配合词汇双音节化趋势等的需要而产生的创新用法。有研究显示，双音化是汉语词汇发展的一大趋势，5 至 12 世纪是汉语词汇双音化发展的关键时期，名词后缀"-儿""-子"的使用，单音节词通过重叠而成为双音节等，都是词汇双音节倾向的反映。（石毓智，2002）从上文的历时考察可以看出，各名词重叠形式都在隋唐五代以后得到发展，这应该不是巧合，而是与词汇双音化趋势有着密切的关系。各方言中名词双音节化的方式可能会存在差异，有的会较多地使用重叠方式，有的会较多地使用"-儿"尾词，有的会较多地使用"-子"尾词，也有的可能会多种方式共同发挥作用。这种情况会导致各方言中名词重叠形式的使用表现出一定的不平衡性。比如，现代北京话中，"-儿"尾、"-子"尾词相对比较丰富，但名词重叠形式不多。根据我们的观察，名词重叠形式相对比较匮乏的那些湘方言中，其名词后缀也一般都较为丰富。如上文所述，衡阳、衡山等地湘语中，名词重叠形式不太丰富，但后缀"-子"的结合面却非常广，功能也多样。有的湘方言中则既有较为丰富的名词重叠形式，也有较为丰富的"-子"尾词，如邵阳、新化等地湘语就是如此。

此外，某些湘方言中由表小称的重叠式词缀"-崽崽""-儿儿"等构成的 ABB、AAB 式名词，其产生应该更为晚近，当是 AA 式重叠名词在该方言中得到长足发展以后才出现的。

▶ 三、名词重叠表小称的类型学考察

上文的分析显示，名词重叠与小称表达有着十分密切的关系。自 20 世纪 80 年代以来，小称问题得到方言学界的持续关注。这些研究成果可以按研究内容分为两类，一类是对某方言中的各种小称表达法进行全面、综合研究，一类只就某方言中的某一种小称形式（如小称音变、小称儿化、小称后缀等）进行集中讨论。本节将对已有的文献进行梳理，并通过跨方言的比较，来探讨重叠在名词小称表达中的位置及其类型学意义。①

（一）名词重叠表小称在汉语方言中的地域分布

通过检视《汉语方言语法类编》（以下简称"类编"）等数十种方言材料，我们发现，名词重叠表小称的现象主要分布在官话方言、晋语、湘语和部分吴语、闽语中。下面分别举例说明。

1. 官话方言

名词重叠表小称在西南、西北和中部地区的西南官话、兰银官话、中原官话和江淮官话等官话方言中都较为常见。昆明、成都、贵阳、仁寿等地西南官话和乌鲁木齐、银川等地兰银官话中的情况，沈明（2003）有所介绍，这里不再赘述。其他官话方言如：

重庆西南官话：虫虫儿｜刀刀儿｜桥桥儿｜草草儿｜瓢瓢儿（《类编》：8）

湖南常德西南官话：叉叉｜信信儿｜绳绳儿｜篙篙儿｜椅椅儿（郑庆君，1997）

---

① 有的方言中小称表达还涉及动词、形容词等其他词类，这里只讨论与名词有关的小称表达问题。

湖南安乡西南官话：筒筒｜圈圈｜吖吖手｜吖吖房间｜吖吖伢（李绍群，2011）

湖南永州西南官话：眼眼｜沟沟｜马马凳｜刀仔仔｜烟嘴嘴（王淑一，2006）

湖北长阳西南官话：鞋鞋儿｜凳凳儿｜猫猫儿｜狗狗儿｜袄袄儿（杨发兴，1987）

湖北丹江西南官话：洞洞儿｜包包子｜猪娃娃儿｜桌桌儿娃儿｜烟头头儿（苏俊波，2009）

广西田林西南官话：挖挖｜眼眼｜飞飞｜咬咬（甘天龙，1999）

云南禄劝西南官话：车车｜袜袜｜粉粉｜洞洞（王焱，2018）

贵州毕节西南官话：刀刀｜布布｜盆盆｜瓢瓢｜纸纸（李彬，2005）

山西霍州中原官话：牌牌｜盘盘｜摊摊｜盖盖｜罐罐（田希诚，1992）

山西运城中原官话：桌桌｜瓶瓶｜眼眼｜罐罐｜蹦蹦（沈明，2003）

山西稷山中原官话：桌桌｜棍棍｜杆杆｜酒壶壶｜布袋袋（辛菊，2009）

陕西西安中原官话：帽帽儿｜桌桌儿｜盆盆儿｜箱箱儿｜棍棍儿（王军虎，1995）

陕西商州中原官话：盘盘｜桌桌｜罐罐｜本本｜石头子子子（王三敏、杨莉，2010）

陕西宝鸡中原官话：台台｜罐罐｜盆盆｜碗碗｜盘盘（《类编》：6）

陕西安康中原官话：道道儿｜绳绳儿｜锯锯儿｜垫垫儿｜印印儿（耿铭，2017）

陕西三原中原官话：罐罐｜勺勺｜桌桌（子）｜罐罐（子）（刘珂，2017：82-84）

河南南阳中原官话：棍棍儿｜兜兜儿｜豆豆儿｜眼眼儿（张辉，2004）

河南罗山中原官话：脚脚子｜根根子｜筋筋子｜鳖子子｜碗儿儿（王东，2010：333）

青海乐都中原官话：山山｜洞洞｜板板｜格格子｜本本儿（《类编》：5）

甘肃兰州兰银官话：碗碗（子/儿）｜罐罐（子/儿）｜褂褂（子/儿）｜驴驴（子/儿）（《类编》：1-2）

甘肃环县中原官话：凳凳｜板板｜绳绳｜花花｜路路｜炕炕（赵红、谭治琪，2017）

江苏泗洪江淮官话：球球｜锯锯｜眼眼｜水珠珠｜鸡窝窝（周琴，2007：6-7）

从以上所举的例子可以看出，就官话方言而言，多数方言可单独用名词重叠形式表小称；有的方言中，名词重叠后需要加"子"尾、"儿"尾或者儿化；有的方言中，还存在由"吖吖-"（湖南安乡）、"-娃娃儿、-头头儿"（湖北丹江）、"-子子子"（陕西商州）、"-子子、-儿儿"（河南罗山）等构成的重叠式小称词缀。

2. 晋语

晋语分布于山西省除南部以外的广大地区以及河北、河南、内蒙古、陕西等四个省区临近山西的地区。（侯精一，2002：41）沈明（2003）、杨喆俊（2018：37）等以太原、文水、临县、忻州、朔州市、沁县、山阴、祁县等地为例，考察了山西境内晋语重叠式名词表小称的情况。根据他们的介绍，山西晋语中名词既可以单独用重叠式表示小称，也可与前缀"圪"、"儿"缀和小称音等小称表达方式叠加使用，具体用例可参看原文，这里不再赘述。山西省境外的晋语与山西晋语大致相似，例如：

陕西神木：尖尖｜丁丁｜台台｜圪桩桩｜圪磴磴(邢向东，1985)

内蒙古呼和浩特：饺饺｜钵钵｜口袋袋｜麻秆秆｜羊羔羔儿(《类编》：3)

内蒙古武川：饺饺｜帽帽｜盆盆(高洁茹，2016：11)

3. 湘语

罗昕如、李斌（2008）对湘方言中的小称表达进行了较为全面的讨论，根据他们的研究，湘语的小称现象比较普遍，主要有后附词缀型、前加准词缀型、重叠型、变调型、混合型等五种类型。

经分析，湘方言中与重叠有关的小称表达法主要有以下几种：

（1）后附重叠式词缀"-崽崽"。主要见于祁阳、祁东、邵阳、涟源、娄底等湘语点，如"鸡崽崽、牛崽崽、碗崽崽"等。

（2）前加重叠式准词缀"崽崽-、儿儿-、囡⁼囡⁼-、子⁼子⁼-"等。如祁阳、祁东、邵阳等地使用"崽崽-"（如"崽崽苹果、崽崽桌子"），溆浦话使用"儿儿-"（如"儿儿碗、儿儿刀"），新邵话使用"囡⁼囡⁼-"（如"囡⁼囡⁼学生、囡⁼囡⁼杯子"），邵阳话使用"子⁼子⁼-"（如"子⁼子⁼脸盆、子⁼子⁼鼎罐"）。

（3）重叠＋小称调。这种情况在大多数湘方言中都或多或少地存在，且后字往往有高化趋势，多变成高调 45 或 55 调，如新化话"泡泡、水水、边边、缝缝、毛毛"等。罗昕如、李斌（2008）认为，由重叠与变调共同表示小称，可以突显和强化小称词的表小指爱功能。但我们上文的分析显示，在一些湘方言中，通过重叠加变调构成的名词，其初始"指小"功能有磨损的迹象。

4. 其他方言

资料显示，在江苏吴语、福建闽语的部分方言点中也有名词重叠表小称的现象。例如：

江苏苏州吴语：洞洞｜包包｜梗梗｜牌牌头｜竹片片(刘丹青，1986)

江苏江阴吴语：屑屑｜末末｜竹梢梢｜石子子｜泔水脚脚(陈光磊，1988)

江苏无锡吴语：眼眼｜洞洞｜沟沟｜篓篓头｜板板头(王健、高凤，2003)

福建福州、福清闽语：盘盘囝｜盆盆囝｜桶桶囝｜椅囝囝｜刀囝囝｜盒囝囝(梁玉璋 1989，冯爱珍 1993：16)

（二）名词重叠与其他小称表达法的共现情况

上一小节我们了解了与名词重叠有关的小称表达法在汉语方言中的大致分布情况，但是，小称表达法不限于重叠式。沈明（2003）指出，汉语方言中常见的小称表达法主要包括重叠、儿尾或儿化、子尾和小称音变等四种类型。重叠与其他小称表达法在各方言中的共现情况如何，它们之间有没有什么规律可循？这是我们这一小节要关注的问题。我们试图通过跨方言的比较来了解重叠在各名词小称表达法中的地位，并借鉴以往研究的成果，对相关现象作出解释。

由于某些已有的研究成果只关注方言中的某一种小称表达法，不能全面反映该方言名词小称表达的面貌，因此，我们重点对那些就某一方言区或方言点的小称表达法进行全面研究的文献所反映的材料进行比较。这些文献主要包括《南部吴语的小称》（曹志耘，2001）、《山西方言的小称》（沈明，2003）、《广东茂名粤语小称综论》（邵慧君，2005）、《徽州方言的小称研究》（伍巍、王媛媛，2006）、《湘语的小称研究》（罗昕如、李斌，2008）、《河南罗山方言的小称类型考察》（陈明富、张鹏丽，2009）、《丹江方言的小称》（苏俊波，2009）、《商州方言的小称形式》（王三敏、杨莉，2010）、《湖南安乡黄山头话中的小称》（李绍群，2011）、《榆林方言小称研究》（郭宇丽，2012）、《牛蹄乡赣语方言岛方言的小称研究》（周海霞，2013）等。① 虽然上述文献数量不多，但从方言分布上看，它们覆盖了官话、吴语、粤语、晋语、徽语、湘语等几大方言的上百个方言点，有较强的代表性。下面我们将各小称表达法归纳为"重叠型""附加型""音变型""混合型"，并通过表格的方式来了解各方言中名词小称表达法的共现情况（见表三），具体用例请参看原文。

表三　汉语方言名词小称表达法的共现情况

方言	小称表达法			
	重叠型	附加型	音变型②	混合型
南部吴语		儿缀③	变韵|变调	儿缀＋变调|鼻尾＋变调|鼻化＋变调
山西方言	重叠	儿缀|前缀"圪"	变韵|变调	重叠＋儿化|圪＋词根＋重叠|圪＋词根＋儿化|圪＋词根＋重叠＋儿化|圪＋词根＋变调|儿化＋重叠|儿化＋变调|重叠＋变调|变韵＋变调＋重叠

①　有的文献看起来是对某方言的小称表达法进行全面研究的，实则只讨论了某一种表达法，如《阳新三溪话的小称形式》（何天贞，1982）、《粤北土话小称研究》（赵冬梅，2002）、《广东曲江县龙归土话的小称》（伍巍，2003）等，就只讨论了该方言中的小称音变。
②　汉语方言中的小称音变包括鼻尾、鼻化、央元音化、喉塞音化、高调化等具体形式，为了节省表格空间，这里只区分为变韵和变调两类。
③　伍巍、王媛媛（2006）指出，"儿化""儿尾""儿缀"等术语目前尚无统一的说法，我们所参文献的作者也多未严加区分，这里依据的是文献原文的表述。

（续表）

方言	小称表达法			
	重叠型	附加型	音变型	混合型
榆林晋语	重叠	儿缀｜前缀"圪"｜子缀		
茂名粤语		儿缀	变韵｜变调	变韵＋变调
徽州方言		儿缀	变韵｜变调	
湘语	重叠｜"崽崽、儿儿、孖⁼孖⁼"等重叠式词缀	后缀"崽、唧、崽唧、崽子"等	变调	后缀＋变调｜重叠＋变调｜词缀＋重叠
陕西牛蹄乡赣语	重叠｜"崽崽"等重叠式词缀	儿缀		重叠＋儿缀
河南罗山中原官话	重叠｜"儿儿、子子"等重叠式词缀①	后缀"儿、娃儿、伢儿、"等		
陕西商州中原官话	重叠｜"子子子"等重叠式词缀	后缀"娃子、孙子、儿、子"等	变调	重叠＋变调｜儿化＋变调｜蔓＋重叠｜重叠＋儿｜重叠＋子
湖北丹江西南官话	重叠｜"娃娃儿、头头儿"等重叠式词缀	儿化｜前缀"圪"｜后缀"娃儿、娃子、头儿、子"等	变韵｜变调	重叠＋儿化｜重叠＋子尾｜重叠＋儿化＋娃儿｜重叠＋儿化/子尾/娃儿＋变调
湖南安乡西南官话	重叠｜"吖吖"等重叠式词缀	后缀"伢、子、儿"等		重叠＋变韵②

从表三可以看出，重叠型小称与其他名词小称表达法有以下几个共现规律：

1. 在名词前后（主要是名词后）附加"儿""子""仔""崽""唧"

---

① 陈明富、张鹏丽（2009）没有提及该方言中有重叠式和附加后缀"儿儿、子子"表小称的情况，这里根据王东（2010：333）作了补充。

② 李绍群（2011）没有提及安乡黄山头话变韵的情况，应雨田（1983）认为安乡话名词重叠后第二个音节需读轻声，元音央化为 [ə] 且带卷舌动作，成为 [ɚ]。

"娃""伢"等词缀性成分，是汉语方言中最为常见的名词小称表达方式，但重叠型小称在某些方言中却较少见到。此外，小称表达多可伴随着变韵、变调等语音变化。按照各种小称表达法在汉语方言中的使用情况，大致可以给它们排出以下序列：附加型＞重叠型＞音变型（"＞"表示更为常见）。在多数方言中，附加、重叠和音变等几种基本小称表达法往往混合使用，共同表示小称。

2. 汉语方言中名词小称表达大致存在这么一条蕴涵共性：

共性1：重叠型小称⊃附加型小称

这条共性意味着，使用重叠型小称的方言，一般同时使用附加型小称；反过来，使用附加型小称的方言，却不一定同时使用重叠型小称。根据这条共性可以将汉语方言分为两种类型：一类是同时使用重叠型小称和附加型小称的方言，如湘语、晋语和某些官话、赣语等；一类是只使用附加型小称而不使用重叠型小称的方言，如南部吴语、徽语、茂名粤语、郴州官话等。这条共性可以预测，使用重叠型小称而不使用附加型小称的汉语方言是难以存在的。

3. 在某些使用重叠型小称的方言中，还使用附加"崽崽、儿儿、孖⁼孖⁼、子子、吖吖"等重叠式词缀表小称（如表三中用粗体字标示的例子）。根据名词重叠表小称与附加重叠式词缀表小称的共现情况，可以大致归纳出一条蕴涵共性：

共性2：重叠式词缀表小称⊃名词普通重叠表小称

这条共性意味着，如果某方言使用重叠式词缀表示小称，则该方言也使用名词普通重叠表小称，如某些湘语、赣语和官话方言；反过来，如果某方言使用名词普通重叠表小称，却不一定使用重叠式词缀表小称，如山西方言就是如此，我们在上一节中介绍的使用名词重叠形式表小称的那些方言中，很多也不使用重叠式词缀表小称。这条共性可以预测，使用重叠式词缀表小称而不使用名词普通重叠表小称的汉语方言是难以存在的①。

---

① 王毅（2017）根据祁东话中名词普通重叠表小称不具有普遍性，而认为这条共性对于祁东话并不适用。实际上，根据作者在文中的分析，祁东话中名词普通重叠有很多的用例，他之所以说名词普通重叠表小称不具有普遍性，应该是因为我们下文要讨论的"语法化损耗"，因此祁东话并不构成反例。

对于汉语方言中重叠型小称与其他名词小称表达法的以上共现格局，可以从语言类型学、历史语言学等方面作出解释。

1. 汉语方言中采用重叠型、附加型和音变型等小称表达法，这是人类语言普遍共性的体现。跨语言的研究表明，人类语言小称形态的表达手段主要包括附加词缀，变换辅音、元音和声调，改变名词的类属或者性等，此外，鼻音、重叠等也是表示小称的常见机制。跨语言的研究同时表明，表示小称的词缀形式大多来源于各语言中表示"小孩"概念的语法化。"小孩"概念是各种语言小称词汇语法化的共同来源，其他手段如重叠、音变等，虽然与"小孩"的概念没有直接的联系，但也很可能来自小孩的发音特点和语言使用特征。（石毓智，2005）跟绝大多数语言的小称词缀多来源于"小孩"概念一样，汉语方言中的小称词缀也多与表"小孩"概念的"儿""子"及其变体"崽、仔、唧、团"等有关。汉语方言中的重叠小称表达法，也与小孩的语言使用特点有关，因为重叠是小孩经常使用的形式，有的方言中名词重叠表小称甚至只在儿童用语或儿向语言中使用，就是很好的证据。例如，无锡吴语中，表小称的 AA 式名词只出现在小孩口中，或是成人与小孩交谈、大人之间谈及小孩时使用。（王健、高凤，2003）

2. 共时平面各方言中小称表达法的共现格局是其历时发展的反映，与语法化的更新、强化有关。关于语法化的更新、强化等概念及其表现，刘丹青（2001）有过专门的讨论，这里不再转述。

汉语中的小称后缀"儿""子"等来自于表示"小孩"的概念，方言中的其他小称后缀如"崽、娃、伢、团"等，也都是由各方言中表示"小孩"概念的名词虚化而来。根据王力（1980：262-268）和太田辰夫（1987：84-90）等的研究，在上古时代，"子"就有了作为小称词尾的迹象，"儿"也大约在魏晋南北朝开始用作小称词尾，可指人或动物之形体小者、初生者，进而指物之小者，但二者在唐宋时期开始就不限于指"小"，而是可以附着在较大的事物后面，说明其指小功能开始弱化。曹逢甫（2006）曾指出，小称词经过一再弱化，也就越来越难以让说话人联想起原来的形式，这个时候，该语言就会重新启用一个新的形式来表达小称概念，而这种形式一旦被采用就有可能引发新一轮的语法化现象，他把这个过程称为"语法化的轮回（grammaticalization cycle）"。其实，重新启用一个新的形式来表达小称概念的过程，就是一种语法化更新，更新是弥补语法化损耗的有效机制之一。为了弥补附加型小称弱化带来的损耗，在不同的汉语方言中分别启用了重叠、变韵变调、使用别的词缀等人类语言普遍使用的小称表达方式来表达小称，从而导致不同方言中的小称表达法虽然存在差异，但又没有超出一定的范围。

有时候，在某些方言中，新启用的小称表达法经过一段时间的使用后，再次出现语法化损耗，其小称功能又逐渐削弱，这时又可能会用新的代偿方式来启动新一轮的语法化轮回。根据朱晓农（2004）的研究，南方某些方言中的儿尾逐渐演化为鼻音后缀、鼻音韵尾或鼻化音等鼻尾形式，这也是一种语法化"更新"。近年来，这些南方话中的那些由儿尾"更新"而来的鼻尾形式又逐渐萎缩，不再能产，这时，另一种小称形式——高调作为代偿又出现了，在很多南方方言中，高调逐渐取代了儿鼻尾。高调取代儿鼻尾等附加词缀作为一种代偿，其实是语法化过程中的又一轮"更新"。与之相类似，名词的普通重叠也是弥补附加型小称语法化损耗的一种方式。

强化是弥补语法化损耗的又一有效机制。在使用重叠型小称的方言中，有的重叠式名词的小称意味已不明显，其小称功能已很弱（如湘语邵阳话、益阳话、祁东话等），这时，该方言就使用"崽崽、儿儿、娃娃、子子"等重叠式小称词缀来强化"崽、儿、娃、子"等小称词缀的表小功能。在多数汉语方言中，重叠、附加和音变等几种方式往往混合使用，共同表示小称，这也可以看成是为了强化小称表达。

综合上文的分析，我们认为，重叠型小称和音变型小称是弥补附加型小称语法化损耗的一种更新手段①，重叠式小称后缀则是弥补普通重叠型小

---

① 邢向东（2020）认为我们的推断在汉语小称表达手段的整体发展中也许能够成立，但就西部官话来说，在重叠式名词与儿缀词并存、叠置的方言中，重叠式名词应当发生较早，处于方言的底层，儿缀词是较为晚近才进入的，处于方言的上层。我们认为邢先生的分析值得重视，但从汉语史的发展来看，"-子""-儿"等附加型小称表达早就产生，重叠型小称却很晚出，太田辰夫（1987：81）注意到了现代部分官话区普通名词重叠式可以表小称的用例，但没有提及历史上曾有这种用法。邢先生讨论的西部官话中小称表达的格局，会不会存在这种情况？西部官话确实先经历了附加型小称的阶段，但由于语法化损耗而使用重叠式名词小称，在经历了新一轮语法化损耗之后又使用儿缀词小称？也就是说经历了曹逢甫（2006）所讨论的小称表达的"语法化轮回"？由于没有方言文献的记载，对于方言中小称表达的演变过程难以还原其真实面貌，看来这个问题还有待更多的方言事实和历史文献材料做更深入的研究。

称语法化损耗的一种强化手段。汉语方言中名词小称表达的这种共现格局，是语法化更新与强化过程在共时平面上的投影。

本章小结

本章从结构类型、变调模式、语法语义功能等方面对湘方言名词重叠现象进行了描写、分析，并从共时、历时两个角度对湘方言内部、湘方言与湖南省境内其他主要方言以及古代汉语的名词重叠现象进行了横向、纵向比较，最后通过更大范围的跨方言考察，讨论了重叠在汉语方言名词小称表达中的地位问题。

湘方言中都或多或少地存在 AA 式、ABB 式、ABCC 式、AAB 式、AABC 式、AABB 式等几种结构形式的名词重叠现象，但它们在湘方言各片的使用存在一定的不平衡性，总体来说，娄邵片、辰溆片湘语的名词重叠形式比较丰富，长益片等相对比较贫乏。即使在同一个湘方言片，也存在不平衡性。

由于湘方言由重叠构成的名词仍为名词性成分，因此，多保留了名词的句法、组合功能，可以与数量词组合，不与程度副词、否定副词组合，主要作主语、宾语、定语等句法成分。

湘方言中的大多数名词重叠形式都要发生声调变化，而且都有高调化趋势，其中尤以变为 55 调为常见，有的湘方言中也有低调化的情况，但不是普遍现象。

在构成方式上，湘方言中的名词重叠多为构词重叠，以重叠为构形手段形成的名词重叠形式所占比例不多。在语义功能上，属于构词重叠的湘方言名词重叠形式多体现重叠构词法的成词、转类、变义三种机制；属于构形重叠的 AABB 式多表达遍指、泛指、复数等意义，体现语言的"重叠象似性动因"。由于湘方言各点在是否使用"-崽崽、崽崽-、儿儿-、孜＝孜＝-"等表小词缀（如"鸡崽崽、崽崽西瓜、儿儿鸡、孜＝孜＝姑唧"之类）上存在差异，个别方言中存在表"减量"义的 AAB 式颜色名词（如"灰灰色"），使得湘方言名词重叠在能否表达小称和减量义上也存在一些差异。

与湖南省境内其他汉语方言的初步比较显示，湘方言和西南官话在名词重叠问题上具有较多的共性，而与赣语、客家话的差异较大，一般地，湘方言重叠式名词要比赣语、客家话丰富一些。

从历史演变来看，魏晋六朝时开始出现并在后世逐渐得到发展的 AA 式亲属称谓词，在现代湘方言各点中都或多或少地使用，但各方言点所使用的 AA 式亲属称谓词词项不尽相同，相同的词形所称谓的对象也存在一定的差异。汉语史上 AA 式普通名词和其他结构形式的名词重叠形式都不是很丰富，湘方言中的这些名词重叠形式当是其自身为配合词汇双音节化趋势的需要而产生的创新用法。某些湘方言中由表小称的重叠式词缀"-崽崽""-儿儿"等构成的 ABB、ABCC、AAB、AABC 式名词，其产生时间应该更为晚近。

跨方言的研究显示，重叠型小称、附加型小称、音变型小称是汉语方言中最为普遍的小称表达方式。名词重叠表小称的现象主要分布在官话方言、晋语、湘语和部分吴语、闽语中。

考察名词重叠与其他小称表达法在各方言中的共现情况，可以发现汉语方言名词小称表达大致存在这么两条蕴涵共性：①重叠型小称⊃附加型小称；②重叠式词缀表小称⊃名词普通重叠表小称。这种共现格局，可以从类型学、历史语言学等方面作出解释。

第二章
湘方言中的量词重叠

本章拟从结构类型、语法功能、语义功能等几个方面对湘方言量词重叠现象进行描写、分析，并从共时、历时两个角度对湘方言内部、湘方言与湖南省境内其他主要方言以及古代汉语的量词重叠现象进行横向、纵向比较，最后通过跨方言、跨语言的比较，对量词重叠进行类型学考察。

第一节　湘方言量词重叠的结构形式

普通话中，量词的重叠形式是 AA 式。储泽祥（2018）认为量词重叠属于构形重叠。湘方言中，量词也多可以按 AA 式重叠，除此之外，还可以在量词的 AA 式重叠中间插入一个"X"构成 AXA 式重叠，如"个把个、瓶打瓶"之类。本节主要讨论湘方言中这两种量词重叠式的具体构成情况。

不同的学者对于量词的分类有不同的看法，朱德熙（1982：48）将量词分为个体量词、集合量词、度量词、不定量词、临时量词、准量词、动量词等七类，其中前六类是名量词，动量词又包括专用动量词和借用名词的动量词等小类。下文在分析湘方言量词重叠时，参考朱先生的这种分类方法。

▶ 一、湘方言中量词的 AA 式重叠

湘方言中，量词的 AA 式重叠与普通话一样，也要受到其基式的音节数目、感情色彩和语体色彩等因素的制约，但又有其自己的一些特点。下面

先来看邵阳话中的情况。

邵阳话中，可以按 AA 式重叠的量词都是单音节的，除度量词难以按 AA 式重叠以外，其他几类量词都能按这种方式重叠：

1. 个体量词

例如"只只、个个、句句、条条、根根"等。其中，"只"是邵阳话乃至整个湘方言中的通用量词（罗昕如，2011：276），"只只"也是邵阳话中用得最多的 AA 式量词重叠式。

2. 集合量词

这类量词可重叠的不多，例如"双双（筷子）、抱抱窝窝（猪崽崽）、套套（家具）"等。

3. 不定量词

普通话中的不定量词一般难以重叠，但在邵阳话中，不定量词"滴、点"也可以按 AA 式重叠，重叠后还可以加"唧"尾，如"滴滴（唧）、点点（唧）"。此外，"哈=哈=唧""确=确=唧"也可视为表示不定量的重叠式量词，与"滴滴唧、点点唧"不同的是，其中的"哈=、确="不能单用为不定量词。

4. 临时量词

普通话中的临时量词一般不能重叠，但在邵阳话中，一些临时量词也可以重叠，例如"身身（衣衫）、盆盆（花）、碗碗（饭）、桌桌（酒席）"等。

5. 准量词

这一小类与普通话差不多。例如"年年、月月、周周、天天、夜夜"等。

6. 动量词

专用动量词如"转转每一回、下下每一下"等，借用动量词如"刀刀每一刀、枪枪每一枪、脚脚每一脚"等。

在湘语其他方言点中，量词 AA 式重叠的情形与邵阳话大致相似，只是在某些方言点，在量词 AA 式之后还可以带个词尾"子"或其语音变体"唧"尾、"咀"尾等。如长沙话的"个个子、杯杯子、回回子、只只子、丝丝子、滴滴子、抠抠子、点点子、粒粒子"等，祁阳话的"点点子、丝丝子、滴滴子、下下子"等，带的是"子"尾。在益阳话中，量词 AA 式重叠后大都要带"咖"尾，如"把把咖、皮皮咖、天天咖、餐餐咖、盘盘咖、丝丝咖"等。在祁东话中，量词 AA 式重叠后带"唧"尾，如"哈⁼哈⁼唧、咪⁼咪⁼唧、嘎⁼嘎⁼唧、割⁼割⁼唧、粒粒唧、点点唧"等。在娄底、新化、涟源等地方言中，量词 AA 式重叠后可带"唧"尾。

▶ 二、湘方言中量词的 AXA 式重叠①

在多数湘方言中，还可以在量词的 AA 式重叠中间插入一个"X"构成 AXA 式重叠，但其内部构成又不完全相同。下文首先以邵阳话为例进行详细分析，然后再讨论湘方言其他点中的情况。

（一）邵阳话中量词的 AXA 式重叠

1. AXA 重叠式中的 X

邵阳话中，量词的 AXA 重叠具体包括"A 倒 A""A 卯 A""A 是 A""A 算 A""A 数 A"等形式，其构成都比较简单，都是由量词的 AA 式重叠后，中间插入一个"X"构成的。其中的 X"倒、卯、是、算、数"等都读成轻声，其读音分别为倒［·tau］、卯［·mau］、是［·zɿ］、算［·suaŋ］、数［·su］，本字到底为何字，我们暂时不去追究，这里只是用同音字替代，为行文简便，下文邵阳话中这种重叠式涉及这些同音字都不加"＝"符号。

2. AXA 重叠式中的量词

总体来看，在邵阳话中，除不定量词"点、滴、点唧、滴唧"以外，量词都可以进入 AXA 式构成重叠式②，但不同的 AXA 式对于量词的次类有不同的选择性。下面按不同的结构形式分别讨论。

①　本节部分内容以《湘语邵阳话中量词的"AXA"式重叠——兼谈量词"AXA"式重叠的方言类型学意义》为题发表于《河南科技大学学报（社会科学版）》2014 年第 4 期。

②　邵阳话中有"点倒点、滴倒滴""点卯点、滴卯滴""点是点、滴是滴"等说法，但其中的"点、滴"只能是个体量词，并非不定量词。以下的讨论中如不特别说明，所涉量词均不包含不定量词。

① "A倒A"式

"A倒A"式是邵阳话中最常用的量词重叠形式，各个量词次类都可以这种方式重叠。例如：

（1）个体量词：只倒只（鸡）｜本倒本（书）｜蔸倒蔸（树）｜把倒把（锁）

（2）集合量词：双倒双（筷子）｜抱倒抱（猪崽崽）｜胖＝倒胖＝（鸭）｜窠倒窠（老鼠）

（3）度量词：尺倒尺（布）｜斗倒斗（米）｜公倒公分｜亩倒亩（田）

（4）临时量词：碗倒碗（饭）｜壶倒壶（酒）｜桌倒桌（菜）｜箱倒箱子（衣服）

（5）准量词：年倒年｜天倒天｜夜倒夜｜月倒月

（6）专用动量词：转倒转｜下倒下｜次倒次｜场倒场

（7）借用动量词：枪倒枪｜刀倒刀｜脚倒脚｜鞭倒鞭子

从以上例子可以看出，几乎各种单音节量词都可以进入"A倒A"式。部分双音节量词也可以构成"A倒A"式，如"公倒公分""箱倒箱子""鞭倒鞭子"，但都是重叠其前一个音节构成部分重叠式，而不能完全重叠说成"＊公分倒公分""＊箱子倒箱子""＊鞭子倒鞭子"等。

邵阳话中，除了上述量词以外，"炮＋、百、千、万、亿"等单音节位数词和数词"半"也可以进入"A倒A"式①。如"炮倒炮、百倒百、千倒千、半倒半"等，而双音节位数词"炮万、百万、千万、炮亿、百亿、千亿"等则可以重叠前一个音节构成"炮倒炮万、百倒百万、千倒千万、炮倒炮亿"等。这样构成的"A倒A"式，后面还可以再跟上除不定量词以外的各种量词，例如：

（8）炮倒炮只（鸡）｜百倒百双（筷子）｜千倒千里（路）｜半倒半坛（酒）｜万倒万亩（田）｜炮倒炮万年｜炮倒炮转｜百倒百枪

② "A卵A"式与"A是A"式

"A卵A""A是A"两式在内部构成上颇为相似，因此放在一起讨论。

---

① 一些数词具有量词的特征，本章也一并讨论，后文会对这种作法进行解释。

大部分个体量词、集合量词、度量词和临时量词都能够进入这两式，例如：

（9）个体量词：粒卯粒（沙子）｜床卯床（被子）｜页是页（纸）｜根是根（草）

（10）集合量词：捆卯捆（柴火）｜批卯批（货）｜串是串（珠子）｜窠是窠（老鼠）

（11）度量词：斤卯斤｜吨卯吨｜丈是丈｜斗是斗

（12）临时量词：包卯包（糖）｜缸卯缸（酒）｜桶是桶（油）｜碗是碗（饭）

除上述几类名量词以外，只有专用动量词"下"能够重叠构成"下卯下""下是下"，其他动量词以及准量词"年、天"等一般难以以这两种方式重叠，例如，邵阳话中很少说"﹡转是转""﹡次是次""﹡年卯年""﹡天卯天"等。

"炮十、百、千、万、亿"等单音节位数词也可以重叠构成"炮卯炮、百卯百、千是千、万是万"等，但与"A倒A"式不一样的是，这样重叠以后，后面就不能再跟其他量词了，如邵阳话不说"﹡炮卯炮个、﹡千是千条"等。而双音节位数词"炮万、百万、千万、炮亿、百亿、千亿"等则不能以这两种方式重叠，如不说"﹡炮卯炮万、﹡百卯百万、﹡千是千万、﹡炮是炮亿"等。

③"A算A"式与"A数A"式

"A算A""A数A"两式在内部构成上颇为相似，能够进入这两式的量词不多，主要是个体量词，例如：

（13）粒数粒｜只数只｜块数块｜□man^{33}数□man^{33}｜根算根｜坨算坨｜□kei^{35}算□kei^{35}①

（二）湘语其他点量词的 AXA 式重叠

1. 娄邵片

娄邵片湘语中，量词大都可以按 AXA 式重叠，有的方言点重叠形式还

---

① "□man^{33}"是记数物体自然地分成或破碎成几个部分的量词，黎良军（2009：347）记为"瓣"，"□kei^{35}"为记数豆荚等事物的量词，黎良军（2009：119）记为"荚"。

不止一种。比如，娄底话中的量词可按"A 次 A""A 赐 A""A 把 A"式重叠，其中的"次"音［·tsʰ1］、"赐"音［·s1］，它们在使用上差别不大，可能只是音变所致。例如：

句次句	个次个	双次双	场次场
日赐日	年赐年	下赐下	回赐回
条把条	只把只	天把天	身把身（衣服）

新化话中，量词可构成"A 散 A"和"A 把 A"式重叠。例如：

个散个	只散只	组散组	队散队
斤散斤	升散升	天散天	年散年
碗散碗	盒散盒	回散回	次散次
根把根	条把条	盘把盘	月把月

据陈晖（1999：233 - 235）和彭春芳（2007：106）的研究，在涟源话中，物量词、准量词和部分数词可按"A 式 A"和"A 打 A"式重叠。[①]例如：

箱式箱	担式担	块式块	年式年
日式日	夜式夜	千式千	百式百
本打本	盒打盒	箱打箱子	背打背篮

据孙叶林（2009：25）的研究，邵东话中量词可按"A 倒 A"式重叠。例如：

日倒日	天倒天	夜倒夜	年倒年
月倒月	上倒上旰	下倒下旰	早倒早起

2. 长益片

这一片湘方言中量词也多存在 AXA 式的重叠用法。比如，益阳话中，单音节量词和某些数词如"半、炮＋、百、千、万、亿"等多可以按"A 什 A"式重叠，其中的"什"音［·s1］。例如：

个什个	只什只	条什条	袋什袋
箱什箱	捆什捆	担什担	斤什斤

---

① 其中"式"的读音陈晖记为［s1］，彭春芳记为"是"，没有标音。

| 丈什丈 | 年什年 | 天什天 | 夜什夜 |
| 百什百 | 千什千 | 万什万 | 炮什炮 |

长沙话中的情况大致也是如此，只是其中的 X 音［·ʂ］，《长沙方言词典》和《长沙方言研究》记为"是"，相对于益阳话来说，也应该只是语音上的差异，这里就不赘述了。

3. 其他片

在辰溆片湘语中，量词的重叠式与普通话差不多，多直接采用 AA 式重叠，很少采用 AXA 式重叠的形式。夏先忠（2003）在讨论溆浦话的重叠现象时，专门分析了其量词重叠，认为该方言"量词的重叠方式为 AA"，没有论及该方言量词有 AXA 式重叠现象。我们对溆浦话的调查也是如此，即使偶尔使用 AXA 式重叠，如使用"A 是 A"式，也可能是受周边方言的影响所致，下面是该方言使用量词 AA 式重叠的用例：

（14）他日日打牌赌钱，蛮打得大个啦。他天天打牌赌钱，赌注下得很大的。

（15）我天天忙得脚打后脑壳。我每天都忙得不得了。

（16）他屋里柴米油盐样样都有了。他屋里柴米油盐样样都有了。

可能由于研究目的和研究内容所限，彭泽润（1999）和彭兰玉（2005）在描写衡阳话和衡山话时，没有涉及量词的 AXA 式重叠。根据我们的调查，衡州片湘语量词也是可以按这种方式重叠的。比如衡南话中，量词可以按"A 咯 A"式重叠，其中的"咯"音［·ko］。例如：

| 串咯串 | 瓶咯瓶 | 块咯块 | 箱咯箱 |
| 桶咯桶 | 捆咯捆 | 斤咯斤 | 伙咯伙 |

在永全片的祁东话中，大多数个体量词、集合量词、度量词和临时量词可以按"A 夹 A"式、"A 呱 A"、"A 吗 A"重叠，如"只夹只、对夹对、窝夹窝、坨夹坨、斤呱斤、亩呱亩、杯呱杯、沓吗沓、双吗双"等。部分准量词和动量词可以按"A 啦［·la］A"式重叠，如"日啦日、夜啦夜、转啦转、趟啦趟"等。

另据李维琦（1998：116）介绍，祁阳话中，量词可以按"A 是 A、A 打 A、A 夹 A、A 又 A、A 吗 A"等多种形式重叠，例如"只是只、球打球、它吗它、沓夹沓"等。

（三）量词 AXA 式重叠中 X 的性质

在讨论方言中量词的 AXA 式重叠时，对于其中 X 的性质，不同的学者有不同的处理方式：有的学者将其视为"中缀"或"相当于一个中缀"，如崔振华（1998：228）、陈晖（1999：233）、徐慧（2001：116）等就是如此；有的学者将其视为助词，如张一舟（2001）将成都话"A 打 A""A 把A"中的"打"和"把"看成助词；还有的学者不作明确的界定，如朱彰年（1981）、陈延河（1991）等称其为"中加成分"。叶晨（2011）通过征引哈杜默德·布斯曼《语言学词典》中词缀是"不能独立出现而只能附加于词干的构词成分的总称"的观点，认为天台话中重叠式"A 加 A"中的"加"不能算"词缀"，只能是一个"类词缀"。

湘方言中，大多数 AXA 式中 X 的语义已经虚化，人们甚至不知道该用哪个汉字来记录，只能用同音字来代替，而有的 X，其意义还相对较为实在，比如新化话的"把"、邵阳话的"算"和某些湘方言中的"是"等，它们在语义上也并没有完全虚化，因此，也可将其视为"类中缀"，或者将其视为助词也未尝不可，为了行文方便，下文有时候直接称其为"中缀"。

第二节　湘方言量词重叠的语法功能

普通话中，量词经 AA 式重叠以后，在语法功能方面有两个明显区别于其原式的地方，一是不能与数词组合作名词的修饰限定性成分，一是可以较为自由地作主语、定语等语法成分。（华玉明，2001：28-32）在语法功能上，湘方言中的量词重叠既有与普通话相一致的地方，也存在一些差异。

一、湘方言量词重叠的组合功能

湘方言中，量词经 AA 式和 AXA 式重叠以后，大都不能再与数词组合，例如，以下情况在湘方言各点都是基本一致的：

五只瓶子——＊五只只瓶子——＊五只是只瓶子

两把椅子——＊两把把椅子——＊两把是把椅子

两斤苹果——＊两斤斤苹果——＊两斤是斤苹果

三双筷子——＊三双双筷子——＊三双是双筷子

但是，这里有几点需要说明：

1. 在某些湘方言点，看似存在由临时量词重叠后与数词组合的情况，例如，在邵阳、溆浦等地方言中，有类似"两桶桶油、三袋袋糖、两杯杯水、五盒盒烟、两筛筛鸡婆蛋蛋"等说法。其实，这里的"桶桶""袋袋""杯杯"等都是由名词性语素重叠后构成的 AA 式名词，只是被临时借用为量词了，其作用相当于普通话中的单音节量词"桶、袋、杯"等，因此，这里的"两桶桶油"等不能看作是量词 AA 式重叠与数词的组合。

2. 普通话中常见的"一张张桌子""一阵阵歌声"之类，有学者认为，其中的"一张张、一阵阵"等不宜看作是量词 AA 式重叠与数词的组合，而应该看作是数量短语"一张、一阵"重叠成"一张一张、一阵一阵"后省略了第二个"一"。（华玉明，2001：28）这种用法在湘方言中也可以见到，如长沙话的"一个个、一块块、一张张、一箱箱"等说法。彭春芳（2007：110）就明确指出，涟源杨家滩话中的"一个个、一只只、一双双"的用法是"一个、一只、一双"重叠以后的省略式。而在有的湘方言点，与普通话"一张张、一个个"等对应的形式多用 AA 式和 AXA 式来表示，如邵阳话中就很少说"一个个、一只只"，而以"个个、个倒个""只只、只倒只"等更为常见。

3. 在某些湘方言中，确实存在一些量词经 AA 式重叠后与数词组合的情况，其中的量词多为不定量词，数词只限于"一"，而且后面一般都要加"唧、咖"尾，如邵阳话中"一滴滴唧、一点点唧、一确确唧"等，益阳话中"<u>一丝丝咖</u>、一坨坨咖、一指指咖、一点点咖"等。

▶ 二、湘方言量词重叠的句法功能

湘方言中，量词不能单独作句法成分，经 AA 式或 AXA 式重叠后，可以充当主语、谓语、宾语、定语、状语、补语等多种句法成分。

1. 作主语

作主语是普通话中量词重叠式最为常见的句法功能。湘方言中，量词经 AA 式、AXA 式重叠后可以直接作主语，前面一般都有一个名词性成分充当话题，后面一般都有统括副词"都、下"等。作主语时，这两种重叠式往往可以互相转换。例如邵阳话：

（1）渠屋里个崽女，<u>个倒个</u>都蛮奋气。他家的儿女，个个都很争气。

（2）箇滴苹果唉，<u>只倒只</u>都坏咖哩，可惜咖哩啊！这些苹果哎，个个都坏了，太可惜了！

（3）箇滴袜子<u>双倒双</u>统下让老鼠子拉＝烂咖哩。这些袜子双双都被老鼠咬烂了。

再如：

（4）长沙：他屋里<u>餐什餐</u>下是大鱼大肉。他家里每餐都是大鱼大肉。

（5）益阳：你老家的崽女，<u>个什个</u>咄还债。你老人家的儿女个个都很孝顺。

（6）娄底：阳台上个花<u>盆赐盆</u>都很漂亮。阳台上的花每一盆很漂亮。

（7）新化：细人唧<u>个散个</u>下喜欢看电视。小孩儿个个都喜欢看电视。

（8）祁东：天气回潮，被子<u>床夹床</u>下发霉了。天气回潮，每床被子都发霉了。

以上各例中的 AXA 式都可以转换成 AA 式。益阳话中量词重叠式作主语后面多可加"咄"尾，但当句子所述情况明显带有贬义或不如意色彩时就不再加"咄"尾，如"哦箱苹果只什只（＊咄）都烂咖哒。那箱苹果个个都烂了。"说明"咄"尾的使用具有较强的主观性。

有时候，AXA 式重叠后面可以添加相当于普通话"的₃"的名词化标记，构成名词性短语以后作主语，例如邵阳话"粒卯粒个是糖，根是根个才是药。一粒一粒的是糖果，一根一根的才是药。"益阳话"包什包的是吃的家伙，箱什箱的是阿书。一包一包的是吃的东西，一箱一箱的是书。"邵阳话中的名词化标记为"个"，益阳话的名词化标记是与普通话同形的"的"，名词化的作用是分类。

2. 作谓语

普通话中，量词 AA 式重叠也能作谓语，但受语体色彩限制较强，多见于书面语，如"炮竹声声、凉风阵阵"等，口语中很少使用。（宋玉柱，1996）在湘方言的口头交际中，量词 AA 式重叠很少作谓语，但量词和某些数词的 AXA 式重叠后作谓语却很常见。例如邵阳话：

（9）饲养场喂起个鸡鸭<u>胖＝卯胖＝</u>。饲养场养的鸡鸭成群结队的。

(10) 箇滴豆子<u>粒</u>是<u>粒</u>唧，总爽得很。*这些豆子一粒一粒的，很整齐划一。*

(11) 今晌午个豆腐<u>块</u>是<u>块</u>唧，蛮乖他"。*今天中午的豆腐一块一块的，很漂亮。*

再如：

(12) 长沙：他每天买糖粒子个钱都<u>炮</u>是<u>炮</u>哒。*他每天买糖果的钱都要花上十块。*

(13) 益阳：他屋里的被窝<u>铺</u>什<u>铺</u>。*他家的被子一床一床的。*

(14) 娄底：天上个鸟<u>群</u>赐<u>群</u>个。*天上的鸟一群一群的。*

(15) 衡阳：渠屋里个中华烟<u>箱</u>咯<u>箱</u>个。*他家的中华烟一箱一箱的。*

(16) 祁东：渠桌子上个本子<u>沓</u>夹<u>沓</u>。*他桌子上的本子一沓一沓的。*

以上各例中的 AXA 式都不能转换成 AA 式，或者转换后意义发生变化，如例（10），邵阳话偶尔也可以说"箇滴豆子粒粒，总爽得很"，但其中的"豆子粒粒"已经由原来的主谓结构变成了偏正式合成词，类似于前文中的"鸡婆蛋蛋"等 ABCC 式名词，全句的意思是"这些豆子很整齐划一"。

3. 作宾语

普通话中，量词重叠式一般不作宾语。湘方言中，量词的 AA 式重叠也很少作宾语，能够作宾语的主要是不定量词的重叠式，例如：

(17) 邵阳：我还想吃<u>点点</u>唧。*我还想吃点儿。*

(18) 益阳：差<u>命命</u>咀中咖一个特等奖。*差点儿中了个特等奖。*

湘方言中，量词（包括某些数词）的 AXA 式重叠作宾语的情况却比较常见。作宾语时，AXA 式决不可以转换成 AA 式的形式，例如邵阳话：

(19) 今年渠屋里光苞谷就种咖<u>亩</u>倒<u>亩</u>。*今年他家光玉米就差不多种了一亩田。*

(20) 渠昨夜一夜工输咖<u>千</u>倒<u>千</u>。*他昨晚一个晚上输了上千块。*

(21) 白酒渠一阵吃得<u>斤</u>倒<u>斤</u>。*白酒他一次能喝差不多一斤。*

再如：

(22) 长沙：他怕莫有<u>年</u>什<u>年</u>有打牌哒。*他怕有差不多一年没打牌了。*

(23) 新化：箇桩事我晓得<u>滴</u>把<u>滴</u>唧。*这件事我知道一点点。*

(24) 涟源：有得饭吃得咕人有<u>千</u>式<u>千</u>㗒！*(陈晖，1999：235)*

(25) 祁东：啤酒是<u>瓶</u>夹<u>瓶</u>个。*啤酒是一瓶一瓶的。*

有时候，AXA 式重叠后面也可以添加相当于普通话"的₃"的名词化标记，构成名词性短语以后作宾语，这与作主语的情况相类似，例如邵阳话：

（26）渠送把你个糖是<u>粒卵粒个</u>，我送把你个是<u>袋卵袋个</u>。他送给你的糖是一块一块的，我送给你的是一袋一袋的。

4. 作定语

普通话中，量词重叠式主要作主语中心语的定语，如"门门功课都不及格"，作宾语中心语的定语则较为受限，多见于书面语中。（宋玉柱，1996）湘方言中，量词 AA 式重叠作定语的情况与普通话类似，而 AXA 式重叠作定语则更为常见，它既可自由地作主语的定语，又可自由地作宾语的定语。例如邵阳话：

（27）今年<u>抱倒抱</u>猪崽崽都有卖起好价钱。今年每一窝猪崽都没卖上好价钱。

（28）渠上次拍咖<u>斗倒斗</u>米个甜酒。他上次酿了差不多一斗米的甜酒。

（29）渠一转吃得<u>碗倒碗</u>肥肉。他一次差不多能吃一碗肥肉。

再如：

（30）长沙：你<u>双什双</u>皮鞋是个买得去，还讲冇得钱？你皮鞋一双一双地这么买，还说没钱？

（31）益阳：他昨日子只怕吃咖<u>斤什斤</u>白酒吧？他昨天可能喝了一斤多白酒吧？

（32）涟源：拿哩<u>担式担</u>谷赐你，还喊少哩。给了你差不多一担谷，还说少了。（陈晖，1999：233）

（33）祁东：<u>张夹张</u>个票子放在你眼门前，你不心动啊？一张一张的钞票放在你眼前，你不心动？

以上各例都是 AXA 式作定语的例子，其中例（27）（30）等的中心语是主语，它们多可以换成 AA 式，其他各例的中心语是宾语，它们多不能换成 AA 式。

5. 作状语

普通话中，量词重叠式也可以作状语，但也要受到一定的韵律、语体限制。[①] 湘方言中，量词的 AA 式重叠作状语的情况与普通话差不多，此外，AXA 式重叠也可以作状语。例如邵阳话：

---

① 学术界对于普通话中量词重叠作主语还是状语的判定存在分歧，比如，华玉明（2001）将"回回都得手"之类看成是作主语，宋玉柱（1996）则看成状语，我们认为，这种动量词的重叠以及表示"逐一"义的重叠式以视为状语为宜。

（34）渠**转倒转**行娘屋都要提只鸡婆。她每次回娘家都要提一只母鸡。

（35）到哩冬天，各家各户个煤**吨是吨**往屋里拖。到了冬天，家家户户煤一吨一吨地往家里拖。

（36）渠屋里肉吃唔圆，**桶是桶**倒。他们家肉吃不完，一桶一桶地倒。

再如：

（37）长沙：水果还是**箱是箱**地买划算些。水果还是整箱整箱地买划算一些。

（38）益阳：他**觉什觉**咀都困得好。他每一觉都睡得好。

（39）娄底：话要**句赐句**唧讲，路要**步次步**唧行。话要一句一句地说，路要一步一步地走。

（40）衡阳：把箇些珠子**串咯串**穿起来。把这些珠子一串一串地穿起来。

（41）祁东：芳妹唧吃饭**粒夹粒**数，净在磨洋工。芳芳吃饭一粒一粒数，全在磨洋工。

以上各例中的 AXA 式，有的可以转换成 AA 式，如例（34）（38）；有的则不可以，如其他各例多难以替换，决定能不能这样转换的是重叠式所表达的语法意义，一般来说，表示"周遍"义时，可以自由地转换，而表示其他语法意义时，很难这样转换。关于量词重叠式的语义功能，下文还会谈到。

6. 作补语

普通话中，量词重叠式不能作补语。湘方言中，量词的 AA 式重叠也很少作补语，能够作补语的主要是不定量词的重叠式，例如：

（42）邵阳：我慢咖**点点**唧，唔是就弄倒第一名哩。我慢了一点儿，不然就得第一名了。

（43）新化：渠个病好哩**滴滴**唧哩。他的病好了点儿了。

（44）祁东：箇根索长咖**哈哈**唧，不要紧。这根绳索长了一点儿，不要紧。

但在某些湘方言中，量词经 AXA 式重叠后可以较为自由地作补语。作补语时，AXA 式也不能转换成 AA 式。例如邵阳话：

（45）箇滴菜渠两个吃得**天倒天**。这些菜差不多够他们俩吃一整天。

（46）渠一双鞋子穿咖**年倒年**有有洗。他一双鞋子穿了差不多一年没洗。

再如：

（47）长沙：箇件事拖咖**年是年**还有搞好。这件事拖了快一年了还没办好。

（48）益阳：他箇篇文章写咖**天什天**哒，还有写好。他这篇文章写了快一天了，还没写好。

（49）新化：我箇个学期迟到哩**回把回**唧。我这个学期迟到了一两回。

（50）涟源：佢出去**年式年**哩有付一个钱唧回来。他出去将近一年了没寄一分钱回来。（陈晖，1999：234）

第三节 湘方言量词重叠的语法意义及其主观性[①]

▷ 一、湘方言量词重叠的语法意义

湘方言中，量词重叠式可以表达"周遍""多量""逐一""完整量""少量"以及强调计量方式等多种语法意义。在湘方言的实际口语交际中，量词的 AA 式重叠大多只表达"周遍"义，有的湘方言中，某些量词（主要是不定量词）的 AA 式重叠（包括加"咖""唧"等）可以表示少量，这在前文已有论及，下面除特别提及，我们只讨论量词 AXA 式重叠的语法意义。

（一）表示"周遍"

湘方言中，量词经 AXA 式重叠后可以强调事物的周遍性，表示"每一A"的意思，后面一般都要跟"下""统下""都"等总括副词。例如：

（1）邵阳：箇滴衣衫**只倒只**都小哩，穿唔得哩。这些衣服件件都小了，穿不了了。

（2）邵阳：箇块土里**根倒根**西瓜藤都结满西瓜个。这块地里每一根西瓜藤都结满了西瓜。

（3）长沙：**餐是餐**下是吃小菜。每餐都是吃小菜。

（4）益阳：箇几个妹咖**个什个**咖都长得乖。这几个女孩个个都长得漂亮。

（5）娄底：我**场赐场**都输，老婆要骂我个。我每场都输，老婆会骂我的。

（6）祁东：**夜啦夜**在外面不弄屋，我连管渠不到。每夜在外面不回家，我管他

---

① 本节的部分内容以《湘方言中的量词重叠及其主观性》为题发表于《武陵学刊》2017 年第 4 期。

不住。

（二）表示主观"多量"①

湘方言中，量词经 AXA 式重叠后多可表示主观"多量"。主观"多量"与主观"少量"均可视为一种"约量"，但由于它们往往带有很强的主观性（详见下文），人们在说这种 AXA 式时，主观上认为数量很多或很少，所以，我们称其为主观"多量"或主观"少量"。表示主观"多量"的例如：

（7）邵阳：渠散把告花子个粮食<u>升是升</u>。他叫花子的粮食都是一升一升的。

（8）邵阳：今年渠屋里豆子种子种咖<u>斗倒斗</u>。今年他家光豆种就差不多种了一斗。

（9）长沙：他屋里今天请的客怕莫有<u>桌是桌</u>。他家今天请的客人莫怕有一桌。

（10）益阳：他在长沙住咖<u>年什年</u>，还有到过橘子洲。他在长沙都快住了一年了，还没去过橘子洲。

（11）娄底：天上个大雁<u>群赐群</u>个。天上的大雁成群结队的。

（12）涟源：有<u>箱式箱</u>衣衫有看见哩。差不多有一整箱衣服没看见了。（陈晖，1999：233）

（13）祁东：渠屋个墨菇<u>堆夹堆</u>，吃都吃不完。他家里的莳芽一堆一堆的，吃都吃不完。

（14）祁阳：几年财运好，票子<u>沓夹沓</u>。（李维琦，1998：116）

（三）表示主观"少量"

在某些湘方言中，量词经"A 把 A"式重叠以后可以表达数量少、频率低等主观"少量"的语法意义，例如新化话：

（15）渠一个月吃<u>餐把餐</u>肉唧。他一个月只吃餐把两餐肉。

（16）桌子高落有<u>本把本</u>书唧。桌子上只有一两本书。

再如娄底话：

（17）<u>条把条</u>泥鳅子灌只篓子不满个。一两条泥鳅是装不满一个篓子的。

（18）我赐他打咖<u>回把回</u>唧。我只被他打了一两回。

量词"A 把 A"式重叠表示量少的用法在别的一些湘方言点多用"A

---

① "多量"及与之相对的"少量"有的学者称为"大量""小量"，这只是使用习惯的差别，下文我们一般用"多量"和"少量"，但在引述别人的观点时遵照原文。

把"'"A 把子/唧"'"A 把两 A"等形式表示，如例（15）在邵阳话中多说成"渠一个月吃餐把肉唧"或"渠一个月吃餐把两餐肉唧"。

此外，不定量词的 AA 式重叠也多表示少量，例如：

（19）邵阳：今日个菜少放咖⁼确⁼盐唧。今天的菜稍微放少了点儿盐。

（20）新化：滴滴唧哒拿来你去哩。一点点都给你了。

（21）祁东：还差嘎⁼嘎⁼唧我就成功了。还差一点点我就成功了。

（四）表示"逐一"

湘方言中，量词经 AXA 式重叠后多可以表示对事物按顺序逐一处置，相当于普通话的"逐 A 逐 A 地""一 A 一 A 地"的意思。例如：

（22）邵阳：江边洗萝卜，只卯只来。江边洗萝卜，一个一个地洗。

（23）邵阳：拿箇滴珠子粒是粒捡起。把这些珠子一粒一粒地捡起来。

（24）娄底：话要句赐句个讲。话要一句一句地说。

（25）新化：你把菜碗散碗个端来。你把菜一碗一碗地端来。

（26）涟源：你把滴橘子箱是箱唧箇装倒。你把这些橘子一箱一箱地装着。（彭春芳，2007：111）

（27）祁东：一个排好队，个夹个来交钱。大家排好队，一个一个地来交钱。

（五）表示"完整"

湘方言中，量词 AXA 式重叠还可以表示量的完整性。例如：

（28）邵阳：箇滴米买得好，煮起个饭粒卯粒唧。这些米买得好，煮的饭一整粒一整粒的。

（29）邵阳：箇滴面根是根唧，一点有稠。这些面条一根一根的，很完整，一点都没糊。

（30）涟源：今日中午滴鱼下只是只唧箇，煮底好。今天中午的鱼都是一条一条的，很完整，煮得好。（彭春芳，2007：108）

（31）长沙：白酒他也是瓶什瓶地吃。白酒他也是整瓶整瓶地喝。

（32）益阳：他一买水果就是箱什箱的。他买水果总是整箱整箱地买。

（33）娄底：他年次年咖不回来信个。他一年到头都不会来信的。

（34）祁东：箇油炸粑跑⁼起只夹只，蛮好。这油炸粑炸得一个一个的，很好。

以上例子都表示量的完整性，但仔细分析，它们又可以分为两类：一类表示事物的完好无损或本来应具有的状态，具有很强的描写性，相当于普通话的"一A一A的"，如例（28）～（30），其中的 AXA 是对米、面、鱼等状态的描述；另一类表示事物、时间等的不可分割性，相当于普通话的"整A整A的"，如例（31）～（34），其中的 AXA 是对事物、时间等的整体处置或整体认知，而不是将其分割成一个一个的个体或片段。

（六）强调计量方式

湘方言中，量词 AXA 式重叠还可以用来强调事物的计量单位，说明事物是以什么方式出现、包装、出售等。例如：

（35）邵阳：A：你个糖是<u>斤是斤</u>卖还是<u>两是两</u>卖？你这糖是论斤卖还是论两卖？

B：我是<u>包是包</u>卖个。我是论包卖的。

（36）邵阳：渠收起个旧鞋子都是<u>只卯只</u>个，冇得<u>双卯双</u>个。他收购来的旧鞋都是单个的，没有成双的。

（37）长沙：西瓜还是<u>担什担</u>地卖划得来些。西瓜还是论担卖划得来一些。

（38）益阳：他屋里猪崽咄<u>窝什窝</u>卖，不<u>只什只</u>卖。他家的小猪论窝卖，不一只一只地卖。

（39）涟源：只拖拉机高里滴米<u>袋什袋</u>簡。那台拖拉机上面的米是一袋一袋的。

（彭春芳，2007：108）

（40）祁东：那只书店个书<u>斤夹斤</u>卖，不论本数。那个书店的书论斤卖，不论本卖。

▶ 二、湘方言量词重叠的句法、语义互动关系

湘方言中，量词经 AXA 式重叠后可以表示多种语法意义，上文只是一个笼统的分析。事实上，量词重叠所表示的语法意义与重叠式的结构形式及其所充当的句法成分有着十分密切的关系，也就是说，并不是每种 AXA 式都能自由地表示上述几种语法意义，某一结构形式的 AXA 式能够表示哪些语法意义，多跟它们所出现的句法位置有关。我们把这种情况叫作句法、语义间的互动关系。下面我们以邵阳话为例来加以说明。

（一）"A 倒 A"式

1. 表示"周遍"

邵阳话中，量词经"A 倒 A"式重叠后强调事物的周遍性，它们多出现

在主语、定语、状语的位置上。

①作主语。例如：

（41）渠屋里三只崽，只倒只都蛮在行。他家三个儿子，个个都很聪明。

（42）渠结婚个时候办咖三十多桌，桌倒桌都有十二只菜。他结婚的时候办了三十多桌酒席，每一桌都有十二碗菜。

②作定语。由"A 倒 A"作定语所构成的偏正短语在句中作主语。例如：

（43）只倒只树高头都结满柑子个。每一棵树上都结满了橘子的。

（44）我屋里缸倒缸酒都坏咖哩。我家的每一缸酒都坏了。

③作状语。例如：

（45）渠天倒天都困懒眼闭。他天天都睡懒觉。

（46）凶手刀倒刀都剁倒渠脑窠高头。凶手每一刀都剁在他的头上。

2. 表示主观"多量"

邵阳话中，量词经"A 倒 A"式重叠后表示事物数量多，它们多出现在宾语、定语、补语等位置上。

①作宾语。例如：

（47）那滴红薯加起来坏咖担倒担哩。那些红薯总起来差不多一共坏了一担了。

（48）白酒渠一朝吃得斤倒斤。白酒他一次差不多能喝一斤。

②作定语。由"A 倒 A"作定语所构成的偏正短语在句中作宾语。例如：

（49）渠一转吃得件倒件啤酒完。他一次差不多能喝完一件啤酒。

（50）昨日店里卖咖百倒百件衣衫。昨天店里卖了差不多一百件衣服。

③作补语。例如：

（51）渠两个一骂架就要骂天倒天。他们俩一吵架就能吵上差不多一天。

（52）老王去年在医院里住咖年倒年。老王去年在医院住了差不多一年。

（二）"A 卯 A"与"A 是 A"式

"A 卯 A""A 是 A"两式在句法功能和语法意义方面十分相似，它们可以表示"逐一""完整"、主观"多量"等多种语法意义，通常情况下可以互换着使用。

1. 表示"逐一"

邵阳话中，个体量词、集体量词、度量词和临时量词等量词次类都能以"A卯A""A是A"的方式重叠表示逐一义，它们多出现在状语的位置上。例如：

（53）你先把糖<u>斤卯斤</u>称起，等下再包。你先把糖一斤一斤地称好，待会儿再包。

（54）拿瓶子把酒<u>瓶是瓶</u>装起。用瓶子把酒一瓶一瓶装好。

2. 表示"完整"

邵阳话中，表达"完整"性语法意义的"A卯A""A是A"式多出现在谓语、宾语、补语的位置上。

①作谓语。例如：

（55）今晌午个饭<u>粒卯粒</u>唉，适合我个口味。今天中午的饭一粒一粒的，适合我的口味。

（56）箇次买起个山药<u>根是根</u>唉，冇得一根断个。这次买的山药一根一根的，没有一根断的。

②作宾语。例如：

（57）糖还冇烊，还是<u>块卯块</u>个。糖还没有溶化，还是一块一块的。

（58）血还冇有成团，还是<u>滴卯滴</u>个。血还没凝固成团，还是一滴一滴的。

③作补语。例如：

（59）把肥肉切起<u>坨是坨</u>唉炸倒。把肥肉切成一块一块的炸好。

（60）箇样个书我一天看得<u>本倒本</u>。这样的书我一天能够看着一本。

3. 表示主观"多量"

邵阳话中，表达主观"多量"意义的"A卯A""A是A"式多出现在谓语、状语位置上。

①作谓语。例如：

（61）饲养场喂起个鸡鸭<u>胖=卯胖=</u>。饲养场养的鸡鸭成群结队的。

（62）渠屋里个中华烟<u>箱是箱</u>。他家的中华烟一箱一箱的。

②作状语。例如：

（63）快过年哩，店里个年货<u>批卯批</u>进。快过年了，商店里的年货一批一批地进货。

（64）那贵拉=哩个橄榄油渠倒<u>桶是桶</u>买。那么死贵的橄榄油他都一桶一桶地买。

4. 表计量方式

邵阳话中，"A 卯 A""A 是 A"式还可以用来强调事物的计量单位，说明事物是以什么方式出现、包装、出售等。这时它们多出现在主语、宾语、状语等位置上，作主宾语时需要加"个"构成"的"字短语。

①作主语、宾语。例如：

（65）捆卯捆个是书，箱是箱个是衣衫。<small>一捆一捆的是书，一箱一箱的是衣服。</small>

（66）渠个手套子统下是只卯只个哩，冇得双卯双个哩。<small>他的手套都是单个的了，没有成双的了。</small>

②作状语。例如：

（67）拿纸页卯页撕起拿折飞机。<small>把纸撕成一页一页的用来叠飞机。</small>

（68）你屋里个猪崽崽是只是只卖还是抱是抱卖？<small>你家的小猪是一只一只地卖还是整窝整窝地卖？</small>

（三）"A 算 A"与"A 数 A"式

这两式的使用频率最低，其语法功能和所表达的语法意义也极为有限，一般只出现在谓语的位置上，只表示"完整"义。即便如此，它们在更多情况下会被"A 卯 A""A 是 A"式所取代。例如，上述例（28）（29）也可以说成"煮起个饭粒算粒哩""箇滴面根数根哩"，但还是以说成"粒卯粒""根是根"等为常。

▶ 三、湘方言量词重叠的主观性

"主观性"（Subjectivity）是近些年来认知语言学和语用学研究中的一个重要概念，指的是说话者在说出一段话语的同时，会或多或少地表明自己对这段话的立场、态度和情感，从而在话语中留下自我的印记。（沈家煊，2001）邢福义（1991）在 20 世纪 90 年代研究复句的语义关系时，提出了"主观视点"理论，认为主观视点对句子的语义起主导作用，句子的语义反映了说话人的主观视点。李宇明（2001：595）在为《20 世纪现代汉语语法八大家：邢福义选集》所写的《跋》中说："邢先生所讲的主观视点，已经深入到说话人语言使用的心理、旨趣和观照点，这种主观视点的主导作用，不仅适用于复句，而且也适用于所有的语言现象，具有普遍的理论意义。"

湘方言中，量词重叠后也往往体现出说话人的某种主观视点，表现出很强的主观性，这种主观性首先表现为说话人对量的大小的主观评价，其次则表现为带有说话人的某些主观感情色彩。

（一）主观量表达

"主观量"是与"客观量"相对立的概念，表达的是说话人对量的大小的主观评价，包括主观大量和主观小量。李善熙（2003：10）认为："语言的主观性表现在量范畴上，就形成了'主观量'这一概念。'主观量'是语言的主观性在量范畴上的具体体现。"李宇明（2000：112）曾对数量词语与主观量表达进行过深入的探讨，他认为，数量词语的重叠是主观量表达的一种重要手段，既可以表达主观大量，也可以表达主观小量。

1. 表示主观大量

湘方言中，量词重叠主要表达主观大量，其主观量与其表达的语法意义有着密切的联系，当它们表示"多量""周遍"等语法意义时，主观性表现得尤为突出。例如：

（69）长沙：他今天吃的糖粒子怕莫有<u>斤什斤</u>！他今天吃了的糖果差不多有一斤！

（70）益阳：他屋里餐餐咽吃饭的人都有<u>桌什桌</u>。他们家每餐吃饭的人差不多都有一桌（八到十人）。

（71）邵阳：那只老鼠子总有<u>斤倒斤</u>嘛！那只老鼠恐怕有一斤重！

（72）祁东：宝奶唧小时候晓得胖了，手杆子上个肉<u>筒夹筒</u>。宝宝小时候特别胖，胳膊上的肉一股一股的。

以上几例中量词的 AXA 重叠式表达的是主观"多量"意义，它们在表达客观量的同时也表达了主观大量。其中的 AXA 式所表示的客观量分别为"一 A 左右"或"差不多一 A"，其实并不算多，但是在说话人的主观印象中，这个数量是非常大的，他也在主观上希望听话人把他所表达的数量"识解"成一个远远大于其客观量的量。在来源上看，这种主观量属于"异态型主观量"（李宇明，1997），因为在说话人看来，句中所表达的数量远远超出了说话人的预期或人们的常识性认识。如例（69）中，在说话人看来一天吃一斤糖果是难以想象的，例（71）中说话人在主观上认为一斤重的老鼠是不可思议的。

再如：

（73）邵阳：农村里<u>户倒户</u>都砌起新屋哩。_{农村里家家户户都建了新房子了。}

（74）益阳：<u>只什只</u>树都结满哒果子。_{每棵树上都结满了果实。}

（75）娄底：你打架<u>回赐回</u>打不他赢。_{你打架每次都打不赢他。}

以上几例表达的是"周遍"义，它们所表达的主观大量在来源上属于"夸张型主观量"（李宇明，1997），因为事实上，也有可能存在一些例外。如例（73）中或许也有还没建新房的农户，例（74）中或许也有个别树上的果实不多。说话人在说这些话的时候，运用了"小夸张"的修辞手法，其目的并不在于精确地表达到底有没有例外，他们也不希望听话人在这个问题上做过多的纠缠，而是希望对方"识解"为一个多量。如例（73）中，说话人的真实意图是感叹现在农村里建了很多新房子。唐善生（2001）在论及句法小夸张时，将类似的情况称为"叠连增量式小夸张"，并认为"一般说来词语叠连后大都包含有一种量度特征，多表示数量增多、程度加深等意义，呈主观大量的色彩，因而一般有往大处夸张的味道"。

多量与周遍性之间的联系相当紧密，李宇明（2000：345）认为，周遍性是多量的极限，但因夸张、模糊等手段的运用，会使一些表周遍的重叠式也带有多量的色彩。

2. 表示主观小量

在某些湘方言中，不定量词的 AA 式重叠和量词的"A 把 A"式重叠在表达少量的时候，也表现出很强的主观性。例如，新化人在说"箇个苹果比你=个苹果大滴滴唧。_{这个苹果比那个苹果大一点点。}""以号西瓜我只买咖只把只唧。_{这种西瓜我只买了一两个。}"之类句子时，主观上也认为其数量很少，为了加强其主观性，甚至于有的人将不定量词作多次重复，如说成"箇个苹果比你=个苹果大滴滴滴滴唧"。

（二）主观感情色彩

除了表达主观量外，湘方言量词重叠的主观性还体现在表达出说话人对事物或事件的满意、惋惜、羡慕、埋怨、惊讶等主观感情色彩，当重叠式表示主观"多量""周遍"和"完整"义时，这些主观感情色彩表现得尤为突出。如以下各例：

（76）邵阳：渠屋里买甘蔗梗<u>担是担</u>挑啊。他家里买甘蔗成担成担地挑啊。

（77）邵阳：今年落花生<u>粒倒粒</u>都壮傈哩。今年的花生每一粒都壮实得很。

（78）邵阳：我屋里今年<u>抱倒抱</u>猪息息都有卖起好价钱。我家今年每一窝猪息都没卖上好价钱。

（79）邵阳：简滴面<u>根是根</u>唧，一点有稠。这些面一根一根的，一点都没糊。

（80）益阳：你当咖<u>年什年</u>领导哒，阿报告还写得一只简号样子。你都当了近一年的领导了，报告还写成这个样子。

（81）益阳：一箱苹果放得哦里不吃，<u>只什只</u>都烂咖哒。一箱苹果放在那儿不吃，个个都烂了。

（82）长沙：白酒你也是简样子<u>瓶什瓶</u>地吹得去，不要命哦。白酒你都这么一瓶一瓶地喝，不要命了呀？

（83）涟源：滴饭<u>粒是粒</u>唧，好呷不过。这些饭一粒一粒的，再好吃不过了。（彭春芳，2007：108）

（84）祁东：渠屋细个唧<u>个夹个</u>下考起好大学了㖞！他家小孩每一个都考上好大学了！

上述例（76）表达了说话人对人家成担成担地买甘蔗之举的惊讶与羡慕，例（77）表达了说话人对今年的花生收成好的欣喜与满意之情，例（80）（82）是说话人对对方的批评，（78）（81）分别表达了说话人的惋惜和抱怨之情，例（79）（83）表达了说话人主观上认为面条和米饭恰到好处，等等。

（三）主观性表达的配合手段

李宇明（1999）指出，表达主观量的语表手段有"数量标"（数量词语）、"句末标"（加在句末的标记词）、"副词标"（充当状语的副词）和"框架标"（某些固定格式）四类。湘方言量词重叠式在表达主观性的时候，前后一般都会使用副词标（范围副词、语气副词等）和句末标（语气词）。例如，上文所举的例子中，量词重叠式前后多有"都""下""光""只"等范围副词，"总""只怕""怕莫"等语气副词和"啊""嘛"等句末语气词与之配合使用，这里不再赘述。

除了使用副词标和句末标之外，我们还注意到，湘方言量词重叠式在表达主观性的时候，往往会伴随着一定的语音变化。另外，在重叠式后面添加某些词尾的时候，其主观性也会增强。比照李宇明（1999）的叫法，我们可以分别将这两种语表手段称之为"音变标"和"词尾标"，下面分别讨论。

1. 音变标

陈小荷（1994）指出，主观量的前边或其本身还有句重音，这是主观量最显著、最重要的形式标志。湘方言中，表达主观性的量词 AXA 式重叠本身往往是句中需要强调的部分，一般也是句子的重音所在，往往要发生音变，如果把 AXA 记作 A^1XA^2，其 A^1 往往需要重读，且其主要元音需要延长。例如：

（85）邵阳：渠 ˈ天倒天都困懒眼闭。他天天都睡懒觉。

tɕʅ³³ ˈtʰiaːŋ⁵⁵ • tau tʰiaŋ⁵⁵ tu⁵⁵ kʰuən³²⁴ nan³³ ŋan³³ pʅ³⁵. ①

（86）长沙：还讲冇钱用，简票子 ˈ挢是挢是个用得去。还说没钱用，那钞票还一沓一沓地这么用着。

xai¹³ kan⁴¹ mau²⁴ tsiē¹³ ioŋ¹¹，ko²⁴ pʰiau⁵⁵ • tsʅ ˈtoːŋ¹¹ • sʅ to¹¹ sʅ¹¹ ko²⁴ ioŋ¹¹ tə²⁴ kʰə⁵⁵.

（87）益阳：哦只屋起咖 ˈ年什年还冇起好。那栋房子盖了将近一年了还没盖好。

o⁵⁵ tsa⁵⁵ u⁵⁵ tɕʰi⁴¹ • ka ˈȵiēː¹³ • sʅ ȵiē¹³ a¹³ mau¹¹ tɕʰi⁴¹ xau⁴¹.

有时候，句中的其他名词性成分、数量成分也要重读，例如：

（87）邵阳：今年渠屋里光 ˈ豆子就种咖 ˈ亩倒亩土。今年他家光豆子就差不多种了一亩地。

tɕin⁵⁵ ȵian¹³ tɕʅ³³ vu⁵⁵ • li kuaŋ⁵⁵ ˈdəu³²⁴ • tsʅ dʑiəu³²⁴ tsuŋ³³ • ka ˈmeːi³³ • tau • mei³³ tʰu³³.

（88）益阳：他最喜欢吃瓜子， ˈ一次吃得 ˈ斤什斤。他最喜欢吃瓜子，一次差不多能吃一斤。

xa³³ tsei⁵⁵ ɕi⁴¹ xɔ̃³³ tɕʰia⁵⁵ kua³³ • tsʅ，ˈi⁵⁵ tɕʰʅ̩ː⁵⁵ tɕʰia⁵⁵ • tə ˈtɕiːn³³ • sʅ tɕin³³.

――――――――――

① 例中"ˈ"表示重音位置，"ː"表示音节中主要元音加长。

2. 词尾标

在一些湘方言中，量词重叠式后面多可添加"唧"（多见于娄邵片湘语）或"咀"等词尾（如益阳话），添加这些词尾时，往往会增强句子的主观满意色彩，使得句子具有喜爱、赞美等主观评价功能。因此，加不加词尾，句子的表达功能是不一样的。先来看邵阳话中的例子：

（89）今日个面<u>根是根</u>，好像还有熟个样。_{今天的面一根一根的，像是还没熟一样。}

（90）今日个面<u>根是根</u>唧，一点都有稠。_{今天的面一根一根的，一点都没糊。}

以上包含有量词重叠式"根是根"的两个例句，都表达了说话人对"今天的面条"的主观评价，区别在于前一例没有词尾"唧"而后一例加了"唧"尾。它们的感情色彩却完全不一样，前一例明显带有说话人不满意的语气，后一例则表达了说话人认为今天的面条做得恰到好处的主观满意色彩。尽管后续句对两个句子的理解有一定的语境提示作用，但是，即使将后续句去掉，光说"今日个面根是根唧"，也能表达出说话人的主观满意色彩来。

再来看益阳话中的例子：

（90）她侬几姊妹<u>个什个</u>（咀）都长得乖。_{她们姐妹几个，个个都长得漂亮。}

（91）简箱橘子<u>只什只</u>都坏咖哒。_{这箱橘子个个都坏了。}

前一例表达了说话人对她们姐妹几个的夸奖，我们的发音合作人认为，如果在"个什个"后面加上"咀"尾，其赞美的语气会更加强烈。后一例中，由于所描述的事件"橘子坏了"多是人们不愿意看到的事情，这时一般不可以加上"唧"尾，否则就会让人觉得自相矛盾或莫名其妙。

第四节　湘方言量词重叠的共时历时比较

上文我们对湘方言量词重叠的结构形式和语法、语义功能等进行了描写和分析，本节将从共时和历时两个方面对之进行比较，并对量词重叠进行方言类型学考察。

一、湘方言量词重叠的共时比较

（一）湘方言内部的共时比较

1. 湘方言量词重叠的内部共性

在量词重叠问题上，湘方言内部呈现出以下几个较为一致的地方：

（1）湘方言各方言点中，量词多都可以按 AA 式重叠，主要作主语、定语、状语等句法成分，表达"周遍"义，其在句法、语义功能上的表现与普通话相似。与普通话不同的是，在湘方言中，不定量词的 AA 式重叠加上"唧"尾或"咀"尾后，还可以充当宾语、补语等句法成分，表达"少量"义。

（2）在大多数湘方言中，量词可以按 AXA 式重叠，除了自由地作主语、定语、状语外，还可充当谓语、宾语、补语等多种句法成分，表达"周遍"、主观"多量"、"逐一"、"完整"、强调计量方式等多种语法意义，同时，还带有说话人对数量大小的主观评判和强烈的感情色彩，体现出较强的主观性。

（3）湘方言中，量词重叠式所表示的语法意义与其所充当的句法成分有着十分密切的关系。一般地，量词重叠式表达"周遍"义时，多出现在主语、定语、状语等位置上；表达主观"多量"义时，多出现在宾语、定语、补语、谓语等位置上；表达"逐一"义时，多出现在状语位置上；表达"完整"义时，多出现在谓语、宾语、补语等位置上；强调计量方式时，多出现在主语、宾语、定语、状语等位置上。

2. 湘方言量词重叠的内部差异

尽管湘方言在量词重叠问题上存在诸多较为一致的地方，但其内部差异性也是不容忽视的，这种差异主要表现在以下几个方面：

Ⅰ. 结构形式上的差异

在量词重叠的结构形式上，湘方言内部表现出较大的地域差异。这种差异表现在以下几个方面：

ⅰ. 根据已有文献的介绍和我们的调查，在长益片、娄邵片、衡州片、永全片湘语中，量词多可以按 AXA 式重叠，而在辰溆片湘语中，量词的

AXA 式重叠则很少见到。根据 AA 式和 AXA 式两种量词重叠式在湘方言各点中的使用频率,我们可以将湘方言区分为以下几种类型①:

①AXA 式占优势型。娄邵片、永全片湘语多属于这种类型,邵阳话是其典型代表。邵阳话在表达"周遍"义时,量词的 AXA 式占有明显优势,在当地人的语感中,以用 AXA 式更为自然,有的 AXA 式难以用 AA 式替换。例如,邵阳话多说"渠夜倒夜都发梦冲_{他每天晚上都做噩梦}",而很少说"渠夜夜都发梦冲"。

②AA 式占优势型。辰溆片湘语多属于这种类型。例如,我们在调查溆浦方言时,发音合作人表示,他们的方言中"周遍"义不以量词的 AXA 式重叠表示,即使偶尔使用这种重叠式,其频率也非常之低,可能是受周边方言影响所致,与之相关的意义多用量词的 AA 式重叠或其他方式(如"每 A、每一 A"或数量短语的重叠式"一 A 一 A"等)来表达。

③两种重叠式势均力敌型。长益片、衡州片等湘语多属于这一类型。在这一类型的方言中,量词的 AA 式和 AXA 式两种重叠形式都较为常见,互相竞争,很难说哪种形式占了上风。例如,益阳话中既可以说"崽女个什个还债",也可以说"崽女个个还债",都很自然,只不过是 AXA 式更有强调周遍性的作用。

ⅱ. 在使用量词 AXA 式重叠的湘方言中,AXA 式的结构形式也存在数量多寡的区别。下面我们通过列表的方式对各片湘语中这类重叠式的形式进行比较。

从下页表一中可以看出,在辰溆片湘语中几乎不存在量词的 AXA 式重叠现象,在长益片湘语中,量词 AXA 式多只有一种形式,而在娄邵片、永全片湘语中,量词 AXA 式的形式多在两种以上,有的甚至有四五种之多。可以说,在量词重叠问题上,刚好形成娄邵片、永全片湘语的量词 AXA 式重叠的形式明显比其他片丰富的格局。

ⅲ. 在使用量词 AXA 式重叠的湘方言中,AXA 式中的"X"在声母的语音来源上,也存在一些差异。根据表一中体现的各 X 的用字和记音情况,

---

① 由于在湘方言的实际口语交际中,量词的 AA 式重叠大多不表达"周遍"义之外的语法意义,因此,这里在分类时也只考虑 AXA 式重叠表达"周遍"义时的情形。

大致可以将其语音来源归纳为以下几类：①来源于中古精组、知系声母，包括"是、什、式、数、散、算"等；②来源于中古端组声母，包括"打、倒"等；③来源于中古帮组声母，包括"卯、吗、把"等；④来源于中古见组声母，包括"咯、夹"等。其中尤以前两类最为常见。

表一　湘方言内部各片量词 AXA 式重叠的结构形式

方言片	方言点	量词 AXA 式重叠的结构形式
辰溆片	溆浦	—
长益片	长沙	A 是［·ʂʅ］A
	益阳	A 什［·sʅ］A
衡州片	衡阳	A 咯［·ko］A
娄邵片	娄底	A 次［·tsʰʅ］A；A 赐［·sʅ］A；A 把［·pa］A
	邵阳	A 倒［·tau］A；A 卯［·mau］A；A 是［·zʅ］A；A 算［·suaŋ］A；A 数［·su］A
	新化	A 散［·sā］A；A 把［·pa］A
	涟源	A 是 A；A 打 A①
永全片	祁东	A 夹［·ka］A；A 呱［·kua］A；A 吗［·ma］A；A 啦⁼［·la］A
	祁阳	A 是［·sʅ］A；A 打［·ta］A；A 夹［·ka］A；A 又［·iu］A；A 吗［·ma］A②

Ⅱ. 语义功能上的差异

从以上的描写中可以看出，尽管从总体上来讲，湘方言中的量词重叠可以表达"周遍"、"逐一"、"完整"、主观"多量"、主观"少量"、强调计量方式等多种语法意义，但具体到各个方言点，量词重叠所表达的语法意义并非那么整齐划一，如娄底、新化等地的方言中，量词 AXA 式重叠可以表达"少量"的语法意义，但其他大多数湘方言点中该重叠形式并不表达

---

① 这里的涟源话指的是涟源杨家滩话，依据的是彭春芳（2007：106）的描写，该文"A 是 A""A 把 A"式中"是""把"均没有注音。据陈晖（1999：233）的描写，涟源桥头河话量词多以"A 式［·sʅ］A"式重叠。

② 李维琦（1998：116）对这几式中的"是、打、夹、又、吗"等有的注了音，有的没注音，这里的注音依据的是该书前面的"同音字表"。

这种语法意义。

郭继懋（1999）认为，量词重叠是有总的语法意义的，这个总的语法意义可以概括为表达物体或事件重复存在。事物或事件的重复存在往往会让人产生量的增加的观念，如张敏（1999：179）就认为量词（包括数量结构）的重叠式都表示相同的事物或动作在量上的迭加或重现，并认为这体现了认知语言学所讲的"象似性动因"。戴浩一（1992）将"重叠象似动因"定义为"语言表达形式的重叠（重复）对应于概念领域的重叠（重复）"①，通俗地说就是语言通过重叠这种语表形式的增加来表达更多的意义。很明显，郭继懋（1999）、张敏（1999）对量词重叠式的语义概括可以涵盖"周遍"、主观"多量"、"逐一"等语法意义，也可以涵盖表达"完整"和强调计量方式的语法意义，因为在表达这两种语法意义的同时，都在主观上表达了"多量"意义，但不能涵盖娄底、新化等地方言中量词 AXA 式重叠可以表达主观"少量"义的现象，"重叠象似性动因"也不能对这种现象作出合理的解释。

仔细分析娄底、新化话中表示主观"少量"义的量词 AXA 式重叠现象，我们发现，它们中的 X 都是"把"②，我们推测，其"少量"义可能与式中表示概数的"把"的表义特征有关：张爱民、吴剑峰（1999）认为，"把"的基本义是表示数量近于它前面的单位数，在一定的语境条件下会产生"往小里夸张"的派生义；张谊生（2001）也认为，除了表示模糊量以外，有些"量把"在一定语境下可以表示说话人淡化、轻视的主观情态。某些湘方言中量词"A 把 A"式重叠表示"少量"，与汉语表示短时少量义的动词"VV"式重叠不符合语言"象似性"相类似，"VV"式的动作行为减量义源于其前身"V 一 V"中那个表示最小正整数的"一"（刘丹青，2012），而"A 把 A"表示"少量"可能是因为"突显"了其中表示"往小里夸张"或"淡化"情态的"把"。

与这种情况相类似，湘方言中不定量词 AA 式重叠及其变体形式如"滴滴唧、点点唧、丝丝唧"等表达"少量"义，也不符合"重叠象似动

---

① 转引自张敏. 认知语言学与汉语名词短语 [M]. 北京：中国社会科学出版社，1999：178.

② 新化话中，罗昕如（1998：263）记为"A 不 A"式，当是"A 把 A"式的弱化。

因"，这可能是与其中的 A 多有"小"的语义特征有关。

（二）与湖南省境内非湘语方言的共时比较

一些论文论著零星地论及过湖南省境内非湘语方言点中的量词重叠情况，我们将其归纳整理出来，并与湘方言的量词重叠作一简单比较。

郑庆君（1999：116-117）的研究显示，属于西南官话的常德话中，表达"周遍"义的量词 AA 式重叠与普通话基本一致，如"年年、月月、天天、天天晚上"等。易亚新（2007：142-143）曾专门设了一个小节讨论常德话量词的重叠现象，根据她的描写，常德话中量词可以按 AA 式重叠表示遍指，如"块块面包都几得新鲜"，这一点与普通话相同。上述两种文献中均没有论及常德话中量词 AXA 式重叠的情况，但该方言量词 AA 式重叠儿化后可以强调计量方式，重叠儿化与数词结合可以表示量少，动量词重叠儿化与"末儿"结合可以表示遍指，例如（易亚新，2007：142-143）：

（1）苹果数个个儿（以"个"为单位数）。①

（2）米饭算碗碗儿。（以"碗"为单位算）

（3）喜欢吃个个儿粑粑—一个一个的粑粑，区别于整块整块的粑粑。

（4）去看啊几次次儿。

（5）烟抽啊几根根儿。

（6）下下儿末儿每一下、每一次都是你对。

（7）回回儿末儿每一回都没碰到人。

属于西南官话的石门话中，量词可以按"AA 儿、AA 么儿、A 把 A、A 打 A"等多种方式重叠，表示遍量、多量、少量等多种语法意义，如"天天儿、回回儿、次次么儿、回回么儿、杯把杯、桌把桌、个打个、吨打吨"等。（刘静，2012：30-33）

属于西南官话的慈利话中，量词可以按"AA（儿）、AA 末儿、A 似 A、A 哒 A、A 把 A"等多种方式重叠，表示遍量、多量、少量等多种语法意义，如"条条（儿）、件件（儿）、餐餐末儿、回回末儿、个似个、下似

---

① 这种用"数个个"之类表示强调计量方式的表达法，在湘方言中也偶有使用，在某些晋语、西南官话则较为常见，详细情况可参看付欣晴（2013：46-47）的归纳。

下、砣哒砣、碗哒碗、件把件、块把块"等。（吕建国，2010）

属于西南官话的吉首话中，量词可以按"A 是 A（儿）、A 哒 A、A 把 A"等方式重叠，表示周遍、多量或偶尔等语法意义，如"坨是坨、颗是颗儿、碗哒碗、斤哒斤、本把本、次把次"等。（李启群，1994）

属于赣语的浏阳话中，"周遍"量的表达方式与普通话基本一致，多用量词 AA 式重叠或"每"，如"年年、每年、天天、每天、每日、每日夜里"等。（夏剑钦，1998：107-109）

吴启主（1999：206）所描写的赣语常宁话也大致如此，但该方言中量词还可以按"A 咯 A"式重叠，表示多量和完整量等语法意义，如"粒咯粒_{形容颗粒匀称}、窝咯窝_{一窝又一窝，形容多}、甲咯甲、口咯口、步咯步、缕咯缕、团咯团、堆咯堆、桶咯桶"等。

属于赣语的安仁话中，单音节量词 AXA 式重叠较为丰富，"打、往、一"都可以作为中缀构成"A 打 A、A 往 A、A 一 A"式，表达周遍和多量等语法意义，例如"年打年、斤打斤、瓶打瓶、月往月、日往日、夜往夜、根一根（唧）、块一块（唧）"。（周洪学，2012：11-17）

属于客家话的汝城话中，量词既可以按 AA 式重叠，也可以按"A 是 A"式重叠，表达"周遍""多量""逐一"等语法意义，而且该方言中可重叠的量词不限于单音节，双音节、三音节借用量词也可以按"A 是 AB""A 是 ABC"式重叠。（曾献飞，2006：146-148）例如：

（8）渠动棋<u>盘盘</u>输。_{他下棋盘盘输。}

（9）渠昨天困间⁼<u>日是日</u>。_{他昨天睡了有一整天。}

（10）唔要食贡⁼快，会哽倒，要<u>个是个</u>食。_{不要吃那么快，会噎住，要一个一个地吃。}

（11）渠洗间⁼<u>脚是脚</u>盘衫裤。_{他洗了一脚盆衣服。}

（12）渠系拳<u>是拳头</u>古咯打我。_{他是一拳头一拳头地打我。}

将常德、慈利、吉首西南官话，浏阳、常宁、安仁赣语以及汝城客家话量词重叠的情况与上文讨论的湘方言相比较，我们得到以下两个初步认识：

1. 在大多数湘方言乃至湖南方言中，量词多可以按 AA 式和 AXA 式两种方式重叠，但存在一定的差异，具体包括重叠结构形式的数量多寡，重叠式的使用频率，重叠儿化与否，双音节、多音节量词能否重叠等。比如，西南官话中量词重叠的儿化现象在湘方言中很少见到。再如，汝城客家话中三音节量词可以"A 是 ABC"的方式重叠，在湘方言中也很难见到。

2. 在量词重叠问题上，有时候单点湘方言与湖南省境内其他汉语方言点之间的差异，并不一定比湘方言各点之间的差异更为显著。就拿湘语邵阳话、长沙话和常宁赣语来说，我们几乎看不出来邵阳话与常宁赣语的差异比其与长沙话的差异更大。

▶ 二、湘方言量词重叠的历时考察

（一）量词重叠的历史发展

太田辰夫（1987：156）指出，"量词在古代汉语中是很少的，它重叠使用的例子就更罕见"。就目前的研究来看，专门讨论量词重叠的历史发展的研究成果难以见到，但从一些断代、专书量词研究的论文论著中，可以追踪到量词重叠的发展轨迹。纵观汉语发展史，量词的重叠方式主要是 AA 式这一种形式，量词的 AXA 式重叠罕见，即便偶有用例，也带有较强的方言色彩。

1. 量词 AA 式重叠的历史发展

Ⅰ. 名量词 AA 式重叠的历史发展

一般认为，名量词的 AA 式重叠产生于魏晋南北朝时期，不过，由于这一时期的名词重叠形态也是这种形式，因此，这种量词重叠式其实"同名词还是没有完全分家的"（刘世儒，1965：14），"很多例子可能还是理解为名词更好"（太田辰夫，1987：156）。例如：

（13）张华见其文章，<u>篇篇</u>称善。（《世说新语·文学篇》注引《文士传》）

（14）军书十二卷，<u>卷卷</u>有爷名。（《木兰诗》）

到了唐五代，凭借着数量结构"一 AA"式等形式的相继出现，名量词的 AA 式重叠才得以真正与名词重叠区别开来，因此，唐五代被认为是量词重叠形态发展的一个重要时期。（游黎，2002：4；曹芳宇，2010：28）

例如：

(15) 不曾<u>队队</u>作贼偷劫。（《曹元忠与回鹘可汗书》）

(16) <u>一群群</u>若四色花敷，<u>一队队</u>似五云秀丽。（《敦煌变文集·维摩诘经讲经文》）

(17) <u>个个</u>美顺言，<u>人人</u>愁逆耳。（《妙法莲华经讲经文》）

(18) <u>一个个</u>总交成立后，阿娘方始可烦忧。（《敦煌变文集·父母恩重经讲经文》）

以上各例中，"队队""一队队""个个""一个个"等差不多在同一时期出现，为判别其是量词重叠而不是名词重叠提供了方便。

唐五代时期，名量词的 AA 式重叠就可以充当主语、定语、状语、宾语等句法成分，表达"多量""周遍""连绵不断"等语法意义。表示"少量"的不定量词的重叠式"些些"也在这一时期开始出现，如"<u>些些</u>小事，何得纷纭？（燕子赋一卷）"。（曹芳宇，2010：28）

宋代以后，名量词的 AA 式重叠用法基本沿袭了唐五代，但在使用频率上有所增加，在句法功能上也增加了作谓语的用法，说明名量词重叠的用法日趋完备。以下是宋代以降各个时期名量词 AA 式重叠的例句：

(19) 如今道理<u>个个</u>说一样，各家自守以为是，只是未见得这公共道理是非。（宋·《朱子语类》）

(20) 只见香烟<u>袅袅</u>，花果<u>重重</u>，百物皆新，世间罕有。（宋·《大唐三藏取经诗话》）

(21) 则<u>篇篇</u>皆佳，盖人之能各擅一长云。（元明·《大觉寺长明灯记》）

(22) 渔舟<u>点点</u>前江去，载尽斜阳不载愁。（元明·《四月十五日江上独行因思去两年忧患之日感恨次旧韵》）

(23) 喜心齐，人情<u>汹汹</u>。打围场，飞禽<u>种种</u>。（元明·《金雀记》）

(24) 爱探奇，歌儿舞女<u>朝朝</u>醉，凤管莺笙<u>步步</u>随。（元明·《六十种曲》）

(25) 五河的风俗是：<u>个个</u>人都要同雇的大脚婆娘睡觉的。（清·《儒林外史》）

(26) 来至荣府大门石狮子前，只见<u>簇簇</u>轿马，刘姥姥便不敢过去。

（清•《红楼梦》）

Ⅱ. 动量词 AA 式重叠的历史发展

动量词的产生晚于名量词，其 AA 式重叠形式的出现也比名量词要晚一些，但最迟也在隋唐五代时期就已经出现，可以重叠的动量词既有专用动量词，也有借用动量词。（曹芳宇，2010：38-39）例如：

（27）一飞直欲飞上天，回回不离旧栖处。（《乌夜啼》）

（28）上棚知是官家认，遍遍长赢第一筹。（《宫词》）

（29）夫子共项托对答，下下不如项托。（《敦煌变文集•孔子项托相问书》）

（30）雀儿被吓胆碎，口口惟称死罪。（《敦煌变文集•燕子赋》）

（31）一串数珠长在手，声声相继念弥陀。（《敦煌变文集•难陀出家缘起》）

但是，在接下来的宋元明清时期的文献中，动量词重叠却并不发达。在《朱子语类》和《五灯会元》等宋代文献中，动量词的重叠现象非常少见。王远明（2006：53）认为，《五灯会元》里动量词的 AA 式重叠形式较少，能够重叠的动量词只有"下""著""声""步"等几个。例如：

（32）师曰：虽然一个，下下咬著。

（33）师曰：董家稚子声声哭。

元代动量词重叠的用法也不多。（邓帮云，2005：8）例如：

（34）惴惴侧行崖际石，回回屡涉谷中泉。（《壬辰闰九月即事》）

（35）巡巡持汉节，处处即桐乡。（《送傅扩斋廉访满秩归长安》）

明代动量词重叠的用法仍然比较少，根据惠红军（2006：95）的考察，明代文献《水浒传》中的专用动量词没有 AA 式重叠的用法，借用动量词也很少重叠。例如：

（36）原来是浪子燕青初学弓箭，向空中射雁，箭箭不空。

（37）露来玉指纤纤软，行处金莲步步娇。

根据乔会（2006：35）的考察，清代文献《儒林外史》中也没有单个动量词的 AA 式重叠现象，而是多用"一 AA"等数量结构的重叠式来表示。

需要特别指出的是，大约在元朝时期出现了量词的 AA 式重叠后带儿化的现象，重叠儿化使用的起初主要是名量词。太田辰夫（1987：158）指出，"重叠形式带接尾辞'儿'的现在还在用。'儿'的这种用法恐怕也是元代产生的。"例如：

（38）你若经官发落，这绷扒吊拷，要<u>桩桩儿</u>挨过，不如认了私休，也还好收拾哩。（《包待制智勘灰阑记》）

（39）凤毛所生的孩儿，又做财主，咱家哩<u>辈辈儿</u>做了财主。我问你，这穷汉可着谁做？（《庞居士误放来生债》）

量词重叠儿化现象在元代产生并不奇怪，因为儿化在当时已不是一个孤立的语言现象，而是有着坚实的语言基础，业已成为当时北方人的一种语言习惯，不仅名词、量词，一些动词、形容词都可以儿化，而且，儿化用法与元曲这种高度口语化的戏剧体裁也是相适应的。

2. 汉语史上的量词 AXA 式重叠

汉语史上，量词的 AXA 式重叠现象罕见。我们以"个、只、根、块、棵、条、双、件、下、回、次"等十几个常用量词为检索词，在北京大学"古代汉语语料库"中采取 A 与 A"有序相距刚好等于 1 字"的检索方式，试图对这些量词的 AXA 式重叠进行考察，结果只在清末及其以后的文献中发现以下几个"疑似"用例：

（40）只是草上飞轻身术妙，宝剑厉害，再加一边在备弄内，<u>个对个</u>交手，一边在庭心中宽阔所在，加上十个家将，虽则终能胜得他们，只是一时难以骤胜。（清·《七剑十三侠》）

（41）平无累笑道："<u>个对个</u>试，无甚意味，饶尔们十将，我只单身要耍如何？"（清·《海国春秋》）

（42）夫妇的利害，常相公共，而兄弟的利害，往往相冲突。况且父子夫妇都是<u>个对个</u>，简单而容易对付。（民国·《上古秘史》）

尽管以上各例中的"个对个"在句法、语义功能上与我们所讨论的量词 AXA 式重叠极为相似，但是，其中的"对"表示"二者相对；彼此相向"的意义还非常实在，与方言量词 AXA 式重叠中的 X 意义多虚化的用法有着本质的区别，因此，我们很难将其认定为量词的 AXA 式重叠。

在已有的研究成果中，很少见到有关对汉语史上量词 AXA 式重叠现象的描述，只有李康澄、何山燕（2010）曾论及在近代汉语的文献中曾经有过量词 AA 式重叠中嵌入"一"的现象，我们将其转录如下：

（43）太翁阴骘天来大。后隆山、<u>层一层</u>高，层层突过。簪绂蝉聊孙又子，眼里人家谁那。（宋·刘鉴《贺新郎》）

（44）恺悌君子，民之父母，诚能<u>条一条</u>编之，法公词讼之断则纷纷，末世之制作皆在，可省而治，道行矣。（明·骆问礼《续羊枣集·附录》）

（45）见则见乱石巉巉，<u>个一个</u>利如刀斧；污泥烂烂，<u>寸一寸</u>滑似膏油。（明·郑之珍《目连救母劝善戏文》）

（46）但愿天多生善人，<u>个一个</u>不堕地狱；又愿人多行善事，<u>件一件</u>莫犯天条。（同上）

（47）我只教他霎时间跪的跪，拜的拜，<u>个一个</u>都俯伏在尘埃，方显我雄才。（同上）

（48）三十日，皇上差摆牙喇传旨，在金山住，泊船<u>双一双</u>不许开。（清·佚名《圣祖五幸江南全录》）

该文认为，"A—A"式和"—AA"式是两种平行发展的格式，是相同语法意义在不同地域的语法形式变体，是两种独立的数量重叠类型，"A—A"式只是一种方言用法，并没有进入权威方言。我们赞成他们的观点，鉴于上述文献作者多为宋明之际的南方人[①]，"A—A"式的重叠用法又不见诸其他历史文献，我们更愿意相信，这种用法可能是宋明之际存在于南方某些方言中的创新用法，而且，"A—A"式与"AXA"式重叠也有本质区别。

（二）湘方言量词重叠的历史分析

通过对汉语史上量词重叠式的梳理，我们可以了解湘方言量词重叠的历史来源，并对湘方言量词重叠的内外部差异等作出解释。

首先，湘方言（包括湖南省境内其他汉语方言）中普遍使用的量词 AA

---

① 关于这些文献作者的籍贯，佚名已无可查考，比较容易确认的是骆问礼为浙江人、郑之珍为安徽人，刘鉴据牛海蓉（2004）称"或疑为江西人"。

式重叠，基本上是对汉语史上唐五代以来量词重叠用法的留存和发展。

其次，与上述"A—A"式相类似，大多数湘方言中使用的量词 AXA 式重叠现象，都应当是随着量词的 AA 式重叠的发展而发展起来的方言创新形式，由于历史文献的缺乏，它们在湘方言中的具体产生时间我们无从考证，但是，说它们产生于唐五代之后大概是没有问题的。

再次，属于西南官话的常德话因为隶属北方方言，不可避免地会受到元代以降北方汉语强大的儿化趋势的影响，其量词重叠带上儿化色彩。由于地处中南，较少受到北方汉语儿化现象的影响，湘方言、赣方言、客家话等湖南方言中的量词重叠式很少儿化。

接下来还有一个问题需要回答，就是为什么有的湘方言中量词的 AXA 式重叠形式多样，而在有的湘方言中却难觅踪迹？我们想从两个层面来回答这个问题。

1. 量词 AXA 式重叠主要表达"周遍""多量""逐一""完整"等语法意义，与之表义功能相当的形式手段主要有量词 AA 式重叠、数量结构重叠（包括"一 AA、一 A 一 A"式等）和指量结构（如"每 A、每一 A"等）。由于语言经济性原则的制约，一种语言或方言中表达上述语法意义的各种形式手段不可能并驾齐驱地得到发展，决定某种方言中量词 AXA 式重叠形式是否存在及其数量多寡的，是该方言中各种形式手段的使用情况及其平衡制约。例如，长沙、益阳等地湘语中，量词 AXA 式的形式较为单一，但它们的数量结构"一 AA、一 A 一 A"式重叠的用法却比较常见；邵阳话中的量词 AXA 式形式多样、使用频繁，但其"一 AA、一 A 一 A"式重叠的使用却较为受限。

2. 从发展的眼光来看，我们认为不排除存在以下可能：在目前量词 AXA 式重叠使用较为缺乏的湘方言点，它们也可能曾经像邵阳话等方言那样，一度存在较多的 AXA 式重叠形式，使用频率也很高，但后来慢慢萎缩，变成目前的使用格局。造成这种情况的原因，一方面，各方言内部其他相关形式手段的竞争和挤压占去了 AXA 式原有的使用空间；另一方面，由于普通话中没有 AXA 式重叠现象，受到普通话的影响，各方言不可避免地会适当采用与普通话趋同的表达形式，这也会造成方言中量词 AXA 式重叠的萎缩。这种假设可以解释为什么娄邵片湘语中量词 AXA 式重叠的形式明显比其他两片丰富，因为相对来说，这一片比其他两片所受普通话或官话方言影响要小得多。

▶ 三、量词重叠的类型学考察①

上文主要讨论了湘方言和湖南省境内相关方言中量词的 AA 式、AXA 式重叠。在一些汉语方言中，量词除了按这两种方式重叠以外，还可按 AAA 式、AAAA 式等方式重叠。本小节拟考察量词重叠现象在汉语方言中的地域分布、内部构成和表义功能等问题，并将其置于汉藏语言及类型学视角下，讨论与之相关的类型学问题。语言（方言）类型学研究的第一步是确定比较参项，然后比较该参项下不同的语言或方言所体现的属性，即参项下的赋值。（刘丹青，2005：231）本节所设定的几个比较参项是：1. 多种重叠式的共现情况；2. AXA 式重叠中的 A 的属性；3. 量词重叠式的表义功能。

（一）量词重叠的结构形式及其在汉语方言中的地域分布

通过检视《现代汉语方言大词典》等数十种汉语方言文献所载的数百种方言材料，我们发现，大部分汉语方言中都有量词的 AA 式重叠现象，只有极少数例外，如辛永芬（2006：95）明确提到，属于中原官话的河南浚县方言中没有 AA 式量词重叠，只有少数几个可以加儿化重叠表遍指，如"家儿家儿、回儿回儿、年年儿、月月儿、天天儿"。陈庆延（1981）也提到，同样属于中原官话的山西稷山方言不存在"件件、盒盒、张张、页页、座座、对对、回回"这种重叠形式。对于这种 AA 式重叠现象，我们不再赘述。下面我们通过举例的方式，先来了解一下汉语方言中量词 AXA 式、AAA 式、AAAA 式等重叠现象的使用情况。

1. 汉语方言中量词的 AXA 式重叠

除上文讨论过的湘方言以外，量词 AXA 式重叠在官话、吴语、赣语、

---

① 本节部分内容以《汉语方言量词重叠的类型学考察》为题发表于《南开语言学刊》2018 年第 1 期。

客家话等方言中也可以见到，它们多用来表达周遍、逐一、多量等语法意义，也可以强调计量方式。下面来看它们的分布情况。

Ⅰ. 官话方言

ⅰ. 西南官话

就我们所查阅的文献来看，这种重叠式在贵州、四川、重庆、湖南、湖北、广西等省区的西南官话中均有所分布：

贵州：A 打 A (B)①：八打八 | 个打个 | 斤打斤 | **万打万** | **三打三百**
(涂光禄等，1998：296)②

遵义：A 大 A：瓶大瓶 | 坨大坨 | 斤大斤 | 天大天 | 桌大桌

A 把 A：回把回 | 盒把盒 | 个把个 | 趟把趟 | 脚把脚 (胡光斌，2007)

成都：A 打 A (B)：瓶打瓶 | **百打百** | 公打公分 | 桌打桌子 | **百打百万**

A 把 A：个把个 | 杯把杯 | 回把回 | 下把下 (张一舟，2001)

遂宁：A 是 A：双是双 | 只是只 | 年是年 | 斤是斤 | 下是下

A 大 A：科大科 | 天大天 (朱习文，2001)

重庆：A 是 A：墩是墩 | 朵是朵 | 盏是盏 | 串是串 | 根是根

A 打 A (B)：件是件 | 回打回 | 月打月 | 口打口袋 | 抽打抽屉
(杨月蓉，2000)

岳阳：A 是 A：个是个 | 张是张 | 斤是斤 | 打是打 (方平权，1999：247-248)

吉首：A 把 A：本把本 | 根把根 | 点把点 | 次把次 | 坨把坨

A 哒 A：**十哒十** | **百哒百** | 尺哒尺 | 碗哒碗 | 斤哒斤

A 是 A：坨是坨 | 宗是宗 | 个是个 | 颗是颗 (李启群，2002：225-227)

慈利：A 把 A：块把块 | 根把根 | 寸把寸 | 回把回 | 天把天

A 打 A：本打本 | 丈打丈 | 回打回 | 遍打遍 | 年打年

A 数 A：碗数碗 | 条数条 | 下数下 | 根数根 | 粒数粒 (王霞，2009)

A 哒 A：月哒月 | 年哒年 | 仗哒仗 | 斤哒斤 | 碗哒碗 (吕建国，

---

① 这种"AXA (B)"表示该方言中可进入该重叠式的 A 不限于单音节词，一些双音节或多音节词也可重叠第一个音节构成"AXAB"或"AXABC"式，比如这里的"三打三百"，下文汝城客家话中的"拳是拳头古"等。

② 限于篇幅，下文在举例时，所引文献中有较多用例的，只列举有代表性的五个，不足五个的悉数列出。为方便下文的讨论，由数词重叠构成的 AXA 式用例用粗体字标出。

2010)

丹江口：A 是 A：个是个　A 顶 A 式：个顶个(苏俊波，2007：38)

利川：A 是 A：个式个　A 把 A：颗把颗 | 张把张 | 斤把斤 (周卫华、杨艾熹，2018)

柳州：A 搭/打/对 A：排搭排 | 堆打堆 | 斤对斤

　　　A 把 A：回把回 | 次把次(李荣，2002)

ⅱ. 江淮官话①

在安徽、湖北、江苏等省份的江淮官话中，可以见到量词的 AXA 式重叠现象：

皖中：A 把 A：**百把百** | 尺把尺 | 块把块 | 回把回 | 下把下 (孟庆惠，1997：179)

鄂东：A 数 A：根数根 | 件数件 | 块数块 | 下数下 | 回数回 (陈淑梅，2007)

南京：A 把 A：天把天 | 个把个(李荣，2002)

ⅲ. 其他官话

除西南官话和江淮官话以外，量词 AXA 式重叠在其他一些官话方言中也有分布：

微山中原官话：A（儿）顶 A（儿）：个儿顶个儿 | 件顶件 | 趟顶趟 (殷相印，2006：153)

哈尔滨东北官话：A 顶 A：年顶年 | 个顶个(李荣，2002)

乌鲁木齐兰银官话：A 把 A：个把个(李荣，2002)

Ⅱ. 吴方言

《中国语言地图集》将吴语分为太湖片、台州片、瓯江片、婺州片、处衢片、宣州片等 6 片，我们所查阅的文献显示，量词的 AXA 式重叠现象在太湖片、台州片、瓯江片、婺州片中有所分布：

宁波属太湖片：A 打 A：盏打盏 | 本打本 | 桌打桌 | 句打句 | 斤打斤 (朱彰年；1981、阮桂君，2009：62)

---

① 在第 17 次现代汉语语法学术讨论会（上海师范大学/2012 年 10 月）上，陈昌来先生指出属于江淮官话的皖东定远话多用"A 把"少用"A 把 A"，这与我们的描写分析不矛盾；完权先生指出同属江淮官话的江苏镇江话也有量词的"A 把 A"式重叠，且符合我们后面的分析。

A 加 A：日加日　　　　A 把 A：个把个(李荣，2002)

丹阳属太湖片：A 把 A：个把个｜只把只｜张把张(李荣，2002)

天台属台州片：A 加 A：只加只｜箱加箱｜里加里｜日加日｜次加次 (叶晨，2011)

义乌属婺州片：A 打 A：件打件｜粒打粒｜箱打箱｜场打场｜枪打枪 (方松熹 2000：255-256)

金华属婺州片：A 是 A：个是个(李荣，2002)

温州属瓯江片：A 加 A：月加月｜头加头｜条加条｜粒加粒｜个加个(李荣，2002；杨乾明，1988)

Ⅲ. 赣方言

在江西、安徽、湖南等省份的赣方言中，可以见到量词的 AXA 式重叠现象。例如：

抚州：A 似 A：**百似百**｜斤似斤｜担似担｜篮似篮｜年似年 (付欣晴，2006：180)

都昌阳峰：A 似 A：件似件｜只似只 (卢继芳，2007：216)

铅山：A 打 A：条打条｜箩打箩｜块打块｜回打回｜转打转 (胡松柏、林芝雅，2008：298)

萍乡：A 数 A：年数年｜**千数千**｜**万数万**｜**百数百**(李荣，2002)

德安：A 似 A：个似个哩｜张似张哩｜棵似棵哩｜块似块哩｜粒似粒哩｜根似根哩

A 把 A：只把只嘚｜下把下嘚｜斤把斤嘚｜次把次嘚｜日把日嘚 (胡绵绵，2017：7)

宿松：A 是 A：回是回｜双是双｜条是条｜家是家｜袋是袋 (唐爱华，2005：187-189)

岳西：A 是 A：个是个｜家是家｜颗是颗｜回是回｜天是天

A 把 A：斤把斤｜天把天｜餐把餐｜下把下｜双把双 (黄拾全，2010)

耒阳：A 往 A：年往年｜月往月｜夜往夜｜个往个｜只往只

A 大 A：年大年｜夜大夜｜个大个｜日大日 (王箕裘、钟隆林，2008：333-334)

常宁：A 咯 A：甲咯甲｜口咯口｜步咯步｜缕咯缕｜团咯团 (吴启主，
　　　　1999：206)

安仁：A 打 A：天打天｜吨打吨｜**百打百**｜箩打箩｜瓶打瓶

　　　A 往 A：年往年｜月往月｜日往日｜夜往夜｜天往天

　　　A 一 A 唧：根一根唧｜块一块唧｜粒一粒唧｜条一条唧｜丝一
　　　　丝唧 (周洪学，2012：11-17)

Ⅳ. 客家方言

在江西、广东、湖南等省份的客家方言中，可以见到量词的 AXA 式重叠现象。据刘纶鑫 (2001：312) 的研究，江西大多数客家话都有"A 打 A"式重叠，如"担打担｜桶打桶｜丈打丈｜斤打斤｜**万打万**"等。李荣 (2002) 收有于都客家话"斤打斤、瓶打瓶、回打回、年打年、**千打千**、十**打十**"等词条近 20 条，是该词典所收 42 个地点方言中收录 AXA 式词条最多的方言点。其他客家话如：

惠东多祝：A 打 A：只打只｜对打对｜丈打丈｜页打页｜年打年 (陈延河，
　　　　　1991)

五华：A 打 A：丈打丈｜缸打缸｜日打日｜斤打斤｜瓮打瓮

　　　A 实 A：条实条｜斤实斤｜块实块｜堆实堆｜下实下 (曾小明，
　　　2008)

梅县：A 打 A：日打日｜杯打杯｜堆打堆｜百打百｜亩打亩 (李荣，2002)

汝城：A 是 A（BC）：日是日｜丈是丈｜担是担｜汤是汤碗｜拳是拳头
　　　古 (曾献飞，2006：146-148)

酃县今炎陵：A 是 A：球是球｜行是行

　　　　　A 打 A：群打群｜箩打箩 (周定一，1988)

Ⅴ. 其他方言

量词的 AXA 式重叠现象在一些土话、平话、徽语、晋语、粤语中也能见到：

湖南东安石期土话：A 哒 A：块哒块｜个哒个｜捆哒捆｜场哒场｜碗哒
　　　　　　碗 (蒋军凤，2005)

湖南桂阳六合土话：A 式 A：挂式挂｜丘式丘｜**百式百** (邓永红，2007：45)

湖南宁远平话：A 打 A：年打年｜月打月｜夜打夜 (张晓勤，1999：135)

广西临桂义宁平话：A 刻 A：包刻包｜斤刻斤｜碗刻碗｜箩刻箩｜杯刻
杯(周本良，2005：243)

广西阳朔葡萄平话：A 过 A：日过日｜盆过盆｜个过个｜粒过粒｜张过
张(梁福根，2005：325)

安徽绩溪徽语：A 把 A：千把千(李荣，2002)

山西忻州晋语：A 对 A：年对年(李荣，2002)

海南雷州粤语：A 两 A：个两个(李荣，2002)

浙江温州苍南蛮话：A 把 A：轮把轮(吴联琼，2018：52)

2. 汉语方言中量词的 AAA、AAAA 式重叠

在陕西、江苏、安徽、山东等地的中原官话、江淮官话、胶辽官话以
及某些吴方言中，可以见到量词的 AAA 式或 AAAA 式重叠。这些方言中，
量词也可按 AA 式重叠，表示遍指义，重叠为 AAA 式以后，遍指义得以增
强，AAAA 式的遍指义最强，表示主观上认为无一例外。例如：

陕西三原中原官话：AAA：年年年｜天天天｜月月月｜顿顿顿｜场场
场 (刘珂，2017：100)

江苏北方方言：AAA：天天天｜家家家｜个个个｜趟趟趟｜回回回 (鲍
明炜主编，1998：170)

江苏徐州中原官话：AAA：人人人｜家家家｜盘儿盘儿盘儿｜门儿门儿
门儿｜本儿本儿本儿(李申，1985：314)

江苏丰县中原官话：AAAA：个儿个儿个儿个儿｜顿儿顿儿顿儿顿儿｜天儿
天儿天儿天儿 (高海珊，2008：22)

江苏泰县江淮官话：AAA：只只只｜句句句(张建民主编，1991：178)

江苏溧水江淮官话：AAA：天天天｜家家家｜把把把｜趟趟趟 (黄伯荣
主编，1996：144)

江苏扬州江淮官话：AAA：天天天(李荣，2002)

江苏丹阳吴方言：AAA：年年年(李荣，2002)

皖中江淮官话：AAA：亩亩亩｜年年年｜本本本｜根根根｜家家家 (孟
庆惠主编，1997：178)

山东微山中原官话：AAA：摸摸摸｜趟趟趟｜口口口｜坛坛坛｜垄
垄垄

AAAA：次次次次｜句句句句｜刻刻刻刻｜亩亩

亩亩｜罐罐罐罐(殷相印，2006：152)

山东牟平胶辽官话：AAA：年年年儿｜顿顿顿(李荣，2002)

浙江温州苍南蛮话：AAA：个个个(吴联琼，2018：52)

3. 量词重叠与汉语南北方言的类型学差别

在谈及汉语方言分区的问题时，美国学者罗杰瑞（1995：161-163）早在 20 世纪 80 年代起就相继提出汉语方言首先应分为北方方言区、南方方言区和中部方言区。刘勋宁（1995）主张在第一层级首先将汉语方言区分为北方方言（"基础汉语方言"）和南方方言（"东南诸方言"），第二层级将北方话区分为秦晋方言和官话，再在官话中分出北方官话、中部官话和南方官话。石锋（2000）也有第一层级应作南北划分的观点。詹伯慧（2002）在评述这些观点的时候指出，虽然迄今为止，南北方言的分野还缺乏足够的、可供全面比较研究的资料，但确实已有种种迹象足以粗略地勾画出汉语南北方言不同的轮廓来，比如语音上声调的简化与否及入声的保留与消失，给人的印象就是南北方言存在着明显的差别，再如语法上人称代词第三人称在南北方言中大致存在"他（她）"和"渠（佢）、伊"的对立。詹先生在文中说，"要是这类的例子多挖掘一些出来，南北方言的系统差别也就显示出来了。"

通过上文的介绍，我们可以知道：

（1）除个别方言以外，量词的 AA 式重叠在大部分汉语方言中都有分布。

（2）量词的 AXA 式重叠在汉语方言中的分布范围非常之广，除了闽语区目前缺乏材料外，其他几个方言区都或多或少地存在这种重叠现象，其中尤以西南官话、江淮官话和湘方言、吴方言、赣方言、客方言最为丰富。除了哈尔滨的东北官话、乌鲁木齐兰银官话和忻州晋语仅有个别用例以外，具有 AXA 式重叠的方言主要分布于长江流域及其以南的中部官话、南方官话和东南诸方言中。

（3）具有量词的 AAA 式、AAAA 式重叠的汉语方言中，除山东牟平外，其余均分布于长江、淮河流域的安徽、江苏、山东等地，也分别属于中部官话、南方官话和东南方言。

这样来看，现代汉语方言在量词重叠方面存在一个较为重要的类型学差别，即北方方言量词较少以 AXA 式、AAA 式和 AAAA 式重叠，而这几种重叠式在中部方言和南方方言则较为常见。

（二）类型学参项一：多种量词重叠式的共现情况

上文第一节列出了各种量词重叠式在汉语方言中的分布情况，仔细观察会发现，各重叠式在共现上存在以下几个特点：

1. 一般情况下，量词的 AXA 式加缀重叠与 AAA 式、AAAA 式完全重叠不在同一种方言中共现，也就是说，具有加缀重叠的方言一般不具有三叠式和四叠式。在我们所考察的具有 AXA 式重叠的 50 多种方言中，同时又具有三叠式或四叠式的只有皖中江淮官话、微山中原官话和丹阳吴语等 3 种，所占比例仅为 5% 左右。这是一条倾向性共性，说明量词的加缀重叠式与完全重叠式具有不"和谐"性，这种情况的出现跟语言的经济性是分不开的。

2. 基于多种量词重叠式在各方言中的共现情况，可以归纳出以下两条蕴含共性：

共性 1：量词能以多叠式重叠⊃量词能以双叠式重叠

这条共性表示：在某个汉语方言中，如果量词可以按 AAA 式或 AAAA 式重叠，肯定可以按 AA 式重叠。用四分表可以表述为：

＋量词多叠式，＋量词双叠式	－量词多叠式，＋量词双叠式
＊（＋量词多叠式，－量词双叠式）	－量词多叠式，－量词双叠式

它说明，存在既有量词多叠式又有量词双叠式的方言，如皖中江淮官话、微山中原官话和丹阳吴语等；存在只有量词双叠式但没有量词多叠式的方言，如大部分汉语方言；存在既没有量词多叠式又没有量词双叠式的方言，如浚县中原官话、稷山中原官话；不存在有量词多叠式却没有量词双叠式的方言，至少到目前为止还没有相关报道。

共性 2：量词能以 AXA 式重叠⊃量词能以 AA 式重叠

这条共性表示：在某个汉语方言中，如果量词可以按 AXA 式重叠，则可以按 AA 式重叠。也就是说，在某一汉语方言中，可以没有量词的 AXA

式重叠，也可以没有 AA 式重叠式，但如果某一方言具有量词的 AXA 式重叠，就必然具有 AA 式重叠式。

如果将量词的 AXA 式加缀重叠与 AAA 式、AAAA 式完全重叠看作复杂重叠，AA 式重叠看作简单重叠，则可以将上述共性概括为：在某个汉语方言中，如果量词可以进行复杂重叠，则可以进行简单重叠。这一共性或许可以从一个侧面提示，量词多叠式是由双叠式扩展而来，AXA 式重叠是在 AA 式重叠基础上通过嵌入一个中缀性成分而形成的，这也是不少方言学者在描写量词 AAA 式、AAAA 式和 AXA 式重叠时所主张的观点。

（三）类型学参项二：AXA 重叠式中 A 的属性

1. A 的词类属性

从上文第一节所举实例和所引文献的描述来看，各方言 AXA 重叠式中的 A，从词类性质上来讲，主要是量词（包括由名词借用而来的量词）和"年、月、日"等"准量词"。此外，在某些方言中（如贵州西南官话、皖中江淮官话、益阳湘语、邵阳湘语、抚州赣语及江西、广东等地的一些客家话等），一些数词也能够重叠而进入 AXA 重叠式，它们主要是"十、百、千、万、亿"等位数词和表示"二分之一"的数词"半"。数词能够进入这种重叠式并不奇怪，学术界早就注意到了量词与数词的"扭结"现象，如李宇明（2000）认为，像"百、千、万、亿、兆"等位数词可以转化为"准量词"，而"半"在由数词"二分之一"转为量词时改换一个新的词形，其量词身份便更容易确认或认同。

比较各方言中 AXA 重叠式中 A 的词类属性，可以提出一条蕴含共性：

共性 3：数词能以 AXA 式重叠⊃量词能以 AXA 式重叠

这条共性表示：在某个汉语方言中，如果数词可以按 AXA 式重叠，则量词也可以按这种方式重叠。

这条共性说明，存在既具有量词 AXA 式重叠又具有数词 AXA 式重叠的方言，如贵州西南官话、皖中江淮官话、益阳湘语等；存在只具有量词 AXA 式重叠但不具有数词 AXA 式重叠的方言，如岳阳西南官话、天台吴语、宿松赣语等；存在既不具有量词 AXA 式重叠又不具有数词 AXA 式重叠的方言，如北京话等大多数汉语方言；不存在具有数词 AXA 式重叠却不具有量词 AXA 式重叠的方言，至少到目前为止还没有相关报道。

2. A 的音节数目

从音节数目上来看，大部分方言中，可重叠的 A 仅限于单音节的量词或部分数词，在极少数方言中，一些双音节甚至三音节的量词或数词也能重叠其第一个音节而构成重叠式，如贵州、成都、重庆等地的西南官话、湖南邵东、邵阳等地的湘方言、汝城客家话等。据此，也可以提出一条蕴含共性：

共性 4：多音节量词或数词能以 AXA 式重叠 ⊃ 单音节量词或数词能以 AXA 式重叠

这条共性表示：在某个汉语方言中，如果双音节或三音节量词或数词可以按 AXA 式重叠，则单音节量词或数词也可以按这种方式重叠。也就是说，在某一汉语方言中，可以没有双音节或三音节量词或数词的 AXA 式重叠，也可以没有单音节量词或数词的 AXA 式重叠，但如果某一方言具有双音节或三音节量词或数词的 AXA 式重叠，就必然具有单音节量词或数词的 AXA 式重叠。

（四）类型学参项三：量词重叠式的表义功能

量词重叠式是体词重叠的一种。对于汉语方言中体词重叠的语法意义，张敏先生曾多有论及，如张敏（1998：179）指出，体词重叠式表示相同事物、动作在量上的迭加或重现，是语言"象似性"的表现；张敏（1999）将汉语方言体词重叠式的语法意义归纳为"周遍意义""多量意义""逐指意义""表事物或动作维量大"等九个小类和数量义、维量义、序列义、性状义四大类，并试图从认知的角度用"类同物复现"的意向图式来进行统一的解释，具有很强的解释力。

通过方言间的比较，我们可以得到以下两个认识：

1. 量词重叠式的使用多带有强烈的主观性，包含说话人对量的主观评价色彩，包括主观大量、主观小量、主观满意量等。对于汉语方言来说，这是一条普遍共性，几乎所有使用量词重叠式的汉语方言都是如此。

2. 如果把表示"多量""周遍""完整""逐一"等意义归为"量增"义，把表示"少量"意义视为"量减"义，那么，汉语方言中的量词重叠式多表示"量增"义，只有少数方言中的量词 AXA 式重叠可以表达"量减"义，其量减义多由"A 把 A"式来表示①，从方言分布来看，它们主要分布在遵义、成都、吉首、慈利、柳州等地的西南官话，江浙地区的部分江淮官话、吴语，娄底、新化湘语，以及乌鲁木齐兰银官话等方言中，这些方言中，AXA 式以外的量词重叠式也表示"量增"义。这样，我们又可以得到一条蕴含共性：

共性5：量词重叠式表示量减义⊃量词重叠式表示量增义

这条共性表示：在某个汉语方言中，如果量词重叠式可以表示量减义，那么也可以表示量增义。也就是说，某方言可以没有表示量减型的量词重叠式，但如果该方言具有量减型的量词重叠式，就必然具有量增型的量词重叠式。

上文我们讨论了汉语方言中的量词重叠，归纳出了一些具有方言类型学价值的规律，如果我们将目光投向整个汉藏语言，根据蒋颖（2006）等的研究，汉藏语中除傣语、黎语等少数语言的量词不能以 AA 式重叠以外，绝大多数语言都能以这种方式重叠，重叠后多表示"周遍""多量""逐指"等语法意义。我们通过检索《汉藏语概论》（马学良主编，2003）、《中国少数民族语言简志丛书》等数十种汉藏语言文献资料发现，在汉语之外的汉藏语中，没有发现量词的 AAA、AAAA 式重叠现象，只有少数语言的量词可按 AXA 式重叠，其情形均符合以上几条共性规律。例如：

怒语中的"A ma˩ A"式重叠(孙宏开、刘璐，1986：36)：

n̦i˅天，日 →n̦i˅ ma˩ n̦i˅ 每天

lia˥月→lia˥ ma˩ lia˥ 每月

n̦i˥年→n̦i˥ ma˩ n̦i˥每年

壮语中的"A doek A"式重叠(韦庆稳，1985：40)：

ngoenz天→ngoenz doek ngoenz 一天又一天

ndwen月→ndwen doek ndwen一月又一月

bi年→ bi doek bi一年又一年

①　个别方言记为"A 不 A"式，可能是"A 把 A"的弱化式。

彝语中的"A ma」A"式重叠(马学良，1992：258)：

n十天→n十 ma」n十每天

由上可知，我们基于汉语方言量词重叠所归纳出的有关类型学特征，放到汉藏语系各语言中也是适用的。由于汉藏语系语言是量词型语言的典型代表①，因此，我们认为，我们所提炼出的这些有关量词重叠的类型学共性，可能对于世界上大多数存在量词的语言来说，也有较大的普遍性。当然，是否果真如此，还有待更多语言、方言的检验。

本章小结

本章从结构类型、语法功能、语义功能等方面对湘方言量词重叠现象进行了描写、分析，并从共时、历时两个角度对湘方言内部、湘方言与湖南省境内其他主要方言以及古代汉语的量词重叠现象进行了横向、纵向比较，最后通过更大范围的跨方言、跨语言的比较，对量词重叠进行了类型学考察。

湘方言中，量词普遍可以按 AA 式重叠，除此之外，某些湘方言点还可以在量词的 AA 式重叠中间插入一个带有中缀性质的"X"，构成 AXA 式加缀重叠（如"个打个、本什本"等），有的方言量词重叠式之后还可以带上词尾"唧"尾、"咖"尾等。

湘方言中，量词经 AA 式和 AXA 式重叠以后，大都不能再与数词组合，可以充当主语、谓语、宾语、定语、状语、补语等多种句法成分。量词重叠式所充当的句法成分与其所表示的语法意义有着十分密切的关系。

湘方言中，量词重叠式可以表达"周遍"、主观"多量"、"逐一"、"完整量"、主观"少量"以及强调计量方式等多种语法意义，并且往往体现出

---

① Greenberg（1972）认为，大体上可以将人类语言二分为量词型语言（classifier language）和非量词型语言（non-classifier language），他所说的"量词"主要指的国际上通称为分类词（classifier）、国内称为个体量词等的词，刘丹青（2008：280）认为，这部分量词是汉语及以东南亚语言为主的部分亚洲语言（大部分属于汉藏语系）所特有的，马学良（2003：8）也认为，有量词是汉藏语言词类上的一个特点。

说话人的某种主观视点，表现出很强的主观性，这种主观性首先表现为说话人对量的大小的主观评价，其次则表现为带有说话人的某些主观感情色彩。在表达主观性的时候，往往会伴随着一定的语音变化。

在量词重叠的结构形式和语义功能上，湘方言内部表现出一定的地域差异：结构形式上，在娄邵片、永全片、长益片、衡州片湘语中，量词多可以按 AXA 式重叠，而在辰溆片湘语中，量词的 AXA 式重叠则较少见到，娄邵片、永全片湘语中量词 AXA 式重叠的形式明显比其他两片丰富。语义功能上，在娄底、新化等地的方言中，量词 AXA 式重叠可以表达"少量"的语法意义，但其他大多数湘方言点中该重叠式很少表达这种语法意义。

与湖南省境内其他汉语方言的比较显示，在重叠结构形式的数量多寡，重叠式的使用频率，重叠儿化与否，双音节、多音节量词能否重叠等方面，湘方言与湖南省境内其他汉语方言存在一定的差异。但就单个方言点而言，在量词重叠问题上，湘方言与湖南省境内非湘语方言点之间的差异，并不一定比湘方言各点之间的差异显著。

从历史发展来看，湘方言中普遍使用的量词 AA 式重叠，基本上是对汉语史上唐五代以来量词重叠用法的留存和发展。而大多数湘方言中使用的量词 AXA 式重叠现象，都应当是随着量词的 AA 式重叠的发展而发展起来的方言创新形式。

跨方言的研究显示，汉语方言中的量词重叠式主要有 AA 式、AXA 式、AAA 式、AAAA 式等形式。后三种重叠式主要分布于长江流域及其以南的中部官话、南方官话和东南诸方言中，说明现代汉语方言在量词重叠方面存在一个较为重要的类型学差别：即北方方言量词较少以 AXA 式、AAA 式和 AAAA 式重叠，而这些重叠式在中部方言和南方方言中则较为常见。

跨方言的研究同样显示，汉语方言量词重叠表示"周遍""多量""逐一""完整"等语法意义时，多体现认知语言学所讲的语言"象似性"，只有少数方言中存在表示"小量"义的"A 把 A"式或其语音变体"A 不 A"式，这是与"重叠象似性动因"相违背的，我们认为这与重叠式中表示概数的"把"的表义特征有关。

此外，通过将湘方言与其他汉语方言进行跨方言的比较，可以归纳出与量词重叠有关的 5 条方言类型学共性：

共性 1：量词能以多叠式重叠⊃量词能以二叠式重叠

共性 2：量词能以 AXA 式重叠⊃量词能以 AA 式重叠

共性 3：数词能以 AXA 式重叠⊃量词能以 AXA 式重叠

共性 4：多音节量词或数词能以 AXA 式重叠⊃单音节量词或数词能以 AXA 式重叠

共性 5：量词重叠式表示量减义⊃量词重叠式表示量增义

第三章
湘方言中的动词重叠

本章拟从结构形式与语法功能、语法意义与表达功用等方面对湘方言中的动词重叠现象进行描写、分析，并从共时、历时两个角度对湘方言中的动词重叠现象进行横向、纵向比较。

第一节　湘方言动词重叠的结构形式与语法功能

普通话中的动词重叠比较丰富。储泽祥（2018）认为，动词重叠属于构形重叠。李宇明（1998）认为，动词重叠主要有以下三种类型：1）单音节动词以 VV 式重叠，如"看看""玩玩"；2）一般双音节动词以 $V_1V_2V_1V_2$ 式重叠，如"运动运动""研究研究"；3）动宾式双音节动词多以 AAB 式重叠，如"唱唱歌""跳跳舞"；此外，动词重叠式中间嵌入"了"和"一"，形成"V 了 V""V 一 V""V 了一 V"等变体形式，也可视为动词重叠式。这里面其实包含了一些次生重叠。

对于湘方言中的动词重叠，卢小群（2007：101）认为，"湘语普遍没有动词的单纯重叠式，一般没有'看看、讲讲、走走、学学'的格式，其重叠式不如其他汉语方言丰富，但也有着自己的特色。"据调查，普通话中表示短时态或尝试态意义的动词重叠式，在湘方言中多采用"V 下、V 一下、V下子、V个、V一个、V个看、V一家伙"等形式来表示,从这个意义上,可以认为,湘方言中的动词重叠比较贫乏。① 但是,某些湘方言点具有自己颇具特色的动词重叠式,又使得其动词重叠显得比较丰富多彩。这些动词重叠式主要包括 VXV 式、XVYV 式、VXVY 式、VVV 式等结构形式和多种具体的形式。② 其中,VVV 式是动词的单纯重叠式,其他各式都是重叠手段与附加手段的综合使用,属于"综合重叠"。

一、湘方言动词重叠的结构形式

(一) VXV 式

湘方言中的这类动词重叠式主要有"V啊个V""V嘎V""V是个V"等具体形式。它们是 VV 重叠式与附加手段的综合使用。

1."V啊个V"式

在某些湘方言中,动词 VV 式重叠中可以插入一个"啊个"构成"V啊个V"式,从方言系属上看,它们多属于湘语娄邵片。③ 其中的"啊个"有不同的语音变体,一些方言著作记为"啊箇、呀喀、呀咯"等,"个"有时候可以省略,省略"个"后就形成"V啊V"式,这在普通话中也是比较常见的。例如:

邵阳:挖啊个挖│懂啊个懂│扭啊个扭│津啊个津│扬啊个扬

娄底:摇啊个摇│摆啊个摆│挤啊个挤│指啊个指│缩啊个缩

新化:笑啊个笑│冲啊个冲│洗啊个洗│试啊个试│摸啊个摸

涟源:漯啊箇漯│行啊箇行│摸啊箇摸│刷啊箇刷│颤啊箇颤 (彭春芳,2007:73)

冷水江:闹呀咯闹│动呀咯动│眨呀咯眨│跳呀咯跳│浮呀咯浮 (谢元

---

① 在我们的调查中,动词 VV 式重叠在某些湘方言中偶有使用,在一些湘方言著作中也可见到少数用例,例如新化话"冇是怀恶心,教教懒婆子。"(罗昕如,1998:332)祁阳话"来闻闻果朵花花香不香!满香,是不是咯?"(李维琦,1998:202)李维琦(1998:105)还专门提到祁阳话"单音词有重叠的,如看看、摸摸。但大多数情况是不重叠"。

② 湘方言各点中都或多或少地存在一些 ABAB、AABB 式动词重叠现象,其用法与普通话差不多,这里不再赘述。

③ 在调查过程中,当问到别的湘方言点的发音合作人该方言中有没有这种重叠方式时,他们多说"有时候也可以这么说吧?但很少用"。

春，2005）

能够进入"V 啊个 V"式的动词多为具有［＋自主］、［＋持续］语义特征的单音节动词。陈前瑞（2008：62-63）指出，持续动词可重叠是一种很自然的现象，［＋自主］也是动词重叠的一个典型条件，不具备持续、自主特征的动词重叠时比较受限。

动词经"V 啊个 V"式重叠后都可以自由地作谓语。例如：

（1）邵阳：你还在那里<u>挨啊个挨</u>嘤！慢唧我来打你！ 你还在那里挨时间，小心待会儿我来打你！

（2）娄底：你<u>骂啊个骂</u>啰，我撕破你只嘴巴子！ 你还骂？我撕破你的嘴！

（3）新化：你做事经常<u>死啊个死</u>，快粒唧好唔好？ 你做起事来经常慢慢腾腾的，快一点好不好？

（4）涟源：莫横直拿者桌子<u>摇啊箇摇</u>。别总将桌子摇啊摇的。（彭春芳，2007：73）

（5）冷水江：困觉咯时唧只脚莫老是<u>动呀咯动</u>。睡觉的时候脚别老是动来动去的。（谢元春，2005）

有时"V 啊个 V"式也可以作定语、状语等其他成分，例如：

（6）邵阳：渠箇只□t^hai^{33}<u>啊个</u>□t^hai^{33} 个样子，眒倒就心里烦！ 他那副走路慢慢腾腾的样子，看到就心里烦！（作定语）

（7）冷水江：咯个细人唧<u>跳呀咯跳</u>行咖哩。这个小孩蹦蹦跳跳着走了。（作状语）（谢元春，2005）

2. "V 嘎 V"式

这种重叠式主要分布于湘语辰溆片，如溆浦话中这类重叠式非常丰富，例如：

动嘎动｜顿嘎顿｜敲嘎敲｜眨嘎眨｜跳嘎跳
翻嘎翻｜洗嘎洗｜讲嘎讲｜哼嘎哼｜笑嘎笑

能够按"V 嘎 V"式重叠的动词也多具有［＋自主］、［＋持续］语义特征。这种重叠式也主要作谓语，例如：

（8）你还在那头<u>跳嘎跳</u>，把我担担水啰！ 你还在那里不停地跳，去给我挑担水啰！

（9）春天来了，许多燕子总是在我屋子上<u>飞嘎飞</u>。春天来了，许多燕子总是在

我屋上飞来飞去。(夏先忠，2003)

3. "V 是个 V"式

有的湘方言中使用"V 是个 V"式，如根据丁姣（2012：37）的描述，隆回话中单音节动作动词可以按"V 是个 V""V 直个 V"式重叠，其中的"是个/直个"没有实义，只是起衬托音节的作用，也应该属于这一类，它们也主要作谓语，例如：

（10）其天天在土里做**是个做**，做个莫停。他天天在地里干活，做个不停。

（11）外面咯雪落**直个落**，唔晓得哪个时候得停。外面雪一直在下，不知道什么时候会停。

祁东话中也有"V 是个 V"式重叠，主要作谓语。例如：

（12）你天天**学是个学**，连有学只名堂出来！你天天在学，但一点儿名堂也没有学出来！

4. "V 哪个 V"式

祁东话中，动词的"V 哪个 V"式重叠式非常丰富。例如：

舞哪个舞｜抖哪个抖｜窜哪个窜｜哭哪个哭｜唱哪个唱

它们在句子中主要作谓语和宾语等成分。例如：

（13）你莫**吵哪个吵**，烦死人了！你不要吵吵闹闹，烦死人了！（作谓语）

（14）一天就晓得**哭哪个哭**，哪有那么多哭场！一天就知道哭哭啼啼，哪有那么多哭的地方！（作宾语）

（二）XVYV 式

湘方言中的 XVYV 式动词重叠式主要有"连 VYV"和"XV 子 V"等具体形式。

1. "连 VYV"式

这类重叠式在娄邵片湘语中较为常见。其中的"连"还有一定的词汇意义，为该重叠式表示动作的连续反复提供语义基础，Y 多为"递"（有的方言著作记作"地"），个别地方（如冷水江）为"是"，大抵只是起到衬音的作用。其中的动词多为具有［＋自主］、［＋持续］语义特征的单音节动词。例如：

娄底：连讲递讲｜连翻递翻｜连哭递哭｜连吃递吃｜连叫递叫

新化：连写递写｜连讲递讲｜连搞递搞｜连挖递挖｜连喊递喊

涟源：连撤递撤｜连翻递翻｜连呷递呷｜连筛递筛｜连徛递徛 (彭春芳，2007：67)

冷水江：连爬是爬｜连吐是吐｜连捆是捆｜连讲是讲｜连划是划 (谢元春，2005)

此外，在其他一些湘方言点如长沙、邵阳等地，也可以见到诸如"连滚递滚""连扒递扒""连吃递吃"等用法，但使用得并不普遍。

"连 VYV"式也主要在句中作谓语。例如：

(15) 娄底：他手里拿把栽锄子<u>连挖递挖</u>。他手里拿着把小锄头飞快地挖着。

(16) 新化：<u>渠连讲递讲</u>，我连听唔清。他讲得飞快，我根本听不清。

(17) 涟源：佢拿者本书<u>连翻递翻</u>，不晓底要看么子簡？他拿着书快速地翻，不知道要看什么？（彭春芳 2007：70）

(18) 冷水江：你条蛇婆子<u>连爬是爬</u>，一下就看唔到哩。那条蛇飞快地爬，一下子就看不到了。（谢元春，2005）

有时候也可以作补语、状语等其他成分。例如：

(19) 邵阳：渠痛得在地上<u>连滚地滚</u>。他痛得在地上不停地打滚。

(20) 涟源：看者我回来哩，滴坐者簡人下<u>连徛递徛</u>簡徛起来。看见我回来了，那些坐着的人都接二连三地站起来了。（彭春芳，2007：73）

2. "XV 子 V"式

这种重叠式主要见于长沙、益阳等地湘语中。从构成上看，其中的 X 多为带有贬义色彩的单音节形容词性或副词性语素，与具有［＋自主］、［＋持续］语义特征的单音节动作动词或心理动词组合成 XV 式的双音节偏正式动词，然后再部分重叠动词并嵌入中缀"子"。例如长沙话：

鬼吵子吵｜假笑子笑｜苫搞子搞｜空急子急

呆坐子坐｜干等子等｜白忙子忙｜蠢吃子吃

乱放子放｜瞎闹子闹｜死胀子胀｜蛮干子干

这种重叠式也多作谓语，例如：

(21) 他一天到黑<u>小吵子吵</u>，烦死个人！他一天到晚小吵小闹，真烦人！

(22) 你<u>空急子急</u>有么子用，还不赶快去帮忙？你干着急有什么用，还不赶快去帮忙？

(23) 他又在那里<u>阴搞子搞</u>，不晓得搞么子名堂。他又在那里暗暗搞鬼，不知道搞些什么名堂。

（三）VXVY 式

这种重叠式主要见于新化、冷水江等地的娄邵片湘语中，主要包括"V山V里"和"V的V里"等具体形式。其中的动词多为具有［＋自主］、［＋持续］语义特征的单音节动词，"山、的、里"的意义较虚，只是用同音字记录。"V山V里"式例如：

新　化：飞山飞里｜翻山翻里｜行山行里｜滚山滚里

　　　　挤山挤里｜喊山喊里｜爬山爬里｜转山转里

冷水江：围山围里｜叮山叮里｜滴山滴里｜挂山挂里

　　　　溅山溅里｜喊山喊里｜飞山飞里｜滚山滚里 _(谢元春，2005)

"V的V里"式例如：

新　化：摸的摸里｜闹的闹里｜笑的笑里｜摇的摇里

　　　　试的试里｜徛的徛里｜冲的冲里｜飞的飞里

冷水江：闹的闹里｜动的动里｜眨的眨里｜跳的跳里

　　　　浮的浮里｜摇的摇里｜颤的颤里｜飘的飘里 _(谢元春，2005)

这两种重叠式主要作谓语，例如：

（24）新化：青脑蚊在壁头高落<u>爬山爬里</u>。绿头苍蝇在墙上到处爬来爬去。

（25）新化：你莫<u>摸的摸里</u>，快粒唧去！你别磨磨蹭蹭，快点去！

（26）冷水江：其只手让刀斫咖一下，<u>血滴山滴里</u>。他的手给刀砍了一下，不停地在滴血。(谢元春，2005)

（27）冷水江：你坐到你落<u>摇的摇里</u>做么个？你坐到那里摇个不停干吗？(谢元春，2005)

有时候也可作定语和状语，此时后面多要加上相当于北京话"的₃"和"的₂"的"个"。

（28）新化：山里开满<u>滚山滚里</u>个艳山红。山上开满漫山遍野的杜鹃花。(定语)

（29）新化：渠<u>冲的冲里</u>个走咖出去哩。他气冲冲地跑出去了。(状语)

（30）冷水江：屋里好久冇搞卫生哩，<u>飞山飞里</u>咯灰。屋子里好久没搞卫生了，到处都是灰尘。(定语)(谢元春，2005)

（四）VVV 式

这是单音节动词的多叠式。能够以这种方式重叠的动词也多具有［＋

［自主］、［＋持续］的语义特征，而且，常见的具有上述语义特征的动词大多可以这样重叠使用。例如邵阳话：

    吃吃吃｜哭哭哭｜看看看｜写写写｜笑笑笑

    骂骂骂｜跳跳跳｜挖挖挖｜问问问｜唱唱唱

非自主动词一般不能这么重叠，某些［-自主］动词偶尔这么重叠使用，但与自主动词有着很大的区别，例如邵阳话中也可以见到下面的用例：

(31) A. 我这段时间又亏咖哩！我这段时间又赔本了！

      B. 你只讲亏亏亏，你箇咖做生意还唔亏个话！只说你赔本了，像你这么做生意怎么能不赔本？

(32) A. 屋里墨黑，我好怕！屋里黢黑，我好害怕！

      B. 怕怕怕，我有么个怕得？你老说害怕，我有什么好害怕的？

以上两例中的重叠式表示说话人反复听到的话语，具有一定的引语性质，起着拟声性引语话题的作用，后面跟的是述题小句。如例（31）中的"亏亏亏"是在说话人反复听到对方说自己做生意赔本的话语后，对对方话语的一种引用，并把做生意赔本这件事作为一个话题，后续句"你箇嘎做生意还唔亏个话"是对这个话题的评述。对于这种由实词拟声化重叠作话题的现象，刘丹青（2009）曾做过专门讨论，可以参看。

VVV式在句中主要作谓语，也可以作宾语。作谓语的例如：

(33) 邵阳：你冇紧倒骂骂骂唻，骂得我烦起来哩，我会动手个唻！你别老是骂个不停，骂得我烦了，我会动手打人的！

(34) 邵东：其还讲讲讲，连唔懂味。他还讲呀讲，一点儿不知趣。（孙叶林，2009：82）

(35) 隆回：讲个一两到就要得哩，还紧倒讲讲讲。讲一两遍就可以了，还讲个不停。（丁姣，2012：37）

作宾语的例如：

(36) 邵阳：渠只晓得讲讲讲，要渠做哩就唔行哩。他只会讲，要他做就不会做了。

(37) 邵阳：你一天到晚只晓得哭哭哭！冇点卵用！你一天到晚就只会哭，真没出息！

这种重叠式以三叠为常态，表示动作行为的持续反复，多带有责备、抱怨等主观语用色彩，在表达强烈的责备语气时，有时还可以将三叠式重复使用，如邵阳话中，上述例（36）还可以说成"渠只晓得讲讲讲，讲讲讲，要渠做哩就唔行哩。"

▶ 二、湘方言动词重叠的共同语法特征

1. 主要作谓语

从以上分析中可以看出，湘方言中的动词重叠式最主要的句法功能是充当谓语，这里不再赘述。

2. 不能带宾语

湘方言中，不管是上述哪一类重叠式，动词一经重叠以后就不再能够带宾语，如例（1）（2）中的动词"挨（时间）、骂（人）"等虽是及物动词，但是，一旦进入重叠式以后，就都不能带宾语了，以下例句都是不成立的：

（38）邵阳：＊你还<u>挨</u>啊个<u>挨</u>时间在那里嘤！慢唧我来打你！

（39）娄底：＊你<u>骂</u>啊个<u>骂</u>我啰，我撕破你只嘴巴子！

（40）邵阳：＊整天就看到你在<u>写写写</u>论文，又冇写出滴么个名堂来！

动词重叠以后不能带宾语的现象，可以从汉民族共同的认知心理模式上作出解释：范晓、张豫峰等（2003：342）认为，典型的宾语跟典型的受事和自然焦点相匹配，一般倾向于由未知信息充当，因此，谓语动词后的宾语比较容易成为交际双方关注的焦点。这样，如果动词重叠后带宾语，这个宾语也应该是句子的自然焦点所在。然而，湘方言中动词重叠式多表示动作量的增加，是对基式动作在量上作出的重复、延续或强化，这种重复、延续或强化也应该成为表述上强调的对象。这样，就会在一个句子中形成两个焦点，这显然不符合汉民族共同的认知心理和表达策略（李文浩，2008：17）。为了解决这个矛盾，湘方言中要么将动词重叠式后的宾语省略（如以上各例），要么将其提前至动词之前的某个位置，例如：

（41）娄底：你对倒我<u>骂</u>啊个<u>骂</u>啰，我撕破你只嘴巴子！

（42）邵阳：你篇论文整天就看到你在<u>写写写</u>，又冇写出滴么个名堂来！

当然，动词重叠以后不能带宾语，不只是湘方言中的特有现象。跨语

言的研究表明，在不少汉语方言和别的语言中，动词重叠后也不能带宾语，它们都能用于表示"持续、反复"等意义，有学者称其为"低及物性"或"去及物化"，并认为去及物化与非完整体意义之间具有无标记的组配关系。（王芳，2012b：77-79）后文的研究将显示，湘方言中动词重叠多表达"持续、反复"等意义，说明湘方言也体现了去及物化与非完整体意义间的这种无标记组配关系。

3. 不能带补语

普通话和汉语北方方言中，动词重叠式后面不能带补语，例如不说"＊吃吃饱、＊煮煮烂、＊坐坐直"等，这几乎已经成为汉语语法学界和方言学界的共识。但在南方方言（包括闽语、吴语、粤语、徽语和部分西南官话）中，动词重叠与补语成分可以和谐共现。（李文浩，2008：17；汪国胜、付欣晴，2013）湘方言中，动词重叠以后也不能带结果补语、可能补语、程度补语、趋向补语、数量补语等各类补语性成分。例如，以下说法在湘方言中是不成立的：

　　＊洗啊个洗干净　　　＊翻嘎翻得转　　　＊连讲递讲清楚
　　＊空急子急得不得了　　＊飞山飞里出去　　＊跳跳跳几下

对于方言中动词重叠带补语的现象，学术界有过一些讨论。石毓智（2003：350）认为，不论是从历时的角度还是从共时的角度来看，动词重叠式都是属于动补结构的一种，动词重叠式的第二个动词所占据的是结果补语的句法位置，因此其后面不能再带其他补语成分。但李文浩（2008）借助认知语言学的象似性原则，解释了"动^叠＋补"结构的存在理据，并认为南方方言区中"动^叠＋补"结构是对中古汉语的延续并保留至今，但在北方方言区却受到压制并最终消失。汪国胜、付欣晴（2013）认为，虽然闽语和吴语中的动词重叠带补语现象都较为普遍，但看似相同的结构形式其实不尽相同，吴语中包含两种不同来源的动词重叠式，其形式上的相近与长期共存的局面导致了其表量小的动词重叠式也能带补语。湘方言中的单音节动词很少能按 VV 式重叠，而其他各类动词重叠式后面都不能带补语，其原因还有待进一步考察。

第二节　湘方言动词重叠的语法意义与语用功能

▶ 一、湘方言动词重叠的语法意义

湘方言中，动词重叠式主要可以表示动作行为的持续进行、速度快和动作作用范围的覆盖面广等三类语法意义，不同结构形式的动词重叠式所表示的语法意义存在一定的差异。

（一）表示动作行为的持续进行

"持续"和"进行"是既有联系又相区别的两种"体"范畴。进行体表示动作行为在进行过程当中，不在乎怎么开始或结束的，持续体则表示①静态的持续；②动作完成以后所造成的状态在较长时间内的持续，进行体是动态的，持续体是静态的。（石汝杰，1996：358；王健，2005）但是，汉语方言中的持续体和进行体往往存在交叉，如北京话中二者都可以用"动词＋着"来表示。因此，有的方言著作对"持续"和"进行"不作区分，如《汉语方言语法类编》（黄伯荣主编，1996：204）在"动词"章的"动词体的表示法"一节，就是用的"动词的进行体（持续体）"的小标题。《湖南方言的动态助词》（伍云姬主编，1996）一书中，不少论文也存在对大致相同的现象分别用"持续"和"进行"来描述其意义的情况。基于此，我们也不打算对"持续"和"进行"二者作严格区分。

湘方言中，"V啊个V"式、"V嘎V"式、"V的V里"式和VVV式等结构形式的动词重叠式，都可以表达动作行为的持续进行。下面略举几例加以说明：

（1）邵阳：你眈那只小把戏屁股<u>扭啊个扭</u>啰，好看得很！<small>你看那个小孩儿屁股一扭一扭的，多好看哪！</small>

（2）娄底：你还<u>指啊个指</u>啰，默神滴是个！<small>你还指指点点的，给我小心点！</small>

（3）新化：你紧倒在以落<u>懈啊个懈</u>，别个倒去咖好远哩！<small>你在这里慢腾腾的，别人已经走去很远了。</small>

（4）溆浦：他<u>骂咖骂</u>，结果着人家把他打餐。<small>他骂个不停，结果被人家打了一顿。</small>

（5）祁东：你莫下米<u>喊哪个喊</u>，细伢唧一个下在睡眼闭。<small>你不要拼命喊个不停，小孩们都在睡觉！</small>

（6）新化：宝宝对倒照子在以落<u>笑的笑</u>里。<small>宝宝对着镜子在那不停地笑。</small>

（7）邵阳：整天就看到你在那里<u>写写写</u>，又冇写出滴么个名堂来！<small>整天就只看见你在写，又没写出什么名堂来！</small>

以上各例中的动词重叠式，都表示动作"不停地 V""一 V 一 V 地"等持续、反复进行的意义，为了配合重叠式表达这种意义，句中往往可以带上进行体标记"在以落""在那里"等，如例（6）（7）。

（二）表示动作行为的速度快

湘方言中，表示这一类语法意义的动词重叠式主要是"连 VYV"式。颜清徽、刘丽华在《娄底方言词典》（1998：281）中，专门设词条"连……递……"并释义为"表示以极快的速度连续做某一动作"。谢元春（2005）认为，冷水江话中的"连 V 是 V"式用于描述动作迅速，有反复性，并且能持续一定的时间，可以解释为"飞快地 V"。娄邵片湘语中，"连 V 递 V"式或"连 V 是 V"式大多表示类似的意义。例如：

（8）娄底：他简咖<u>连吃递吃</u>，靠得实是饿咖哩。<small>他吃得这么快，肯定是饿了。</small>

（9）新化：掉粒谷唧到地下，两只鸡婆<u>连抢递抢</u>吃咖哩。<small>掉了些谷子在地下，两只母鸡飞快地抢着吃了。</small>

（10）涟源：佢今日怕有么子路，搭棚子<u>连搭递搭</u>简搭一下就行瓜哩。<small>他今天恐怕有事，搭棚子时快速地搭一下就走了。（彭春芳，2007：73）</small>

（11）冷水江：小红<u>连翻是翻</u>，本书逗其一下就翻完哩。<small>小红飞快地翻，一本书被她一下子就翻完了。（谢元春，2005）</small>

实际上，该类重叠式中的"连""递"等字眼的词汇意义对其"速度快"的表义功能起着重要作用。

（三）表示动作行为的覆盖面广和主体数量之多

湘方言中，表示这一类语法意义的动词重叠式主要是"V 山 V 里"式。罗昕如（1998：235）指出，新化话中动词的这类重叠式"用来描述该动作的覆盖面广，可以解释成'到处在 V'或'V 成一片'"。谢元春（2005）在描述冷水江话的这类重叠式时认为，它们表示动作行为的覆盖面广，从而强调动作发出者数量之多，通过描述人或事物的动作来突出它的数量，比单纯用"很多"之类来修饰更显生动形象。谢元春（2009）进一步认为，"V 山 V 里"的意义应该描写为一个双层的语义结构，其表层在描述行为动作的繁密众多，而其真正要表达的却是内层的意义——与行为动作相关的事物的数量之多。例如：

（12）新化：只箩烂咖哩，米掉山掉里。箩筐烂了，米掉得到处都是。

（13）冷水江：好生粒唧，咯落水溅山溅里。小心点，这里水溅得到处都是。

（谢元春，2005）

（四）湘方言动词重叠的基本语法意义

对于普通话中动词重叠的语法意义，学术界素有争议，有短时、轻微、少量、反复、尝试、委婉、悠闲等多种说法。这些说法都有一定的合理性，同时也存在一定的缺陷，它们都能解释某些动词重叠现象，但对另一些现象往往无能为力。面对这种情况，一些学者试图寻求一种更为概括的释义，以合理地解释使用动词重叠式的各种情况。如杨平（2003）认为动词重叠式的基本意义是减小动量，至于委婉的语气、尝试的意味、闲适的感觉等，都是减小动量这一基本意义在不同语境下显现出的句式义，而不是动词重叠式本身的意义。邵敬敏、吴吟（2009：196-192）也主张在探讨动词重叠的语法意义时，要区分开动词重叠的核心意义、派生意义和格式意义。陈立民（2005）则将动词重叠的语法意义统一概括为"事件主体在事件持续一段时间后主动地让它结束"。

我们认为，湘方言中动词重叠的基本语法意义是"表示动作行为的持续或反复进行"，其他语法意义大多与之有关。比如，"连 VYV"式所表示的"动作行为的速度快"的意义，与动作行为持续进行时的时间量紧密关联。动词重叠表示动作的时间量，这是人们早就注意到的一个特征，不过，以往的研究更多地关注动作持续进行的时间长短，而对动作的频率关注得极少。如果一个动作行为连续多次不间断地持续、反复地进行，每次持续的时间或者间隔的时间都很短，只是一个瞬间的话，这时，动作持续、反复的高频率特征就有可能在人们的认知过程中得到"突显"，此时动词重叠式就有了速度快、频率高的意义。湘方言中，动词重叠表示动作行为速度快的意义大率就是这样形成的。

李宇明（2000：331）认为，与空间量有关的重叠现象主要是名词性成分重叠（如表小称）和形容词性成分重叠。实际上，动词重叠也可能表现出一定的空间量意义来。湘方言中，动词的"V山V里"式重叠所表示的"到处在V""V成一片"的意义就是一种空间量，这种意义与动作行为的持续进行也不无关系。我们发现，这种动词重叠式的动作主体多数情况下不止一个。当多个动作行为主体在一定的时间和空间里持续发生某个动作时，就很容易在人们的头脑中造成这个动作行为充满整个空间，到处都在发生这个动作行为的印象。

除此之外，"XV子V"式中形容词性语素或副词性语素的词汇意义非常实在，对其中的动词性语素起修饰限制作用，如长沙话中"阴搞子搞"的"阴"突出了其暗中搞鬼的特点。我们认为，如果撇却其中形容词性、副词性语素的词汇意义，单从语法意义上讲，这种重叠式表示的仍然是动作行为的持续或反复进行。

▶▶ 二、湘方言动词重叠的语用功能

在表达功用上，湘方言动词重叠具有很强的描写性和主观性。

（一）描写性

湘方言中，动词重叠式用于陈述句中，对人或事物的动作行为进行描写，具有很强的描写性和形象性。例如，邵阳话"渠只崽死咖之后，渠整天捧倒只洋娃娃津啊个津她的儿子死了以后，她整天抱着个洋娃娃亲了又亲"中，用"津啊个津"来描写她持续、反复地亲吻洋娃娃的情景，让人的脑海中出现一幅悲伤的画卷，有身临其境的感觉。该句也可以不用"V啊个V"重叠式，而直接用基式动词"津"，但持续、反复的意味减弱，其形象性也要大打折扣。

石毓智（2001：47）指出，现实句和虚拟句之间的句法对立是客观存在的现实和虚拟这对矛盾现象在人类语言中的投影，现实句多用陈述句的

方式来表示，虚拟句多用条件句、假设句、意愿句、祈使句、疑问句等来表示。湘方言中，动词重叠式主要用于现实句中，对现时发生的动作行为进行描写，也可以用于对过去已经发生或惯常性动作行为的描写。以"V啊个V"为例：

（14）邵阳：你眄渠在那里<u>跳啊个跳</u>啰，还有点唧姿势唧! <small>你看她在那里跳啊跳的，还像模像样的!</small>

（15）娄底：他上旰唧还在偌里<u>摆啊个摆</u>哩。<small>他上午还在那里臭显摆呢。</small>

（16）新化：渠做起事来<u>摸啊个摸</u>。<small>他做起事来慢腾腾的。</small>

（17）祁东：小明就不得老老实实坐倒，脚凑﹦咖﹦是那邻﹦<u>抖哪个抖</u>。<small>小明就不会老老实实地坐着，脚总是那样抖个不停。</small>

以上例（14）（17）是对现时发生的动作行为的描写，其余两例分别是对过去发生的或惯常性动作行为的描写，都属于现实句。

石毓智（2001：48）还认为，普通话中动词重叠式在现实句中不能直接加"不"或"没"否定，而在表虚拟的条件句和疑问句中可以。湘方言中的动词重叠式也大致符合这种情形。例如邵阳话中：

（18）渠天天在屋里<u>写啊个写</u>。<small>他每天在家不停地写。</small>

（19）﹡渠唔天天在屋里<u>写啊个写</u>。

（20）渠唔天天在屋里<u>写啊个写</u>，那篇论文何嘎写得起？<small>他如果不每天在家不停地写的话，那篇论文怎么能完成？</small>

（21）渠<u>有</u>天天在屋里<u>写啊个写</u>吗？那渠在做么个？<small>他难道不是每天在家不停地写吗？那他在干什么？</small>

（二）主观性

湘方言中，动词重叠式可以用于陈述句中，在描述动作行为的生动形象性的同时，往往表达说话人对动作行为的否定性评议，伴随有强烈的不满、贬损等主观感情色彩，具有很强的主观性。例如邵阳话：

（22）一天只听到渠在简里<u>刚﹦刚﹦刚﹦</u>，刚﹦得我脑壳懵死咖哩! <small>一天只见你在这里吵吵，吵得我头晕!</small>

（23）渠好么前八世有吃过东西个样，抓起就<u>连扒递扒</u>往口里揪。<small>他好像前八世没吃过东西一样，抓起东西就不停地往嘴里塞。</small>

以上例（22）对他吵吵的行为表示不满和抱怨，例（23）对他吃东西的样子表示反感，都带有较强的主观感情色彩，其中的重叠式"刚＝刚＝刚＝"如果换成单个动词，"连扒递扒"如果去掉，并不影响句子的自足，但说话人不满、反感的主观情绪就没那么强烈。

湘方言其他点也大体上都是如此。如罗昕如（1998：236）、刘卓彤（2007：12-13）认为，新化话中的"V 的 V 里""V 呀喀 V"式动词重叠"大多含不满的贬义色彩"，"一般表达说话者对所指人的一种不满情绪，主要是嫌对方动作慢，没精神等"。彭春芳（2007：70）在讨论涟源话的动词重叠时，也有"映射着说话者的主观评价，可能表达出说话者对动作者不满"的表述。

湘方言中，动词重叠式还可以较为自由地用于否定祈使句中，否定祈使句是动词重叠式出现的另一典型环境。这时往往表示说话人对受话人的呵斥或严正警告，不满的情绪更加强烈，例如：

（24）长沙：你莫鬼搞子搞！你别胡来！

（25）邵阳：你眼珠子莫对倒我鼓啊个鼓，慢唧我抠咖你个出来！你别老跟我瞪眼珠子，小心我把你的抠了出来！

（26）娄底：莫骂啊个骂啰！你别骂了！

（27）新化：你大师莫挤山挤里在以落！你们别在这挤来挤去的！

（28）祁东：莫拿根棍子来舞哪个舞，等下戳到我眼珠！不要拿根棍子舞来舞去，等下戳到我眼睛！

当然，动词重叠式也并不是不能用于对人或事物的表扬夸赞，只是相对来说要少见一些而已。用于表扬夸赞时也同样带有很强的主观性。例如邵阳话：

（29）渠有天光唧就坐倒电脑面前写啊个写哩，好发狠啊！他天还没亮就坐在电脑前写个不停，多用功呀！

第三节　湘方言动词重叠的共时历时比较

一、湘方言动词重叠的共时比较

（一）湘方言内部的共时比较

上文我们分析了湘方言动词重叠的结构形式和语法、语义功能，通过比较，可以得出以下几个认识：

①湘方言各点中，像普通话那样表示短时或尝试等意义的单纯VV式动词重叠都比较贫乏，但表示动作行为持续、反复进行的动词重叠式却较为丰富，VXV式、XVYV式、VXVY式、VVV式等多种结构形式的动词重叠式，均可以表示这些语法意义。

②尽管湘方言中动词重叠的基本语法意义是表示动作行为的持续、反复进行，但由于各动词重叠式在结构方式和构成成分的词汇意义等方面存在差异，不同湘方言点的动词重叠式在语义语用功能上也表现出一定的差异来。如某些湘方言中的"连VYV"式可以表示动作行为的速度快，"V山V里"式表示动作行为的覆盖面广。

③湘方言各片在动词重叠上表现出较大的不平衡性，总的来说，娄邵片湘语无论在结构形式还是语义语用功能上，比起其他各片都要更为丰富。

（二）与湖南省境内非湘语方言的共时比较

对于湖南省境内非湘语方言的动词重叠现象，学术界关注得极少，我们只能从某些论文论著中看到一些零星的论述，现以常德、石门西南官话、安仁赣语和汝城客家话为例，将其与湘方言的动词重叠作一简单比较。

郑庆君（1999：239-240）曾论及常德话"动词的重叠"，认为常德西南官话中动词一般不能重叠，尤其是单音节动词，如普通话中的"想想、听听、坐坐、玩玩"，常德话从来不说，双音节动词偶尔重叠如"研究研究、商量商量"等，是由于受外来说法的影响，并且带有较强的书面语色彩。普通话中动词重叠所表达的短时、尝试意义，常德话多在动词后加动量词

"下、下下"或数量短语"一下、一下下"等表示。有些动词也可以叠结或重叠成"AABB"式,如"敲敲打打、推推攘攘、商商量量、团团圆圆"等。这与大多数湘方言中的情况是一致的。

易亚新(2007:102)在描写常德话的"动态表达"时指出,该方言中动词可以按"V啊V""连V直V"式重叠。"V啊V"主要作谓语,表示动作的持续,例如:

(1)你还紧倒算啊算,买东西的人都走完哒。

(2)眼睛就门眨啊眨,不晓等么得意思。

"连V直V"也大多作谓语,表示动作连续反复进行,二者大多情况下可以互换,但后者运用得更为广泛,前者侧重于动作在短时间内连续进行,后者侧重于动作出现的次数多。例如:

(3)他一个人连跑直跑,跑得不看见哒。

(4)墙上的土连掉直掉。

刘静(2012:19-24)曾论及石门话中的动词重叠,根据该文的描述,普通话中动词的VV式重叠在石门话中通常以"V+下(儿)""V+一下下(儿)"来表示,这与大多数湘方言的情况是一致的。此外,石门话中动作性强的单音节动词可以构成"连V之V"式,表示以极快的速度连续反复做某事。例如:

(5)他连喝之喝,一下下就醉哒。他不停地喝,不一会儿就醉了。

(6)东西不见哒,她连翻之翻,最后还是没找着。东西不见了,她到处翻找,最后还是没找着。

周洪学(2012:88-90)在讨论安仁赣语的"时体范畴"时指出,安仁话中,表示动作的短时、尝试意义时,既可以用"V(一)下""V(一)下啊""V(一)下下啊",也可以用"VV""VV看"等重叠式,而表示动作或状态的反复进行,安仁话多采用"V啊V"重叠的方式。例如:

(7)渠走啊走,走咖一天还曼到。他走啊走,走了一天还没到。

(8)电视总是闪啊闪,看起我只眼珠阿花咖哒。电视总是闪啊闪,看得我眼睛都花了。

曾献飞(2006:148-150)认为,汝城客家话动词的重叠形式主要有:"ABAB"式、"AABB"式、"A(B)来A(B)去"式、"A下A"式。前几式与普通话差不多。"A 下 A"式是汝城话中最常见的动词重叠方式，可以表示动作行为的持续。例如：

（9）渠拿本书在床□naŋ⁴⁴相下相就困着嘞。他在床上拿本书看着看着就睡着了。

（10）时间过得好快，我侬谈下谈就过嘞一上昼。时间过得真快，我们谈着谈着就过了一个上午。

也可以表示动作行为的反复发生，重点强调动作的状态。例如：

（11）红旗在天□naŋ⁴⁴飘下飘。红旗在天上飘。

（12）渠走路咯时紧，手总爱掉下掉。他走路的时候，手总是喜欢甩来甩去。

将常德、石门西南官话，安仁赣语以及汝城客家话动词重叠的情况与上文讨论的湘方言相比较，我们可以得到以下几个初步认识：

①普通话中表示短时、尝试等意义的动词 VV 式重叠，在大多数湘方言乃至湖南方言中，多采用动词加数量短语的形式（如"V 下、V 一下、V 下唧、V 下下唧、V 一家伙"）来表示，这些方言中偶尔使用的动词 VV 式重叠，可能是受共同语或周边强势官话方言的影响而产生的，多带有较强的书面语色彩。

②除了与普通话类似的 AABB 式、ABAB 式以外，几乎没有一种动词重叠式是在各湘方言中、湖南方言中普遍使用的。有的重叠式的句法语义功能大同小异，但在不同方言点有不同的表现形式，如"VXV"式，有的方言表现为"V 啊（个）V"，有的方言表现为"V 嘎 V"，而有的方言表现为"V 下 V"；再如"连 VYV"式，有的方言中表现为"连 V 递 V"，而在别的方言中则表现为"连 V 是 V""连 V 之 V"等。

③湖南方言中各种形式的动词重叠式，其基本语法意义是表示动作行为的持续、反复，其主要语法功能是作谓语，重叠以后都很难带宾语和补语等句法成分。刘静（2012：24）所描述的石门方言中有一个动词重叠式带宾语的用例，即"他连招之招手，是不是在跟你打招呼啊？他不停地招手，是不是在跟你打招呼呢？"，这种情况是很少见的。

（三）与湖南省境外方言的共时比较

黄伯荣主编的《汉语方言语法类编》（1996）在"动词"篇专门设有"重叠"一节，列举了某些汉语方言中的动词重叠现象，在该篇的"动词体的表示法""动词的程度表示法""动词的贬义表示法""动词的迅捷义表示法"以及"动词的强调义表示法"等其他章节中,也可以零星地看到某些汉语方言采用动词重叠的方式表示上述语法意义。王红梅(2005)根据动词重叠形式内部构成要素的组合方式,对汉语方言的动词重叠式进行了形式上的归类,概括出汉语方言动词重叠主要有单纯动词重叠式、AXAX 式、AAX 式、AXA 式、XAXA 式、XAA 式和"一 AAX"式等几种形式,并对汉语方言的动词重叠现象进行了初步的比较。

下面我们结合相关文献材料,以不同的结构形式为纲,将湘方言与湖南省境外方言的动词重叠作一比较。对于王红梅(2005)所论及的 AXAX式,我们认为多是动词与动态助词组合成动助短语以后的重叠式,将在后文"短语重叠"一章专门讨论;其中的"一 AAX"式,因在汉语方言中很少使用,且其重叠的性质难以确定①,我们暂不作讨论;另有"连 AYA"式,虽然王文未曾提及,但在湘方言和一些官话方言、吴语中有所使用,在此一并比较。

1. 单纯重叠式

从重叠次数上看,动词的单纯重叠式包括两叠式、三叠式、四叠式甚至五叠式。

两叠式在官话、晋语、吴语、闽语、徽语、粤语等方言中都有所分布,其中很多与普通话中的两叠式表示动作行为的短时、尝试等语法意义的用法差不多,这里不再举例。在某些南方汉语方言中,存在动词重叠式后面可以带补语的情况,例如:

(13)南京官话:把核桃**敲敲**碎。(刘顺、潘文,2008)

(14)宁波吴语:我老酒去**打打**好。(阮桂君,2006:51)

(15)江山吴语:把䴗䴗**丢丢**掉。(周建红,2015)

(16)漳州闽语:查某嘤仔拢**走走**出来。(马重奇,1995)

(17)阳江粤语:大风吹过,树叶**飞飞**落来。(黄伯荣主编,1996:246)

戚圆圆(2018)曾报道浙江余姚吴语中有一种特殊的动词重叠,主要

---

① 王红梅(2005)在这一式下只举了孙宜志(1999)所讨论的宿松赣语的例子,但原作者并未将其视为重叠式。

构成"NP+VV+AP"结构，整个结构在句法和语义层面表现出中动结构的特征，例如"茶烧烧捏快葛茶烧起来挺快的。"湘方言没有这种用法。

三叠式在湖南省境外主要见于一些官话、赣语、吴语、闽语和客家话中，例如：

(18) 淮北官话：哭哭哭，看你哭到好咱！(孟庆惠，1997：78)

(19) 丹江官话：你一个劲说说说，烦不烦呀！(苏俊波，2007：30)

(20) 南昌赣语：渠两只手变变变，变出一只鸽子来了。(徐阳春，1999)

(21) 宁波吴语：看看看，困熟嘞。(阮桂君，2006：17)

(22) 福州闽语：伊有闲就掏吼扫帚七处扫扫扫。(陈泽平，1996)

(23) 福州闽语：伊两只讲讲讲复争谷起。(陈泽平，1996)

(24) 连城客家话：我侪一边行一边讲，讲讲讲紧到呢。(项梦冰，1996)

(25) 长汀客家话：两个细鬼子搞搞搞，一套子翻面咧。(饶长溶，1996)

(26) 江西客家话：话话话，就嚷起来呃。(刘纶鑫，2001)

四叠式主要见于一些官话、吴语、闽语、徽语和客家话中，例如：

(27) 丹江官话：整天吃吃吃吃，吃成个老肥唠。(苏俊波，2007：30)

(28) 泗洪官话：我撵撵撵撵，撵到了。(周琴，2007：91)

(29) 上海吴语：讲讲讲讲，辰光就到勒。(许宝华、汤珍珠，1988：439)

(30) 苏州吴语：我写写写写，写勿下去哉。(刘丹青，1996)

(31) 温州吴语：我们边走边讲，讲讲讲讲就到罢。(潘悟云，1996)

(32) 海盐吴语：走走走走，到哩一个地方。(胡明扬，1996)

(33) 漳州闽语：学生仔拢跳跳跳跳起来。(马重奇，1995)

(34) 绩溪徽语：看看看看就困着了。(转引自王红梅，2005：8)

(35) 歙县徽语：写写写写就写错了。(转引自王红梅，2005：9)

(36) 休宁徽语：渠是么里察察察察慢慢儿仍夹上眼睛困着着。(平田昌司、伍巍，1996)

(37) 连城客家话：渠看看看看目珠子慢慢子闭杀紧睡着呢。(项梦冰，1996)

(38) 江西客家话：走走走走，袋里个东西都漏净呃。(刘纶鑫，2001)

五叠式比较少见，例如陕西户县话：

(39) 他写写写写写，一下写了三年，才发咧一篇文章。(转引自王红梅，

2005: 8)

从上文的描写可知，除两叠式和三叠式在某些湘方言中偶有使用外，大部分湘方言中都极少使用四叠式和五叠式。从句法语义功能上看，两叠式带补语的情况在湘方言中难觅踪迹，湘方言中的三叠式多在句中作谓语和宾语，表示动作行为的持续进行，而在湖南省境外的方言中，多叠式（包括三叠、四叠、五叠）最常见的用法是用于复句中作为第一个分句，在表示动作行为的持续进行之外，往往还带有"在动作持续的过程中，出现了新的动作或新的情况"的附加意义，以上所举各例除少数用例（如例18、19、22、27）之外，都是如此，这种用法在湘方言中一般很难见到，与之相应的语法意义多用"VXVX"的动助短语重叠式来表达，如例（26）在湘语邵阳话中多用"讲倒讲倒就哭起来哩"来表达，这在后文会专门讨论，这里不再赘述。

2. VVX 式

这一式是在单纯重叠式的基础上缀加某些虚成分 X 构成的。王红梅（2005）以"X"的性质为线索，考察了不同性质的"VVX"式动词重叠的分布和使用特点。这类重叠式在湖南省境外主要分布于官话、晋语、吴语、粤语、闽语等方言中。例如：

（40）武汉官话：衣服吹得摆摆神。(朱建颂，1987)

（41）昆明官话：门锁锁着，我进不去。(荣晶、丁崇明，2000)

（42）昆明官话：你挨这些饭吃吃嘚，莫剩着。(荣晶、丁崇明，2000)

（43）河北官话：半克子屁股在外边露露着，也不嫌害臊。(吴继章，2000)

（44）鄂东官话：把门关关式儿。(陈淑梅，2001：102)

（45）户县官话：他肚子太大咧，肚子腆腆上。(转引自王红梅，2005：36)

（46）延川晋语：这活儿重，你歇歇家做它。(黄伯荣主编，1996：233)

（47）温州吴语：我一仰头，看着树上有一头蛇挂挂搭。(潘悟云，1996)

（48）金华汤溪吴语：我坐坐达还未待起来来过。(转引自王红梅，2005：34)

（49）广州粤语：睇睇下戏有人嘈起上嚟。(陈慧英，1982)

（50）阳江粤语：其看看下书至瞓都。(黄伯荣主编，1996：205)

（51）香港粤语：游游吓水突然落起雨上嚟。(转引自王红梅，2005：32)

（52）泉州闽语：糜凉去唠，赶紧大嘴<u>食食</u>嘞。（李如龙，1996a）

（53）永春闽语：汝<u>想想</u>仔吼嗖行。（黄伯荣主编，1996：195）

（54）宁德闽语：电视<u>看看</u>咧停电其。（陈丽冰，1998）

这种重叠式最主要的句法功能是作谓语，少数方言中也可以作补语等其他语法成分（如例40），主要表示动作行为或状态的持续的语法意义，在一些粤语、闽语中可用于复句，表示在动作持续的过程中出现了新的动作或新的情况，如例（51）、（54）等。在一些吴语中，还可以表示尝试体、反复体意义。（申屠婷婷，2021）

尽管各种"VVX"式在性质和用法上存在一定的差别，但它们都是在动词单纯重叠式的基础上附加不同性质的语法成分后形成的变式，根据方言学者的描述，其中的X"着、上、神、式、搭、下、嘞、家、仔"等分属动量词（如"下"）、持续体标记（如"着、搭、嘞"等）、完成体标记（如"上、嘚"等）、词缀（如"神、家、式、仔"等）等不同性质的语法单位。由于湘方言中较少使用动词的单纯重叠式，因此，这类"VVX"式在湘方言中也大多难觅踪迹。

我们在某些湘方言中发现有"VV哩"的用法，但这种用法并不普遍。例如：

（55）益阳：小王着别个打得红肉子<u>腮腮</u>哩。小王被别人打得皮开肉绽。

（56）益阳：她扯꞊常头发<u>蓬蓬</u>哩。她经常头发蓬松着头发。

（57）邵阳：渠整天肚子<u>露露</u>哩，也莫看见渠发病。他整天露着肚皮，也没见他生病。

（58）邵阳：渠眼粒<u>滴滴</u>哩行咖来告状。她泪汪汪地跑来告状。

（59）娄底：他白眼珠子<u>翻翻</u>哩，吓得我完心只个跑。他不停地翻着白眼，吓得我心怦怦跳。

（60）娄底：他念常穿得烂布子<u>掉掉</u>哩。他经常穿得破破烂烂的。

（61）祁东：你手架子<u>露露</u>哩，连不冷啊？你手胳膊露在外面，一点也不冷吗？

湘方言中动词的"VV哩"式一般不能单独使用，而要与名词性成分组合成"名词性成分＋VV哩"后才能使用，其中的动词必须是单音节的，且与名词可以构成主谓关系或述宾关系，如"肚子露着——露着肚子""白眼珠子翻着——翻着白眼珠子"等，湘语以外的各方言中一般没有这种要求。

我们认为，湘方言中的"VV 哩"是一个结构内成分，"名词性成分＋VV
哩"组合起来才是一个结构式，具有形容词的语法属性和功能，主要用于
描述一种正在进行的或惯常的状态。

3. VXV 式

这类重叠式在湖南省境外的官话、晋语、赣语、吴语、闽语、粤语和
客家话等方言中都有较为广泛的分布，其中的 X 主要有"啊、喽、个、咾、
勒、过、蜀、咗、下"等，尤以"啊"最为常见，例如：

（62）昆明官话：吊桥闪嘞闪。（张宁，1987）

（63）贵阳官话：摇啊摇嘞把椅子都摇烂噢。（涂光禄，2000）

（64）丹江官话：成天坐啊坐，屁股斗坐起茧子唠。（苏俊波，2007：84）

（65）哈尔滨官话：说啊说，有完没完？（转引自王红梅，2005：40）

（66）岚县晋语：我动弹回来拍喽拍身上的土才上的炕。（黄伯荣主编，
1996：192）

（67）安义赣语：渠看啊看，慢慢得眯拢眼睛困着得。（万波，1996）

（69）南昌赣语：渠两个人话啊话，话得哭起来了。（徐阳春，1999）

（70）上海吴语：侬辣此地坐个坐，我去喊伊来。（许宝华、汤珍珠，1988：
436）

（71）上海吴语：伊翻咾翻，翻出一本老皇历。（许宝华、汤珍珠，1988：436）

（72）上海吴语：我撞勒撞侬就掼下来勒？（许宝华、汤珍珠，1988：437）

（73）温州吴语：他到那个摊儿上拣过拣，还是买不到满意的物事。（潘
悟云，1996）

（74）苏州吴语：俚事体勿做，天天勒街浪荡勒荡。（刘丹青，1996）

（75）苏州吴语：俚看仔看手表。（李小凡，1998：181）

（76）海门吴语：草堆里动啊动。（转引自王红梅，2005：40）

（77）宁波吴语：渠舌头舔勒舔，到毛晓得是假货。（阮桂君，2006：34）

（78）福州闽语：等我衣裳颂蜀颂，共你齐行。（黄伯荣主编，1996：193）

（79）汕头闽语：尾鱼个嘴还裸合啊合。（施其生，1996）

（80）汕头闽语：食啊食食着粒铁钉。（施其生，1996）

（81）广州粤语：亚黄入嚟装咗装就鬆人。（黄伯荣主编，1996：193）

（82）阳江粤语：牛仔行下行，撞紧个羊孖。（黄伯荣主编，1996：205）

(83) 梅县客家话：佢唱阿唱欸，一下声就聂撇欸。<small>（林立芳，1996）</small>

(84) 连城客家话：有一个人抗倒一张脚头得田成上游啊游。<small>（项梦冰，1996）</small>

(85) 长汀客家话：锉啊锉，手拿来锉着黎。<small>（饶长溶，1996）</small>

(86) 江西客家话：渠紧在纸上画啊画，唔晓画哪项东西。<small>（刘纶鑫，2001）</small>

(87) 鄜县<small>今炎陵</small>客家话：天星闪阿闪哩。<small>（转引自王红梅，2005：39）</small>

从以上例句可以看出，这类动词重叠式大多在句中作谓语，主要表示动作行为的持续反复进行，这些都与湘方言存在很多相似之处。有的方言如部分闽语、赣语、客家话中，"VXV"式还可用于复句中作第一个分句的谓语，表示在动作持续的过程中出现了新的动作或新的情况，如例（69）、（72）、（80）等，这种用法在湘方言中难以见到。此外，与湘方言中动词的VXV式重叠后面不能带宾语不同，个别方言如岚县晋语（例67）、上海吴语（例72）、苏州吴语（例75）中的"VXV"式还可以带上宾语，仔细分析，它们的"V喽V""V勒V""V仔V"类似于普通话中的"V了V"，在普通话中，"V了V"带宾语的现象是非常常见的。

4. XVV 式

这类重叠式在湘方言中很难见到，在其他汉语方言中也并不多见。鄂东江淮官话中，动词"箇VV"式重叠可用于表示某种动作行为的进行过程中出现了意想不到的情况。（陈淑梅，2001：69）例如：

(88) 他两个人正箇说说的，让小霞一把听到了。

江西武宁赣语中，动词"连VV"式重叠可用于强调动作持续时间长、短时间内出现频率高、速度快等多种语法意义（阮绪和，2003）。例如：

(89) 整个一夜，房里的电视都在连放放。

(90) 他的眼子一直都是这样连眨眨。

(91) 庄稼在连长长。

此外，在山西省的一些晋语中，动词可以"圪VV"式重叠，表示动作行为的短暂持续或动作轻小、接连不断等语法意义。例如：

(92) 交城晋语：圪讨论讨论｜圪考虑考虑｜圪提醒提醒<small>（潘家懿，1981）</small>

(93) 汾阳晋语：圪睡睡｜圪看看｜圪挪挪<small>（黄伯荣主编，1996：193）</small>

（94）乡宁晋语：圪翻翻｜圪晃晃｜圪扭扭 （黄伯荣主编，1996：232）

（95）孝义晋语：圪等等 （黄伯荣主编，1996：192）

（96）文水晋语：圪听听｜圪说了说 （黄伯荣主编，1996：194）

6. XVYV 式

湘方言中的这类重叠式主要有"XV 子 V"式和"连 VYV"式两种，其中"XV 子 V"式在湖南省境外的方言中目前没有相关的报道，而"连 VYV"式在长江中下游的官话方言和一些吴语中则比较常见：

随州西南官话中单音动词有"连 V 直 V"式用法，表示动作迅速连续，兼含立即、赶忙、不停等意思，例如"连说直说、连吃直吃、连吞直吞、连吹直吹"等。（刘村汉，1992）

丹江西南官话中，一些单音动词和少量双音动词构成"连 V 直 V"重叠式，表示动作快速、连续不停地进行。（苏俊波，2007：31）例如：

（97）我连跑直跑，一口气赶过来。

（98）他连扑腾直扑腾地从水里爬起来。

霍邱中原官话中，除判断动词"是"和可能、必要类助动词外，动词均可重叠为"连 V 是 V"式，表示非常快地做某个动作。（黄伯荣主编，1996：259）例如：

（99）他连讲是讲，还有两件事没有讲完。

（100）他连起来是起来，小偷已经跑了。

淮阴江淮官话中，动词的"连 V 是 V"式表示在某种紧迫的情况下，尽量实施某个动作，该动作迅速而又有反复性、持续性。（黄伯荣主编，1996：259）例如：

（101）我一看表，还有十分钟，就连跑是跑，到底赶上这班车了。

（102）我连注意是注意，还是滑掉下去了。

此外，《现代汉语方言大词典》收录有"连……四……""连……直……""连……是……"等词条，其释义都与动作的连续不断、快速密切相关，例如：

（103）武汉西南官话：连跑直跑｜连说直说｜鸡子连啄直啄 （李荣，2002：3117）

（104）扬州江淮官话：他连跑是跑的栓上来了。（李荣，2002：3118）

（105）南京江淮官话：老师在黑板高头连写是写写了一黑板。（李荣，2002：3118）

（106）丹阳吴语：连吃四吃｜连讲四讲（李荣，2002：3116）

从以上描述可以看出，湘方言中动词的"连 VYV"式与官话、吴语中的这类重叠式大同小异，它们都表示动作行为的快速持续、反复，其主要区别在于其中"Y"的用字上。此外，湘方言中的这类重叠式多用于单音节动词，而在某些官话方言中，双音节动词也可以这么重叠，如例（98）（100）和（102）。

二、湘方言动词重叠的历时考察

（一）动词重叠的历时发展

有关动词重叠的历时发展引起了不少学者的关注，目前学术界已对普通话中常用的几种结构形式的动词重叠式（如 VV 式、$V_1V_2V_1V_2$ 式、$V_1V_1V_2V_2$ 式、"V 一 V"式、"V 了 V"式、"V_1V_2 一 V_1V_2"式、"V_1V_2 了 V_1V_2"式等）的发展脉络有了初步的认识，但对于有些问题还存有分歧。下面结合相关研究成果和我们对语料的检索，对上文提到过的几种主要动词重叠式的历史发展做一个简单的回顾。

1. 单纯重叠式

先来看两叠式。早在先秦时期就可以看到单音节动词叠用构成 VV 式的用法，例如：

（1）有客宿宿，有客信信。（《诗经·周颂·有客》）

（2）采采卷耳。（《诗经·周南·卷耳》）

（3）采采苤苢。（《诗经·周南·苤苢》）

（4）京师之野。于时处处，于时庐旅，于时言言，于时语语。（《诗经·大雅·公刘》）

对于这种 VV 式的性质，学术界向来存在争议。卢卓群（2000）认为例（1）中"宿宿""信信"实际上是两个动词的连用，它们可算是单音节动词重叠的萌芽状态；对于例（2）、（3）中的"采采"，有的视为形容词，有的视为动词，有的学者在同一部著作中将前者视为动词，后者视为形容词；例（4）中的"处处""言言""语语"等，则更有形容词说、动词重叠说、动宾结构说等不同的认识，即使同为主张动词重叠说的学者，有的将其看成是表示动作的反复、持续的动词重叠式，有的则认为它们仅仅是为了凑足音节，没有增加任何语法意义。①

汉魏六朝时期，不少 VV 式已可以明确地判断为动词重叠式，表示同一个动作持续不断地重复出现，例如：

（5）参辰皆已没，<u>去去</u>从此辞。（苏武：《结发为夫妻》）

（6）罗衣何<u>飘飘</u>，轻裾随风还。（曹植：《美女篇》）

（7）<u>行行</u>重行行，与君生别离。（《古诗十九首》）

（8）大人来者，犹及见焉。<u>飘飘</u>渐高，有顷而没。（干宝：《搜神记》）

这种表示动作行为持续的 VV 式一直沿用到唐宋时期，后世在共同语中已不多见。例如：

（9）少年<u>去去</u>莫停鞭，人生万事由上天。（崔颢：《邯郸宫人怨》）

（10）<u>行行</u>家渐远，更苦得书稀。（于武陵：《早春山行》）

（11）<u>看看</u>春尽又伤情，岁华频度想堪惊。（孙光宪：《浣溪沙》）

大约在唐五代时期，表示短时、尝试义的 VV 式开始出现，但尚未形成一个独立的语法范畴，直到元明以后才大量使用，并沿用至今。早期的用例如：

（12）后闻师出世，遣少师持前<u>问问</u>师。（静筠二禅师：《祖堂集》）

（13）时有僧问："如何是无位真人？"师下禅床把住云："<u>道道</u>。"（释道原：《景德传灯录》）

（14）归家<u>想想</u>，又恼又闷，又不舍得家财，在土库中自缢而死。（冯梦龙：《宋四公大闹禁魂张》）

对于这种短时、尝试义动词 VV 式的来源，学界一直存在争论，多数学者认为是由动量组合"V 一 V"式脱落其中的数词"一"而来。李文浩（2007）认为，其源头是古代汉语表示量增的动词重叠（即动词重复），其

---

① 关于先秦典籍中<u>这些</u>叠用形式的讨论，请参看崔应贤（2011）：50-58.

根本动因是汉语的双音化趋势。但是这种从量增到量减的转变是缓慢的，而且不具备能产性，直到 15 世纪后受体标记系统的格式类推，表示量减的动词重叠才普遍运用，其间，一部分动量组合"V—V"在语法化过程中省略"一"，直接加入到表示量减的动词重叠的队伍中。

从明代晚期开始，还可以看到 VV 式带补语的用法，它们多见于江浙籍作家的文学作品中。例如：

(15) 我们落得<u>做做熟</u>也好。（凌濛初：《初刻拍案惊奇》）

(16) 你<u>看看的确</u>，怕你识不得字。（冯梦龙：《警世通言》）

(17) 叫司官把这边的事情赶紧<u>料理料理清楚</u>。（李宝嘉：《官场现形记》）

再来看多叠式。多叠式在古代文献中很难见到，偶有使用三叠式的情况，也多见于诗词曲中，可能是为了适应特定的文体需要而形成的。例如：

(18) <u>行行行</u>来下青山，马叫人悲惨别颜。（《敦煌变文选》）

(19) 罗袖<u>长长长</u>绕腕，轻轻<u>播播播</u>风飘。<u>看看看</u>是谁家女，<u>巧巧巧</u>手弄砧杵。（《全元曲》）

(20) <u>将将将</u>紫丝缰紧兜揽，<u>是是是</u>春纤长勒不住碧玉衔。<u>飔飔飔</u>摔风过长亭，<u>出出出</u>方行过短站。<u>见见见</u>三家店忽的向南，<u>淹淹淹</u>映香尘晓日红含。<u>我我我</u>软兀剌绣鞍身半探，<u>看看看</u>曲弯弯两叶蛾眉淡，瘦怯怯六幅翠裙揽。（《全元曲》）

这种重叠式的性质比较难以确定，有学者认为，类似于例（20）中的"看看看""见见见"等三个音节重叠的用法，纯粹是为了衬字的需要。（崔应贤，2011：192）

2. VVX 式

对于动词 VVX 式的历史发展，学术界关注得不多，贺卫国（2009：130）讨论了"VV 着"式在近代文献中的使用情况，根据他的研究，这种重叠式至迟在明代后期就已经出现了，用于强调动作行为的延续，例如：

(21) 人一日黄汤辣水儿谁<u>尝尝着</u>来？那里有甚么神思且和你两个缠！（兰陵笑笑生：《金瓶梅词话》）

(22) 薛如兼光着个头，<u>站站着</u>往前，戴着顶方巾，穿了一领紫花布道

袍，出来见他丈母。（西周生：《醒世姻缘传》）

（23）公子**战战着**坐在床头上，江城云："我总不是个人了！怎么叫官人这么害怕！"（蒲松龄：《禳妒咒》）

3. VXV 式

Ⅰ．"V 一 V"式

宋金时期的汉语中，出现了一些"V 一 V"式的"疑似"用法[1]，例如：

（24）待伊打汝，接住棒**送一送**，看伊作麽生？（普济：《五灯会元》）

（25）师以拄杖空中**点一点**曰："会麽？"（普济：《五灯会元》）

这里的数词"一"表示实指意义，其中的"V 一 V"只是同源动量词。真正的"V 一 V"式在宋金时期也已产生，其中的"一"已不是实指，而是极言动作次数少，或动作持续时间短，例如：

（26）此段若不得仲弓下面更**问一问**，人只道"可也简"，便道了也是利害。（《朱子语类》）

（27）**歇一歇**了，去坐地。（佚名：《张协状元》）

张赪（2000）认为，这种表示动作次数少、时间短的"V 一 V"式，其产生与近代汉语里兴起并广泛使用的动词借用作动量词的用法和同源动量词"V 一 V′"式有直接关系。晚唐五代时期的汉语里出现了借用动词而来的动量词，为同源动量词和真正的"V 一 V"式的产生和使用创造了条件。

Ⅱ．"V 了 V"式

这种重叠式大约是在元明之际出现的，例如：

（28）那汉定睛**看了看**，纳头便拜。（施耐庵：《水浒传》）

（29）用手**按了按**儿。（吴承恩：《西游记》）[2]

（30）花园内有人在那里，咱每不好去的，**瞧了瞧**儿就来了。（兰陵笑笑生：《金瓶梅词话》）

Ⅲ．"V 啊 V"式

这种重叠式大约是在明清时期出现的，例如：

---

① 徐正考（1990）认为这一形式始见于唐代。
② 此例转引自潘国英（2007）.

（31）行者见大的个使一条齐眉棍，<u>跳阿跳</u>的，即耳朵里取出金箍棒来。（吴承恩：《西游记》）

（32）那老婆儿也是拉着两只袖子<u>拜呀拜</u>的拜个不住。（文康：《儿女英雄传》）

4. "连VYV"式

这种重叠式见于明清时期江浙籍作家的小说中，主要有"连V是V""连V递V"两种结构形式，例如：

（38）<u>连吼是吼</u>，早已后气不接，呜呼哀哉。（凌濛初：《初刻拍案惊奇》）

（39）那老虎俨然有知，把个头照着地平板上<u>连磕递磕</u>。（罗懋登：《三宝太监西洋记》）

（40）张三遂把脚一叉，衣裳一兜，左手向右手，<u>连抓是抓</u>的，只见钱往下直滚。（坑余生：《续济公传》）

（41）陶家的家人<u>连啐是啐</u>的道："我家小姐好端端在此，这那里说起？"（徐述夔：《笔炼阁小说十种》）

（42）村庄上的人，大半都还睡在屋里，呼的一声，水就进去，惊醒过来，<u>连跑是跑</u>，水已经过了屋檐。（刘鹗：《老残游记》）

（二）湘方言动词重叠的历史分析

通过对汉语史上动词重叠式的梳理，可以了解湘方言动词重叠的历史来源，并对湘方言动词重叠的内外部差异等作出解释。

首先，湘方言动词重叠多表示动作行为的持续反复进行这一"量增"的语法意义，这是从汉魏六朝时期能够明确判断动词的VV式重叠起一开始就有的用法，湘方言继承和发展了汉魏六朝时期动词重叠的这种用法，后来在不同的历史时期，湘方言中在形式上又增加了"V啊V"式、"连V递V"式、VXVY式、VVV式等丰富多样的重叠形式。见于湘方言和其他南方方言中的"V啊V"式、"连V递V"式等结构形式的重叠式，其产生时间大约在明清时期。这些重叠式以重叠后形式数量的增加来反映概念世界里动作的加强、延续或者重复，有着深刻的认知动因，都属于认知语言学上的"句法临摹"现象，既体现了人类认知中的"复杂性象似机制"（重叠式表达的概念比非重叠式复杂），也体现了"重叠象似机制"（重叠式在形式上是同一成分在量上的增加，在意义上也包含有量的观念）。（张敏，1998：178-179）

其次，产生或成熟于唐宋至元明时期的表示短时、尝试等"量减"意义的 VV 式、"V 一 V"式、"V 了 V"式动词重叠及其变式"$V_1V_2V_1V_2$"式等，在共同语和一些方言中得到了继承和发展，但在湘方言中却没有发展起来，即使偶有使用，也是受到现代共同语和其他方言影响的结果，并不是对近代汉语相关用法的继承。湘方言中的这类语法意义多由动词与专用动量词"下"及其变式的组合来表达，这种用法则是对宋元以降近代汉语的继承和发展。根据金桂桃（2007）的研究，始见于唐五代的同形动量词经过宋元的迅速发展，到明清时期已日臻成熟，与现代汉语已基本一致。几乎与此同时，短时动量词"下"也得到了长足的发展，到了清代也发展到完全成熟的阶段，由之构成的"V 一下"与"V 一 V"在大多数情况下都能互换，而意思基本保持不变，其用法几与现代汉语完全一致，并与"会"并驾齐驱，几乎成了现代汉语使用频率最高的两个短时动量词（其间经历了与短时动量词"回、上、合、歇"等的竞争）。[①] 所不同的是，短时动量词"下"与"会"在湘方言中有过一次新一轮的竞争：近现代汉语中的短时动量词"会"只能表达短时义，其所不能表达的尝试义在湘方言中也由"下"来承担，这样，湘方言中动量词"下"的适用范围更宽，挤占了"会"的使用空间，而使得"会"在湘方言中的使用呈萎缩之势，最终"下"成为湘方言中最为常用的短时动量词。

再次，由于不同的方言在对古代汉语、近代汉语的继承、发展和创新上存在差异，使得有的动词重叠式多见于湘方言而在别的方言中很少使用（如"XV 子 V"式、"V 山 V 里"式和"V 的 V 里"等），有的动词重叠式在其他方言中高频使用却在湘方言中难觅踪迹（如单音节动词的三叠式、四叠式、XVV 式以及动词重叠带补语等）。

---

① 参见金桂桃（2007）第三章《自主动量词》。

本章小结

本章从结构形式与语法功能、语法意义与表达功用等方面对湘方言动词重叠现象进行了描写、分析，并从共时、历时两个角度对湘方言内部、湘方言与湖南省境内其他主要方言以及古代汉语的动词重叠现象进行了横向、纵向比较。

普通话中表示短时或尝试意义的动词重叠式，在湘方言中多采用动词与动量词"下"及其变式相组合的方式来表达，使得湘方言中的动词重叠显得比较贫乏，但是，某些湘方言点使用的"V啊V"式、"V嘎V"式、"连V递V"式、"XV子V"式、"V山V里"式和"V的V里"式等动词重叠形式，又使得其动词重叠显得比较丰富多彩。

湘方言中的这些动词重叠式最主要的句法功能是充当谓语，不能带宾语、补语等成分，最基本的语法意义是表示动作行为的持续或反复进行，但由于各动词重叠式在结构方式和构成成分的词汇意义等方面存在差异，使得有的重叠式还带有动作行为的随意性大、频率高、覆盖面广或幅度小等附加意义。在表达功用上，湘方言动词重叠多具有很强的描写性和主观性。

湘方言内部在动词重叠上表现出较大的不平衡性。总的来说，娄邵片湘语无论在结构形式还是语义语用功能上，比起其他各片都要更为丰富；但就单个方言点而言，在动词重叠问题上，湘方言与湖南省境内其他非湘语方言之间的差异，并不一定比湘方言内部各单点方言之间的差异显著；尽管有些重叠式在湘方言和湖南省境外其他方言中都很常见，且共性大于个性，但也存在一些独具湘方言特色的动词重叠式用法（如"XV子V"式、"V山V里"式和"V的V里"等），同时有些动词重叠式用法在湘方言中却难觅踪影（如单音节动词的三叠式、四叠式、XVV式以及动词重叠带补语等）。

通过对汉语史的考察可知，湘方言中表示动作行为的持续反复进行意义的动词重叠用法，是对汉魏六朝时期相关用法的继承和发展，只是后来在不同的历史时期，湘方言又产生了一些新的动词重叠式用法。

第四章
湘方言中的形容词重叠

本章拟从结构形式和语法、语义、语用功能等方面对湘方言中的形容词重叠现象进行描写、分析，并从共时、历时两个角度对湘方言内部、湘方言与湖南省境内境外其他方言以及古代汉语的形容词重叠现象进行横向、纵向比较。

第一节　湘方言形容词重叠的结构形式

普通话中形容词多以 AA 式、AABB 式、ABAB 式等方式重叠。储泽祥（2018）认为，形容词重叠情况比较复杂：以 AA 式构形重叠，所以不能以 AA 式构词；以 AABB 式构词重叠，不能以此方式构形重叠；以 ABB 式构词重叠，一般不能以此方式构形，但有的用法介于构形与构词之间；少数状态形容词貌似能以 ABAB 方式构形重叠，如"雪白雪白、笔直笔直"，但跟"雪白、笔直"相比，语法意义没有发生明显的变化，更适合看作重复。

杨俊芳（2008）在对近两百个方言点的材料进行分析后认为，汉语方言形容词的重叠形式可以分为单纯型重叠、扩展型重叠、加缀型重叠三种类型。为了便于与其他方言的比较，本节也参照这种分类模式进行讨论。

一、单纯型重叠

"单纯型重叠"是仅仅运用重叠手段而不涉及附加等其他语法手段形成

的完全重叠式。根据杨俊芳（2008）的概括，汉语方言中形容词的单纯型重叠包括"二叠式 AA"式、"三叠式 AAA"式、"分体重叠 AABB"式、"整体重叠 ABAB"式和"三音节整体重叠式"等几种形式。湘方言中，属于单纯型重叠的形容词重叠式不多，主要是 AB 式双音节形容词的 AABB 式分体重叠和 ABAB 式整体重叠①。

（一）分体重叠 AABB 式

AABB 式是普通话中双音节形容词最为常见的重叠形式之一。严格说来，它包括"重叠式"和"叠结式"两类：前者如"干干净净、高高兴兴"之类，是在 AB 式基式上运用重叠手段形成的；后者如"花花绿绿、婆婆妈妈"之类，没有 AB 式基式，而是由两个重叠成分组合而成的。普通话中常见的形容词 AABB 式重叠在湘方言各点也广泛使用，此外，湘方言中还有许多不见于普通话的 AABB 式重叠。龚娜（2011）曾以娄底话为例，详细讨论了湘方言中的这类形容词重叠式，可以参看，这里不再赘述，仅略举几例如下：

长沙：细细摸摸_{形容动作缓慢，不利索}｜雾雾扎扎_{模模糊糊}｜索索利利_{形容干净整洁}｜绵绵织织_{形容说话很啰嗦}｜慢慢细细_{形容说话慢条斯理}

益阳：素素净净_{形容清一色，没有杂物}｜轻轻摸摸_{形容动作很轻}｜活活捯捯_{形容很活泼}｜摇摇捯捯_{形容物体松动的样子}｜颤颤波波_{形容颤巍巍的样子}

娄底：直直快快_{形容直截了当}｜徛徛捱捱_{磨磨蹭蹭}｜诺诺连连_{形容说话办事拖泥带水}｜嗷嗷颤颤_{摇摇晃晃}｜抻抻递递_{服服帖帖}

新化：闹闹热热_{形容很热闹}｜发发跳跳_{形容很机灵}｜挺挺缩缩_{形容畏缩不前的样子}｜精精恭恭_{形容十分讲究}｜拍拍满满_{形容很满}

涟源：齐齐靳靳_{形容很整齐}｜过过细细_{形容很小心仔细}｜捱捱线线_{磨磨蹭蹭}｜脱脱俗俗_{形容干净利落，不拖泥带水}｜跳跳诈诈_{形容很机灵}（彭春芳，2007：20）

邵阳：乖乖他‌他‌_{形容很漂亮}｜精精爽爽_{形容很干净}｜醒醒阔阔_{形容很阔气}｜闹闹然然_{形容很热闹}｜干干爽爽_{形容很干爽}

---

① 事实上，在一些湘方言中，这两种形式的重叠式后面也可以甚至必须附加后缀性成分，严格说来，附加后缀性成分后的形式应该归于附缀型重叠，这样，湘方言中真正属于单纯型重叠的形容词重叠式就更少了。

邵东：精精工工形容干净利索的样子 | 呆呆坨坨形容不聪明、动作不麻利的样子 | 捞捞松松形容非常松散 | 饱饱实实形容吃得很饱 | 哈哈猩猩形容很傻（孙叶林，2008）

湘乡：料料俏俏形容穿着打扮很讲究 | 图图帖帖形容打扮得体 | 爽爽脱脱形容为人很爽快 | 骨骨懂懂形容身材矮胖 | 光光畅畅形容物体表面光滑平整（李雨梅、曾常红，2007）

溆浦：墩墩鼓鼓形容身材很魁梧 | 爽爽利利形容很整洁 | 敞敞阳阳形容房间很开阔透亮 | 光光爽爽形容很光滑 | 疲疲沓沓形容很拖沓

衡阳：焦焦干干形容很干燥 | 慢慢细细形容动作缓慢 | 纠⁼纠⁼圜圜形容很圆 | 轻轻摸摸形容动作很轻 | 矞矞胖胖形容长得矮矮胖胖

祁东：挺挺敧敧形容人穿着整齐、讲究 | 苏苏朗朗形容人非常干净整洁 | 螺⁼螺⁼揪⁼揪⁼形容人不痛快的样子 | 精精工工形容事情做得很细致到位 | 纠⁼纠⁼圜圜形容非常圆

（二）整体重叠ABAB式

这一式是AB式双音节状态形容词的重叠式。湘方言中，AB式状态形容词包括两种情况：

1. 前加式

这种情况可以称为"前加式"，其前一语素A的意义比较虚，一般无具体的词汇意义，只表示后一语素的程度很高，语源不明，多用同音字代替，且具有定位性，符合词缀的特点，可以认为是状态形容词的构词前缀①；后一语素为单音节形容词性语素，整个状态形容词的整体意思相当于普通话的"很A"。前加式在湘方言中的使用频率非常高，是湘方言形容词最为重要的程度表达手段之一。湘方言各点中的这类AB式状态形容词大多可以重叠为ABAB式。例如：

长沙：梆硬梆硬 | 焦湿焦湿 | 脟臭脟臭 | 稀碎稀碎 | 巴酽巴酽
益阳：弄黄弄黄 | 嘎白嘎白 | 蜡瘪蜡瘪 | 刮嫩刮嫩 | 钉重钉重
娄底：撇淡撇淡 | 包粉包粉 | 冰清冰清 | 苦咸苦咸 | 刮浑刮浑
新化：清腥清腥 | 焦生焦生 | 绷脆绷脆 | 逼淡逼淡 | 泡松泡松

---

① 对于这种AB式双音节状态形容词中A的性质，学术界存在争议，多数学者认为是词缀，龚娜（2011：79-82）曾列出三条理由支持"词缀说"，可以参看。

邵阳：幽清幽清｜壁直壁直｜飞＝绿飞＝绿｜清浑清浑｜焦干焦干

邵东：清臭清臭｜铁紧铁紧｜令糟令糟｜逼淡逼淡｜捞薄捞薄（孙叶林，2008）

溆浦：拉浑拉浑｜棱燥棱燥｜溜软溜软｜斩齐斩齐｜稀糟稀糟

衡阳：清甜清甜｜区光区光｜铁紧铁紧｜飞恶飞恶｜拍饱拍饱

祁东：雪白雪白｜清瘦清瘦｜蜡黄蜡黄｜血红血红｜梆坎梆坎

2. 后补式

我们观察到，湘方言 AB 式状态形容词还存在另一种情况，可以称为"后补式"，其前一语素为单音节形容词性语素，后一语素无具体的词汇意义，很多也是用同音字代替，起补充说明前一语素的程度很高的作用，其整体意思也相当于普通话的"很 A"。"后补式"状态形容词在湘方言中使用得不如"前加式"那么广泛，而且多强制性要求与"哒、哩、了"等后附成分一起使用，如长沙话"活嫩哒"、益阳话"脆绷哒"、新化话"稠巴哩"、溆浦话"油啰ℊ了"、祁东话"新崭哩"等。下面仅以邵阳话为例说明这类形容词的 ABAB 式重叠用法，例如：

臭款＝——臭款＝臭款＝　　　　烂啪——烂啪＝烂啪

干霸＝——干霸＝干霸＝　　　　傻统——傻统＝傻统

恶扯＝——恶扯＝恶扯＝　　　　懒死——懒死懒死

丑哈——丑哈丑哈　　　　　　坏泻＝——坏泻＝坏泻＝

邵阳话中的"后补式"状态形容词，有的对后附成分"哩"的使用没有强制性，如以上各例的 AB 式形容词都可以单独使用，其 ABAB 式后面也无需添加后附成分；但有的则必须后附"哩"才能使用，其重叠式也必须附加"哩"，这时的重叠式仍然可以看成是整个形容词的单纯重叠式，例如：

围纠＝哩—围纠＝哩围纠＝哩　　稠剁＝哩—稠剁＝哩稠剁＝哩

贵拉＝哩—贵拉＝哩贵拉＝哩　　新崭哩—新崭哩新崭哩

▶ 二、扩展型重叠

杨俊芳（2008）所谓的"扩展型重叠"指的是不包含附缀成分的不完

全重叠式，根据她的概括，汉语方言中形容词的扩展型重叠包括三小类：单音节形容词的 ABAC 式重叠、双音节形容词的前扩展 AAB 式重叠和后扩展 ABB 式重叠。湘方言中，AAB 式和 ABB 式形容词后面一般都需要添加后附成分，而且多具有一定的强制性，我们放到加缀型重叠里讨论。这里只讨论 ABAC 式，某些湘方言中还存在一种 BACA 式，这里也一并讨论。事实上，属于这两式的某些形容词重叠式后面也可以附加"的、唧"等后缀性成分，只是没有那么强的强制性而已。

（一）ABAC 式重叠

杨俊芳（2008）所指的单音节形容词的 ABAC 式重叠主要是"呆头呆脑、毛手毛脚、贼眉贼眼、粗声粗气"之类，这在湘方言各点中都可以见到。其中尤以娄底话最为丰富，龚娜（2011）曾有过较为详细的讨论，我们只简单地举几个娄底话以外的用例：

长沙：武高武大形容身材高大｜四方四印四四方方｜血湖血海形容血糊糊的｜无皮无血形容人恬不知耻｜嚇心嚇胆形容提心吊胆

益阳：黑皮黑草形容很健壮，有男子汉气概｜摆明摆白明明白白｜拍拉拍实形容很满｜活捺活动形容物体松动的样子｜四方四印四四方方

邵阳：四淋四滴形容汗水等不停往下流的样子｜冻˭工˭冻˭断形容断成很小一段或断得很彻底的样子｜武统武辖形容身材高大｜发心发念形容心甘情愿｜秧˭精秧˭怪形容很精怪

新化：冇停冇空形容忙个不停｜冇大冇细形容没有礼貌｜大皮大脑形容大大咧咧｜充王充霸形容称霸一方｜武高武大形容身材高大

溆浦：如是如法形容办事周到得体｜涎龙˭涎时˭形容油嘴滑舌｜血长血流形容流血很多的样子｜四方四印四四方方｜笼日笼夜形容不分昼夜

祁东：翻岔翻晃形容十分调皮、好动｜冇大冇细形容没有礼貌、不分尊卑｜黏皮黏瓜形容很黏糊｜冇声冇息形容不出声｜斜拉斜丝形容不端正，非常倾斜

由于上述各例中的 AB 和 AC 多具有较为明显的并列关系，很难说是由哪一个成分扩展而来，且其中的 A 不一定都是形容词性语素，加之它们在各方言中的类推性比较有限，因此，相比于将其看做形容词的重叠式，我们更倾向于将其视为带有两个相同成分的四字格习惯用语。

（二）BACA 式重叠

BACA 式与 ABAC 式相类似，可以看作是四字格习惯用语，只是它们当中两个相同成分的位置不同，这里附带讨论。这种"重叠形式"在湘方言中使用得并不普遍，其类推性更加有限，例如：

长沙：掉动搭动 *形容衣服穿在身上轻飘飘的* ｜ 挤密研密 *形容密密麻麻的* ｜ 雷急火急 *形容很着急的样子* ｜ 结筋掼筋 *形容人说话不干脆* ｜ 茄= 多粒多 *形容人说话办事不利索*

娄底：蛇服水服 *形容服服帖帖的样子* ｜ 雄炸火炸 *形容气势汹汹的样子* ｜ 捞松垮松 *形容衣服不贴身* ｜ 灖喷水喷 *形容讲话激情高昂、口水四溅的样子* ｜ 天阔地阔 *形容很宽阔*

邵阳：痞块害=块 *形容不整洁的样子* ｜ 咪=烂糜烂 *形容十分破烂；形容讲得很详细* ｜ 手指舞指 *形容争吵时指指戳戳的样子* ｜ 天远地远 *形容非常遥远* ｜ 扬武耀武 *耀武扬威*

新化：横王霸王 *形容横行霸道* ｜ 挤麻密麻 *形容非常稠密* ｜ 捞松垮松 *形容松松垮垮的* ｜ 痰庠水庠 *形容讲话口水四溅的样子* ｜ 稀烂糜烂 *形容十分破烂*

祁东：天远地远 *形容十分遥远* ｜ 丢烂摆烂 *形容屋里非常乱* ｜ 有当有当 *形容人非常随意、没有原则* ｜ 海宽泗宽 *形容非常宽阔* ｜ 有只有只 *形容东西很多，杂乱无章*

▶ 三、加缀型重叠

"加缀型重叠"，是除重叠成分以外还包含有附加成分的不完全重叠式，是重叠和附加两种语法手段综合作用的结果。加缀型重叠是湘方言形容词最主要的重叠形式，按照重叠和附缀的性质，又可以分为单纯加缀型重叠和扩展加缀型重叠两个小类。

（一）单纯加缀型重叠

"单纯加缀型重叠"指的是在形容词的单纯重叠式后附加词缀性成分形成的重叠式。湘方言中，单音节形容词单纯重叠一般不能超过两次，二叠式后面多要附加后缀性成分，构成 AAX 式或 AAXY 式。例如：

长沙：红红子｜胖胖子｜矮矮子｜酸酸子｜香香子｜假假子

益阳：矮矮家｜白白家｜厚厚嘶｜辣辣嘶｜斜斜公｜薄薄公

娄底：蕃蕃公 *形容倾斜的样子* ｜瘪瘪公｜萎萎公｜扯扯公 *形容歪歪斜斜的样子* ｜弯弯公｜高高哩唧

邵阳：酸酸哩唧｜清清哩唧 *凉凉的* ｜差差嘎唧｜笨笨嘎唧｜犟犟哩嘎唧

溆浦：红红儿｜肥肥儿｜嘈嘈儿傻傻的｜老老儿｜犷犷儿懵懵懂懂的｜圆圆儿

衡阳：长长哩唧｜矮矮哩唧｜圆圆哩唧｜轻轻哩唧｜慢慢哩唧

祁东：短短哩唧｜瘪瘪哩唧｜瘦瘦哩唧｜单单哩唧形容身材苗条纤细｜白白哩唧

这些 AAX 式的后缀性成分包括"子、家、嘶、公、哩唧、嘎唧、哩嘎唧、儿"等，其中，益阳话和邵阳话中最为丰富。益阳话中，后缀"家、嘶、公"在分布范围和表义功能上存在一定的差别，如"AA 家"多表达一种较客观的或喜爱的感情色彩，而"AA 嘶"则带有某种遗憾或美中不足的感情色彩，"AA 公"分布范围较窄，表达一种直接否定、厌恶的感情色彩，等等。（徐慧，2001：227）邵阳话中的"哩唧、嘎唧、哩嘎唧"在分布范围和表义功能上没有明显的不同，有学者认为"哩唧、嘎唧"显然是"哩嘎唧"在语流中由于语音弱化脱落所致（龚娜，2011：121），我们认为，在没有找到足够的证据证明它们的源流关系之前，可以只在共时平面视其为同一种语法形式的自由变体。

（二）扩展加缀型重叠

"扩展加缀型重叠"，指的是在某个基式进行部分重叠后再附加词缀性成分形成的重叠式。根据扩展的方向，这种类型又包括前扩展加缀型重叠和后扩展加缀型重叠两个小类。

1. 前扩展加缀型重叠

湘方言形容词重叠式属于这一小类的主要有 AXAB 式和 AABX 式，其中 AXAB 式又有"A 里 AB"式和"A 打 AB"式两种具体形式。

Ⅰ. "A 里 AB"式

这种重叠式多是 AB 式双音节形容词重叠前一个音节后，再插入中缀性成分"里"构成的[①]，其中有很大一部分为"A 里 A 气"的形式。湘方言各点中，都或多或少地存在一些这类形容词重叠式。例如：

---

① 有的方言中的 AB 式词不一定是形容词性，甚至有的方言中的 AB 不能单独成词，但它们构成"A 里 AB"式以后的句法语义功能大致相同，这里将其一起讨论。

长沙：水里水气*形容人轻浮不正派*｜宝里宝气｜潮里潮气｜草里草气*形容人傻*｜犴里犴诈*形容性情乖戾*

益阳：乡里乡气*形容人土气*｜怪里怪气｜憨里憨气｜醒里醒气*形容人傻*｜丫里丫懂*形容懵懂糊涂*

衡阳：丑里丑气*形容人不大方*｜懂里懂气*形容人不精明*｜屌里屌气*形容人不正经*｜死里死气*形容人不灵活*｜赖里赖头*形容人不讲究*

娄底：哈里哈气*形容人傻*｜土里土气｜恫里恫气*形容人呆头呆脑的样子*｜木里木气*形容人笨头笨脑的样子*｜痞里痞气*形容人下流、轻佻*

新化：水里水气｜痞里痞气｜毛里毛躁*形容办事不细心*｜梦里梦冲*形容人睡得迷迷糊糊的*｜懵里懵懂

邵阳：瘥里瘥气*形容人傻*｜油里油气*形容人油嘴滑舌*｜秧⁼里秧⁼气*形容人很精怪*｜狡里狡气*形容人很狡猾*｜冤里冤枉

溆浦：山里山气*形容人没见过世面*｜嘈里嘈气*形容人傻*｜鲁里鲁粗*形容粗糙不精致*｜周里周派*形容人不正派*｜忘里忘魂*形容人丢三落四*

祁东：蠢里蠢气｜道里道气*形容人神志不清、疯疯癫癫的样子*｜邋里邋遢｜啰里啰唆｜古里古怪

Ⅱ．"A 打 AB"式

这种重叠式多是在 AB 式双音节形容词（有时候 AB 不成词）重叠前一个音节后，再插入中缀性成分"打"构成的，它们在湘方言中使用得并不普遍，如益阳话的"慢打慢细""摸打摸细""零打零细""匀打匀实""拍打拍实"，邵阳话的"零打零碎""老打老实"，新化话的"稳打稳重"等，都是屈指可数的。

Ⅲ．"AABX"式

这种重叠式多是由带后缀的"前加式"状态形容词重叠前一个音节后构成的，它们主要见于邵阳、新化、溆浦、祁东等地湘方言中。比如，邵阳话中，由单音节颜色形容词构成的"淡 A 唧"或"懒⁼A 唧"式状态形容词，由单音节味觉形容词构成的"微 A 唧"式状态形容词，原则上都可以重叠成"淡淡 A 唧""懒⁼懒⁼A 唧""微微 A 唧"，例如：

淡黄唧——淡淡黄唧　　　　　　懒＝黄唧——懒＝懒＝黄唧

淡红唧——淡淡红唧　　　　　　懒＝红唧——懒＝懒＝红唧

微辣唧——微微辣唧　　　　　　微苦唧——微微苦唧

除此以外，邵阳话中这类重叠式还有"温温爛唧""温温热唧""将将开唧""将将熟唧""毛毛热唧""麻麻亮唧""噜＝噜＝光唧"等，其中后三例没有"AB 唧"式状态形容词与之对应。

祁东话的这类重叠式与邵阳话相类似。例如：

微辣唧——微微辣唧　　　　　　温爛唧——温温爛唧

焦干唧——焦焦干唧　　　　　　将开唧——将将开唧

长沙话中，一些"前加式"双音节状态形容词也可以重叠前一个音节构成"AAB"式，例如：

冰冷——冰冰冷　　　　　　　　价＝湿——价＝价＝湿

纠＝酸——纠＝纠＝酸　　　　　　喷香——喷喷香

令＝光——令＝令＝光　　　　　　墨黑——墨墨黑

胮臭——胮胮臭　　　　　　　　嘣脆——嘣嘣脆

它们有时候也可以附加"咖的""哒的"等后缀性成分，构成"AAB 咖的""AAB 哒的"式，带上"咖的"后往往带有贬义色彩，带上"哒的"后往往带有褒义色彩，不过"这类重叠式数量很少，使用频率也较低"（龚娜，2011：96）。

长沙话中的这类"AABX"式与邵阳等地湘方言中的"AABX"式在表义功能上有着明显的不同：长沙话中的"前加式"形容词多可单独使用，表示词中形容词性语素的程度高之义，重叠后程度更为加深；而邵阳等地方言中的"前加式"形容词多必须带上后缀以后才能单独使用，表示词中形容词性语素的程度义略有减弱，重叠以后程度义更弱，这与其中的"淡""懒""微"等构词语素的词汇意义是密切相关的。

2. 后扩展加缀型重叠

这一类重叠式主要有"ABBX"式"AB 巴 B"式和"AB 子 B"式等几种形式，其中前两式在湘方言各点中使用得较为普遍，"AB 子 B"式则只在少数湘方言中使用。

Ⅰ. "ABBX" 式

这种重叠式多是由带后缀的"后补式"状态形容词 ABX 重叠后一音节 B 构成的，属于形容词的重叠式。例如：

长沙：轻飘哒——轻飘飘的　　　　　　胖矗哒——胖矗矗的
　　　脆绷哒——脆绷绷的　　　　　　白弄＝哒——白弄＝弄＝的
益阳：花弄＝哒——花弄＝弄＝哩　　　肉坨哒——肉坨坨哩
　　　大懂哒——大懂懂哩　　　　　　凉清哒——凉清清哩
娄底：闹咆哩——闹咆咆哩　　　　　　明摆哩——明摆摆哩
　　　油漉哩——油漉漉哩　　　　　　白喇＝哩——白喇＝喇＝哩
邵阳：黄晴哩——黄晴晴哩　　　　　　凉杤＝哩——凉杤＝杤＝哩
　　　精霸＝哩——精霸＝霸＝哩　　　光车＝哩——光车＝车＝哩
新化：新蕲哩——新蕲蕲哩　　　　　　活溜哩——活溜溜哩
　　　壮滚哩——壮滚滚哩　　　　　　嫩猫＝哩——嫩猫＝猫＝哩
溆浦：酸啾＝儿了——酸啾＝啾＝儿了　软蒙＝儿了——软蒙＝蒙＝儿了
　　　肥霸＝儿了——肥霸＝霸＝儿了　酽哚＝儿了——酽哚＝哚＝儿了
衡阳：酸搭＝哩——酸搭＝搭＝的　　　黑黢哩——黑黢黢的
　　　辣唆＝哩——辣唆＝唆＝的　　　恶兮哩——恶兮兮的
祁东：油烙哩——油烙烙哩　　　　　　新蕲哩——新蕲蕲哩
　　　肉沉哩——肉沉沉哩　　　　　　吼咆哩——吼咆咆哩

湘方言中"ABBX"式的后缀主要有"的""哩""儿了"等。其中长沙、衡阳等地多用"的"，长沙话也有用"哒""哒的"的。益阳话、祁东话以及大多数娄邵片湘语中多用"哩"，邵阳等地还可用"哩唧"。溆浦话使用"儿了"作为后缀，更为特殊，是受西南官话影响所致。

湘方言中还存在一类形容词的重叠形式，它们一般没有 AB 式的形容词基式，而是直接由一个名词性成分、形容词性成分或动词性成分的 A 与一个双音节的叠音成分 BB 组合起来，再缀加一个后缀 X 构成的。由于它们在句法语义功能上与上述"ABBX"式没有多大区别，这里一并讨论。下面仅以邵阳话为例加以说明。例如：

a. ＊汗洗哩——汗洗洗哩　　　　＊水漉哩——水漉漉哩

＊毛绰哩——毛绰绰哩	＊烟救⁼哩——烟救⁼救⁼哩
＊泥邋哩——泥邋邋哩	＊雨滴哩——雨滴滴哩
＊皮子缩哩——皮子缩缩哩	＊眼珠子鼓哩——眼珠子鼓鼓哩
＊屁股翘哩——屁股翘翘哩	＊眼粒滴滴哩——眼粒滴滴哩
＊头发蓬哩——头发蓬蓬哩	＊排子骨头露哩——排子骨头露露哩

b.　＊齐刷哩——齐刷刷哩　　＊气恨哩——气恨恨哩

　　＊热跑⁼哩——热跑⁼跑⁼哩　＊脏兮哩——脏兮兮哩

c.　＊笑呵哩——笑呵呵哩　　＊哭兮哩——哭兮兮哩

上面 b 组和 c 组中的 A 分别为单音节的形容词性、动词性成分。a 组中的 A 为名词性成分，以单音节为多，也可是多音节的。这种由多音节名词性成分与"AAX"组合的情况应该并不陌生，我们在动词重叠一章中曾提到过，湘方言中动词的"AAX"式不能单独使用，只能与名词性成分组合成"名词性成分＋AAX"后才能使用，其中的动词必须是单音节的，且与名词可以构成主谓关系或述宾关系。这种"名词性成分＋AAX"组合才具有形容词的语法属性和功能，其作用相当于一个"ABBX"式形容词，主要用于描述一种正在进行的或惯常的状态。

Ⅱ．"AB 巴 B"式

在某些湘方言中，"前加式"的 AB 式双音节状态形容词往往可以在重叠其中的形容词性语素 B 后，再嵌入中缀"巴"，形成"AB 巴 B"式。例如：

娄底：刮⁼瘦巴瘦｜瘴淡巴淡｜稀糟巴糟｜滚热巴热｜焦干巴干

邵阳：梆硬巴硬｜铁紧巴紧｜拉扁巴扁｜清臭巴臭｜纠⁼圆巴圆

新化：墨黑巴黑｜构冷巴冷｜捞⁼松巴松｜稀烂巴烂｜焦湿巴湿

涟源：绷硬巴硬｜滚辣巴辣｜清甜巴甜｜飞薄巴薄｜棱尖巴尖 (陈晖 1999，彭春芳 2007)

祁东：包沙巴沙｜清甜巴甜｜溜滑巴滑｜冰淡巴淡｜刮⁼浑巴浑

湘方言中还较为普遍地存在一种"FA 巴 A"式，它们的句法语义功能与上述"AB 巴 B"式相差无几，不同的是，其中的 F 多为意义较为实在的、表示程度的副词性语素，如"蛮、好、很、多、懂⁼、死、闷⁼、老"

等，也可以是表示程度意义的"箇""那"等指代性成分。A 多为单音节性质形容词性语素。由不同的程度副词性语素 F 构成的"FA 巴 A"式在湘方言中分布并不均衡，其中，"蛮 A 巴 A""好 A 巴 A"两式在湘方言各点中都较为常见，其他各式则只在少数湘方言中使用：根据罗昕如（2006：187-189）和龚娜（2011：130-132）的考察，"很 A 巴 A"式主要见于长沙、益阳、衡阳、祁阳等地，"多 A 巴 A"主要见于娄底等地，"懂⁼A 巴 A"主要见于新化、邵阳等地，"天 A 巴 A"主要见于武冈等地，"死 A 巴 A"主要见于衡阳等地，"闷⁼A 巴 A"主要见于娄底、涟源、双峰等地。上述文献都曾举例说明了湘方言中各"FA 巴 A"式的分布情况，这里不再赘述。

有学者观察到，湘方言中的"AB 巴 B"式和"FA 巴 A"式在使用上存在以下两个特点：

①"AB 巴 B"式和"FA 巴 A"呈互补分布状态。如罗昕如（2006：188-189）认为，这两式中的 A 基本上不会重合，"FA 巴 A"式中的 A 限于表度量义的单音节形容词，且限于表积极意义（量大）的一类，它们及其反义词，因为一般本身就没有前加式的 AB 式，只有副词修饰形容词的偏正短语 FA 式，自然就没有"AB 巴 B"式；反过来，"AB 巴 B"式中的 A 也一般不进入"FA 巴 A"式，如"梆硬巴硬、清臭巴臭"等一般不说"蛮硬巴硬、蛮臭巴臭"，因为它们已经具有了很适合表达同类意思的"AB 巴 B"式。龚娜（2011：132）也认为，娄邵片表度量的积极义形容词如"长、多、大、高、重、深、远、厚"等一般构成"FA 巴 A"式，其他单音形容词则多构成"AB 巴 B"式；长益片较少有"AB 巴 B"式，因此大部分单音形容词都能进入"FA 巴 A"式。

②"AB 巴 B"式带有说话人不满意的感情色彩。如罗昕如（2006：188-189）认为，该式包含说话人不满意的情绪，具有贬抑的附加色彩，AB 多呈中性色彩，AB 式附加后缀"唧"后带有喜爱、如意的色彩，但构成的"AB 巴 B"式却带有不满意的色彩，如：

中性─────喜爱、如意─────不满意

溜壮很胖───溜壮唧胖乎乎的───溜壮巴壮过于肥胖

清甜很甜───清甜唧甜甜的───清甜巴甜过分甜

因此，少数本身带有褒义倾向的 AB 式词便不用于"AB 巴 B"式，例如：

溜活——＊溜活巴活　　　　　拍＝饱——＊拍＝饱巴饱

龚娜（2011：98）也认为能够进入"AB 巴 B"式的形容词多带有贬义色彩。

我们的调查基本支持上述观点，但邵阳话的情况似乎有点特殊，下面略作分析。邵阳话中的"FA 巴 A"式主要有"蛮 A 巴 A""老 A 巴 A"和"好 A 巴 A"三种形式①，其中"蛮 A 巴 A"和"老 A 巴 A"式多用于陈述句，"好 A 巴 A"多用于感叹句。能够进入这些形式的单音节形容词既可以是表度量的积极义形容词如"长、多、大、高、重、深、远、厚"等，也可以是表度量的消极义形容词如"短、少、小、矮、轻、浅、近、薄"等，还可以是非度量的形容词"快、慢、硬、软、香、臭、胖、瘦、湿、干、泼、傻、壮、红、白、腥"等，可以说，单音节性质形容词几乎都可以进入"FA 巴 A"式。例如：

蛮高巴高　蛮大巴大　蛮长巴长　蛮短巴短　蛮臭巴臭

老深巴深　老宽巴宽　老早巴早　老多巴多　老胖巴胖

好红巴红　好热巴热　好重巴重　好厚巴厚　好慢巴慢

这样，有与之对应的前加式的 AB 式状态形容词的单音节形容词，既可以构成"AB 巴 B"式，也可以构成"FA 巴 A"式，没有对应的前加式的 AB 式状态形容词的单音节形容词，则可以构成"FA 巴 A"式，从而使得邵阳话中的"AB 巴 B"式和"FA 巴 A"式不是处于互补分布的状态，而是处于包含与被包含的状态了，"FA 巴 A"式的适用范围远远大于"AB 巴 B"式，例如：

单音节形容词	前加式 AB	"AB 巴 B"式	"FA 巴 A"式
甜	清甜	清甜巴甜	好甜巴甜
干	焦干	焦干巴干	好干巴干
红	飞＝红	飞＝红巴红	好红巴红

---

① 我们所调查的邵阳话中没有发现"懂＝A 巴 A"的情况。

圈	纠=圈	纠=圈巴圈	好圈巴圈
高	——	——	好高巴高
矮	——	——	好矮巴矮
大	——	——	好大巴大
小	——	——	好小巴小
多	——	——	好多巴多
少	——	——	好少巴少

此外，邵阳话中的"AB巴B"式并不一定总是带有说话人的不满情绪，其褒贬色彩往往跟特定的语境相关，同一个词在不同的语言环境中的感情色彩可能存在明显差异，例如：

（1）我今日买起个柑子清甜巴甜，你尝下啰！ 我今天买的橘子非常甜，你尝尝吧！

（2）箇糖清甜巴甜哪个吃，腻死把人嘎！ 这糖太甜了谁吃，腻死个人！

（3）箇滴空心菜夠嫩巴嫩，蛮好吃唧。 这些空心菜嫩嫩的，挺好吃的。

（4）一滴辣椒还箇嘎夠嫩巴嫩，就摘起吃哩，你箇嘎冇得菜吃得哩？ 这些辣椒还这么嫩，就摘着吃了，你就这么没啥菜吃的？

很明显，以上包含"清甜巴甜""夠嫩巴嫩"的句子中，前一例包含有说话人满意、喜爱的感情色彩，后一例则带有说话人讨厌、埋怨的不满意色彩。

Ⅲ."AB子B"式

这种重叠式是在偏正式双音节形容词或短语的基础上重叠其中的形容词性成分B后，再嵌入中缀"子"形成的。它们主要见于长沙、益阳等地湘语中，例如：

长沙：酸甜子甜｜苦咸子咸｜蠢恶子恶｜淡辣子辣｜燠热子热

益阳：干冷子冷｜嘎=白子白｜哑红子红｜蠢犟子犟｜死矮子矮

陈晖（1999：239）曾提到，属于娄邵片的涟源话也有这类重叠式，但不大能类推，举的例子有"干冷子冷""燠热子热""呆急子急""干狠子狠"等。

（三）特殊加缀型重叠

除了以上两种加缀型重叠以外，某些湘方言中还存在一些包含有词缀性成分的不完全重叠式，它们既不是单纯型重叠的加缀式，也不是在对某个基式进行部分重叠后附加词缀性成分，我们把它们统称为"特殊加缀型重叠"。

1. 嵌入叠音中缀的 AXXB 式

这一式是在"前加式"的 AB 式双音节状态形容词中间嵌入一个双音节的叠音成分而形成的，以加强 AB 式形容词的程度。主要见于邵阳地区以及祁东、祁阳等地的一些湘方言中，例如：

邵阳：冰构构清｜墨黢黢黑｜飞⁼央⁼央⁼红｜清蜜蜜甜｜梆扯⁼扯⁼硬

邵东：清款款臭｜逼垮垮淡｜清亮亮苦｜墨扯扯黑｜捞分分薄 (孙叶林，2008)

新邵：清垮垮臭｜捞垮垮松｜乌洞洞黑｜捞垮垮稀｜枪⁼垮垮瘦 (孙华，2000)

祁东：清伢⁼伢⁼甜｜墨洞洞黑｜清脖脖臭｜冰构构清｜清嘎⁼嘎⁼瘦

由于它们多出自小孩儿之口或常用于大人对小孩说话，储泽祥（1998：172）将其称为"童趣性"词语，我们所调查的邵阳话中，即使是成人之间的交谈也常用这类重叠式。

此外，李维琦（1998：113）曾提到，祁阳话有"AXX 样 B"式，是程度最高的形容法，举的例子有"清蜜蜜样甜""墨黢黢样黑""冰够够样冷""笔柳柳样直"等。

祁东话中也有"AXX 样 B"式，以上所举的"AXXB"式在该方言中都可以说成"清伢⁼伢⁼样甜""墨洞洞样黑""清脖脖样臭""冰构构样清""清嘎⁼嘎⁼样瘦"等。

这类重叠式很有特色，下面我们再以邵阳话为例稍加分析：

邵阳话中，一些 AXXB 式形容词有与之对应的 ABBX 式。例如：

飞⁼央⁼央⁼红——红央⁼央⁼哩　　　　墨黢黢黑——黑黢黢哩

铁霸⁼霸⁼紧——紧霸⁼霸⁼哩　　　　唵⁼躺⁼躺⁼稀——稀躺⁼躺⁼哩

但也有一些 AXXB 式形容词没有与之对应的 ABBX 式。例如：

拉⁼共⁼共⁼扁——﹡扁共⁼共⁼哩　　冰构构清——﹡清构构哩

逼⁼垮⁼垮⁼淡——﹡淡垮⁼垮⁼哩　　飞⁼滴滴辣——﹡辣滴滴哩

一些"前加式"状态形容词只能嵌入一个叠音成分构成 AXXB 式，而更多的状态形容词可以嵌入两个甚至两个以上叠音成分，这使得该方言中这类 AXXB 式非常丰富，例如：

拉ᵌ扁——拉ᵌ共ᵌ共ᵌ扁　　　　　　冰清——冰构构清

逼ᵌ淡——逼ᵌ垮ᵌ垮ᵌ淡　　　　　　纠ᵌ圆——纠ᵌ哗哗圆

清瘦——清咔ᵌ咔ᵌ瘦——清嘎ᵌ嘎ᵌ瘦

清甜——清蜜蜜甜——清霸ᵌ霸ᵌ甜

清臭——清款ᵌ款ᵌ臭——清狂ᵌ狂ᵌ臭

梆硬——梆扯ᵌ扯ᵌ硬——梆挺ᵌ挺ᵌ硬——梆飒ᵌ飒ᵌ硬

墨黑——墨扯ᵌ扯ᵌ黑——墨黢黢黑——墨统ᵌ统ᵌ黑——墨洞洞黑

更有意思的是，邵阳话中，AXXB 式中的叠音成分往往还可以重叠，根据表达需要甚至可以重叠三次以上，其重叠的特点是 X 的数目总是成双出现，例如：

逼ᵌ淡——逼ᵌ垮ᵌ垮ᵌ淡——逼ᵌ垮ᵌ垮ᵌ垮ᵌ垮ᵌ淡——逼ᵌ垮ᵌ垮ᵌ垮ᵌ垮ᵌ垮ᵌ垮ᵌ淡

墨黑——墨扯ᵌ扯ᵌ黑——墨扯ᵌ扯ᵌ扯ᵌ扯ᵌ黑——墨扯ᵌ扯ᵌ扯ᵌ扯ᵌ扯ᵌ扯ᵌ黑

糜烂——糜啪ᵌ啪ᵌ烂——糜啪ᵌ啪ᵌ啪ᵌ啪ᵌ烂——糜啪ᵌ啪ᵌ啪ᵌ啪ᵌ啪ᵌ啪ᵌ烂

清甜——清蜜蜜甜——清蜜蜜蜜蜜甜——清蜜蜜蜜蜜蜜蜜甜

这种现象符合认知语法理论中"形式越多，内容越多"的语言象似性原则，叠音成分重叠次数越多，所表形容词的程度也越高，例如，在交际双方看来，说"逼ᵌ垮ᵌ垮ᵌ垮ᵌ垮ᵌ淡"，其"淡"的程度肯定要比"逼ᵌ淡"和"逼ᵌ垮ᵌ垮ᵌ淡"高出许多。我们曾经听到有小孩为了强调程度，试图故意将某个 AXXB 式的叠音中缀无限重叠，直到有人制止才肯罢休的情况。其实，叠音中缀重叠次数过多是不符合语言的经济性原则的，一般地，最多重叠个两三次也就足够了。

2. 单音形容词的 AXAY 式重叠

这一式主要见于新化话中，是由同一个单音节形容词性语素和两个词缀性成分构成的四字格形式，形容词性语素占据第一、三音节的位置，两个词缀性成分分别占据第二、四音节的位置。根据词缀性成分的不同，又

有"A闹=A屎=""A个=A脑=""A的=A里=""A山=A里="等几种
具体形式，其中的"闹、屎、个、脑、的、里、山"等都是用同音字代替。
罗昕如（1998：234-235）、龚娜（2011：134-137）等对这几式有过讨论，
这里只略举几例如下（其中的"闹、屎、个、脑、的、里、山"等都是用
同音字代替，本节举例时不标"="符号）：

A闹A屎：傻闹傻屎_{形容有点傻} | 懵闹懵屎_{形容有点糊涂} | 癫闹癫屎_{形容有点}
疯癫 | 蠢闹蠢屎_{形容有点愚蠢} | 歪闹歪屎_{形容有点歪}

A个A脑：傻个傻脑_{形容有点傻} | 懵个懵脑_{形容有点糊涂} | 憨个憨脑_{形容有点}
憨 | 慢个慢脑_{形容有点慢} | 懂个懂脑_{形容有点糊涂}

A的A里：慢的慢里_{形容慢腾腾的} | 慌的慌里_{形容慌慌忙忙的} | 死的死里_{形容}
_{要死不活的样子} | 痨的痨里_{形容人精神萎靡} | 焱的焱里_{形容十分迅速}

A山A里：白山白里_{形容到处一片白} | 黑山黑里_{形容到处一片黑} | 黄山黄里_形
_{容到处一片黄} | 红山红里_{形容到处一片红} | 青山青里_{形容到处一片青}

　　由于上文所讨论的两大类型重叠式中，有的也可以附加"的、唧"等后
缀性成分，因此，严格说来，只有在它们不附加后缀时，才属于单纯型重叠
或扩展型重叠，加上后缀以后，就分别属于单纯加缀型重叠或扩展加缀型重
叠了，这种情况上文已略有提及，这里我们只举邵阳话的例子稍加说明[①]：

表一　单纯型重叠、扩展型重叠的加缀形式

	单纯型重叠——单纯加缀型重叠
AABB唧	乖乖他=他=——乖乖他=他=唧
	健健旺旺——健健旺旺唧
ABAB唧	梆硬梆硬——梆硬梆硬唧
	冰清冰清——冰清冰清唧
	扩展型重叠——扩展加缀型重叠
ABAC唧	四角四形——四角四形唧
	光津光味——光津光味唧

---

　　① 邵阳话中的BACA式多带贬义色彩，与后缀"唧"的喜爱、满意色彩相冲突，因此，BACA
式后一般不能加"唧"缀，所以表中也不举例。

下面以表格的形式将湘方言中形容词重叠的结构形式总结一下：

表二　湘方言形容词重叠的结构形式

结构形式		例词
单纯型重叠	1. AABB 式	乖乖他＝他＝
	2. ABAB 式	梆硬梆硬
扩展型重叠	3. ABAC 式	武统武辖
	4. BACA 式	痞块害＝块
加缀型重叠	5. AAX 式	红红子
	6. AAXY 式	酸酸哩唧
	7. A里AB式、A打AB式	哈里哈气、慢打慢细
	8. AABX 式	懒＝懒＝红唧
	9. ABBX 式	黄晴晴哩
	10. AB巴B式、FB巴B式、AB子B式	梆硬巴硬、蛮高巴高、酸甜子甜
	11. AXXB 式	冰构构清
	12. A闹＝A屎＝式、A个＝A脑＝式、A的＝A里＝式、A山＝A里＝式	傻闹傻屎、懵个懵脑、慢的慢里、白山白里

第二节　湘方言形容词重叠的语法功能

一个语法单位的语法功能一般包括其组合功能和充当句法成分的功能两个方面，下面我们也从这两个方面来考察湘方言形容词重叠的语法功能。

▶▶ 一、湘方言形容词重叠的组合功能

湘方言中，形容词的重叠式一般不能受程度副词和否定副词修饰，不能与程度补语组合，也不能进入比较句和倚变句。下面我们主要以邵阳话为例加以说明。

（一）与程度副词的组合

邵阳话中，程度副词主要包括"蛮""老""好""最""额外格外""格＝

几多么""么个多么"等高量程度副词和"有滴唧""有点唧""有点嘎唧"等
低量程度副词。该方言中，形容词重叠式一般不能受这些程度副词修饰，
例如，以下例子在该方言中一般都是不说的：

＊蛮乖乖他＝他＝｜＊有滴唧幽清幽清｜＊最瘪里瘪气｜＊额外臭款＝
臭款｜＊好围纠＝哩围纠＝哩｜＊格＝几秧＝精秧＝怪｜＊老瘩块害＝块｜＊
蛮黄晴晴哩｜＊好铁紧巴紧｜＊老清蜜蜜甜｜＊好酸酸哩唧｜＊最淡淡黄唧

正如一般所认为的，由于形容词重叠式多是对性质、状态程度量的强
化，其自身所含的程度量是足额的、饱和的，因此，重叠式前边一般不能
接受程度副词修饰。（华玉明，2003：39）邵阳话中，多数形容词重叠式表
示量的增加，它们所表示的程度量已经饱和，因此，很难再受表示高量的
程度副词修饰；而它们所表示的高程度量与表示低量的程度副词"有滴唧"
"有点唧"等是相矛盾的，因此，也不能受其修饰。

不过，我们在实际的语言生活中，确实也发现了一些形容词重叠式受
程度副词修饰的情形，这主要包括两种情况：

一种情况是重叠式受高量程度副词修饰。例如邵阳：

（1）那只伢唧长得<u>蛮墨黢黢黑</u>，要我就唔得发念。那个后生长得黑黢黢的，要
是我就不会看上他。

（2）今日个菜<u>蛮飞＝咸巴＝咸</u>，害得我今下午吃咖三四到茶哩。今天的菜
太咸了，害得我今天下午喝了三四次水了。

（3）简滴青菜<u>蛮新鲜鲜哩唧</u>，你唔多买滴？这些青菜非常新鲜，你怎么不多买
一些？

这种情况在其他湘语中也偶尔可以见到。彭春芳（2007：34-36）就曾
报道了涟源杨家滩话中有形容词重叠式受程度副词"一□〔iɤ³¹〕很、非常"
修饰的用例，例如：

（4）你听做么子路下<u>一□〔iɤ³¹〕</u>摸摸线线。你做什么事都很磨蹭。

（5）佢吗介<u>一□〔iɤ³¹〕</u>皮皱皱哩呢？他为什么皮肤这么皱巴巴的？

（6）佢俚两个<u>一□〔iɤ³¹〕</u>般高般大，当项对双胞胎。她们两个完全一般高一
般大，像一对双胞胎。

（7）你<u>一□〔iɤ³¹〕</u>威之武之，连不像个六十岁简人。你很威武，一点都不像
一个六十岁的人。

龚娜（2011：166）在分析时认为，"一□［iɤ³¹］"所修饰的重叠式，其最主要的语义功能是描状，而其量性意义已被忽略，所以可以受高量程度副词修饰，以突出程度量的增加。这种分析不无道理。不过，我们认为，这种情况的形成很有可能是由于在长期的使用过程中，某些表示量增意义的形容词重叠式，其程度意义被"磨损"了，它的表义功能只相当于一个非定量的形容词，而非定量形容词受程度副词修饰是非常常见的。（石毓智，2001：120-123）

其实，类似高量程度副词修饰状态形容词的情况在普通话中也并不鲜见，例如：

（8）你看这个它已经很<u>焦黄焦黄</u>的，已经不是很全的，但我觉得它很有意义，今后把这些都放到馆里去。（转引自吴立红（2005））

（9）我在日本看到樱花，非常漂亮，是很<u>粉红粉红</u>的颜色，去日本第一天就开始工作，刚去日本比较陌生，压力也挺大，也挺紧张的。（转引自吴立红（2005））

吴立红（2005）用"程度磨损"来解释这种现象。程度磨损指的是某些具有程度义的表达式原本包含了一个相对固定的程度量（多为高程度），由于长时间的使用，原有的固化程度不再那么明确，以致不再被人们敏锐地感觉到，从而寻求换用其他的表达方式，其突出的表现就是前加程度词语，来重新定位原有的程度。程度磨损使得某些状态形容词附着上了性质形容词的色彩，渐趋属性化，属性化后的状态形容词在语义上与程度副词之间获得了"因果性"语义特征，也就有了搭配的可能性。如上述例（1）中，由于"墨黢黢黑"的高程度意义已经被"磨损"，其语义功能只相当于性质形容词"黑"，再受高量程度副词"蛮"修饰就很自然了。

另一种情况是受低量程度副词修饰。例如邵阳话：

（10）水<u>有点唧温温爛唧</u>哩。水有点儿温温的感觉了。

（11）今日渠冇扣我个秤哩，还称得<u>有滴高高哩唧</u>哩。今天他没扣我的秤了，还称得稍微有点高了。

（12）简只伢唧<u>有滴唧哈里哈气</u>。这个男孩有点傻。

对于例（10）（11）中的情形，由于"温温爛唧""高高哩唧"等所带有的"稍微有点儿爛""稍微有点儿高"的语法意义与低量程度副词的意义是相匹配的，它们能够互相组合并不奇怪。而对于例（12）中的情形，龚娜（2011：166）曾引述李劲荣（2006）的观点作过解释，有一定的道理。他们认为，低量程度副词一般只修饰消极意义的状态形容词，这跟语用原则中的"礼貌原则"有关，根据这一原则，在用言语作出评价时，对好的方面要说得充分，对坏的方面要说得委婉。例（12）中，说话人采用低量程度副词修饰贬义重叠形式的方式，既对他的"傻"作出了评价，又"礼貌"地将其"傻"的程度说得低一点，符合"礼貌原则"。这种情况在湘方言其他点也偶有使用，例如：

（13）湘潭：咯只伢唧<u>有滴唧宝里宝气</u>。这个男孩子有点傻。（龚娜，2011：166）

（14）新化：以只橘子<u>有滴唧酸闹⁼酸屎⁼</u>。这个橘子有点酸。（龚娜，2011：166）

（15）新化：<u>其有粒唧像个⁼傻脑⁼</u>。他有点傻。（龚娜，2011：166）

此外，我们认为，湘方言中形容词重叠式与程度副词组合的情形有可能是口误的语用化引起的。沈家煊（2006a、2006b）的研究指出，"糅合"型口误和"截搭"型口误造成的语言"整合"，使得在现实语言使用中生成了大量的非常规现象。例如：

（16）没想到他落到这个田地/地步——→没想到他落到这个田步

（17）更不吃你的一套/不买你的账了——→更不吃你的账了

例（16）中，说话人本想说"这个田地"，但是，在说话时脑海中临时出现了一个竞争待选的词语"这个地步"，结果产出的句子就成了"没想到他落到这个田步"；例（17）中也是如此，说话人本想说"不吃你的一套"，但是，脑海中临时又出现了一个竞争待选词语"不买你的账"，结果说成了"更不吃你的账了"。

湘方言中，形容词重叠式修饰程度副词现象的形成方式和上述口误的心理机制应该是一样的，比如，例（1）中，说话人本想用程度副词加性质形容词（"蛮黑"）的方式来表达，结果脑海中临时出现了与之表义功能相近的形容词重叠式（"墨黢黢黑"），于是临时将它们组合起来，就形成了上面的句子。这种情况是具有心理上的现实性的，在语言使用上的表现就是，说话人在说话时会有一个迟疑的过程，表现为语音上的延时，即在"蛮"

与"墨黢黢黑"中间有一个较短的停顿，这是当时心理冲突的现实反映。

（二）与否定副词的组合

邵阳话中，否定副词主要有"冇""冇有""唔"等，其中"冇"大致相当于普通话的"没"和"别、莫"，"冇有"大致相当于普通话的"没"，"唔"大致相当于普通话的"不"。该方言中，形容词重叠式一般不能被这些否定副词修饰，例如，以下例子在短语层面一般都是不说的：

*冇乖乖他═他═ | *冇有幽清幽清 | *唔瘟里瘟气 | *冇臭款═臭款═ | *唔圈纠═哩圈纠═哩 | *唔秧═精秧═怪 | *冇瘪块害═块 | *唔黄晴晴哩 | *冇有铁紧巴紧 | *冇有清蜜蜜甜 | *唔酸酸哩唧 | *唔淡淡黄唧

石毓智（2001：301）认为，否定与重叠存在互斥性，这种互斥性来自于两者语法意义的不相容性：否定实际上是一个级差现象，否定式比其相应的肯定式往往低一个数量级，否定含义的级差性相当于给其肯定式确定一个程度较低的量级，这要求可否定的词语于否定前在量上必须是中性的，而重叠式是一个定量化的概念，这与否定的条件相悖，因而就导致了重叠式与否定之间的互斥性。他举的例子如：

（18）*那本书不厚厚的。

（19）*哪里的风景不漂漂亮亮的。

邵阳话中，形容词的重叠式也与一定的程度量相联系，与否定副词也存在着互斥性，因而一般也不能受否定副词否定。

然而，在邵阳话的实际语言生活中，我们确实也发现了一些形容词重叠式受否定副词否定的情形，这主要包括三种情况：

①一种情况是在祈使句中，受相当于普通话"别、莫"的否定副词"冇"否定。例如：

（20）你冇秧═精秧═怪！你别太精怪了！

（21）你冇哈哈呆呆！你别傻乎乎的！

（22）你冇光津═光味哩！你别自以为是了！

这种用法在普通话和湘方言其他点也并不鲜见，例如：

（23）童爱国又推了朱海鹏一把，"别假惺惺了，又没人说你重色轻友。"（柳建伟《突出重围》）

（24）"别**扭扭捏捏的**，"钟珮文对着韩云程说，"有啥闲话，说好了，闷在肚子里，会烂肠子的。"（周而复《上海的早晨》）

（25）你别**神神道道地**说胡话了，自己活见鬼，还要吓别人，回屋睡你的大头觉去吧！（卢泓《发生在中南海的"反革命案"》）

（26）娄底：别个跟你讲话，**莫个大咧咧哩**。别人跟你说话，不要满不在乎的。（龚娜，2011：167）

（27）长沙：细伢子要听话，**莫咯样结筋掼筋**。小孩子要听话，不要这样纠缠不休。（龚娜，2011：167）

陈珺、李向农（2005）认为，大多数形容词重叠式的定量性是相对的，它们在量上依旧是可以延伸的，只不过相对而言，其量幅要小得多，而且其定量方式是主观定量。这种通过主观定量而成的相对定量的形容词重叠式仍有条件进入祈使句式，表现出意欲性，一般不是用来表达意欲主体所希望的程度上的调整，而更倾向于以强调的方式削弱其描写性、凸显其意欲性，表达希望拥有的某种程度比较高的状态或要避免的状态。因此从形式上来看，形容词重叠式直接进入否定格式的能力甚至强于肯定格式。

②一种情况是在虚拟句中，受相当于普通话"不"的否定副词"唔"否定。例如邵阳话：

（28）现在吃肉你**唔精霸꞊霸꞊哩**唧哪个吃？现在吃肉你不精一点谁会吃？

（29）渠在我面前**唔服服帖帖**唧，我唔打死渠！他在我面前不服服帖帖的我不打死他！

石毓智（2001：47-51）指出，现实句和虚拟句之间的句法对立是客观存在的现实和虚拟这对矛盾现象在人类语言中的投影，汉语中，有很多现实句中不能被否定副词否定的情形，在假设句、条件句、疑问句等虚拟句中则可以。华玉明（2003：41）也注意到，在普通话的假设句和对称格式中，形容词重叠式可以受否定副词"不"否定，如"不长长儿的不好看""主人不客客气气的客人心里不舒服"。

③还有一种情况是在一般陈述句中，尤其是在问话的答句中，受相当于普通话"没、没有"的否定副词"冇""冇有"否定。例如：

（30）渠现在**冇墨黢黢黑哩**。他现在不再黑不溜秋的了。

（31）A：你又拿只屋弄得**焦统꞊统꞊湿哩**！你又把个屋子搞得湿漉漉的！

      B：摆起<u>有焦统⁼统⁼湿</u>！<small>明明没有湿漉漉的！</small>

（32）A：你<u>理理性性</u>行起去把渠骂唵？<small>你故意跑过去让他骂吗？</small>

      B：我<u>冇有理理性性</u>行起去把渠骂呀！<small>我没故意跑过去让他骂呀！</small>

这种情况在普通话或湘方言其他点也有类似的例子：

（33）我又没<u>鬼鬼祟祟</u>的，我要攒粮。<small>（杨争光《蛾变》）</small>

（34）湘潭：你咯如今皮肤好多哒，<u>冇皮皱皱</u>的哒。<small>你现在皮肤好多了，没有</small>
<small>皮皱皱的了。（转引自龚娜，2011：167）</small>

（35）湘潭：A：你咯时候<u>慌慌张张</u>做什么去？<small>你现慌慌张张要去干什么？</small>

      B：我<u>冇慌慌张张</u>唉。<small>我（并）没有慌慌张张啊。（转引自龚娜，2011：</small>
            <small>167）</small>

    上述的否定从语义上讲存在细微的差别：有的只是对重叠式所表达的
高程度量进行否定，如例（30）（31）中，否定的可能只是"黑"和"湿"
的程度，在说话人看来，例（30）中他现在仍然是黑的，只是没到"墨黢
黢黑"那个程度，例（31）中，他承认屋子是湿的，但不至于"焦统⁼统⁼
湿"；而有的是对重叠式所描绘的状态、性质从根本上进行否定，而并不只
否定形容词重叠式的高程度量，如例（32）中是对"故意跑过去让他骂"
的根本否定，例（35）中是对"慌张"的根本否定，并不是说话人承认自
己稍微有点儿"故意"、稍微有点儿"慌张"。

（三）与程度补语的组合

    马庆株（1992）曾经指出，能够带程度补语的形容词仅限于性质形容
词，状态形容词如"雪白、绿油油、干干净净"等不能带程度补语。湘方
言中，形容词重叠式也不能与程度补语组合。例如，邵阳话中，表示程度
高的程度补语主要有"得很、唔得了、安唔得、要死、要命、厉害、冇卵
谱"等（蒋协众、罗昕如，2012），它们都不能作形容词重叠式的程度补语：

臭得很——＊臭款⁼款⁼得很

清得唔得了——＊冰构构清得唔得了

懒得安唔得——＊滚泡泡懒得安唔得

饱得要死——＊饱饱实实得要死

哈得要命——＊哈里哈气得要命

臭得厉害——＊臭臭哩唧得厉害

甜得有卵谱——＊清甜巴甜得有卵谱

（四）进入比较句和条件倚变句

湘方言中，形容词重叠式不能进入比较句和条件倚变句，例如以下说法在邵阳话中不能成立：

＊箇件衣服比那件贵拉＝拉＝哩｜＊箇只柑子比那只清甜巴甜｜＊小王比小明矮矮哩唧｜＊小明比小王本本分分唧｜＊甲比乙清嘎＝嘎＝瘦

＊越来越胖懂懂哩｜＊越来越绷硬巴硬｜＊越来越小小哩唧｜＊越来越哈哈呆呆｜＊越来越墨黝黝黑

邵敬敏、刘焱（2002）指出，状态形容词由于本身就具有程度很高的、比较稳固的属性，不能受程度副词的修饰，即不可能显示程度的差异，没有程度变化的弹性区间，因此不能进入比较句。条件倚变句指的是"越X，越Y"这样的句式，闫立媛（2005）、臧晓云（2007：19）等认为，其格式意义是表示某段时间内正在进行的一种动态，受动态性制约，能够进入条件倚变句的形容词应该具有不同的量级，在量上要有可变性，形容词重叠式不具备这些特征，所以不能进入条件倚变句。

▶▶ 二、湘方言形容词重叠的句法功能

一般认为，普通话中的形容词重叠式主要在句中作定语、谓语、状语和补语等成分，作定语时对结构助词"的"的依赖性较强，作状语时结构助词"的"的使用与否比较自由，单音节形容词的重叠式作谓语和补语一般要带"的"，双音节形容词的重叠式则不受此限。（朱德熙，1956；华玉明，2003：41-44）

湘方言中，形容词重叠式也可以充当上述句法成分，此外，还可以与结构助词结合构成"的"字短语后再作主语、宾语等成分。龚娜（2011：162-165）曾对湘方言形容词重叠式的句法功能有过较为详细的讨论，这里仅以邵阳话为例加以说明。

（一）作定语

例如：

（36）<u>脆生生</u>哩唧个苹果好呷滴。脆脆的苹果好吃些。

（37）<u>微微酸</u>唧个柑子渠吃起蛮喜欢。有点儿酸味的橘子他吃着很喜欢。

（38）<u>哈哈猩猩</u>个人有哪个喜欢。傻子没有人会喜欢。

（39）<u>清款═款═</u>臭个臭豆腐渠吃起大劲哩。挺臭的臭豆腐他吃得津津有味。

（二）作谓语

例如：

（40）外头凉<u>朽═朽═</u>哩唧。外面挺凉快的。

（41）苹果<u>懒═懒═</u>红唧哩。苹果有点儿红了。

（42）我整天脑窠糊糊<u>茄═茄═</u>。我整天脑袋糊里糊涂的。

（43）今晌午个菜<u>逼═垮═垮═</u>淡。今中午的菜很淡。

（三）作状语

例如：

（44）你汗<u>洗洗</u>哩在太阳窠里做么个？你汗流浃背地在太阳底下干什么？

（45）把我<u>恭恭谨谨</u>站到那里。给我恭恭敬敬地站在那里。

（46）把萝卜<u>嬢═锋锋</u>薄唧切起晒倒。把萝卜薄薄地切了了晒着。

（47）渠腊咖哩就<u>抓里抓壁</u>寻东西吃。他饿了就千方百计找东西吃。

（四）作补语

例如：

（48）那只泼女人扯═常日骂得<u>毒伤伤</u>哩。那个泼妇经常骂得很毒辣。

（49）酸菜浸得<u>微微酸</u>唧就呷还好呷滴。酸菜泡得稍微有点酸味儿就吃还好吃些。

（50）渠个婚事办得<u>闹闹然然</u>（唧）。她的婚事办得热热闹闹的。

（51）你嘴巴子辣得<u>飞央═央═</u>红哩。你嘴巴辣得通红了。

（五）作主语

例如：

（52）<u>光车═车═</u>哩个有一定是金子。闪闪发光的东西不一定是金子。

（53）那滴<u>痞里痞气</u>个统统被学校开除咖哩。那些不正经的（学生）全部被学校开除了。

（54）<u>捞⁼轻巴轻个</u>肯定是空个。_{挺轻的（盒子）肯定是空的。}

（55）那<u>纠⁼圆纠⁼圆个</u>是球，<u>四角四形个</u>是盒子。_{那圆溜溜的是球，四四方}
_{的是盒子。}

（六）作宾语

例如：

（56）怀崽婆就喜欢呷滴<u>微微酸唧个</u>。_{孕妇喜欢吃些带点儿酸味的东西。}

（57）渠把只能干个婆娘离咖，另外讨咖只<u>哈哈呆呆个</u>。_{他跟那个能干的老}
_{婆离婚了，另外娶了个傻子。}

（58）要你买块<u>白点唧个</u>你偏要买块<u>墨扯⁼扯⁼黑个</u>。_{要你买块白一点的你偏}
_{要买块黑不溜秋的。}

（59）渠喜欢吃<u>清酸巴酸个</u>，可能是只崽哩。_{她喜欢吃很酸的，可能怀的是儿}
_{子呢。}

从以上例子可以看出，邵阳话中的形容词重叠式作定语、主语、宾语
等成分时，都必须加上"个"；作其他成分时，某些结构形式（主要包括
"AAX""AABX""ABBX"等）的形容词重叠式要求必须含有"哩、唧、
哩唧、嘎唧、哩嘎唧"等后缀性成分，另一些结构形式的形容词重叠式则
对带不带这些成分不作限制。

"哩、唧、哩唧、嘎唧、哩嘎唧、个"等是邵阳话中与北京话的"的"
相当的语法成分。朱德熙（1961）、（1966）等根据双音节副词、状态形容
词和动词等加上"的"以后所表现出来的语法功能上的差异，将北京话中
通常所说的助词"的"分析为三个不同的语素：①的₁：副词词尾，出现在
一部分双音节副词词干（如"忽然""不住""渐渐"等）之后构成副词性
单位；②的₂：状态形容词词尾，出现在状态形容词词干（如"红红""干干
净净""红通通"等）之后构成状态形容词；③的₃：名词化标记，出现在名
词、动词、性质形容词、人称代词以及各类词组之后构成名词性词组。此
后，黄雪贞（1982）、项梦冰（1989）、汪国胜（1991）、朱德熙（1993）等
用方言事实说明，方言中与北京话"的"相当的语法成分大都可以分析为
三个不同的语素。邵阳话中，与北京话"的"相当的语法成分也是三分的，
其中"哩、唧、哩唧、嘎唧、哩嘎唧"相当于北京话中的"的₂"，"个"相

当于北京话中的"的₃"。①

以上的分析说明，邵阳话中，形容词重叠式作定语、主语、宾语时，必须加上相当于北京话"的₃"的名词化标记"个"，也就是说，邵阳话中形容词重叠式必须"名词化"以后才能够作这几种成分。

▷ 三、湘方言形容词重叠式的名词化

（一）关于状态形容词的名词化

朱德熙（1980）首次注意到某些汉语方言中状态形容词作定语必须名词化的现象，名词化后除了作定语外，还可作主语和宾语等句法成分，例如北京话"那块黄澄澄的准是金子"和"我得挑一件干干净净的"中的"那块黄澄澄的"和"干干净净的"就是分别作主语和宾语的。

朱德熙（1993）进一步通过考察现代汉语十种方言状态形容词作定语的情况，发现状态形容词名词化的方式有两种：①在"的₂"后加"的₃"，构成"R＋的₂＋的₃＋N"格式；②把"的₂"换成"的₃"，构成"R＋的₃＋N"格式。前者"的₂"和"的₃"为加合关系，后者为置换关系。加合式是带词缀的状态形容词名词化的形式，置换式是不带词缀的状态形容词名词化的形式。有的词干必须加"的₂"才成词，名词化时只能是加合式，有的词干后头不能加"的₂"，名词化时直接跟"的₃"结合，这就是置换式。有的词干加不加"的₂"两可，名词化时可以用加合式，也可以用置换式。采用加合式还是置换式因词而异。该文还指出，状态形容词与它的名词化形式在以下三个方面表现出对立：①在词类上，前者是谓词性的，后者是体词性的；②在语法功能上，前者经常作谓语、补语、状语，后者经常作定语、补语和主、宾语；③在语法意义上，前者表陈述，后者表指称。

（二）湘方言形容词重叠式名词化的方式

形容词重叠式是一种典型的状态形容词。与其他多数汉语方言一样，湘方言中的形容词重叠式也存在名词化的问题。下面我们先以邵阳话为例

---

① 邵阳话中一部分"哩"还相当于北京话的"的₁"，也就是说，邵阳话相当于北京话"的₁"和"的₂"的成分部分同形。详细情况可参看蒋协众（2005：64-66）的分析。

加以说明。

邵阳话中的形容词重叠式名词化也有加合式和置换式两种方式，例如①：

R＋的₂＋的₃＋N	R＋的₃＋N
新鲜鲜（哩唧）（个）青菜	新鲜鲜（个）青菜
懒＝懒＝红（唧）（个）苹果	懒＝懒＝红（个）苹果
精精爽爽（唧）（个）房子	精精爽爽（个）房子
飞＝央＝央＝红（唧）（个）西瓜	飞＝央＝央＝红（个）西瓜
红红（哩唧）（个）苹果	红红（个）苹果
清甜清甜（唧）（个）葡萄	清甜清甜（个）葡萄
————————	油里油气（个）人
————————	纠＝围把围（个）圈圈
恶扯＝哩恶扯＝（哩）（个）女人	————————

可以看出，邵阳话中形容词重叠式名词化有的只能用加合式，有的只能用置换式，也有的既可以用加合式也可以用置换式。

形容词重叠式在名词化前后，在语义功能上会存在一定的差异，请看下面的例子：

（60）A. 箇菜逼＝垮＝垮＝淡。　——B. 箇菜逼＝垮＝垮＝淡个。

（61）A. 箇只妹唧乖乖他＝他＝唧。——B. 箇只妹唧乖乖他＝他＝个。

（62）A. 拿屋收得精精爽爽唧哩。——B. 拿屋收得精精爽爽唧个哩。

（63）A. 瓜子炒得喷香喷香唧哩。——B. 瓜子炒得喷香喷香唧个哩。

前两例中的 A 是形容词重叠式作谓语的例子，B 是名词化后作谓语的例子，后两例中的 A 和 B 分别是形容词重叠式名词化前后作补语的例子。无论是作谓语还是作补语，形容词重叠式本身都是对主语的性状进行描写，而其名词化以后则是对主语进行归类。例如，例（60）A 是对菜的味道进行描写，说明它盐放得不多，"淡"的程度高，B 是说这菜属于放盐不多、味道很清淡一类的。例（63）A 是对瓜子被炒后的状态进行描写，说明其

---

① 为了便于区别，各例中相当于北京话"的₂"和"的₃"的成分分别用括号标示。

很香，B 是说这瓜子经过加工以后已经属于很香很香的瓜子一类了。总之，形容词重叠式表示事物性状，用的是自指形式，而其名词化形式都表示具有该形容词重叠式所描绘的性状的人或事物，用的是其转指形式。

湘方言其他点也存在形容词重叠式名词化的情形，下面仅以形容词重叠式后作定语为例略加说明，先看下面的例子：

R＋的$_2$＋的$_3$＋N	R＋的$_3$＋N
长沙：矮矮（子）（的）伢子	痞里痞气（的）家伙
益阳：胖胖（家唧）（的）后生子	瘦瘦精精（的）猪肉
娄底：明摆摆（哩）（个）路	滚热巴热（个）饭
新化：血滴滴（哩）（个）衣衫	傻闹＝傻屎＝（个）老胡子
溆浦：红红（儿）（个）洋辣子	墩墩鼓鼓（个）后生家
衡阳：白白（哩唧）（个）皮肤	流里流气（个）样子
祁东：油烙烙（哩）（个）粑粑	刮＝浑巴浑（个）自来水

可以看出，湘方言中形容词重叠式名词化都有加合式和置换式两种方式，只不过是由于各湘语点与北京话"的"相当的语法成分不太一样①，导致形容词重叠式后缀和名词化标记的形式存在差异：长益片湘语的名词化标记一般为"的"，娄邵片、衡州片等湘语的名词化标记一般为"个"。

第三节　湘方言形容词重叠的语义、语用功能

使用形容词重叠式往往能使所描述的事物更加形象生动，更加丰满逼真，更加富有表现力。因其独特的描状性，形容词重叠式被王力（1943/1985：298）归入"绘景法"，并说"绘景法是要使所陈述的情景历历如绘"。吕叔湘主编（1980：637-659）将其称为"形容词的生动形式"，其生动、形象的描状功能自不必说。朱德熙（1956）认为，形容词重叠式都跟一种量的观念或是说话人的主观估价作用相联系。

---

① 有的湘方言中与北京话"的$_2$"相当的语法成分特别丰富，如邵阳话的"哩、唧、哩唧、嘎唧、哩嘎唧"、益阳话的"家、咖、家咖、嘶、嘶咖、哩、公"等，这里不去详细讨论。

湘方言中，各形容词重叠式也具有较强的描状功能，包含有一定的量性特征，且往往体现出说话主体较强的主观性和能动性。下面我们主要从程度量和主观感情色彩两个方面，来分析其语义、语用功能。

▷ 一、湘方言形容词重叠的程度量

（一）程度量的变化类型

一般地，形容词重叠式所包含的量性特征可以从"量增"和"量减"两个方面来分析。湘方言形容词重叠式主要表现为"量增"，即程度量的增加。湘方言各点中普遍存在的"ABAB"式、"AABB"式、"ABBX"式、"AB巴B"式、"AXAB"式等多种结构形式的形容词重叠式，多表示程度量比其基式有所增加[①]，例如邵阳话：

清甜——清甜清甜　　臭款⁼——臭款⁼臭款⁼

乖他⁼——乖乖他⁼他⁼　精爽——精精爽爽

脆嘣哩——脆嘣嘣哩　黄晴哩——黄晴晴哩

铁紧——铁紧巴紧　纠⁼圈——纠⁼圈巴圈

只见于某些湘方言中的"AXXB"式、"AAB"式、"AB子B"式等也多表示程度量的增加，例如：

邵阳：拉⁼扁——拉共⁼共⁼扁　冰清——冰构构清

祁东：墨黑——墨洞洞黑　　清甜——清伢⁼伢⁼甜

长沙：纠⁼酸——纠⁼纠⁼酸　　喷香——喷喷香

益阳：干冷——干冷子冷　　嘎白——嘎白子白

新化：傻闹⁼傻屎⁼｜懵个⁼懵脑⁼｜慌的⁼慌里⁼｜白山⁼白里⁼[②]

只有极个别结构形式的形容词重叠式所表示的程度量表现为"量减"，

---

① 对于其中的"AXAB"式，可能会因方言点和个人语感的不同而存在差异，有的认为表示程度量的加深，如徐慧（2001：235）认为"A里AB是AB扩展而来的，形容程度加深"；但也有的认为只是表现出明显的描写性和感情色彩，并不表示程度量的增加或减弱，如蒋协众（2005：30）；甚至有的认为其程度量有所减弱，如龚娜（2011：161）。

② 对于新化话中的"A闹A屎""A个A脑"式，龚娜（2011）认为表示程度义的减弱，罗昕如（1998）、刘卓彤（2007）等认为表示"重叠以后意义得到强调"，我们的调查也因个人语感存在差异，这里我们依据的是罗昕如（1998）、刘卓彤（2007）等的观点，因为他们都是以新化话为母语的学者。

与其基式相比，程度量不是增加而是减弱。比如多数湘方言中的"AAX"式都是如此，例如：

长沙：红——红红子　　　胖——胖胖子　　　矮——矮矮子

邵阳：高——高高哩唧　　酸——酸酸哩唧　　笨——笨笨嘎唧

祁东：长——长长哩唧　　呆——呆呆哩唧　　苦——苦苦哩唧

再如邵阳话中的"AABX"式，其基式本身就包含有表示式中那个形容词语素 B 的程度不够高的意思，经"AABX"重叠以后，就显得程度更低了：

淡黄唧——淡淡黄唧　　　　懒ᵉ黄唧——懒ᵉ懒ᵉ黄唧

温热唧——温温热唧　　　　微辣唧——微微辣唧

形容词重叠式表示"量增"的语法意义，这是认知语言学的数量类象性的一种反映。（张敏，1997）但邵阳等地湘语中的"AABX"式表示"量减"义，似乎是对"数量类象性"的抵牾。我们认为，量的高低或大小是双向的，重叠式"淡淡黄唧"的意义在其基式"淡黄唧"不够黄的基础上，黄的程度更低了，不但不与"数量类象性"相矛盾，相反，正好是该原则在反方向上的一种特殊反映。至于湘方言中的"AAX"式表示"量减"，则可能是由其后缀 X 所带来的，如陈永奕（2008：10）就认为，长沙话的"AA 子"式形容词一般表示程度的减轻，所表达的程度比基式要浅，这跟"子"尾的语义密切相关。

（二）程度量的级次

李宇明（1997）指出，形容词都有一定的程度性，其程度往往表现出一定的等级差异，所谓形容词的级次，指的是各种各样的形容词在程度的维度上所表现的各种等级。按照形容词所表示的程度差异，他把普通话中的形容词分为以下八个程度不等的级次：

超最级＞最级＞超挺级＞挺级＞相当级＞参照级＞较级＞点级

湘方言中，形容词重叠式也可以按程度差异区分出不同的级次。不同的湘方言中各形容词重叠式的级次可能不一样，而且可能因个人语感而存在差异，下面仅以邵阳话为例加以说明。我们首先以性质形容词为参照级，将邵阳话中的形容词重叠式分为"量增"型和"量减"型两大类，量增型主要包括"AXXB"式、"ABAB"式、"AB 巴 B"式、"ABBX"式、"AABB"式等结构形式，量减型主要包括"AAX"式、"AABX"式等结构形式。量增型重叠式中，程度最高的要数"AXXB"式，可以称为"最级"；"ABAB"式、"AB 巴 B"式、"ABBX"式等结构形式的程度义次之，可以称为"挺级"；"AABB"式的程度只比其基式略有加强，可以归于"相当级"。量减型重叠式中，"AAX"式的程度义相对于其中的形容词性语素略有降低，可以归于"较级"；"AABX"式的程度量更低，可以归于"点级"。这样，邵阳话形容词重叠式的级次可以归纳为：

最级＞挺级＞相当级＞参照级＞较级＞点级

用表格表示如下①：

表三　邵阳话形容词重叠式的级次

量增型			参照型	量减型	
最级	挺级	相当级	参照级	较级	点级
"AXXB"式 飞=滴=滴=辣	"ABAB"式 飞=辣飞=辣	"AABB"式 咸咸辣辣	性质形容词 辣	"AAX"式 辣辣嘎唧	"AABX"式 微微辣唧
	"AB 巴 B"式 飞=辣巴辣				
	"ABBX"式 辣駒駒哩				

（三）程度量的主观性

李宇明（2000：112）指出，人们在对量进行表述时，往往会带有对量的主观评价，或认为这个量是"大量"，或认为这个量是"小量"，带有主观评价的量是"主观量"。徐建波（2009：20）认为，形容词重叠式表示的主观量性意义主要有程度的加深和量的恰到好处两种。湘方言中，形容词的重叠式也大致如此。仍以邵阳话为例：

（1）今晌午个菜飞=辣飞=辣，飞滴滴辣，辣得个人死。今天中午的菜很辣，辣得人死。

---

① 下文的分析显示，邵阳话中某些形容词重叠式的级次还要受其语音韵律特征的影响。

（2）今晌午个菜辣辣嘎唧，蛮好吃。今天中午的菜辣辣的，很好吃。

以上两例都是说的今天中午的菜"辣"，前一例说话人主观上认为辣的程度太高，甚至超出了常人的承受能力，后一例说话人主观上认为辣的程度很适中，辣得恰到好处，是一种主观满意量，这从两例的后续句中可以看出来。

朱景松（2003）认为，形容词重叠式所表程度量的加重是有一定的上限的，人们在使用形容词重叠式表达某种性质时，会对表述对象和范围加以选择和控制：一方面，通过设定常识范围和正常状态下被表述性质范围的极限，来控制形容词重叠式所表述的程度量的上限；另一方面，又在这个限度之内把所表述的程度量加以夸张，说得接近于或者简直已经达到了这个上限，这种量的观念，既包含有程度量的加重，又限制在一定极限之内，就使得形容词重叠式表达的程度量给人以"恰到好处"的感觉。

▶▶ 二、湘方言形容词重叠的主观感情色彩

湘方言中，形容词重叠式往往带有说话人对人或事物的满意、喜爱、怜惜、贬抑、埋怨等主观感情色彩，例如：

（3）长沙：簡只毛毛胖胖子的，蛮可爱。这个婴儿胖胖的，很可爱。

（4）益阳：她的脸嘎白嘎白的，手粗嘎嘎的，作孽巴沙的。她的脸色惨白，手粗粗的，可怜兮兮的。

（5）衡阳：那两块布得其舞起皱巴巴个。那两块布给他弄得皱巴巴的。（彭兰玉，2005：105）

（6）娄底：吗介個拿赐他偷山⁼偷里⁼個走介哩？怎么让他偷偷摸摸地逃掉了？（颜清徽、刘丽华，1998：172）

（7）新化：以号苹果酸闹⁼酸屎⁼，莫买！那种苹果太酸了，别买！

（8）邵阳：你簡只妹唧硬是哈里哈气！你这个姑娘硬是傻！

（9）祁东：簡茅厕清胮胮样臭，冲鼻脓眼！这厕所太臭了，直冲鼻孔！

形容词重叠式对说话人主观情感的体现是一种"移情"（empathy）现象。Kuno（1987：26）给"移情"下的定义是"说话人将自己认同于……他用句子所描写的事件或状态中的一个参与者"。沈家煊（2002）认为，移情的对象主要是说话人"同情"的对象，也可以是"钟情"的对象或"厌

恶"的对象。上述例（3）中的"毛毛"是说话人钟情的对象，例（4）和例（5）中的"她"和"那两块布"都是说话人同情的对象，例（6）～例（9）中的"他""以号苹果"和"你箇只妹唧"等都是说话人厌恶的对象。人们对于自己钟情的人或事物，往往会流露出或喜爱或赞许等感情色彩；对于自己同情的事物，往往会流露出或怜悯或可惜等感情色彩；对于自己厌恶的对象，则往往会流露出或贬抑或埋怨的感情色彩。

上述各例中的形容词重叠式大多数可以换成相应的性质形容词，但是，换成性质形容词后句子就显得特别生硬，不仅形象生动性严重缺失，个中的爱抚、亲热、怜惜等情感意味也会大打折扣。

沈家煊（2002）曾指出，汉语中处置式产生的动因可能是说话人在表述客观处置事件的同时还要表达自己对该事件的主观情感和态度，张洪明（1994：321-360）曾从历时的角度证明了汉语被动句是"移情"过程的产物，这两种句式都带有明显的主观性。湘方言中，形容词重叠式的主观感情色彩与处置式和被动句的主观性是相适应的，因而经常出现在这两种句式中，如上述例（5）、例（6）就是形容词重叠式用于被动句的例子。再如邵阳话：

（10）一滴好菜让渠酿⁼得飞⁼咸飞⁼咸，难吃死哩！一些好菜被他吵得煳咸的，难吃死了！

（11）你眄睢渠把滴饼干弄得孃⁼碎巴碎哩！你瞧她把个饼干弄得粉碎了！

（12）渠经常把屋收得精精爽爽唧。她经常把房子收拾得干干净净的。

（13）看我唔把渠治得服服帖帖唧！看我不把他治得服服帖帖的！

▶ 三、湘方言形容词重叠语义、语用功能的影响因素

一般认为，普通话中形容词重叠式所表程度义跟它们的句法位置有关系，不过，这种说法受到了一些学者的质疑。如朱景松（2003）认为形容词重叠式表示"适度的、足够的量"，并不因它的句法位置而改变。湘方言中的情况也是如此，我们几乎找不到湘方言形容词重叠式的程度义因其句法位置而发生变化的证据。

我们认为，影响湘方言形容词重叠式的语义语用功能的因素主要有结

构形式、语音手段和是否带后缀，下面分别讨论。

（一）结构形式的影响

不同结构形式的重叠式，其语义语用功能存在差异，这在上文的讨论中已经得到显示，例如，湘方言中普遍存在的"AXAB"式和只见于少数方言点的"A闹A屎""A个A脑""A的A里"等形容词重叠式，总是带有贬义色彩，而其他一些结构形式的重叠式则没有这种倾向性；再如，不同结构形式的重叠式所表程度义存在一定的级次差异等，这里不再赘述。

（二）语音手段的影响

李善熙（2003：23）认为，形容词重叠式表达的是一种主观量，主观量的程度经常体现在语音的长短高低上，通过对普通话和一些方言的考察，她总结出汉语表达主观量的语音手段主要包括轻重音、变韵、变调、元音开口度和长短音等几种。湘方言中，某些结构形式的形容词重叠式所表示的主观量也因其语音形式的不同而发生改变，例如，邵阳话中的"AXXB"式和"AB巴B"式就会因轻重音位置、变调和元音长短等因素而存在程度义差异。

邵阳话中的"AXXB"式有两种不同的语音形式：一种是重音位置在形容词性语素B上，且该音节保持原调不变，主要元音的音长略微加长；一种是重音位置在两叠音音节XX的第一个X上，其中的主要元音加长至原来的二到三倍，且形容词性语素B读轻声。[①] 一般地，读成前一种语音形式时，该重叠式所表示的程度义只比性质形容词B的程度义略有加强，大致相当于"相当级"的级次；读成后一种语音形式时，该重叠式所表示的程度义要大大加强，属于"最级"的级次。例[②]：

例词	相当级	最级
滚泡泡燗	kun³³ pʰau⁵⁵ pʰau⁵⁵ ˈnaːi³⁵	——kun³³ ˈpʰaːu⁵⁵ pʰau⁵⁵ • nai

---

① 需要说明的是，这里（下面的"AB巴B"式类此）的元音加长与某些语言中的长短元音是有区别的，如英语中［i］与［iː］构成音位对立（如 slip 和 sleep），但邵阳话中并没有这样的长短元音的对立，其元音的加长可能是由于重音位置落在该音节上造成的。这一点是陈晖教授提醒我们的，谨此致谢。

② 例中"ˈ"表示重音位置，小字号的"ː"表示音节中主要元音音长略微加长，粗体的"ː"表示音节中的主要元音音长加长两到三倍，"•"表示轻声音节。

飞扯＝扯＝红　　fei⁵⁵ tsʰa³³ tsʰa³³ 'ʁuːŋ¹³　——fei⁵⁵ 'tsʰaː³³　tsʰa³³ • ʁuŋ

糜啪＝啪＝烂　　mʅ⁵⁵ pʰa³³ pʰa³³ 'naːn³⁵　——mʅ⁵⁵ 'pʰaː³³　pʰa³³ • nan

令＝共＝共＝尖　nin⁵⁵ guŋ³²⁴ guŋ³²⁴ 'tɕiaːn⁵⁵ ——nin⁵⁵ 'guːŋ³²⁴ guŋ³²⁴ • tɕian

　　邵阳话中的"AB 巴 B"式也有两种不同的语音形式：一种是重音位置在第二个形容词性语素 B 上，主要元音的音长略微加长；一种是重音位置在前加式状态形容词 AB 的第一个音节 A 上，其中的主要元音加长至原来的二到三倍。读成前一种语音形式时，该重叠式表示的程度义一般只比性质形容词 B 的程度义略有加强，大致相当于"相当级"的级次；读成后一种语音形式时，该重叠式表示的程度义大为加强，大致相当于"挺级"的级次。例如：

例词	相当级	挺级
清甜巴甜	tsʰin⁵⁵ dian¹³ • pa 'diaːn¹³	——'tsʰin⁵⁵ dian¹³ • pa dian¹³
飞＝咸巴咸	fei⁵⁵ ʁan¹³ • pa 'ʁaːn¹³	——'feːi⁵⁵ ʁan¹³ • pa ʁan¹³
嬢＝碎巴碎	ȵian⁵⁵ suei³⁵ • pa 'sueːi³⁵	——'ȵiaːn⁵⁵ suei³⁵ • pa suei³⁵
墨黑巴黑	mei⁵⁵ xei⁵⁵ • pa 'xeːi⁵⁵	——'meːi⁵⁵ xei⁵⁵ • pa xei⁵⁵

　　湘方言其他点中，也存在同一种结构形式的形容词重叠式因为语音形式的不同而表现出程度义差异的情况。比如，长沙话中的 ABB 式，其中的叠音成分读为阴去调时，比读原调时所表示的程度要有所加深，例如（陈永奕，2008：39）：

甜蜜蜜哒 tʰie¹³ mi²⁴ mi²⁴ • ta——tʰie¹³ mi⁴⁵ mi⁴⁵ • ta

苦腻腻哒 kʰu⁴¹ ȵi²⁴ ȵi²⁴ • ta——kʰu⁴¹ ȵi⁴⁵ ȵi⁴⁵ • ta

严密密哒 ȵie¹³ mi²⁴ mi²⁴ • ta——ȵie¹³ mi⁴⁵ mi⁴⁵ • ta

（三）后缀的影响

　　某些湘方言中，形容词重叠式所附带的主观感情色彩跟其是否后附"唧、咖"等后缀有较大的关系。其中"唧"是娄邵片湘语广泛使用的形容词重叠式后缀，"咖"主要见于益阳话中。后缀对形容词重叠式主观感情色彩的影响主要表现在两个方面：一是由于形容词重叠式后附"唧、咖"多带有喜爱、满意的褒义色彩，因此，贬义形容词重叠后一般不能附加这些后缀，如一般不说"＊痞里痞气唧、＊邋里邋遢咖"等；二是一些形容词重叠式加不加"唧、咂"后缀都可以说，但是，不加后缀时多只是对状态的一种客观描述，其感情色彩表现为中性或略带贬义，加上后缀后就带上了较为明显的褒义色彩。例如邵阳话：

（14A）箇柑子清酸清酸，牙子也酸躃我个！这橘子太酸了，牙齿都酸掉我的！

（14B）箇柑子清酸清酸唧，正合我箇只怀崽婆个口胃！这橘子很酸，正合我这个孕妇的胃口！

（15A）箇碗汤还滚泡泡爛，你等下再吃吧！这碗汤还太烫了，你等一下再喝吧！

（15B）箇碗汤还滚泡泡爛唧，你快趁热吃咖吧！这碗汤还很烫，你快趁热喝了吧！

例（14）中同样是橘子很酸，A 中的酸超出了说话人的承受能力，B 中的酸则正合说话人的期望，酸得恰到好处。前者的"清酸清酸"后面绝对不能加上"唧"后缀，后者的"唧"虽然可以去掉，但个中那种"正合我意"的感情色彩明显会降低。

再如益阳话中，下面各例中的 AABB 式后一般要带"咂"尾，表达一种肯定、赞扬的语气（徐慧，2001：232）：

（16）她扯ᵑ常四季穿得熨熨帖帖咂。她常常穿得整整齐齐的。

（17）正月间过得热热闹闹咂。正月里过得热热闹闹的。

第四节　湘方言形容词重叠的共时历时比较

》一、湘方言形容词重叠的共时比较

（一）湘方言内部的比较

上文我们分析了湘方言形容词重叠的结构形式和语法语义功能，通过比较，可以得到以下几个认识：

①在结构形式上，湘方言各点的形容词重叠式都以加缀型重叠为主，即使是属于单纯型重叠和扩展型重叠的形容词重叠式，后面也可以附加"的、哩、唧、咂"等后缀性成分；由于湘方言中广泛存在"前加式"的

AB 式双音节状态形容词，而这种状态形容词又多可以按"ABAB""AABX""ABBX""AB 巴 B""AB 子 B""AXXB"等多种方式进行重叠，因此，湘方言中由"前加式"的 AB 式双音节状态形容词为基式构成的形容词重叠式特别丰富。

②在语法功能上，湘方言中的形容词重叠式一般不能受程度副词和否定副词修饰，不能与程度补语组合，也不能进入比较句和条件倚变句。它们主要充当定语、谓语、状语和补语等句法成分，此外，还可以在与结构助词结合构成"的"字短语（即名词化）后再作主语、宾语等成分，湘方言中形容词重叠式名词化有加合式和置换式两种方式。

③在语义语用功能上，湘方言中的形容词重叠式多具有较强的描状功能，并且包含有一定的量性特征，也往往体现出主体较强的主观感情色彩。结构形式、语音形式和是否带后缀等因素，会对湘方言形容词重叠式的语义、语用功能产生影响。

④湘方言形容词重叠式在表现出较多的内部一致性的同时，也存在一定的内部差异。比如，有的结构形式在大多数湘方言中都普遍使用，而有的结构形式，如"A 闹＝A 屎＝""A 个＝A 脑＝""A 的＝A 里＝""A 山＝A 里＝""AXXB""AB 子 B"式等，则只在少数湘方言中使用。总的来说，娄邵片湘语比起其他片要更为丰富，显示出一定的地区不平衡性。湘方言各点的形容词重叠式后缀和名词化标记也表现出较大的地域差异，如长益片湘语多用"的、哒的"等形容词重叠式后缀，娄邵片则多用"哩、唧"等后缀，长益片湘语的名词化标记一般为"的"，与重叠式后缀同形或部分同形，娄邵片湘语的名词化标记则一般多为"个"。

（二）与湖南省境内非湘语方言的比较

对于湖南省境内非湘语方言的形容词重叠现象，学术界曾有过一些关注，下面将湘方言的形容词重叠与湖南省境内的西南官话、赣语和客家话等作一简单比较。

根据李启群（1994）的考察，属于西南官话的吉首话中，形容词主要有"AA（儿）的""A 呔 A""AA 儿 AA 儿""AABB""ABAB 的""AB

呔 AB""A 头 A 脑""屋 A 八 A（的）"等几种重叠式。该方言形容词重叠
式具有以下几个特点：

1. 单音节形容词的重叠式往往可以儿化，例如：

白白儿的　　　　老老儿的　　　　高高儿的

轻轻儿轻轻儿　慢慢儿慢慢儿　悄悄儿悄悄儿

2. 形容词重叠式中间可以插入中缀"呔"表示程度加深，例如：

热呔热太热，让人受不了　　　　重呔重太重，使人拿不动

湿呔湿太湿，湿过了头　　　　　厚呔厚太厚，厚过了头

鹊宝儿呔鹊宝儿极滑稽　　　　　老夹呔老夹相当老练

造孽呔造孽极可怜　　　　　　　老实呔老实极老实

3. 普通的双音节性质形容词也可以按"ABAB 的"式重叠，例如：

本分——本分本分的很本分　　　憨直——憨直憨直的十分朴实爽直

年轻——年轻年轻的非常年轻　　　毛糙——毛糙毛糙的很毛糙

据姬凤霞（2006）对慈利话、陈叶红（2010）对张家界话、易亚新
（2007）对常德话、刘静（2012）对石门话的研究显示，西南官话中的形容
词重叠式有一个最大共同点，那就是重叠后可以儿化。

通过比较可知，形容词重叠式的儿化现象是湖南省境内西南官话的一
个明显特征，但在湘方言中，除溆浦等少数地方外，形容词重叠式一般都
不儿化。某些西南官话中的形容词单纯型重叠式中间可以插入中缀构成
"AXA（的）"的现象，在湘方言中也很少见到。

形容词重叠式在岳阳赣语内部存在一定的差异，岳阳城区话中的形容
词重叠式主要有"AA 哩""AA 事（得）""ABB 哩""AABB""很 A 八 A"
和"AXAB"等几种结构形式（赵琴，2012），岳阳柏祥话还有"ABAB"
式等形式，城区话的"很 A 八 A"式在岳阳县话中作"何 A 八 A"（李冬
香，2007：193-197）。

安仁赣语的形容词重叠式主要有"AA（唧）""ABB（唧）""AABB
（唧）""ABAB"和"AXAB"等结构形式。（周洪学，2012：96-97）

从上述学者的描述来看，湖南省境内赣语在形容词重叠式的结构形式和

句法、语义语用功能等方面与湘方言差别不大。看来，从形容词重叠这个方面来看，把某些方言看成是湘语和赣语的过渡性方言①也是很有道理的。

根据陈娥（2013）的描述，耒阳客家话形容词的重叠式主要有"AAB 崽""ABB 崽""AABB 崽""ABAB""AXAB"等结构形式。其中"AAB 崽"是该方言最常见的重叠形式，表示程度的加深，其中的"崽"是必有成分。该文共搜集到 134 个用例，占了该方言形容词重叠式的 60%。这种重叠式不限于"前加式"状态形容词，很多普通的双音节性质形容词都可以这种方式重叠。她举的例子如：

绯绯红崽	焦焦青崽	雪雪白崽	墨墨黑崽
蕲蕲新崽	干干净崽	清清甜崽	热热闹崽
浓浓胖崽	斯斯文崽	高高兴崽	舒舒服崽

曾献飞（2006：163-166）的研究显示，汝城客家话的形容词重叠式与耒阳客家话差不多，其 AAB 式也很有特色，所不同的是，其 AAB 式后面似乎并不需要附加后缀。

通过比较可知，湖南省境内客家话的多数重叠式都与湘方言大同小异，二者的最大差别可能就表现在其"AABX"式上，相比于长沙话中仅限于少量的"前加式"双音节状态形容词，邵阳话中主要是表示颜色和味觉的词构成的"淡 A 唧""懒⁼A 唧"和"微 A 唧"式状态形容词，客家话的"AABX"式形容词重叠要丰富得多。

（三）与湖南省境外方言的比较

杨俊芳（2008）曾将汉语方言的形容词重叠现象总结为三大类 23 种结构形式，② 下面先通过表格的形式将其与湘方言做一对比。某些重叠式在构成方式上存在差别，但在句法语义语用功能上相差无几，我们将其整合为一种形式，它们包括 ABB 式和 AXX 式，ABXB 式和 XAYA 式，AXBB 式

---

① 对于岳阳和安仁方言的归属，学术界均存在一定的争议，李冬香（2007：20-21）认为岳阳县方言是一种湘赣语过渡性质的方言，周洪学（2007：4-5）也曾论及，有学者认为安仁话介于赣语和湘语之间，是一种"过渡型"的方言。

② 付欣晴（2013）也对汉语方言中的形容词重叠做了归纳，提供了一些新的方言例证，但基本上没有超出杨俊芳（2008）的范围。

和 AYXX 式。

表四　湘方言与其他汉语方言结构形式上的比较

汉语方言		湘方言	
结构形式	例子①	结构形式	例子
AA 式	惠州客家话：盖架车新新	——	——
AAA 式	平南粤语：箇条大路滑滑滑	——	——
AABB 式	化州粤语：个镬饭硬硬弓弓	AABB 式	渠扯＝常日懵懵懂懂
ABAB 式	嘉善吴语：两只手冰溇冰溇	ABAB 式	箇菜飞咸飞咸
三音节重叠	昆明官话：这个菜甜咪西甜咪西的	——	——
ABAC 式	上海吴语：伊吃饭个样子恶形恶状	ABAC 式	渠长得武统武辖
——		BACA 式	渠经常扬武耀武
AAB 式	余江赣语：个件衣裳雪雪白	AAB 式	柑子微微酸唧
ABB 式	福州闽语：许条墿直透透，毛转弯唭	ABB 式	外头凉朽朽哩
XAA 式	娄烦晋语：他的眼圪瞅瞅地	——	——
ABXB 式	彭州官话：稀孬八孬的韭菜	ABXB 式	飞＝红巴红个西瓜
AXA 式	平南粤语：箇碟菜煮得咸鬼咸	——	——
AXYA 式	两江平话：隔壁家人小死怎小	——	——
AAXBB 式	神木晋语：这碗饭丁丁儿酸酸价了	——	——
ABXAB 式	宣恩官话：他日子过得舒服 te⁵⁵ 舒服	——	——
AXAB 式	祁门徽语：那人老里老实家个	AXAB 式	渠有点唧哈里哈气
AAXB 式	英山官话：这条裤子绷绷裸紧的	——	——
AXBB 式	平南粤语：佢箇人伦鬼阵阵	——	——
AAX 式	上海吴语：做事体要慢慢叫	AAX 式	长沙：箇只苹果红红子
AAXY 式	余江赣语：天气变得冷冷试里	AAXY 式	柑子酸酸哩唧
AYXXX（X）	永春闽语：唧蕊花芳遭燕燕燕燕燕	——	——
——		AXXB 式	柑子清巴巴酸
——		AXAY 式	新化：柑子酸闹＝酸屎

---

① 本节湘方言以外的例句除非特别说明均转引自杨俊芳（2008），为了节省篇幅和排版方便，恕不一一列出页码，湘方言的用例除非特别说明均为邵阳话的例子。

从上表可看出，有些重叠式在湘方言和湖南省境外方言中都较为广泛地使用，有些重叠式（如 AAA 式、三音节重叠式等）却基本不见于湘方言中，也有一些见于湘方言的重叠式在湖南省境外方言中很少使用（如 BA-CA 式、AXXB 式、AXAY 式等）①。下面我们主要以杨俊芳（2008）所归纳的材料为基础，结合其他方言材料，以不同结构形式为纲，举例说明湖南省境外方言形容词重叠式的使用情况，然后再将其与湘方言进行简单比较。

1. 湖南省境外方言形容词重叠式的使用情况

Ⅰ. 同现于湘方言和湖南省境外方言的重叠式

这些重叠式包括 AABB 式、ABAB 式、ABAC 式、AAB 式、ABB 式、ABXB 式、AXAB 式、AAX 式和 AAXY 式等结构形式。

①AABB 式

这一式在湖南省境外的各大方言区都有所分布。它们有的以 AB 式双音节形容词为基式，有的没有 AB 式基式，是 AA 与 BB 的叠结形式，重叠后多表示程度加重，并增加了描写性、生动性。它们主要在句中作谓语、定语、状语和补语等成分。例如：

（1）昆明官话：你莫看他衣服么穿的<u>讲讲究究</u>的，家首么偻馊得很。

（2）柳州官话：你这条裤子<u>吊吊嚢嚢</u>的，难看死了。（韦璇、张思慧，2015）

（3）忻州晋语：未件事<u>当当紧紧</u>的，你得赶快办哩。

（4）榆社晋语：<u>累累堆堆</u>｜<u>实实受受</u>｜<u>疯疯张张</u>｜<u>齐齐洁洁</u>（史秀菊、乔慧芬，2015）

（5）苏州吴语：<u>清清爽爽</u>葛房间亦拨俫弄得落落乱哉。

（6）吉州赣语：房间里<u>干干净净</u>个。

（7）下洋客家话：大家<u>闹闹热热</u>（子）一下过年。

（8）玉林粤语：兀个青年俫做事<u>稳稳阵阵</u>咯。

（9）福州闽语：蜀喙饭<u>勉勉强强</u>嗻吞下呵。

②ABAB 式

---

① 据乔全生（2000：56）、任晓静（2017）等报道，属于晋语运城片的河津、临猗等地，形容词有 AXXB 式重叠，如"雪光光白、崭光光新、精溜溜光"等。

这一式也广泛见于湖南省境外的各大方言区。它们大多是前加式双音节状态形容词的重叠式，在少数方言中，双音节性质形容词也可以这种方式重叠，例如海丰闽语中的"老实老实、刻苦刻苦"、漳州闽语中的"平坦平坦、艰苦艰苦"等，重叠后多表示程度的加深。个别方言中的 AB 不成词，也可以构成 ABAB 式，表示程度减弱，例如彭州官话中的"厚笃厚笃、薄飞薄飞"，沾益官话中的"病歪病歪、憨尖憨尖"等。它们主要在句中作谓语、定语、状语和补语等成分。例如：

（10）万荣官话：冰糕搁嘴<u>冰凉冰凉</u>的。

（11）娄烦晋语：我买佬菊<u>绿菊绿</u>地的袄儿。

（12）嘉善吴语：外头回来，两只手<u>冰樱冰樱</u>。

（13）大冶赣语：畈里开了一条<u>笔直笔直</u>个港。

（14）下洋客家话：脾气<u>古怪古怪</u>子。

（15）平南粤语：简间屋畀佢整得<u>立靓立靓</u>（嘅）。

（16）汕头闽语：伊阿妹生来<u>细粒细粒</u>（呤）。

③ABAC 式

这一式有"A 头 A 脑""A 眉 A 眼""A 手 A 脚""A 声 A 气""A 天 A 地"等多种具体形式，在湖南省境外主要见于官话、吴语、赣语及晋语等方言区。它们多带有贬义色彩而无所谓程度的加深或减弱，少数方言中表示程度加强，如苏州吴语中"多天多地、响天响地"、嘉善吴语中的"穷尽穷氏、鲜尽鲜氏"、剑河官话中的"左头左脑、死眉死眼"（谢建红，2015）、榆社晋语中的"特低特拉、愣头愣脑"（史秀菊、乔慧芬，2015）等。它们主要在句中作谓语、定语、状语和补语等成分。例如：

（17）昆明官话：他那种人<u>大口大气</u>的，将仿他爹开着银行一样的。

（18）昆明官话：你咋个睡了<u>泡眉泡眼</u>的。

（19）上海吴语：侬做起掰桩事体来<u>蟹手蟹脚</u>个。

（20）苏州吴语：倷<u>贼头贼脑</u>葛看啥物事？

（21）余江赣语：伊个人<u>滑头滑脑</u>个样子。

④AAB 式

这一式在湖南省境外的方言区有较为广泛的分布。在大部分方言中，它们是前加式状态形容词 AB 的前扩展重叠式，少数方言中，普通的性质形容词也能以这种方式重叠，例如广州粤语中的"清清楚、大大方"、福州闽语中的"简简单、自自然"等，它们重叠后多表示程度的加深。类似于湘语邵阳话"懒꞊懒꞊红""温温爛""微微辣"那样的表示量减的情况，在湖南省境外只在个别方言中可以见到，如广西临桂（义宁）平话中有"温温热"表示"稍微有点儿热"的用例。它们主要在句中作谓语、定语、状语和补语等成分。例如：

（22）柳州官话：他做事<u>老老实</u>的。

（23）黄州官话：<u>抿抿甜</u>的个八宝粥，吃得厌人。

（24）苏州吴语：张师傅葛面孔<u>笔笔板</u>葛。

（25）上海吴语：伊格字写勒<u>野野糊</u>。（徐烈炯、邵敬敏，1997）

（26）杭州吴语：我今朝没带伞，<u>滥滥湿</u>个回来的。（谢冰凌，2014：18）

（27）歙县徽语：那个人吃哩<u>滚滚壮</u>。（孟庆惠，1981）

（28）余江赣语：衣裳着得<u>破破烂</u>。

（29）长汀客家话：一眼间<u>隆隆乱</u>。

（30）平南粤语：我哋<u>高高兴</u>去睇戏。

（31）福州闽语：给装<u>漂漂亮</u>喏。

⑤ABB 式

这一式既包括由双音节形容词 AB 扩展而成的 ABB 式，也包括由单音节形容词 A 加叠音后缀 BB 构成的 ABB 式。它们在湖南省境外的各大方言区都有较为广泛的分布，多表示程度的加深，只有个别方言中的某些 ABB 式表示程度减弱。例如，彭州官话中"红扯扯"表示"略带红色或杂有红色"，"脏兮兮"表示"有点儿脏"，英山官话中"甜抿抿"表示"有点甜味"，"咸丁丁"表示"有点咸味"等。它们主要在句中作谓语、定语、状语和补语等成分。例如：

（32）洛阳官话：我准备好了，什么都<u>现成成</u>的。

（33）成都官话：对面阶沿上有人在<u>贼呵呵</u>地看着我们。（黄爱芳、肖萍，2015）

（34）建始官话：这个屋子里好久没得人住哒，到处都<u>霉胴胴</u>的。（蒋静，

（35）凉城晋语：衣裳<u>干甚甚</u>的了，快拿回来哇。

（36）苏州吴语：<u>油卤卤</u>蒿青菜蛮好吃。

（37）歙县徽语：<u>水漉漉</u>唉衣裳着不的。（孟庆惠，1981）

（38）大冶赣语：<u>干巴巴</u>的个饭，实在吞不下去。

（39）福州闽语：<u>简单单</u>咭交代几句就算呵。

（40）玉林粤语：兀件衫折得<u>皱葱葱</u>定，士侬穿？

（41）文桥平话：屋里罗人都走得<u>空领领</u>了。

⑥ABXB式

这一式主要见于湘方言中，在湖南省境外的部分官话和平话中也有少量用例，它们表示程度的加深，往往有过犹不及的意思，因而多带贬义。它们也可以作谓语、定语、状语和补语等成分。例如：

（42）彭州官话：<u>稀孬八孬</u>的韭菜，还卖得这么贵。

（43）彭州官话：他<u>飞歪八歪</u>地吼，声气又大，把娃娃都吓哭了。

（44）文桥平话：南风天一吹，这地地脚就□〔tɕy⁵⁵〕<u>湿巴湿</u>。

（45）文桥平话：伊的菜煮着□〔kye²⁴〕<u>淡巴淡</u>，好像舍不得放盐样。

（46）柳州官话：海关路<u>七远八远</u>的，我没想走稳克了。（韦璇、张思慧，2015）

⑦AXAB式

这一式包括"A里AB""A的AB""A知AB""A连AB""A个AB""A古AB"等多种具体形式，它们在湖南省境外的官话、晋语、吴语、徽语、赣语、客家话等方言中都有所分布，但在粤语和闽语中却较少见到。这一式在各方言中的表义特征存在差异，有的表示程度加强，有的表示程度略微减弱，有的则无所谓程度增强或减弱，而是主要表达一种主观感情色彩，有的带有贬义色彩，有的带有褒义色彩，但以带贬义色彩为主。它们主要在句中作谓语、定语、状语和补语等成分。例如：

（47）西安官话：一辈子<u>胡里胡都</u>的，就办了这么一件明白事。

（48）柳州官话：这个娃仔从小就<u>鬼里鬼马</u>的，长大肯定是精死更精。（韦璇、张思慧，2015）

（49）新绛官话：你<u>老打老实</u>地说，到底咋回事哪？（翟维娟，2015：40）

（50）忻州晋语：兀先后生子里子吊的，三十来岁啊也没娶媳妇儿。

（51）上海吴语：迭格人有眼<u>特里特别</u>。（徐烈炯、邵敬敏，1997）

（52）祁门徽语：女个要<u>温里温柔</u>家个。

（53）大冶赣语：<u>马肌马虎</u>的个人不能做这种事。

（54）下洋客家话：佢紧<u>啰里啰唆</u>子讲，讲去无人爱听。

⑧AAX 式和 AAXY 式

这两式也在湖南省境外的大多数方言中广泛使用。单音节后缀有"儿、子、的、咘、叫、着、动、试、里、哄、呤"等，双音节后缀有"儿的、不唧、的几、个得、子哩、势儿、试里、着倒"等。它们多数表示"有点儿 A""略微 A 了点"等意义。它们主要在句中作谓语、定语、状语和补语等成分。例如：

（55）黄州官话：俺家山坡上那块地<u>方方着</u>。

（56）娄烦晋语：<u>棉棉地</u>的山药叫你娘娘吃佬。

（57）苏州吴语：<u>弯弯叫</u>葛眉毛，<u>大大叫</u>葛眼睛，<u>薄薄叫</u>葛嘴唇，生得蛮标致葛。

（58）都昌赣语：里者字<u>大大个得</u>。

（59）下洋客家话：天气<u>热热子</u>。

（60）玉林粤语：我要<u>新新</u>定兀条裤，有要<u>旧旧</u>兀条。

（61）汕头闽语：心肝头<u>红红呤</u>。

Ⅱ. 湘方言不常见的重叠式

这类重叠式主要有 AA 式、AAA 式、三音节重叠式、XAA 式、AXA 式、AXYA 式、AAXBB 式、ABXAB 式、AAXB 式、AXBB 式和 AYXXX（X）等结构形式。

①AA 式

湘方言中，单音节形容词的双叠式后面一般都要加上后缀构成 AAX 或 AAXY 等形式，但在湖南省境外的一些方言中，AA 式却可以单独使用。例如：

（62）万荣官话：<u>宽宽</u>布好做裙嘟。

（63）华县官话：我是好意，没有啥<u>瞎瞎</u>心。

(64) 临淄官话：老老芹菜没人要。

(65) 惠州客家话：盖架车新新。

(66) 厦门闽语：伊即领衫白白。

(67) 阳江粤语：其至故意走得快快。

(68) 平南粤语：我将箇只篮儿高高挂住。

不过，这种情况也是比较少见的。根据杨俊芳（2008：99，70-72）的归纳，AA 式广泛见于各大方言区，但从她所举的例子来看，大部分方言的 AA 式后面也要附上后缀才能使用。付欣晴（2013：161）也认为，绝大部分方言中都普遍存在单音节形容词的二叠式，只有少数例外，但很多方言的 AA 式是不能独立存在的，词缀在其中起着非常重要的作用。看来，在汉语方言中，单音节形容词双叠为 AA 后附加后缀才是一种常态。上述方言中的这类重叠式多表示数量"有点儿 A"或"比较 A"等程度减弱的意思，只有惠州客家话、平南粤语等少数方言中的这类重叠式表示"非常 A"等程度加深的意义。

②AAA 式和多叠式

这种重叠式主要见于部分官话、粤语、闽语方言中，表示程度的加深。一般地，使用 AAA 式的方言也同时使用 AA 式。它们在句中可以作谓语、定语、状语和补语等成分。例如：

(69) 郯城官话：拿根长长长的竹竿来打树稍稍上的枣。

(70) 博白粤语：箇张纸薄薄薄，冇好使。

(71) 福州闽语：蜀米宽唭位处，只张桌米二，廖者位处硬硬硬没得去。

(72) 阳江粤语：那件衫洗得白白白。

在一些官话、徽语、闽语、粤语中，还有使用单音节形容词四叠式、五叠式甚至七叠式的，它们所表示的程度更高。下面略举几例，更多关于方言形容词多叠式例子请看付欣晴（2013：169-171）的归纳：

(73) 微山官话：水缸空空空空的，你去帮我挑点水。（殷相印，2006：53）

(74) 丰县官话：好儿好儿好儿好儿睡一觉比啥都强。（高海珊，2008：18）

(75) 泗洪官话：叫哥哥给你举高高高高的！（周琴，2007：39）

(76) 祁门徽语：日个石头长长长长家个。（陈瑶，2006）

(77) 漳州闽语：伊面<u>红红红红红红红</u>。（马重奇，1995）

(78) 宁明粤语：佢擦得只面<u>白白白白白白</u>嘅。（禤伟莉，2009）

另据穆亚伟（2015）、白云、杨萌（2017）等报道，在汾河片、并州片、上党片和邯新片等晋语中，单音节形容词有 AAA、AAAA、AAAAAA 等多种多叠形式，如"紧紧紧（浮山）、老老老老（洪洞）、忙忙忙忙忙忙（娄烦）"，有的伴随着儿化，如"香香儿香儿（辉县）"。

③多音节形容词重叠式

这种重叠式主要见于一些官话和闽语方言中。例如：

(79) 寿光官话：这床上<u>翻古热翻古热</u>的。

(80) 昆明官话：这个菜<u>甜咪西甜咪西</u>的，我不喜欢吃。

(81) 泗洪官话：<u>多不老高多不老高</u>｜<u>死不老贵死不老贵</u>（周琴，2007：36）

(82) 海丰闽语：<u>清气相清气相</u>｜<u>半精慧半精慧</u>｜<u>郎仔撞郎仔撞</u>｜<u>甲意思甲意思</u>

(83) 漳州闽语：<u>臭着火燋臭着火燋</u>｜<u>乡社侬款乡社侬款</u>（马重奇，1995）

它们有的表示程度的增加，如寿光官话；有的则表示程度的减弱，例如昆明话"甜咪西甜咪西"不是表示甜的程度加深，而是表示有点儿甜，"痒咪酥痒咪酥"也是表示有点儿痒，海丰话说某人"半大肿半大肿"比说某人"半大肿"程度要轻得多。（杨俊芳，2008：26）

④XAA 式与 XAXA 式

这两式是颇具晋语特色的形容词重叠式，主要见于晋语区及周边官话中，多表示程度加深，其中的 X 多为"圪、骨、忽"等表音词缀。它们在句中可以作谓语、定语、状语和补语等成分。例如：

(84) 娄烦晋语：他的眼<u>圪瞅瞅</u>地。

(85) 神池晋语：这肥肉<u>圪腻腻</u>的，我不想吃。

(86) 中和官话：<u>圪软软儿</u>的草地。

(87) 获嘉晋语：我一说他，他脸一红，<u>圪米米儿</u>的走了。

(88) 娄烦晋语：他叫骂佬一顿，气得<u>忽吸吸</u>地。

(89) 离石晋语：冻得<u>圪缩圪缩</u>的，真是想哭咧。（张天明，2014：37）

(90) 清徐晋语：兀块闺女的眼还<u>忽眨忽眨</u>地。（王晓婷，2014：17）

（91）长治晋语：（你）忽扇扇嘞干甚类？(陈凯敏，2015：32)

（92）新绛官话：走路老是圪拐圪拐地。(翟维娟，2015：40)

⑤AXA 式与 AXYA 式

这两式主要见于部分官话、晋语、吴语、粤语、闽语和平话中。它们是在单音节形容词重叠式中插入一个单音节或双音节的中缀，多表示程度的加深，在句中主要作谓语、定语和补语等成分。例如：

（93）昆明官话：她的脸色白 lə⁵³ 白，看上去就像得了一场病一样的。

（94）昆明官话：油条炸呢黄 lə⁵³ 黄。

（95）柳州官话：这只狗崽瘦死哏瘦，一点都没可爱。(韦璇、张思慧，2015)

（96）清徐晋语：这布儿旧唠块旧，不能做衣裳咪。(王晓婷，2014：24)

（97）太原晋语：这天气真是热了个热，再不能热了。

（98）温州吴语：该个人真横显横！

（99）平南粤语：咸鬼咸嘅头菜要佢做乜嘢。

（100）浙南闽语：日头炎显炎。

（101）两江平话：老张个儿精死恁精。

⑥AAXBB 式

这一式目前仅见于陕西神木晋语中，是在部分偏正式双音节状态形容词 AB 重叠为 AABB 后，再插入中缀"儿"形成的，强调程度达到极点，带有强烈的厌恶色彩，可以作谓语、定语、状语和补语等成分，后面多可以加后缀"价"。例如：

（102）这碗饭丁丁儿酸酸价了，倒了吧。

（103）稀稀儿烂烂价的一腰裤儿，算穿了。

（104）你说你爱吃鸡蛋，真儿叫你尽尽儿够够（价）吃上一顿！

（105）你眉眼怎价一下变得雪雪儿白白价！

⑦ABXAB 式

这一式是在双音节性质形容词的 ABAB 式重叠后，再插入一个中缀形成的，表示程度的加深。它们在汉语方言中并不多见，主要见于官话、晋语中，在句中主要作谓语和补语。例如：

（106）恩施官话：钱存进银行就保险得保险。(罗妹芳，2007)

（107）昆明官话：这件衣裳洗得<u>干净了干净</u>。（转引自付欣晴，2013：181）

（108）文水晋语：兀圪截人真是<u>小气了槐小气</u>呀！（转引自付欣晴，2013：182）

此外，某些浙南吴语和闽语中也有"灵清显灵清、闹热显闹热、清水显清水、滑头显滑头"等用法。

⑧AAXB 式

这一式主要见于湖北省的部分官话方言中，是在 AAB 式中插入中缀形成的，表示程度的加深，在句中主要作谓语和补语。例如：

（109）英山官话：这碗菜<u>抿抿裸甜</u>的，一点不好吃。（陈淑梅，1994）

（110）黄州官话：么把屋里搞得<u>肮肮子臭</u>□uɛ？（汪化云，1999）

⑨AXBB 式

这一式是在 ABB 式形容词的 A 与 BB 之间嵌入"不、圪、忽"等无实义的中缀而形成的，主要见于官话和晋语区，多表示程度的加深，并带有或喜爱或厌恶的感情色彩，在句中主要作谓语、定语和补语。例如：

（111）彭州官话：这根棒棒<u>短不杵杵</u>的，用来接这个板凳脚脚要不得。

（112）忻州晋语：我将吃咾一根<u>脆圪噌噌</u>的黄瓜。

（113）获嘉晋语：这底鞋底她纳的<u>密圪扎扎</u>，穿半年都磨不透。

（114）安阳晋语：这□〔yo〕孩得长嘞<u>黑不顶顶</u>嘞，谁都不喜欢他。

（115）离石晋语：居舍<u>乱圪糟糟</u>的，就不能拾掇一下？（张天明，2014：28）

（116）长治晋语：一个老太太<u>胖不等等</u>，穿了个棉袄<u>新圪蕲蕲</u>。（陈凯敏，2015：40）

（117）成县官话：今儿的这饭咋吃觉着<u>咸不叽叽</u>的。（李丽娟，2015：34）

（118）榆社晋语：这小孩孩长得<u>白圪丢丢</u>的，真好看嘞。（史秀菊，乔慧芬，2015）

此外，在部分徽语中也有类似用法，例如绩溪话中的"痴不呆呆、傻不实实、阴不奸奸"，歙县话中的"佯不淘淘、酸不唒唒、痴不呆呆"等。

⑩AXBBB（B）式

这一式目前仅见于福建永春闽语中，是在 AXBB 式的基础上继续重复其中的 B 音节而形成的，表示无以复加的程度，带有夸张的意味，一般很少用，只有在说话人情绪激动，或为了强调某种事物的好坏已经到了无以

复加的程度时才使用。（林连通，1982）其用法非常类似于湘语邵阳话中的
"AXXB"式，例如：

芳遘燕燕燕/燕燕燕燕/燕燕燕燕燕

咸遘笃笃笃/笃笃笃笃/笃笃笃笃笃

白遘茫茫茫/茫茫茫茫/茫茫茫茫茫

薄遘稀稀稀/稀稀稀稀/稀稀稀稀稀

此外，袁伟、朱德康（2014）报道了属于中原官话的江苏睢宁话中，
有一种特殊的 BA^n 式形容词重叠式，其中 A 可无限重叠，随着 A 重叠次数
的增加，重叠式所表示的程度量级不断增大，其性质和用法与湘语邵阳话
中的"AXXB"式和福建永春闽语的 AXBB 式也非常类似，例如：

虚绿绿/绿绿绿/绿绿绿绿/绿绿绿绿绿

傻白白/白白白/白白白白/白白白白白

喷香香/香香香/香香香香/香香香香香

2. 湘方言与湖南省境外方言形容词重叠式的比较

Ⅰ. 结构形式方面

杨俊芳（2008：13）在考察汉语方言形容词重叠式的结构形式后得出
以下几个认识：

①形容词重叠形式的数量与基式的音节数量成反比。音节数越多，以
之为基式构成的重叠式越少，即重叠形式的数量：单音节＞双音节＞三音
节形容词。

②单纯型、扩展型和加缀型三种重叠类型中，属于加缀型重叠的最多，
单纯型的次之，扩展型最少。

③加缀型重叠中，中缀型最多，后缀型次之，前缀型最少。

如果将湘方言中的 AABB 式、ABAB 式、AAB 式、ABB 式、ABXB
式、AXXB 式、AXAB 式等 7 种结构形式视为双音节形容词的重叠式，
ABAC 式、BACA 式、AXAY 式、AAX 式、AAXY 式等 5 种结构形式视
为单音节形容词的重叠式，那么，湘方言中形容词重叠形式的数量与基式
的音节数量间的关系是：双音节（7）＞单音节（5）＞三音节形容词（0）。

湘方言中 12 种结构形式的重叠式中，属于单纯型的有 AABB 式和 AB-

AB 式 2 种，属于扩展型的有 ABAC 式和 BACA 式 2 种，属于加缀型的有 AAX 式、AAXY 式、AXAB 式、AABX 式、ABBX 式、ABXB 式、AXXB 式和 AXAY 式等 8 种，其中后缀式和中缀式各 4 种，再加上大多数非加缀型重叠式后面都可以附上后缀，后缀型远远大于 4 种，因此，湘方言中各重叠类型的格局是：

加缀型（8）＞单纯型（2）＝扩展型（2）

后缀型（＞4）＞中缀型（4）＞前缀型（0）

可以看出，在形容词重叠的结构形式上，湘方言存在与汉语方言总体规律不太一致的地方。此外，某些重叠式如 BACA 式、AXXB 式和 AXAY 式等，在湖南省境外方言中难以见到，也体现了湘方言的特色。

Ⅱ. 句法功能方面

杨俊芳（2008：70；85）认为，汉语方言形容词重叠在句法功能方面有以下几个共同特征：

①形容词重叠式可充当各种句法成分，主要作谓语、定语、状语和补语，作主语和宾语的较少，一般仅限于"的"字短语①。所有的重叠形式都可以充当谓语和补语，作谓语和补语是形容词重叠式最主要的句法功能。

②AA 式、AABB 式和 ABB 式三种重叠式充当句法成分的能力最强，可以充当所有的句法成分。它们也是各方言中使用较多的，因此，常用性与句法功能的强弱成正比。

③中缀似乎对重叠形式的句法功能有制约作用。

下面来看湘方言中的情况。湘方言形容词重叠式的句法功能与其他汉语方言基本上是一致的，它们也可以充当谓语、定语、状语和补语等成分，作定语时需要先"名词化"，此外，名词化后也可以作主语和宾语。湘方言中的 AA 式、AABB 式和 ABB 式充当句法成分的能力也很强。不过，根据龚娜（2011：162）的研究，湘方言中形容词重叠式最主要的句法功能是作谓语，其次是作状语，作补语和定语是比较受限的。而且，我们也似乎很难看出中缀对湘方言形容词重叠式的句法功能有什么明显的制约作用。比

---

① 这里所说的"仅限于'的'字短语"，指的是各方言中形容词重叠式后面加上相当于北京话"的₃"的语法成分的"名词化"形式。

如，邵阳话中的两种典型的中缀型重叠式"A 里 AB"和"AXXB"，都可以作谓语、状语、定语、补语和主宾语等多种成分。前者如：

（119）渠经常<u>哈里哈气</u>。他经常傻傻的。（作谓语）

（120）我今日又<u>冤里冤枉</u>掉咖一百块钱！我今天又白白地掉了一百块钱！（作状语）

（121）渠讨倒只<u>娇里娇气</u>个妹唧家做婆娘。他娶了一个娇里娇气的姑娘做老婆。（作定语）

（122）渠经常打扮得<u>妖里妖气</u>。他经常打扮得很妖艳。（作补语）

（123）<u>油里油气</u>个有哪个喜欢。油嘴滑舌的人没有谁会喜欢。（名词化后作主语）

（124）我唔想嫁把只<u>痞里痞气</u>个。我不想嫁给一个痞子。（名词化后作宾语）

后者如：

（125）今年个西瓜<u>清蜜蜜</u>甜唧。今年的西瓜特别甜。（作谓语）

（126）把萝卜孃＝<u>锋锋薄</u>唧切起晒倒。把萝卜薄薄地切了晒着。（作状语）

（127）渠喜欢吃<u>清霸＝霸</u>酸个东西。她喜欢吃特别酸的东西。（作定语）

（128）渠一到夏天会就晒得<u>墨扯＝扯＝</u>黑。他一到夏天就晒得黑黝黝的。（作补语）

（129）<u>滚泡泡爛个</u>（水）洗起唔舒服滴？热腾腾的水洗着不舒服些？（名词化后作主语）

（130）渠就要困<u>梛挺挺硬个</u>（床）。他就要睡硬梛梛的床。（名词化后作宾语）

Ⅲ. 语义语用功能方面

杨俊芳（2008：86；98）认为，汉语方言形容词的重叠式较之基式，最显著的语义是"量的加强"，但有些时候也存在量的减弱。总起来看，形容词重叠式可以表达量的变化和量的级差，其程度量的变化和级差与形容词的重叠类型、重叠次数、所带词缀以及语音变化（包括声调的变化、元音的屈折和音长的变化等）等因素有着密切的关系。此外，在对汉语方言的形容词重叠作语义分析时，她还经常提到不少方言中的形容词重叠式带有较强的描写性、生动性和主观感情色彩。付欣晴（2013：220）也有相关论述，认为汉语方言形容词重叠式表示状态，具有很强的描写性；显示所描写性状的客观程度的强弱，或者表达说话者主观语气的强弱；表达说话者对程度的主观评价。

上文的分析显示，湘方言形容词重叠式都与一定的程度意义和程度极差相联系，可以表示量增和量减两类语义，且带有较强的主观感情色彩和评价色彩，其语义语用功能与结构形式、语音形式和是否带后缀等因素有关。可以看出，在语义语用功能上，湘方言形容词重叠式与其他汉语方言大体上是一致的，所不同的只是具体的方言点、具体的结构形式的语义语用功能存在一定的差异。

Ⅳ. 从湘方言材料反观杨俊芳（2008）的方言类型学研究

杨俊芳（2008：143）曾尝试从类型学角度对汉语方言形容词重叠式进行了比较，得出了以下几条结论：

①有复杂形式必有简单形式，但有简单形式的不一定有复杂形式：

a. 有单音节三叠式 AAA 的方言必存在二叠式 AA。

b. 有 AYXX 式的方言必有 AXX 式。

c. 有 ABXAB 式的方言必有 AXA 式。

d. 有三音节重叠式的方言必有单音节重叠式和双音节重叠式。

②有些重叠形式呈互补分布，两种形式不在同一方言中出现。

这样的形式有：XAA 与 AXA，XAA 与 AAX，AAX 与 AAXY，XAA 与 XAYA，ABXB 与 AXBB。

通过将湘方言材料与之比较发现，湘方言中单音节形容词有 AA 二叠式但没有 AAA 三叠式；有 AXX 式但没有 AYXX 式；有 AXA 式但没有 ABXAB 式；有单音节和双音节的重叠式但没有三音节形容词的重叠式，这说明湘方言符合杨文①中所归纳的 4 条蕴含共性。

由于湘方言中形容词很少按 XAA 式和 AXBB 式重叠，湘方言中与杨文②相关的只有 AAX 与 AAXY 两种重叠式。根据②的描述，AAX 与 AAXY 呈互补分布，不在同一方言中共现，但湘方言的事实是，由于形容词后缀的多样性，这两式共现的情况并不罕见。如邵阳话中"红红哩""红红哩唧"，益阳话中"黑黑嘶""黑黑家嘶"等。看来，湘方言的情况比较特殊。但这并不意味着杨文所作的方言类型学考察没有意义，因为类型学考察得出的结论与语种库的大小和代表性、均衡性等关系密切，只不过通过对湘方言的考察，"形容词 AAX 与 AAXY 重叠不在同一方言中共现"的这条方言类型学共性已由一条绝对共性降为倾向性共性。

▶ 二、湘方言形容词重叠的历时考察

对于形容词重叠式的历时发展，卢卓群（2000）、石锓（2005）和石锓（2010）等曾有过讨论。其中，石锓（2010）是一部重要的专著，孙景涛认为其对"形容词重叠在各个历史时期的状貌及其发展进行了全面的调查描写，有许多重要的发现"，刘丹青认为他"显著提升了这个课题的研究水准，不但厘清了众多重叠形式的来龙去脉、演变步骤，而且也加深了对这些形式本身性质的认识"①。不过，已有的研究主要讨论的是 AA 式、AABB 式、ABB 式、A 里 AB 式和 ABAB 式等五种形容词重叠式的历时发展，对于其他形式则很少关注。下面主要以石锓（2010）的研究为依据，结合我们自己对历史文献的考察，对形容词重叠式的历时发展作一简单回顾和补充②，并将其与湘方言各形容词重叠式进行比较，以了解它们的历史来源。

1. AA 式和 AAX 式

根据石锓（2010）的研究，历史上形容词的 AA 式重叠包括"重言"和"重叠"两类，前者是单音节状态形容词的重叠（如"彤彤"之类）；后者是单音节性质形容词的重叠（如"红红的"之类）。从先秦到元明清时期，形容词 AA 式重叠总的发展趋势是从"重言"到"重叠"：

先秦时期，AA 式重言已大量使用，有的后面可带"焉、乎、如、然、尔"等词尾，如"休休焉、郁郁乎、欣欣然"等。而重叠只在《诗经》《庄子》等文献中见到"高高、青青、深深、弯弯"等零星用例。

两汉魏晋时期，产生了一批新的 AA 式重言词，如"森森、晔晔、崇崇"等，它们在结构上多不带词尾。重叠式在这一时期也略有增多，出现了"轻轻、远远、淡淡、小小、长长"等重叠式。

唐宋时期，AA 式重言与重叠发生了历时替换：重言在生成上处于消亡期，而在使用上却是兴盛期；重叠在生成上处于兴盛期，而在使用上则是

---

① 见石锓（2010）书后的"专家评审意见"。
② 本节有关形容词重叠式历时发展的论述，除非特别说明，均整理自石锓（2010）的相关论述。

弱势期。这时的重言词后出现了"底、地、生"等新的词尾，如"堂堂底、汪汪地、忉忉生"等。与此同时，产生了一批新的单音性质形容词的重叠式，如"短短、好好、厚厚、满满、白白、新新"等，它们也可带"然、地、底"等词尾，有的还能带"许、馨、个"等词尾，如"淡淡然、颠颠地、小小底、多多许、长长馨、明明个"等。

元明清时期，AA 式重言逐渐消退，重叠式却得到大发展，无论在数量上还是使用频率上，重叠式都呈上升趋势。这时的 AA 式重叠词尾统一于"的"，偶尔也有用"地、里、价"的，如"热热的、湿湿的、慢慢地、暗暗里、细细价"等；并且于元代开始就产生了 AA 重叠式的儿化形式，有时可以受"有些、有点"等弱度程度副词修饰。

湘方言中，形容词的 AA 式多是口语中常用的单音节性质形容词的重叠式，从先秦到元明清各朝代产生的重叠式，陆陆续续积淀在湘方言中，而重言式在湘方言口语中已基本消失殆尽。湘方言中，AA 式后所附的"词尾"丰富多样，它们有的是对古代汉语的继承（如长益片大多数方言点使用的"的"是对"底""地"的继承，娄邵片某些方言点使用的"哩"是对"里"的继承，只是发生了音变或在用字上发生改变），而大多数应该是自身的创新用法。

2. AABB 式

根据石锓（2010）的研究，历史上形容词的 AABB 式重叠有"叠加式"和"重叠式"两大类：其中，叠加式又包括"重言式叠加"（单音节状态形容重言以后再叠加，如"穆穆皇皇"）和"重叠式叠加"（单音节性质形容词重叠以后再叠加，如"红红绿绿"）；重叠式又包括"重言式重叠"（双音节状态形容词重叠后构成的重叠，如"参参差差"）和"重叠式重叠"（双音节性质形容词重叠以后构成的重叠，如"高高兴兴"）。AABB 式重叠的总体发展趋势是从"叠加"到"重叠"：

AABB 式词语最早见于西周金文，如"仓仓恩恩、难难雗雗"等，全都是叠加式的拟声词。

唐以前的 AABB 式都是两个重言式 AA、BB 的叠加，如"穆穆皇皇、纷纷翼翼"等，它们具有结构的松散性、组合的临时性和语序的不稳定性等特点。

唐宋时期是重叠式 AABB 的形成期，也是叠加式 AABB 的发展期。这一时期的 AABB 式大多不带词尾，只有少数可以带"然、底、地、生"等词尾，但所带词尾不具有强制性，例如"坦坦荡荡然、当当密密底、朦朦胧胧地、奇奇怪怪生"等。

元明清时期，是状态形容词叠加式使用的衰弱时期，也是性质形容词重叠式与性质形容词叠加式的发展时期。这一时期，重叠式叠加出现了新的类型，AABB 中的 BB 可以是两个没有意义的音缀，如"羞羞答答、慢慢腾腾"等，并且出现了以附加式（如"和和气气、客客气气"等）、动宾式（如"认认真真、随随便便"等）、偏正式（如"本本分分、大大方方"等）、主谓式（如"自自在在、情情愿愿"等）双音性质形容词为基式的 AABB 重叠式，一些双音节名词（如"风风月月"）甚至两个相关的单音节名词（如"婆婆妈妈"）也可像形容词一样构成 AABB 重叠式。在外部结构上，AABB 式的词尾减少并呈单一化，只有少数可带"的"尾；清代开始，一些 AABB 式可以儿化。

湘方言中，唐以前产生的"重言式叠加"已基本上不再使用，唐宋以后特别是元明清以来产生的、普通话得以继承的各类重叠式，在湘方言中也继续使用，其用法与普通话差不多。此外，湘方言还产生了一些重叠式，它们大多数是性质形容词的重叠式，如邵阳话的"闹闹然然、乖乖他⁼他⁼"、娄底话的"干干爽爽、直直快快"等；也有的是性质形容词的叠加式，如长沙话的"慢慢细细、阴阴犽犽"、邵阳话的"饱饱实实、溜溜滑滑"等；还有的是状态形容词的重叠式，如新化话的"捞⁼捞⁼松松、拉⁼拉⁼瘦瘦"、衡阳话的"焦焦干干、纠⁼纠⁼圂圂"等。这些应该是湘方言在唐宋以后各个历史时期中产生的创新用法。湘方言中的 AABB 式的词尾也多样化，但也不是必须的。

3. ABB 式

石锓（2010）认为，在形容词的各种重叠形式中，ABB 式的发展是最复杂的。他把历史上的形容词 ABB 式分为并列式（如"坦荡荡"）、述补式（如"白颢颢"）、附加式（如"白皑皑"）、音缀式（如"黑洞洞"）、主谓式

（如"血滴滴"）、重叠式（如"慌张张"）六种结构类型，前两类是短语，后四类是词。其总的发展趋势是"ABB 短语的词汇化"，其过程大致是：述补式由并列式衍生而来，后又词汇化为附加式，附加式再衍生出音缀式跟重叠式，而主谓式则是由主谓式短语词汇化而来。

ABB 式最早见于先秦文献，如《论语》中的"君子坦荡荡，小人长戚戚"。唐以前 ABB 主要是并列式的，且以"单音节状态形容词＋重言式 BB"格式（如"杳冥冥、郁巍巍"等）为主，述补式（如"寒凝凝、白颢颢"等）很少，主谓式（如"石磊磊"等）更是个例。

唐五代时期，"单音节状态形容词＋重言式 BB"格式逐步消退，"单音节性质形容词＋重言式 BB"格式（如"乱霏霏、轻漠漠"等）占了绝对优势，并且出现了附加式 ABB 式（如"白茫茫、清悠悠"等）。在外部结构上，用于散文中时出现了 ABB 式带词尾"地、底"的情况，如"嗔迫迫地、醉慢慢底"等。

两宋时期，并列式和述补式的 ABB 已基本消失，出现了附加式 ABB 的音缀化（如"乱哄哄、慢腾腾"等）和主谓式 ABB 短语的词汇化（如"血滴滴、嘴巴巴"等）等变化，一些单音节名词的重叠式也能进入 ABB 中 BB 的位置，如"冷冰冰、黑漆漆"等。在外部结构上，大多带词尾，主要有"地、底、然"等。

元明清时期，出现了重叠式的 ABB，如"慌张张、结实实"等。在外部结构上，这时的 ABB 式多带"的、地"等词尾，并于明代出现了儿化。

湘方言中，历史上曾经产生和使用过的并列式、述补式和双音性质形容词的 ABB 重叠式，已经基本上不再使用了。目前在湘方言中广泛使用的 ABB 式，主要是主谓式、音缀式和附加式，其中主谓式和音缀式占了很大比例。据我们粗略统计，龚娜（2011：142-146）所举娄底话的 ABB 式形容词的 107 个例子中，属于主谓式的占了约 58% 的比例（如"皮皱皱、气鼓鼓"等），属于音缀式的至少占了三分之一（如"凶巴巴、凉兮兮"等）。它们应该都是唐五代以后的各个历史时期产生的，其中像"鼻涕胡胡哩、红肉子腮腮哩"之类的"多音节名词＋BB"形式的主谓式，其产生时间应该更为晚近，当是"单音节名词＋BB"形式的主谓式大量产生并高频使用之后才类推到多音节名词上去的。此外，某些湘方言中使用的那种"后补式"双音节状态形容词的 ABB 式重叠，如邵阳话的"凉朽⁼哩——凉朽⁼朽⁼哩、精霸⁼哩——精霸⁼霸⁼哩"之类，其产生的时间也应该比较晚，至少不会早于历史上产生双音节性质形容词的 ABB 重叠式（如"慌张张"之类）时的元明清时期。湘方言中 ABB 式也多带词尾，并且呈多样化，说明它们在发展中又有了创新。

4. A 里 AB 式

根据石锓（2010）的研究，形容词"A 里 AB 式"重叠最早出现于明末清初。17 世纪的《醒世姻缘传》中已有"龌哩龌龊、龌离龌龊"。其后又出现了"冒里冒失、糊里糊涂、古里古东、慌里慌张、勒里勒得、懵里懵懂、疙里疙瘩、扎里扎煞、邋里邋遢"等。20 世纪以后，出现了以附加式双音节性质形容词"A 气"为基式的"A 里 A 气"式。在现代南方方言里，"A 里 AB"的基式范围有进一步扩大的趋势，一些双音节复合词也能作为"A 里 AB"的基式，如"特里特别、赖里赖皮、随里随便、冤里冤枉"等。

湘方言中，多数方言点的"A 里 AB"式都以"A 里 A 气"为主，也有一些以双音复合词为基式的"A 里 AB"式。它们的产生时间都应该比较晚近，并且符合"A 里 AB"的基式范围扩大的趋势。

5. ABAB 式

这一式出现得最晚，根据石锓（2010）的研究，双音节性质形容词的 ABAB 式重叠直到明代才出现，例如"青白青白、自在自在"等。双音节状态形容词的 ABAB 式重叠更是到清朝末年才出现，如"碧绿碧绿、灼亮灼亮"等。受双音节状态形容词的 ABAB 式的影响，五四以后的汉语中还出现了"单音节程度副词＋单音节性质形容词"和"单音节性质形容词＋单音节性质形容词"重叠构成的 ABAB 式，前者如"很长很长、老远老远"，后者如"黑绿黑绿、白胖白胖"。

湘方言中，双音节性质形容词一般不能重叠，其"前加式"状态形容词的 ABAB 式使用得非常广泛，以"单音节程度副词＋单音节性质形容词"为基式也可以重叠成 ABAB 式，它们的发展轨迹与共同语基本一致。除此之外，某些湘方言中还存在以"后补式"状态形容词为基式的 ABAB 式

（如邵阳话"臭款＝臭款＝"等），它们的产生时间估计更晚。

6. AAB 式

这一式是双音节形容词的前扩展重叠式。对于它们的历时发展，学术界尚未有人做过专门研究。我们通过对北京大学 CCL 古代汉语语料库的检索，发现这类重叠式最晚不迟于唐宋时期就已经产生了，例如：

（1）重帷深下莫愁堂，卧后清宵<u>细细长</u>。（唐·李商隐《无题》）

（2）一业高鬟绿云光，官样轻轻<u>淡淡黄</u>。（唐·王涯《宫词三十首》）

（3）黛眉印在<u>微微绿</u>，檀口消来<u>薄薄红</u>。（唐·韩偓《余作探使以缭绫手帕子寄贺因而有诗》）

（4）学画宫眉<u>细细长</u>。芙蓉出水斗新妆。（宋·欧阳修《鹧鸪天》）

（5）怜君庭下木芙蓉，袅袅纤枝<u>淡淡红</u>。（宋·徐铉《题殷舍人宅木芙蓉》）

此后在明清时期的语料中，我们还检索到"温温热、雪雪白、绷绷硬、笔笔直、崭崭新、雪雪亮、阴阴凉、簇簇新"等用例。它们主要出自明清时期江浙籍作家之手。前面已经提及，现代汉语方言中，AAB 式在江浙一带的吴语中还广泛使用。较早的用例如：

（6）周流肾水入华池，丹田补得<u>温温热</u>。（明·吴承恩《西游记》）

（7）国师把根禅杖放在佛堂中间，<u>笔笔直</u>竖着。（明·罗懋登《三宝太监西洋记》）

（8）陶子尧听了，面孔气得<u>雪雪白</u>，一句话也说不出来。（清·李宝嘉《官场现形记》）

（9）人家是新开剪，头次上身，<u>崭崭新</u>的衣服全给油了。（清·佚名《小五义》）

（10）张太太早进院门，只见他着一件<u>簇簇新</u>的红青布夹袄，左手攥着烟袋荷包，右手攥着一团蓝绸绢子。（清·文康《儿女英雄传》）

湘方言中的 AABX 式重叠包括两类，从来源上看，邵阳等地方言中表示量减义的"AABX"式（如"淡淡黄、微微辣、懒＝懒＝红"等），当是在对唐宋时期 AAB 式的直接继承基础上的发展，而长沙等地方言中表示量增义的"AABX"式（如"冰冰冷、价＝价＝湿、纠＝纠＝酸"等），则产生得比较晚近，应该与上述"崭崭新、笔笔直"等一样，都是明清以后在方言中的创新用法。

7. ABAC 式和 BACA 式

对于这两式的历史发展，学术界也尚未有人做过专门研究。根据我们对古代汉语语料的调查，ABAC 式至迟在宋元话本中就已经出现了。例如：

（11）那贼略推一推，豁地开了。<u>蹑手蹑脚</u>，直到房中，并无一人知觉。（宋话本《错斩崔宁》）

（12）大喝一声，舞起棍来，<u>劈头劈脑</u>一径打去。（元话本《勘皮靴单证二郎神》）

在之后的明清时期，ABAC 式得到了很大的发展，相继出现了"毛头毛脑、昏头昏脑、呆头呆脑、土头土脑、鬼头鬼脑、滑头滑脑、轻手轻脚、毛手毛脚、舞手舞脚、瓮声瓮气、细声细气、娇声娇气、贼眉贼眼、恶眉恶眼、善眉善眼"等诸多词形，使用频率也大为提高。它们后来大多数都保留在现代汉语共同语中。

BACA 式产生相对较晚一些，我们最早在明代小说《三宝太监西洋记》中检索到"蓝面蓝嘴、尖面尖嘴、白面白嘴、皂脸皂嘴、遮天遮地"等用例。这种重叠式在后来的语料中很少见到，估计是受作者罗懋登所操方言和个人风格的影响所致。

湘方言中，除共同语保留下来的一些 ABAC 式还在继续使用以外，大多数湘方言中还另外产生了一些新的词例，其中娄底话尤为丰富。BACA 式在湘方言中虽略微有所扩展，但其类推性也非常有限。

8. 其他类型的重叠式

除上述几种重叠式以外，湘方言中的形容词重叠式主要还有 ABXB 式、AXXB 式和 AXAY 式。为了弄清楚这些重叠式的历史发展情况，我们以"长、短、高、矮、大、小、多、少、红、白、远、近、酸、甜、厚、薄、傻、蠢、懵、憨、慢"等二十余个常用形容词为检索词，在北京大学"古代汉语语料库"中采取 A 与 A "有序相距刚好等于 1 字"的检索方式进行检索，没有发现一例类似 ABXB 和 AXAY 式的用例。以吕叔湘主编《现代汉语八百词》所附"表四"中的全部双音节状态形容词为检索词，采取 A

与 B"有序相距刚好等于 2 字"的检索方式进行检索，没有发现一例 AXXB 式的用例。看来，湘方言中使用的这几类重叠式都是该方言中的创新用法。

本章小结

本章从结构形式和语法、语义、语用功能等方面对湘方言形容词重叠现象进行了描写、分析，并从共时、历时两个角度对湘方言内部、湘方言与湖南省境内境外其他方言以及古代汉语的形容词重叠现象进行了横向、纵向比较。

湘方言中，形容词重叠式包括单纯型重叠、扩展型重叠、加缀型重叠三大类型，其中属于单纯型重叠和扩展型重叠的重叠式不多，加缀型重叠才是湘方言形容词最主要的重叠形式，包括 AAX 式、AAXY 式、"A 里 AB"式、"A 打 AB"式、"AABX"式、"ABBX"式、"AB 巴 B"式、"AB 子 B"式、AXXB 式和 AXAY 式等具体形式。它们有的在大多数湘方言中都广泛使用，有的只见于少数湘方言点。由于湘方言中广泛存在"前加式"的 AB 式双音节状态形容词，而这种状态形容词又可以以"ABAB""AABX""ABBX""AB 巴 B""AB 子 B""AXXB"等多种方式进行重叠，因此，湘方言中由"前加式"的 AB 式双音节状态形容词为基式构成的形容词重叠式特别丰富。

湘方言中，形容词的重叠式一般不能受程度副词和否定副词修饰，不能与程度补语组合，也不能进入比较句和条件倚变句。但在实际的语言生活中，确实也发现了一些形容词重叠式受程度副词、否定副词修饰的情形，文中对其进行了分析和解释。湘方言中，形容词重叠式可以充当谓语、定语、状语和补语等句法成分，此外，还可以在名词化后再作主语、宾语等成分，其名词化都有加合式和置换式两种方式。

湘方言中，形容词重叠式具有较强的描状功能，包含有一定的量性特征，也往往体现出主体较强的主观感情色彩和说话人的主观评价。影响湘方言形容词重叠式的语义语用功能的因素主要有结构形式、语音形式和是否带后缀等。

湘方言形容词重叠式在表现出较多的内部一致性的同时，也存在一定的内部差异。总的来说，娄邵片湘语的形容词重叠式比起其他片要更为丰富，显示出一定的地区不平衡性。形容词重叠式的后缀和名词化标记也表现出较大的地域差异。

湘方言与湖南省境内其他主要汉语方言的形容词重叠式有较多的共性，也有一定的差异，其差异主要表现在儿化、后缀和某些结构形式的重叠式的组合面宽窄、使用频率的高低等方面。

与湖南省境外方言相比，在形容词重叠的结构形式上，湘方言存在与整体汉语方言不太一致的地方，湘方言的某些重叠式如 BACA 式、AXXB 式和 AXAY 式等，在湖南省境外方言中难以见到。此外，一些在别的方言中使用的重叠式，如 AAA 式、XAA 式、AAXB 式、AXBB 式、AYXXXX（X）式以及三音节形容词的重叠式等，在湘方言中也难以见到，这些都体现了湘方言的特色。

从历史发展上看，湘方言形容词的重叠式多数是在对唐宋以来的古代汉语的继承基础上的发展，但有些重叠式应该是湘方言在更为晚近的历史时期内的创新用法。

第五章
湘方言中的短语重叠

本章拟对湘方言中的量词短语、动词短语和形容词短语等三大类短语重叠现象进行概述性描写、分析。湘方言中的 VXVX 式动词短语重叠结构形式多样，表义功能丰富，本章将其作为研究的重点，从句法语义功能、内部构成等方面展开讨论，并结合湖南省境内非湘语方言及省外其他汉语方言中 VXVX 式的使用情况，对其作跨方言的比较。

第一节　湘方言中的短语重叠现象概述

华玉明（2002）根据代表词，将普通话中可重叠的短语概括为量词短语、动词短语和形容词短语三大类，湘方言的短语重叠也主要包括量词短语重叠、动词短语重叠和形容词短语重叠这三大类。本节我们以可重叠短语的类型为纲，对湘方言中的短语重叠现象作概述性的描写、分析。

》 一、湘方言中的量词短语重叠

根据李宇明（1998）、华玉明（2001）和孙力平、刘挺（2002）等学者的研究，在普通话中，可重叠的量词短语主要包括以下几种结构形式①：

①"一量量"式。如"一辆辆拖拉机、一座座青山"等；

---

① 某些结构形式的重叠式中间还可以加入"又""连""接""挨"等词语，形成"一量 X 一量"式、"一量名 X 一量名"式等变式，如"一份又一份""一个星期又一个星期"等。

②"一量一量"式。如"一份一份的思想汇报、一趟一趟地往城里跑"等;

③"一量名一量名"式。如"一本书一本书地查找、一个字一个字地抄写"等;

④"形量形量"式。如"大滴大滴的泪珠、整盒整盒的香烟"等;

⑤"一形量一形量"式。如"一大块一大块的血斑、一长串一长串的葡萄"等。

湘方言中,量词短语重叠也大致包括这些结构形式。以上几种量词短语重叠式,在大多数湘方言中都有不同程度的使用,但是,在不同的湘方言点,不同结构形式的重叠式在使用频率上存在一定的差异。

(一)"一量量"式、"一量一量"式与"一量名一量名"式

在某些湘方言中,这三种量词短语重叠式几乎与 AXA 式的量词重叠式一样,都是自然口语中高频使用的常用形式。例如:

(1)长沙:你几个崽伢子,<u>一个个</u>都高高大大的。你家的几个儿子,个个很高大。(郭瑜,2012:45)

(2)益阳:<u>一家家</u>咀都通知到哒有味?每一家都通知到了吗?(徐慧,2001:120)

(3)长沙:<u>一箱一箱</u>地搬啰,莫太累哒。一箱一箱地搬吧,别太累了。(郭瑜,2012:46)

(4)益阳:切得<u>一片一片</u>咀的进盐味些。切成一片一片的容易入味些。(徐慧,2001:121)

(5)长沙:给我<u>一只字一只字</u>地写好写工整。给我一个字一个字地写好写工整。

(6)益阳:我<u>一笔账一笔账</u>咀跟你算清楚。我一笔账一笔账地跟你算清楚。

(7)长沙:苹果<u>箱什箱</u>地买便宜些。苹果整箱整箱地买便宜些。

(8)益阳:箇一箱苹果<u>只什只</u>都烂咖哒。这一箱苹果个个烂啦。

但是,在另一些湘方言中,像"一量量"式、"一量一量"式和"一量名一量名"式这样的短语重叠式用法,就显得比较"文雅",日常口语中用得更多的还是量词的 AXA 式重叠,比如,上述例(1)~(6)在邵阳话中以说成以下形式更为常见、更为自然:

(9)你屋里几只崽,<u>个倒个</u>都高高大大唧。

（10）户倒户下通知到咖冇？

（11）箱是箱唧搬啰，莫累倒咖哩。

（12）切得片是片唧进盐滴。

（13）给我只卯只字工工整整写好。

（14）笔卯笔账我跟你算清楚。

从句法语义功能上看，以上量词短语重叠式与普通话的差别不大，可以作主语、谓语、定语、状语、补语等句法成分，表达周遍性、顺序性动态多量、分离性静态多量等意义，当分离性和顺序义得到强调时，还会引申出对事物的逐一处理义（李宇明，1998）。如例（1）（2）表示周遍义，例（3）表示顺序性动态多量义，例（4）表示分离性静态多量义，例（3）（6）还含有对事物的逐一处理义。

（二）"形量形量"式与"一形量一形量"式

"形量形量"式和"一形量一形量"式在湘方言中也或多或少地有所使用。但是，在长益片湘语中，它们使用得更为普遍，与普通话的差异主要是词汇上的差异，比如上述例子"大滴大滴的泪珠、整盒整盒的香烟、一大块一大块的血斑、一长串一长串葡萄"等，在长沙话中多说成"大滴大滴的泪珠、满盒满盒的香烟、一大坨一大坨的血斑、一长溜一长溜的葡萄"等。

但在另外一些湘方言中，这两种形量短语重叠式也是比较"文雅"的说法，人们更多地使用"副词＋形容词＋量词"短语及其重叠式、"副词＋形容词"短语重叠式、量词的 AA 式、AXA 式重叠式等其他方式来表达，其中的副词主要是"蛮、老、好"等程度副词。例如，上述例子在邵阳话中更多地说成"老大滴嘎（老大滴嘎）个眼粒、包是包个烟、蛮大坨嘎（蛮大坨嘎）个血痂痂、老长挂嘎（老长挂嘎）个葡萄"等，在祁东话中更多地说成"□［ɣɛ³⁴］大滴（□［ɣɛ³⁴］大滴）个眼粒水、包夹包个烟、□［ɣɛ³⁴］大坨（□［ɣɛ³⁴］大坨）个血痂子、□［ɣɛ³⁴］长巴长（□［ɣɛ³⁴］长巴长）串个葡萄"等。再如，在新化话中，其中的形量短语也更多地用"好大滴个好大滴个、好大滴滴个、好大块个好大块个、好大块块个、好长巴长好长巴长"等形式来表达。

(三)"数+量（+名）"短语重叠式

除了上述几种量词短语重叠式以外，某些湘方言中的"数+量（+名）"短语重叠似乎更有特色，主要表现在以下几个方面：

1. 可以表示"容纳量—容纳方式—被容纳量"的语义关系

近年来，有关"主宾可换位供用句"的研究成了汉语语法学界的关注热点之一。① 所谓"主宾可换位供用句"，主要指的是普通话中的"十个人吃一锅饭"和"一锅饭吃十个人"等之类的句子。在句法、语义特征上，这类句子含有一对对称的数量短语，表示的是一种数量对比关系，即一定数量的事物可供给一定数量的人或物使用。（任鹰，1999）它们所凸显的不是一般的表示事件结构的句式所理解的语义关系，而是表示的一种容纳量与被容纳量之间的数量关系。（陆俭明，2004、2013）湘方言中，这种"主宾可换位供用句"也广泛使用。在邵阳、新化、溆浦等地的湘方言中，这种语义关系还可以采用将其中的施事性"数量（名）"短语重叠的方式来表达，构成"数量（名）短语重叠式+动词+（一）（量）名"的结构式，其中的括号表示施事性"数量名"短语中的名词往往可以省略，受事性"一量名"短语中的数词"一"和量词可以只出现一个。例如邵阳话：

(15) 学校里<u>五个五个重﹦一部电脑</u>。学校里每五个人共用一台电脑。

(16) 大齐<u>炮个炮个坐一桌</u>，<u>两个两个坐根凳</u>，快滴坐起，就要开席哩！大家每十个人坐一桌，每两个人坐一条凳子，赶快坐好，宴席马上就要开始了！

(17) 屋里拢共三只床，今日简多个客，<u>三个三个困一床</u>，挤倒困。家里一共才三张床，今天这么多的客人，每三个人睡一张床，挤着睡。

这种重叠式在长益片方言中也偶有使用，例如，在我们调查的益阳话中，"每一桌坐十个人"可以说成"一炮个人坐一桌"，也可以说成"炮个炮个一桌"，但总体来说不如娄邵片湘语常见。

普通话中，"主宾可换位供用句"主宾语位置上的数量短语可以调换位置，调换位置以后，其表义功能大致相同，如"十个人吃一锅饭"与"一锅饭吃十个人"。在湘方言中，主语位置上的施事性数量短语经重叠后不能

---

① 不同的学者从不同的角度对这类句式有"双数量结构""主宾易位句""主宾可换位供用句""供动型可逆句""容纳性的数量结构对应式""数量性施事宾语句"等不同的叫法。

换至宾语位置。例如，以下例句变换都是不合格的：

（18）<u>五个五个</u>重⁼一部电脑→＊一部电脑重⁼<u>五个五个</u>。

（19）<u>炮个炮个</u>坐一桌，<u>两个两个</u>坐根凳→＊一桌坐<u>炮个炮个</u>，一根凳坐<u>两个两个</u>。

（20）<u>三个三个</u>困一床→＊一床困<u>三个三个</u>。

上述各例还具有以下几个特点：

Ⅰ. 这些句子都含有"每"的意义，具有分配数量关系，待分配的数量是全体成员，动词前后的数量名短语构成一定的比例关系。如例（15）是针对学校所有的学生而言，都是按照每五个人一台电脑的数量标准分配电脑。

Ⅱ. 句中受事性数量名短语必须是无定的，不能出现"这""那"等指示代词以及所有格等定指性成分。例如，以下例句也都是不合格的：

（21）＊你们<u>五个五个</u>重⁼那部电脑。

（22）＊大齐<u>炮个炮个</u>坐这一桌。

（23）＊<u>三个三个</u>困我个床。

Ⅲ. 句中的动词可以省略。例如上述几例中的画线部分也可以分别说成"五个五个一部电脑""炮个炮个一桌，两个两个一根凳""三个三个一只床"，甚至这种表达方式更为自然。

Ⅳ. 不能关系化。例如，"五个五个重⁼一部电脑"不能关系化为"五个五个重⁼个一部电脑"，"炮个炮个坐一桌"也不能关系化为"炮个炮个坐个一桌"①。

丁加勇（2006）认为，"一锅饭吃十个人"之类的数量性施事宾语句其实包含"分配量关系""容纳量关系""使用量关系"等三种数量关系。"分配量关系"含有"每"的数量，表示分配意义，前后两个数量短语具有连续性和函变关系，如"一条被子盖三个人，两条被子盖六个人"；"容纳量关系"不含有"每"的数量，不表示分配数量关系，而是用施事一次性参与动作的数量来表示事物的容纳量，如"这条被子真宽，一条被子盖三个

---

① 此处和上面例（23）中的第三个"个"，是邵阳话中的领属性定语标记和关系化标记，相当于北京话的"的₃"。

人";"使用量关系"既不表示分配数量关系，也不表示事物一次的容纳量，而是用施事参与动作的数量来表达事物的重复使用量，如"一条被子盖了三个人了，你还不洗?"一般地，人们很少严格区分"分配量关系""容纳量关系"和"使用量关系"这三种数量关系，也没有把分配句和容纳句严格地区分开来。该文通过一些语法特征词或特定的语法格式对这三种数量关系进行检验，分析了它们之间的差异。

从实际用例上来看，湘方言中的这种数量（名）短语重叠式，主要表达的是"分配量关系"，以上几个特点都是与普通话中表达分配量关系的数量性施事宾语句的语法特征相类似的。而"容纳量关系"和"使用量关系"，很难用这种数量（名）短语重叠式来表达，而要采取与普通话一样的表达方式。请看下面的例句：

（24）这条被子真宽，一条被子盖三个人。

（25）箇床被好宽，一床被盖得三个人。

（26）＊箇床被好宽，三个三个盖一床。

（27）一条被子盖了三个人了，你还不洗?

（28）一床被盖咖三个人哩，你还唔洗?

（29）＊三个三个盖咖一床被哩，你还唔洗?

上述例（24）和（27）在丁文中被认为是普通话中表示"容纳量关系"和"使用量关系"的典型例句，其他几例是湘语邵阳话的例句。从中可以看出，湘方言中不能用数量（名）短语重叠式来表达"容纳量关系"和"使用量关系"。"分配量关系"在湘方言中可以用数量（名）短语重叠式来表达，其他两种数量关系在湘方言中不能用这种方式来表达，看来，丁文区分这三种数量关系的尝试是可以得到方言佐证的。

2. 可以表示分组按次序或反复进行某个动作行为

湘方言中，表达这种意义可以采用"数量短语重叠＋一＋动词"的结构式。例如邵阳话：

（30）你大齐莫挤，<u>三个三个一进</u>。你们大家别挤，每一次进来三个人。

（31）你欠我个钱莫着急，<u>五块五块一还</u>倒要得。你欠我的钱别急着还，每一次还五块都行。

（32）蟆蚜＝买多哩吃唔圆，**炮斤炮斤一买**。青蛙买多了吃不完，每一次买个十斤。

上述几例中，例（30）表示施事按照"每组三个"的数量关系分组后按次序进行体检，例（31）和（32）也分别表示施事按照某一个特定的数量标准反复实施某个动作行为。

这种结构式在某些湘方言中的表现形式略有不同，比如，益阳话中，可以不用数词"一"，而在数量短语重叠式后面直接跟上动词，例如：

（33）你侬**三个三个**进来检查。你们每一次进来三个人做检查。

（34）他该我阿账**五块五块**还。他欠我的钱每一次还五块。

（35）他侬堂客爱吃蟆蚜＝，买蟆蚜＝下都是**炮斤炮斤**买。他老婆爱吃青蛙，买青蛙都是每一次买十斤。

而在有的湘方言中，则可将动词前的"一"换成相当于北京话"的₁"（现多写为"地"）的结构助词"个"，如例（30）～（32）中的画线部分，在新化话中多说成"三个三个个进""五块五块个还""炮斤炮斤个买"等。

3. 其中的数词不限于"一"

华玉明（2001：65）认为，普通话可重叠的数量短语中，数词通常是"一"，一般不能或很少是其他数词。孙力平、刘挺（2002）虽然认为"一量一量"式中的数词可以被其他数词替换，但同时认为其他数词出现的几率不大。在湘方言中，"一"以外的数词进入数量短语重叠式的用法却较为普遍。这从以上例句中可以看出来，这里不再赘述。

▶ 二、湘方言中的动词短语重叠

普通话中，与动词有关的短语重叠主要有"动＋助"短语重叠和"数＋动"短语重叠等形式，前者如"干着干着，他又想起了那件事""他哭着哭着就睡着了"，后者如"她走路屁股一扭一扭的""树被风吹得一摆一摆的"。（华玉明，2001：65-66）湘方言中，动词短语重叠也主要有这两种结构形式，此外，一些"形＋动"短语重叠式、"动＋量"短语重叠式也值得关注。湘方言中的"动＋助"短语重叠的结构形式较为丰富，在内部构成、句法语义功能等方面也较有特点，我们拟将其与"动＋量"短语重叠合并为VXVX式短语重叠，在下一节中专门讨论，这里先介绍其他两种动词短语重叠。

（一）"数＋动"短语重叠式

1. "一V一V"式

湘方言中，使用"一V一V"这样的数动短语重叠式，也是比较"文雅"的说法，可能也是受普通话影响所致。在大多数湘方言的实际口语交际中，人们一般很少使用"一V一V"这样的重叠式，而更多地代之以动词的"V啊V"式重叠或"是个V""只个V"等形式，例如"屁股一扭一扭的"在长沙话中多说成"屁股扭啊扭的""屁股是个扭"，在邵阳话中多说成"屁股扭啊个扭""屁股只嘎扭"。当然，从发展趋势来看，现在已有越来越多的人采用"一V一V"这样的数动短语重叠式了。由于湘方言中的"一V一V"式与普通话的差异不大，我们就不再举例说明了。

2. "两V两V"或"几V几V"式

某些湘方言中，"数＋动"短语重叠式中的数词不限于"一"，也不能是其他数词，而只能是"两"或表示概数的"几"，形成"两V两V"或"几V几V"式的固定格式，主要在句中作谓语，表示动作的反复、随意等体貌意义。例如：

（36）邵阳：渠嘴巴子<u>两扁两扁</u>，又哭起来哩。 她嘴巴扁了扁，又哭起来了。

（37）邵阳：渠在地上<u>两画两画</u>，就画出朵花来。 他在地上随便画了画，就画出一朵花来。

（38）溆浦：妈妈把眼珠子<u>两鼓两鼓</u>，渠就有作声了。 妈妈把眼睛瞪了瞪，他就不吭声了。

（39）溆浦：把菜倒落去，<u>两拌两拌</u>，就可以铲出来了。 把菜倒进去，稍微炒一炒，就可以出锅了。

（40）益阳：他把手<u>几摆几摆</u>，让我别说了。 他把手摆了摆，让我别说了。

在湖南常德、四川成都等地的西南官话中，也有类似的"两V两V"和"几V几V"式重叠用法。例如：

（41）常德：墙<u>两刷两刷</u>就刷白哒。 （易亚新，2007：106）

（42）常德：东西<u>几送几送</u>就送完哒。 （易亚新，2007：106）

（43）成都：你看她擦窗子，<u>两擦两擦</u>，那个玻璃就亮铮铮的了。 （杨玲，

2005）

（44）成都：汽车在街上<u>几拐几拐</u>就到家了。（杨玲，2005）

（二）"形＋动"短语重叠式

湘方言中的"形＋动"短语重叠式主要有"乱 V 乱 V""忙 V 忙 V"
"碎 V 碎 V"等几种形式。从内部构成上来看，它们有的是由形容词性成分
A 与动词性成分 V 组合成偏正结构的 AV 之后，再整体重叠一次而成的，
AV 可以单用，这种情况无疑是短语重叠；但有的 AV 不能单用，必须重叠
之后才能使用，这种情况以看成是动词的加缀重叠为宜，这里一并讨论。

1. "乱 V 乱 V"式

在邵阳、娄底、新化、涟源、祁东等地的湘方言中，多可见到动词的
"乱 V 乱 V"式重叠。其中的"乱 V"大多可以单说，从内部构成上来看，
属于典型的短语重叠。能够进入这种重叠式的动词多为具有［＋自主］、
［＋持续］语义特征的单音节动词。例如：

邵阳：乱吃乱吃｜乱写乱写｜乱夸乱夸｜乱跳乱跳｜乱骂乱骂

娄底：乱行乱行｜乱讲乱讲｜乱做乱做｜乱打乱打｜乱问乱问

新化：乱翻乱翻｜乱动乱动｜乱试乱试｜乱穿乱穿｜乱搞乱搞

涟源：乱擦乱擦｜乱搭乱搭｜乱提乱提｜乱捡乱捡｜乱看乱看 （彭春芳，
2007：64）

祁东：乱呱乱呱｜乱行乱行｜乱走乱走｜乱跑乱跑｜乱讲乱讲

这种重叠式主要用于祈使句和陈述句中作谓语和状语。例如：

（45）邵阳：你莫<u>乱讲乱讲</u>咮，慢唧别个来撕烂你只嘴巴子！你别乱讲呢，
小心待会儿人家来撕破你的嘴！（谓语）

（46）娄底：他拿到滴绿豆子跟豇豆子<u>乱拌乱拌</u>拌起来哩。他把这些绿豆和
豇豆胡乱搅和起来了。（谓语）

（47）新化：渠尽倒在壁头高落<u>乱画乱画</u>。他总是在墙上乱画。（谓语）

（48）涟源：我燥不过，<u>乱空乱空</u>簡把滴菜下空者扔瓜。我很生气，快速地
把菜全倒掉。（状语）（彭春芳，2007：72）

（49）祁东：杰奶唧尽只在<u>乱狠乱狠</u>，又有狠到只名堂。杰杰总在乱要，又
没有要出一个名堂来。

2. "忙V忙V"式

这种重叠式主要见于新化、溆浦等地的湘方言中。其中的动词也多为具有［＋自主］、［＋持续］语义特征的单音节动词。例如：

（50）新化：忙讲忙讲｜忙吃忙吃｜忙写忙写｜忙翻忙翻｜忙喊忙喊

（51）溆浦：忙走忙走｜忙行忙行｜忙呷忙呷｜忙洗忙洗｜忙跳忙跳

新化话中的"忙V"一般不可以单说，溆浦话中"忙V"有的可以单说。它们在句中主要作谓语。例如：

（52）新化：只看到你忙写忙写，唔晓得你写滴么个。只看见你写个不停，不知道你写些什么。

（53）新化：渠解倒妈妈忙喊忙喊。他追着妈妈不停地喊。

（54）溆浦：他蛮肯讲话个，一上来就忙讲忙讲。他很愿意说话，一上来就讲个不停。

（55）溆浦：他在墙上忙画忙画，一会儿就画起两只虎。他在墙上快速地画着，一会儿就画了两只老虎。

3. "碎V碎V"式

这种重叠式主要见于邵阳等地的湘方言中。其中的动词性成分也多为具有［＋自主］、［＋持续］语义特征的单音节动词。例如邵阳话：

碎看碎看｜碎写碎写｜碎挖碎挖｜碎吃碎吃｜碎敲碎敲

碎跑碎跑｜碎砌碎砌｜碎动碎动｜碎行碎行｜碎洗碎洗

碎剥碎剥｜碎做碎做｜碎摆碎摆｜碎择碎择｜碎挑碎挑

与前两类不同的是，邵阳话中的"碎V"都不能单说，必须重叠后才能使用，而且"碎V碎V"后面必须带上后缀"唧"。它们在句中主要作谓语。例如：

（56）简滴土渠碎挑碎挑唧，仍让渠挑咖哩。这些土，他一次挑一点点，竟然也被他挑完了。

（57）一本那厚个书，渠碎看碎看唧，看咖半年哩。一本那么厚的书，他一天看一点点，看了半年了。

有时候也可以作定语。例如：

（58）你唔把你简只碎吃碎吃唧个毛偏改咖，我只家屋倒是得让你吃穷咖个！你不把你这个好吃零食的毛病改掉，我整个家产都会被你吃穷的！

从表义功能上看，其中的"乱""忙""碎"等是意义较为实在的形容词性成分，对后面的动词性成分起到修饰限定作用。"乱 A 乱 A"式中"乱"的词汇意义"混乱、随意、没有秩序"，"忙 A 忙 A"式中"忙"的词汇意义"急迫不停地、加紧地"，"碎 A 碎 A"式中"碎"的词汇意义"细小、零星、不完整"等，也使得由之构成的重叠式分别具有表示动作行为的随意性大、频率高或幅度小等表义功能。

这类重叠式在湖南省境外的官话、晋语、吴语、客家话等方言中也有所分布，但其中的动词性成分前面不一定是形容词性成分：

云南大关西南官话中，动词可重叠为"干 V 干 V"式和"紧 V 紧 V"式，例如：

(59) 你干笑干笑的搞啥子？

(60) 这个娃儿紧吃紧吃的。（张映庚，1990）

贵州贵阳西南官话中，动词可重叠为"鬼 V 鬼 V"或"干 V 干 V"式，例如：

(61) 他在那点鬼念鬼念些哪样？

(62) 干笑干笑嘞样子。（涂光禄，2000）

湖北丹江西南官话中，动词可重叠为"圪 V 圪 V"式和"紧 V 紧 V"式，例如：

(63) 她的两个小辫子在背后圪甩圪甩。

(64) 太晚唠，明儿还要上学，别紧看紧看。（苏俊波，2007：87）

山西交城、平遥晋语中，动词可重叠为"圪 V 圪 V"式，如"圪歇圪歇、圪捣圪捣、圪搬圪搬、圪尝圪尝"等。（潘家懿，1981；侯精一，1988）这种重叠式在山西各地方言中都较为常见，通常强调动作行为小幅度的持续和反复，例如：

(65) 桌子圪摇圪摇，老是不稳。

(66) 你圪搅圪搅就行了。（王临惠，2004）

苏州吴语中，部分单音节动词可以与多种形容词性成分构成 AVAV 式，表示频度、强度都较高的反复，例如：

(67) 俚拿个儿子穷骂穷骂。

（68）佢勤瞎说瞎说。

（69）佢死吃死吃，捺享勤胖。<small>（刘丹青，1996）</small>

一些客家话中，动词可重叠为"紧V紧V"式，以强调动作行为或状态的反复和持续，例如：

（70）梅县客家话：偃等人紧行紧行，行都唔得到。<small>（林立芳，1996）</small>

（71）连城客家话：脚骨上的刺儿紧挑紧挑都挑唔出来。<small>（项梦冰，1996）</small>

可以看出，上述方言中的AVAV式与湘方言具有很多共同之处：它们在句中主要作谓语；其基本的表义功能是表示动作行为的持续、反复进行；其中的形容词性成分意义也多相对比较实在，对整个AVAV式的表义功能起着较为重要的作用。所不同的只是由于不同方言在形容词性成分的使用上存在差异，导致各重叠式的形式和所表示的附加意义存在区别，比如某些湘方言中使用的表示动作快速进行的"忙V忙V"式、表示动作小幅进行的"碎V碎V"式，在其他方言中较少使用。

从历史语料上来看，这类重叠式最迟不晚于明朝末叶就出现了，例如：

（72）坐在海潮殿上，高张慧眼，瞧着那个天师那么鬼弄鬼弄，猛然间大发一笑。（罗懋登：《三宝太监西洋记》）

（73）姜金定坐在马上，鬼弄鬼弄，喝声："走！"（罗懋登：《三宝太监西洋记》）

（74）夫妻听得心怕，来房门外偷看，见了花一道、横一道面貌，吆吆喝喝，乱敲乱敲，吓得当真妖精，忙叫家童来请中野道士驱除。（方汝浩：《东度记》）

之后在清朝末年的小说中也有一些用例：

（75）冲天炮也只得走出文案处。到外去鬼混鬼混了。（李宝嘉：《文明小史》）

（76）勿是呀，沈大人付俚洋钱格辰光，倪轧实勤看见，阿好瞎说瞎说。（张春帆：《九尾龟》）

考诸以上各例中作者的籍贯，李宝嘉、张春帆均为江苏常州人；方汝浩的生平不详，有学者认为他是浙江钱塘人（韩春平，2008：67）；罗懋登一说为江苏南京人，一说为陕西人，根据现有材料尚未有定论，但因为小说中多吴越一带的方言，至少可以肯定的是，他对杭州、南京一带非常熟悉，即使他确实是陕西人，也曾流寓于吴越（蒋丽娟，2008：6-7）。根据这种情况，我们认为，历史上动词的这种 AVAV 式，是明清时期在江浙一带使用的一种方言创新用法。它们在后来的发展中并没有被共同语广泛吸收，现代共同语中并不常见，湘方言中的 AVAV 式是对这种用法的继承和发展，还是与明清时期的江浙方言平行发展出的方言创新用法，由于缺乏历史语料的记载，我们目前不得而知，还有待进一步研究。

▶▶ 三、湘方言中的形容词短语重叠

普通话中，形容词短语重叠主要包括"形容词＋形容词"短语重叠和"副词＋形容词"短语重叠，前者如"瘦高瘦高、白胖白胖"等，后者如"很多很多、好大好大"等。（华玉明，2001：102）湘方言中，形容词短语重叠具有以下几个特点：

1. "副词＋形容词"短语重叠，要将其中的程度副词换成湘方言各点常用的单音节程度副词，包括"蛮、老、好、几、许很、死、烂"等①。例如：

蛮长蛮长　　老高老高　　好大好大　　几好几好
许甜许甜　　死犟死犟　　烂便宜烂便宜

2. 湘方言中，"副词＋形容词"短语重叠式一般都可以换成我们前面所讨论过的"FA巴A"式的形容词重叠式。例如：

蛮长蛮长——蛮长巴长　　老高老高——老高巴高
好大好大——好大巴大　　几好几好——几好巴好

除此之外，湘方言中的形容词短语重叠在结构形式和句法、语义等方面都与普通话相差无几，我们不再详述。

---

① 关于湘方言中的程度副词，可参看龚娜（2011）的相关章节。

第二节　湘方言中的 VXVX 式动词短语重叠①

　　VXVX 式动词短语重叠，指的是由动词和一个助词或别的成分构成某种动词短语 VX 后，再重叠使用的一种重叠用法，如普通话中"他走着走着就迷路了"等。王红梅、詹伯慧（2007）曾从宏观上对汉语方言中的 VX-VX 式动词短语重叠（他们称为"动词重叠"）做过比较，认为这类重叠式类型丰富、分布范围广、规律性较强，对它们进行考察可以为共同语动词重叠的研究提供更为广阔的背景。

　　湘方言中，VXVX 式短语重叠的结构形式非常丰富，表义功能也复杂多样。本节拟对湘方言中的这类重叠式的句法、语义功能进行描写、分析，并将之与其他汉语方言进行比较，以探讨汉语方言中 VXVX 式短语重叠的共性和差异。为便于讨论，我们先举例说明湘方言中这类重叠式的句法、语义功能，然后再分析它的内部构成等问题。

▶ 一、湘方言 VXVX 式短语重叠的句法、语义功能

　　刘丹青（2012）在讨论重叠的共时性质和历时来源时指出，重叠现象既有原生的重叠，也有次生的重叠，前者是天生作为重叠手段而存在的，如重叠手段作用于基式"爸"得到重叠式"爸爸"，后者则是由句法结构、话语反复等非重叠现象在历史演变中经过重新分析而成为重叠形式的，如现代汉语中动词的 VV 式重叠来源于动量式句法结构"V 一 V"，"大哥大哥地叫着"来源于话语反复的语法化。"原生重叠"与"次生重叠"的区分，为我们分析汉语方言中的重叠现象提供了很好的思路。

　　从重叠的性质和来源上看，湘方言中，VXVX 式短语重叠的大多数用法都是由动词 V 和 X 构成基式 VX 之后，再整体重叠一次而成的，属于"原生重叠"。另有一些用法是由"VX 就 VX""VX 倒是 VX"等句法结构

---

　　①　本节部分内容以《湘语邵阳话中动词的 VXVX 式重叠——兼谈湖南方言动词 VXVX 式重叠的类型学意义》为题发表于《湖南师范大学社会科学学报》2015 年第 4 期。

省略其中的"就""倒是"等而形成的，或是由作为引语的反复话语发展而来的"拟声化重叠"（刘丹青，2009），它们都属于"次生重叠"。

下面我们就从原生重叠、次生重叠两个方面，来描写、分析湘方言这类短语重叠式的句法、语义功能。

（一）原生重叠 VXVX 式的句法、语义功能

属于原生重叠的 VXVX 式，其句法功能主要包括：①在紧缩复句①中作前一分句的谓语；②在普通主谓句中作谓语；③在否定祈使句中作谓语；④在处置句或被动句中作谓语；⑤作状语；⑥作补语、定语等其他成分。下面我们以句法功能为纲，结合不同的重叠形式来分析说明。

1. 在紧缩复句中作前一分句的谓语

这种复句由 VXVX 分句和后续分句构成，VXVX 作前一分句的谓语，中间可由副词"就、又"等连接。这是湘方言 VXVX 短语重叠式最为主要的句法功能，大多数结构形式的 VXVX 式都具有这种功能。

Ⅰ."V 起 V 起"式。例如：

（1）长沙：她<u>讲起讲起</u>就哭起来哒。他讲着讲着就哭了起来。（伍云姬，2006：66）

（2）湘乡：他<u>看起看起</u>就慢慢唧闭起眼珠困着去哩。他看着看着慢慢地闭上眼睛就睡着了。（伍云姬，1996：387）

（3）涟源：<u>行起行起</u>天暗介下去哩。走着走着天暗下去了。（伍云姬，1996：325）

（4）邵阳：我部单车<u>修起修起</u>你又骑坏我个，明日唔把你骑哩。我那辆自行车修好了又让你骑坏了，以后不给你骑了。

（5）祁东：渠<u>闷起闷起</u>就笑起来了。他想着想着就笑起来了。

Ⅱ."V 倒 V 倒"式与"V 到 V 到"式。例如：

（6）长沙：他<u>跑到跑到</u>就迷哒路。他跑着跑着就迷了路。（伍云姬，2006：69）

（7）新化：王家奶奶<u>讲倒讲倒</u>哭起。王奶奶说着说着哭起来了。（罗昕如，1998：244）

（8）邵阳：渠<u>看倒看倒</u>电视就笑起来哩。他看着看着电视就笑起来了。

---

①　这种复句王红梅、詹伯慧（2007）称为"动词重叠句"，指的是普通话中"看着看着就睡着了"之类的句子，为便于讨论和比较，下文中我们有时也称"动词重叠句"。

(9) 隆回：**己讲倒讲倒**就发脾气哩。<small>他说着说着就发脾气了。</small>（伍云姬，1996：353）

(10) 祁阳：**看到看到**洪水就来过了。<small>看着看着洪水就过来了。</small>（李维琦，1998：106）

(11) 祁东：娭馳**坐到坐到**就啄眼闭了。<small>奶奶坐着坐着就睡觉了。</small>

Ⅲ. "V哒V哒"式与"V嗒V嗒"式。例如：

(12) 长沙：**走哒走哒**天就亮咖哒。<small>走着走着天就亮了。</small>（伍云姬，2006：49）

(13) 湘乡：我边行边讲，**讲嗒讲嗒**就到夹哩。<small>我边走边讲，讲着讲着就到了。</small>（伍云姬，1996：386）

(14) 衡阳：**争哒争哒**，来哒一个走路咯。<small>争着争着，来了一个过路的。</small>（伍云姬，1996：395）

(15) 衡山：他**看哒看哒**就困□tʰio⁴⁵哒。<small>他看着看着就睡着了。</small>（伍云姬，1996：475）

(16) 辰溪：**痛哒痛哒**就肿撩起了。<small>痛着痛着就肿起来了。</small>（伍云姬，1996：166）

Ⅳ. "V餐V餐"式。例如：

(17) 益阳：崽伢子**吃餐吃餐**困着哒。<small>儿子吃着吃着睡着了。</small>（徐慧，2001：206）

(18) 湘潭：李娭馳**走餐走餐**路就提脚不起哒。<small>李奶奶走着走着就走不动了。</small>（伍云姬，1996：273）

(19) 邵阳：简蟆蚜＝吃个转把唧还是好吃，**吃餐吃餐**就有味哩。<small>青蛙吃个一回两回的还是好吃，吃着吃着就不好吃了。</small>

(20) 祁东：大鱼大肉**吃餐吃餐**就冇得意思了。<small>大鱼大肉吃着吃着就没有意思了。</small>

(21) 祁阳：爷老子**讲餐讲餐**就发脾气了。<small>父亲说着说着就发脾气了。</small>（李维琦，1998：106）

Ⅴ. "V住V住"式与"V居V居"式。例如：

(22) 益阳：他**讲住讲住**哭起来哒。<small>他讲着讲着就哭了起来。</small>（伍云姬，1996：243）

(23) 湘乡：他**唱住唱住**一下唧就哑夹只喉子哩。<small>他唱着唱着便哑了喉咙。</small>（伍云姬，1996：387）

(24) 娄底：**行住行住**就倒翻到地下。<small>走着走着就倒在地下。</small>（伍云姬，1996：282）

(25) 衡山：他**吃居吃居**不吃咛。<small>他吃着吃着不吃了。</small>（彭泽润，1998：263）

Ⅵ. 其他重叠式。例如：

（26）邵阳：一只苹果我把你<u>洗咖洗咖</u>你又掉地上弄坏，你有吃哩！这一个苹果我给你洗了你又掉地上脏了，你别吃了！

（27）邵阳：渠天天喊亦喊回去，每次<u>行哩行哩</u>又落雨哩，没行成。他每天都嚷嚷着要回去，每次都是临走的时候天又下雨了，没走成。

（28）邵阳：衣衫有是蛮马虎，放水窠里<u>摆下摆下</u>唧就干净咖哩。衣服不是很脏，放水中稍微漂洗一下就干净了。

（29）祁东：我拿把戏<u>捡咖捡咖</u>你又丢出来！我把玩具收拾好了你又丢出来！

（30）祁东：你把渠<u>甩下甩下</u>就有得虫婆子了。你把它甩甩就没有虫。

（31）涟源：佢<u>看者看者</u>就困落去哩。他看着看着就睡着了。（伍云姬，1996：467）

以上例句中的 VXVX 式虽然都是在复句中作前一分句的谓语，但它们在句法、语义功能上还是存在一定的差异：

在句法上，大部分 VXVX 往往作为一个整体出现，"VX"一般不能单用，如例（1）中的"她讲起讲起就哭起来哒"，一般不能说成"﹡她讲起就哭起来哒"。只有少数用例中的"VX"可以单用，但语义功能上存在差异，如例（26）中既可以洗咖洗咖重叠使用，也可以"洗咖"单用，说成"一只苹果我把你洗咖你又掉地上弄坏"也能成立，但重叠式表示"洗苹果——掉地上弄坏"这个事件反复多次出现，单用时仅表示该事件只发生一次。

在语义功能上，它们主要表示"在动作行为的持续过程中出现了新情况"，大部分例句都是如此。但在有的方言中，VXVX 式所表示的语法意义有细微的差别。如在邵阳话中，VXVX 式既可以表示"在动作行为持续的过程中出现新情况"，如例（8）；也可以表示"总是在动作行为完成或有了结果之后出现新情况"，如例（4）（26）；既可以表示"总是在动作行为即将发生时出现新情况"，如例（27）；也可以表示"在动作行为刚刚发生时出现新情况"，如例（28）。

2. 在普通主谓句中作谓语

具有这种功能的 VXVX 式主要是"V 起 V 起"式，例如：

（32）长沙：他眉毛<u>皱起皱起</u>。他皱着眉头。

（33）益阳：你简件衣服粘起粘起。你这件衣服皱皱的。

（34）湘潭：打咖一夜麻将，今日子<u>晕起晕起</u>。打了一夜的麻将，今天头晕晕的。（伍云姬，1996：269）

（35）娄底：她面巴子<u>肿起肿起</u>。她的脸有点浮肿。

（36）邵阳：渠头发<u>蓬起蓬起</u>，像只癫婆样。她头发蓬松着，像个疯婆子一样。

（37）新化：渠金项链<u>戴起戴起</u>唧。她戴着金项链。

（38）隆回：一身<u>糊起糊起</u>，像个丫胡子哩。（伍云姬，1996：346）

（39）衡阳：渠头发<u>毁起毁起</u>。他头发卷卷的。

（40）祁东：你简边头发<u>翘起翘起</u>。你这边头发翘起翘起。

（41）祁阳：你个衣服<u>皱起皱起</u>。你的衣服皱皱的。（李维琦，1998：106）

某些方言中的"V 倒 V 倒"式也具有这种功能，例如：

（42）邵阳：别个屋里个事，渠经常<u>问倒问倒</u>。别人家的事，他经常去过问。

（43）隆回：还在翁里<u>困倒困倒</u>，落雨哩，快收东西！还在这里睡觉，下雨了，快收东西！（伍云姬，1996：353）

以上各例中，VXVX 式多用于描摹某种状态，VX 一般都可以单用，如例（32）也可以说成"他眉毛皱起"。但可能是因为它们多与人的生理缺陷或不良习惯有关，直接用 VX 式作断言，会显得比较生硬，而用 VXVX 重叠式则是一种描写，语气就要舒缓得多，同时，往往还能给人一种充满形象性的联想，其形象性明显增强。

3. 在否定祈使句中作谓语

它们用于制止或劝阻别人不要保持某种状态。具有这种功能的 VXVX 式也主要是"V 起 V 起"式，例如：

（44）长沙：你莫是个□lo³³起□lo³³起的，打起精神来啰！别萎靡不振的，打起精神来！（鲍厚星等，1993：144）

（45）娄底：你做路要落实滴唧，莫个<u>浮起浮起</u>！你干活要踏实一些，别浮在表面！（颜清徽等，1998：152）

（46）新化：胆大粒唧，莫咯<u>缩起缩起</u>。胆子大些，别这样畏缩。（罗昕如，1998：248）

（47）涟源：莫简<u>缩起缩起</u>，越缩越冷。别蜷缩着，越缩越冷。（彭春芳，2007：72）

（48）邵阳：冇整天脸绊起绊起嘛！别整天耷拉着脸嘛！

（49）衡阳：脑壳莫总总是个钩起钩起！别老是低着个头！

（50）祁东：你睡眼闭莫斜起斜起，弄起我连睡不成。你睡觉不要斜着，弄得我睡觉不了。

某些湘方言中，"V倒V倒"式、"V哒V哒"式也具有这种功能，例如：

（51）邵阳：帮别个做咖点事唧，冇尽倒挂倒挂倒！帮别人做了点事，别老是记在心上！

（52）邵阳：有么个事你讲悉大齐听，冇瞒倒瞒倒！有什么事儿你告诉大家，别瞒着！

（53）祁东：一个考试个时候隙开滴，莫伴到伴到了。大家考试的时候隔开些，别挨着了。

（54）沅江：莫老抱哒抱哒他啰，让他自己走。别老抱着他啰，让他自己走。（丁雪欢，2001）

以上用例中的VX也可以单用，但可能是因为制止或劝阻别人是有损对方"面子"的言语行为，直接用VX式也会显得比较生硬，而用VXVX重叠式则有缓和语气的作用。

VXVX重叠式在普通主谓句中和在否定祈使句中作谓语这两种用法，往往可以构成转换关系，如例（32）就可以转换成"眉毛莫皱起皱起！"；例（48）也可以转换成"渠整天脸绊起绊起"。

4. 在处置句或被动句中作谓语

具有这种功能的VXVX式主要有"V起V起"式、"V倒V倒"式、"V咖V咖"式和"V哒V哒"式。

Ⅰ．"V起V起"式。例如：

（55）长沙：用竹篙把帐子杆起杆起。用竹篙把帐子撑起来。

（56）益阳：把烂布条缔起缔起做拖把。把烂布条扎起来做拖把。

（57）新化：喉咙逗根鱼骨头卡起卡起，连唔舒服。喉咙被一根鱼骨头卡住了，一点儿都不舒服。

（58）邵阳：你帮我拿箇滴货装起装起，送到收购站去啰！你帮我把这些货好好装好，送到收购站去吧！

（59）衡阳：得我姨几<u>连起连起</u>得我穿。被我姨做好给我穿。（伍云姬，1996：407）

（60）祁东：把烂钱<u>粘起粘起</u>。把烂钱粘好。

（61）祁阳：把箱子里个书<u>包起包起</u>。把箱子里的书包好。（李维琦，1998：106）

Ⅱ．"V 倒 V 倒"式。例如：

（62）新化：拿烂布<u>扎倒扎倒</u>做拖把。把烂布扎起来做拖把。

（63）邵阳：帮我把酒坛子好肆<u>封倒封倒</u>，有出咖气哩。给我把酒坛子好好封上，别出了气。

（64）隆回：把窗子<u>关倒关倒</u>，闷死哩。把窗子关得严严实实的，闷死了。（伍云姬，1996：346）

（65）祁东：你先拿细伢唧<u>拍倒拍倒</u>，等下就不得哭了。你先把小孩拍着拍着，等下就不会哭了。

Ⅲ．"V 咖 V 咖"式。例如：

（66）长沙：我去把屑子<u>倾咖倾咖</u>。我去把垃圾倒掉。

（67）益阳：你把桌子<u>抹咖抹咖</u>。你把桌子抹了。

（68）娄底：先拿者滴作业<u>做咖做咖</u>。先把作业做了。

（69）邵阳：一块土个辣椒，通下冲ᵎ贼<u>摘咖摘咖</u>，一只倒有留！整个一块土的辣椒，都叫贼给摘走了，一个都不剩！

（70）新化：你帮我拿粒衣衫<u>洗咖洗咖</u>。你帮我把衣服洗了。

（71）衡阳：捞被筒菇<u>卖咖卖咖</u>。把被筒菇卖掉。（伍云姬，1996：391）

（72）祁东：田里个小菜下得牛<u>吃咖吃咖</u>。田里的蔬菜全被牛吃了。

Ⅳ．"V 哒 V 哒"式。例如：

（73）长沙：把钱<u>存哒存哒</u>，莫是箇样乱花哒。把钱存了，别这样乱花了。

（74）衡阳：捞芥菜<u>滑哒滑哒</u>。把芥菜煮煮。（伍云姬，1996：397）

以上各例中，使用 VXVX 式多带有某个动作行为作用于某个对象时，处置得反复、仔细、彻底等情态意味。如邵阳话中，例（58）带有要求对方把货物全部地、仔细地装好的情态意味，例（69）带有埋怨贼将辣椒摘得很彻底的情态意味。它们中的 VX 也可以单用，但是单用时，这种情态意味就会明显减弱。

5. 作状语或作连谓句的第一个谓语

具有这些用法的 VXVX 式主要有"V 起 V 起"式、"V 倒 V 倒"式、"V 哒 V 哒"式和"V 咖 V 咖"式。

Ⅰ."V 起 V 起"式。例如：

（75）长沙：他<u>寐起寐起</u>用功。他暗暗地用功。(伍云姬，2006：66)

（76）邵阳：我每次<u>笑起笑起</u>跟渠讲，渠总是唔理我。我每次都笑着跟他说，他总是不理我。

（77）溆浦：箇号东西齐家<u>抢起抢起</u>买，冇要钱个样。这种东西大家抢着买，好像不要钱一样。

（78）祁东：你凑﹦够﹦<u>侧起侧起</u>睡，手架子不麻啊？你总是侧着睡，胳臂不麻吗？

Ⅱ."V 倒 V 倒"式。例如：

（79）娄底：<u>解倒解倒</u>喊，喊住喊住就冇看见来。追在后面叫，叫着叫着就不见了。(伍云姬，1996：282)

（80）新化：妈妈<u>解倒解倒</u>喊二毛。妈妈追着叫二毛。(罗昕如，1998：246)

（81）冷水江：：粒鸡仔<u>抢倒抢倒</u>吃食，逗人爱。这些小鸡抢着吃食，逗人喜爱。(谢元春，2005)

（82）邵阳：屋里太狭哩，大齐<u>挤倒挤倒</u>坐吧！屋里太窄了，大家挤着坐吧！

（83）隆回：<u>挤倒挤倒</u>坐。挤着坐。(伍云姬，1996：352)

（84）祁阳：<u>挨到挨到</u>坐。挨着坐。(李维琦，1998：106)

（85）祁东：妹唧一个行街下喜欢<u>牵倒牵倒</u>走。女生们逛街都喜欢牵着走。

（86）溆浦：<u>挤倒挤倒</u>困就冇冷了。挤着睡就不冷了。

Ⅲ."V 哒 V 哒"式。例如：

（87）长沙：你们<u>挨哒挨哒</u>坐。你们挨着坐。

（88）益阳：你侬<u>挤哒挤哒</u>睡就不冷哒。你们挤着睡就不冷了。

（89）沅江：咯只伢几蛮勤快，不管么子事，他都<u>抢哒抢哒</u>做。这个小孩挺勤快的，不管什么事，他都抢着做。(丁雪欢，2001)

（90）衡阳：渠<u>哭哒哭哒</u>求我。他哭着求我。

Ⅳ."V 咖 V 咖"式。例如：

（91）邵阳：讲话要<u>想咖想咖</u>讲，冇信口开河。说话要先想好了再说，别信口开河。

(92) 邵阳：买东西个时候，<u>要选咖选咖</u>买，冇歪瓜裂枣是项个都买倒。买东西的时候，要仔细挑选后再买，别把各种歪瓜裂枣全买下。

(93) 邵阳：借钱把别个，头一要<u>写咖写咖</u>再借。借钱给别人，一定要写了借条才借。

(94) 邵阳：<u>洗咖洗咖</u>再吃，冇前八世冇吃过个样！洗了再吃，别像几辈子没吃过一样！

(95) 祁东：衣衫<u>揪咖揪咖</u>再晾，箇样易得干点。衣服拧了再晒，这样容易干些。

对于由两个或两个以上的谓词连用构成的句法结构，到底是属于"连谓结构"还是"偏正结构"抑或是"由连贯复句紧缩而来的紧缩句"等，学术界素有争议。（玉柱，1984）这里的"V咖V咖"式，我们认为是在连谓句或连贯复句中作第一个谓语，而"V起V起""V倒V倒"式和"V哒V哒"式等则是作状语，它们的区别是，后者明显具有修饰关系，如"笑起笑起讲""换起换起穿""挤倒挤倒坐""粘倒粘倒写"，可以对译成普通话的"笑着讲""换着穿""挤着坐""挨着写"等；而前者两个动作明显具有时间上的先后关系，其中例（91）和（92）由于两个动作直接相连，可视为连谓句，例（93）和（94）由于有关联性副词"再"，宜视为连贯复句。其实，处置句与连谓式是可以兼容的，如果处置句中有两个或两个以上的谓语动词，也可以构成连谓句或者连贯复句，如邵阳话"你把我拿衣衫洗咖洗咖烘干"就既是处置句，又是连谓句。上文中"V起V起"式、"V倒V倒"式也可以构成处置句与连谓句的兼容句，如邵阳话的"我拿箇滴货装起装起送到收购站去"、新化话的"拿烂布扎倒扎倒做拖把"。

6. 作补语、定语等其他成分

某些湘方言中，VXVX式还能充当补语、定语等成分。例如：

(96) 长沙：肚子胀得<u>鼓起鼓起</u>的。肚子胀得鼓鼓的。（补语）

(97) 邵阳：鼻子冻得<u>絮＝起絮＝起</u>哩。鼻子冻成鼻塞了。（补语）

(98) 沅江：咯件衣服穿哒<u>紧起紧起</u>，蛮不舒服。这件衣服穿着紧紧的，很不舒服。（补语）（丁雪欢，2001）

(99) 祁东：簿子<u>写起卷起卷起</u>。本子被写得卷卷的。（补语）

（100）沅江：你<u>急哒急哒</u>的事，他莫齿起。你很着急的事情，他不管不问的。（定语）（丁雪欢，2001）

（101）邵阳：我<u>攒倒攒倒</u>个钱，冲渠干干拿起去输咖！我积攒起来的钱，让他全部拿去赌输了！（定语）

（102）祁东：我<u>叠咖叠咖</u>个东西放到尚好，你要把渠搞乱！我叠了的东西放得很好，你要把它搞乱！（定语）

作补语的"V起V起"式，与在普通主谓句中作谓语时的用法一样，都具有较强的摹状性。有时候，作补语时也可以与作谓语的构成转换关系。如例（97）"鼻子冻得絮起絮起哩"也可以说成"冻得鼻子絮起絮起哩"，变换后句子的补语部分"鼻子絮起絮起"就成了"V起V起"式在普通主谓句中作谓语的情形了。

（二）次生重叠 VXVX 式的句法、语义功能

"次生重叠"概念的提出是比较晚近的事，目前，学术界对方言中次生重叠现象的关注还并不多见。据我们考察，湘方言中属于次生重叠的 VX-VX 式主要出现在以下句法环境中：①构成拷贝式话题结构；②构成重叠式引语性话题句及其相关构式。下面我们主要以邵阳话为例来分析说明。

1. 构成拷贝式话题结构

"拷贝式话题结构"，又叫同一性话题结构，指句法结构中话题和述题中的某个成分完全或部分同形，同形成分间在语义上也是一致的，形成一种拷贝关系，如上海话的"水末水紧张，电末电紧张"。（刘丹青，2007）湘方言中的拷贝式话题结构非常丰富，我们在后文讨论湘方言重叠句式时会专门论及，这里只讨论由 VXVX 式短语重叠构成的拷贝式话题结构。

比如，邵阳话中，一共有六种结构形式的 VXVX 式短语重叠式，可以构成拷贝式话题结构的主要是"V倒V倒""V起V起""V咖V咖"等结构形式，"V餐V餐"和"V哩V哩"式一般没有这种用法。它们多在对话中作为答句出现，动词重叠部分拷贝上一个话轮中的某个成分作为话题，其后是对该话题的说明。例如：

（103）A. 三毛和你同年个，别个考起研究生哩唻！三毛跟你一样大，人家都考上研究生了呢！

B. <u>考起考起</u>噠，有么个了唔起个！考上就考上呗，有什么了不起的！

(104) A. 今日太热哩，还是开起空调吧？今天太热了，还是把空调打开吧？

B. <u>开起开起</u>哦！有吹起感冒嘞！打开倒是可以打开哦！可别吹感冒了哦！

(105) A. 剩起箇滴唧肉唧，你唔把我买倒算哩？就剩下这么些肉了，你不给我全买了算了？

B. <u>买倒买倒</u>啰！顶多一个多吃两坨。买了就买了吧！大不了每人多吃几块。

(106) A. 后里血越出越大哩，我就拿只创可贴粘倒咖哩。后来血越出越大了，我就拿了只创可贴贴上了。

B. <u>粘倒粘倒</u>哦，有捂倒灌咖汁嘞！贴着倒是贴着哦，可别捂着化脓了哦！

(107) A. 你妈妈拿起篠子来咖嘞，你还在箇里生孽！你妈妈拿着竹棍子来喽，你还在这里惹事生非！

B. <u>来咖来咖</u>噠，渠还能吃咖我？来就来吧，她还能吃了我？

(108) A. 你那滴酒唧，昨日我拿起去吃咖哩。你那些酒，昨天我拿去喝了。

B. <u>你吃咖吃咖</u>哦，吃醉咖哩有怪我哦！你喝了倒是喝了，喝醉了可别怪我哦！

以上例句可以分为两组：例（103）（105）（107）为一组，它们由句法结构"VX就VX"减省其中的"就"而来，多表示说话人虽然对某动作行为表示认同，但含有不以为然或无所谓等态度，有时候则带有说话干脆、直爽，不拖泥带水的意味。如例（103）中，说话人虽然承认与他同年的三毛考上研究生这个事实，但是表现得很不以为然；例（105）中，发话人要求受话人买剩下的肉，受话人表现得很干脆、爽快。例（104）（106）（108）为一组，它们由句法结构"VX倒是VX"减省其中的"倒是"而来，多表示让步转折关系，前面表示让步的话题小句对某种情况进行有限的肯定，后面的转折小句则从另一方面对之做出某些补充或修正。如例（104）说话人首先对对方"开空调"的请求给予应允，但后面补充了一个限制条件，即不得吹空调吹出感冒来。

再如祁东话：

(109) A. 箇作业卷起晓＝得＝难看了，把渠抹平才。这作业本卷得很难看，把它抹平吧。

　　B. **卷起卷起**嘛，反正有要了。卷了就卷了，反正不要了。

(110) A. 喊渠做事就睡倒了。叫他做事就睡了。

　　B. **睡倒睡倒**嘛，怕渠不爱睡倒！睡了就睡了吧，让他睡！

(111) A. 你男朋友刚走咖了，都不喊声你。你男朋友刚刚走了，都不叫下你。

　　B. **走咖走咖**嘛，有讲我晓不得路？走了就走了，难道我不认识路？

(112) A. 桃子上下是毛，不洗吃不得。桃子上都是毛，如果不洗就不能吃。

　　B. **洗下洗下**嘛，得水冲下就要得了。洗下就洗下吧，让水冲下就可以了。

　　以上例句都是由句法结构"VX 就 VX"简省其中的"就"而来，表示说话人对某动作行为的认同义和准许义，有的也含有无所谓、不在意等态度。

2. 构成重叠式引语性话题句及其相关构式

　　刘丹青（2009）注意到汉语中存在"重叠式引语性话题构式"及由之进一步发展而来的"让步—转折复句构式"和"释义构式"等几种构式。其中，"重叠式引语性话题构式"由"（引语性）重叠话题＋述题（以负面评论居多）"构成，"让步—转折复句构式"由"引语性拟声小句＋转折小句"构成，"释义构式"由"被释义概念＋释义小句"构成。

　　邵阳话中，某些 VXVX 式动词重叠也可构成这些构式。例如：

(113) A. 把箇滴旧衣衫揖咖算哩。把这些旧衣服扔掉算了。

　　B. **揖咖揖咖**，你眼⁼皮⁼有蛮多钱把我买新个去哩！扔掉扔掉，难道你有很多钱给我买新的吗？

(114) A. 箇滴糖留倒拿明日你妹妹回来再吃。这些糖留着明天等你妹妹回来再吃。

　　B. **留倒留倒**，只晓得留倒！明日干干炀咖就晓得哩！留着留着，只知道留着，赶明儿全部融化了就知道了！

(115) **买倒买倒**，别个买倒咖哩你又骂别个。你嘴上说"买了买了"，人家真买了你又骂人家。

(116) **卖咖卖咖**，到真话要卖哩渠又舍唔得哩。虽嘴上说要卖掉，但真要卖掉的时候，他又舍不得了。

(117) <u>捡倒捡倒</u>，胜于买倒！捡来的东西，就胜过买来的东西那样归你所有了！

以上例（113）（114）属于重叠式引语性话题构式，（115）（116）属于让步—转折复句构式，例（117）属于释义性构式。它们都是由作为引语的反复话语发展而来的"拟声化重叠"，但其表义功能也不尽一致。重叠式引语性话题构式往往带有说话人对引语性话题的不耐烦情绪，后接的述题大多是负面评论，其中的重叠式话题表达的是说话人反复听到的话语。"让步—转折复句构式"表达让步转折关系，其中的引语性拟声小句表达的也是反复被他人提及的言语行为。"释义构式"表示对被释概念的解释说明，其中的重叠式是对被释义对象的重复。

从来源上看，邵阳话中拷贝式话题结构中的 VXVX 式重叠是由"VX就 VX""VX 倒是 VX"等句法结构减省其中的关联性副词而来的，它们的"形态化"程度已经相当高了。在其他一些湘方言中，其中的"就""倒是"等关联性副词一般还难以减省，例如以下两例分别是长沙话和益阳话中的例子：

(118) 长沙：A. 你还在简里！你堂客都要死哒嘞！你还在这里！你老婆都快要死了！

        B. <u>死咖就死咖</u>啰，死咖还清净些！死了就死了吧，死了还好些！

(119) 益阳：A. 哦些南瓜又要烂哒。那些南瓜又要坏了。

        B. <u>烂咖就烂咖</u>吧，烂咖就用来喂猪。坏了就坏了吧，坏了就用来喂猪。

看来，像邵阳话、祁东话这样的高度形态化了的 VXVX 式重叠是较为少见的。

重叠式引语性话题句及其相关构式中的 VXVX 式重叠，是由作为引语的反复话语经"拟声化重叠"发展而来的，与其类似的现象在湘方言其他点中也并不鲜见，例如：

(120) 长沙：A. 简些糖粒子留哒等你妹妹回来吃啰。这些糖留着等你妹妹回来再吃。

        B. <u>留哒留哒</u>，只晓得留得把她吃，我就不是你的女哦？留着留着，只知道留给她吃，我就不是你女儿吗？

(121) 长沙：他讲是讲"<u>买咖买咖</u>"，别个真的买咖哒他又要骂别个。

他嘴上说"买了买了"，人家真买了他又骂人家。

（122）益阳：哦件洋绳子衣她讲要"<u>丢咖丢咖</u>"，但真的要丢咖的时机，她又舍不得哒。<small>那件毛绒衣她虽然说要扔掉，但真的要扔掉的时候，她又舍不得了。</small>

（123）溆浦：A. 把箇条衣服<u>摺呱起</u>算了。<small>把这件衣服扔掉算了。</small>

B. <u>摺呱起摺呱起</u>①，刚买个衣服就摺呱起，明朝又要我把你买新个！<small>扔掉扔掉，刚买的衣服就扔掉，明日又要我给你买新的！</small>

（124）祁东：A. 明日把屋里有要个家具下<u>丢咖</u>。<small>明天把家里不要的家具都丢了。</small>

B. <u>丢咖丢咖</u>，你屋里头有好多钱呐？<small>丢掉丢掉，你家里有多少钱啦？</small>

以上从原生重叠和次生重叠两方面讨论了湘方言中 VXVX 式的句法语义功能。有时候，同一个书写形式的 VXVX 式，它们属于不同的重叠性质，有着不同的来源。例如，"洗咖洗咖"在下面例 A 中属于原生重叠，在 B 中属于次生重叠：

（125）邵阳：A. 你把我拿衣衫<u>洗咖洗咖</u>晒倒啰！<small>你帮我把衣服洗了晒着吧！</small>

B. <u>洗咖洗咖</u>咮！拗倒要我来洗！<small>洗了就洗了吧，非得要我来洗！</small>

这两种重叠类型在语音上有着显著的差别：属于"原生重叠"的，两个 VX 之间不允许有语音停顿，而属于"次生重叠"的，两个 VX 之间必须有个相当于一个字长的语音停顿，且其中 V 的主要元音的音长要明显加长。

▶ 二、湘方言 VXVX 式短语重叠的内部构成

归纳起来，湘方言中属于原生重叠的 VXVX 重叠式共有"V 起 V 起""V 倒 V 倒""V 哒 V 哒""V 住 V 住""V 餐 V 餐""V 嘎 V 嘎""V 咖 V 咖""V 居 V 居""V 者 V 者""V 哩 V 哩""V 嗒 V 嗒""V 下 V 下"等十余种结构形式。湘方言各点中的 VXVX 重叠式在结构形式上和内部构成上存在差异，这种差异主要体现在其中的动词 V 和 X 上。

---

① "呱起"是溆浦话中的一个表示完成态的双音节动态助词。

（一）VXVX 重叠式中的动词

下面我们主要以邵阳话为例进行分析。邵阳话中，有"V倒V倒""V餐V餐""V起V起""V咖V咖""V哩V哩""V下V下"等多种结构形式的 VXVX 式重叠用法。

为了对能够进入这类重叠式中的动词有个全面的了解，我们调查了《方言调查字组、词汇、语法简表》中的所有动词词目。该表为北京大学中文系现代汉语教研室所编，共收动词（包括动词短语）298 条，包括以下 15 个义类：自然现象；五官动作；手部动作；腿脚动作；全身动作；生理、病理、医疗；日常生活；人事、习俗；社会生活、犯罪；生产活动；经济、商业；交通；文化、娱乐；感受、思维；愿望、判断、趋向。邵阳话中与之对应的常用动词有 260 个左右。

经调查，能够进入各重叠式的动词既有共性又有差异。愿望、判断、趋向类动词（包括"可以、是得会、载得值得、是、唔是不是、冇有没有、在、起来"等）在任何情况下都难以进入上述重叠式的任何一种。思维感受类动词如"喜欢、讨厌、怪、恨、打算、忘记、怀疑、注意、晓得、打悔心后悔、眼念羡慕"等，也较少进入这些重叠式。自然现象类动词如"天光天亮、天黑、动风刮风、落雨下雨、落雪下雪、起雾、打闪电子打闪、动雷打雷、结冰"等，多只能进入"V倒V倒"式。而能够进入"V起V起"式的，则多为表示手、脚、躯体等部位的行为动词。其他各义类动词进入这些重叠式所受限制较少。总起来看，能够进入 VXVX 重叠式的动词多具有以下特征：

1. 多是单音节动词。在邵阳话的实际口语交际中，单音节动词占绝大多数。双音节动词由于带有较强的书面语色彩，一般要换成口语性较强的单音节动词才能进入 VXVX 式。例如：

　　＊修理起修理起—修起修起　　＊清理起清理起—清起清起

　　＊划算倒划算倒—划倒划倒　　＊考虑咖考虑咖—想咖想咖

动宾结构的多音节动词或动词短语如"困眼闭睡觉、刷牙子刷牙、打哈欠、晒太阳"等，进入 VXVX 式时，一般只将其中的动词性语素重叠，然后再带宾语，例如："困倒困倒眼闭、晒餐晒餐太阳"等。

2. 多为具有［＋持续］、［＋自主］语义特征的动词。"炪色褪色、起火、熄、死、咕吞、看见、打冷战战打寒战、下课、晓得知道、认得、忘记"等动词，要么为非自主动词，要么为非持续动词，一般很难进入 VXVX 重叠式。

不过，有的动词虽然不具有上述特点，但有时也是可以进入特定的 VXVX 式的。例如，按照马庆株（2005：2，17）的观点，"熄"是一个典型的［-持续］动词，"爆（如'豆荚爆了'）"是一个典型的［-自主］动词，按说不能进入 VXVX 式，当地人的最初语感也是如此，但是，仔细想想，它们用在下面的句子中也同样是可以接受的：

(1) 你做好事嘞！过年过节哩，拿只火熄倒熄倒！你做的好事！过年过节的，把个火给灭了！

(2) 今日太阳好狠劲，拿滴豆子爆起爆起满山是。今天的太阳好厉害，把豆子爆得到处都是。

此外，广义的动词中所包括的形容词，如"阴、晴、干、旱、冷、烂、乱、糟、坏、错、对、好、穷、富、馊、皱、散、直、弯、蔫、活、够、肿、胀、困、饿、饱、醉、晕、瘸、瞎、聋、哑"等，按照马庆株（2005：19）的分类标准，基本上都可以划为非自主动词，但它们也大多都可以进入某些特定的 VXVX 重叠式。

陈立民（2005）在讨论普通话中哪些动词能够重叠时认为，由于过去把动词重叠看作是动作范畴，因此，注意力多集中在从动词的不同性质来区分哪些动词能够重叠、哪些动词不能重叠的问题上。如果把动词重叠看成是句子层面的概念，那么，从理论上讲，汉语中所有的动词都是能够重叠的，只是它所在的语境是否允许它重叠，即它所构成的句子表示的事件是否符合动词重叠的语义条件，或者是否和句子中的其他成分在语义上发生冲突。以上我们在讨论能够进入 VXVX 式的动词的特点时，也是从动词反映动作的角度来展开分析的，如果从句子层面着眼的话，邵阳话中，除了能愿、判断、趋向类动词（如"可以、是得会、载得值得、是、唔是不是、冇有没有、在、起来"等）之外，其他单音节动词只要有一定的语境和句法条件，原则上也是可以进入 VXVX 式的。

（二）VXVX 重叠式中的 X

湘方言中，VXVX 式中的 X 可以根据其性质分为两大类：一类是动态助词，包括"倒、起、嘎、哩、餐、哒、住、居、咖、者、到、嗒"等，另一类是动量词"下"。

1. X 为动态助词

邵阳话中，动态助词主要有"倒、起、咖、哩、餐、咖哩、过"等。能够进入 VXVX 重叠式的有"倒、起、咖、餐、哩"等，它们主要标记持续体，也可以标记完成、反复等其他体貌范畴。其中，"倒"和"起"为一组，它们的用法比较接近，主要标记持续体，例如"门开起个门开着的、困倒看书躺着看书"；也可标记完成体，例如"写起作业再去耍做了作业再玩、煮倒饭哩做好饭了"。"咖"和"哩"为一组，主要标记完成体，例如"渠吃咖饭就写字他吃了饭就做作业、妈妈骂哩渠妈妈骂了他"。"餐"的用法则比较特殊，自为一组："V 餐"单用时表示动作行为在较长的一段时间里的间歇性反复，可以将"餐"视为反复体标记，例如：

（3）渠以前自来冇喊牙子痛，简会唧吃餐剁辣椒，上火哩。他以前从来不说牙痛，这段时间吃了剁辣椒，上火了。

（4）我简段时间看餐鬼电影，夜倒夜做恶梦。我这段时间看了很多鬼电影，每天晚上都做恶梦。

除了邵阳话中使用的"倒、起、咖、餐、哩"等动态助词外，湘方言其他点的 VXVX 重叠式中，X 还有"哒、住、居、咖、者、到、嗒、呱起"等。我们认为，其中的"到"与"倒"，"咖"与"嘎"，"住"与"居"，"哒"与"嗒"等，应当分别是同一个语言单位在不同方言中的语音变体，或者只是不同的研究者使用了不同的书写形式，从来源上讲，它们应该是两两同源的。这些动态助词主要标记持续体，但也有可以标记完成体等其他体貌的。例如，长沙话中的"哒"就既可表示持续，也可表示已然和完成（伍云姬，1996：196）。进入 VXVX 重叠式也是如此，例如，祁阳话中的"起"，李维琦（1998：106）就认为主要表示持续态，也可以表完成态，根据他的描述，祁阳话由"起"构成的"V 起 V 起"式，如"你咯衣服皱起皱起"中的"起"表持续态，"把箱子里略书包起包起"中的"起"表完成态。

新化、冷水江等方言中有一种"V仗＝V仗＝"式，其用法与VXVX重叠式相类似。例如：

（5）新化：拿粒书<u>清仗＝清仗＝</u>。把些书清得好好的。（罗昕如，1998：287）

（6）新化：拿粒衣衫、袜子么个<u>补仗＝补仗＝</u>。把些衣服、袜子什么的补得好好的。（罗昕如，1998：287）

（7）冷水江：拿床铺<u>清仗清仗</u>，困个好觉。把床铺好，睡个好觉。（谢元春，2005）

（8）冷水江：拿头发<u>梳仗梳仗</u>，衣衫<u>穿仗穿仗</u>，我俚到街上去。把头发梳好，衣服穿好，我们去街上。（谢元春，2005）

对于其中的"仗"的性质，罗昕如（1998：287）虽未确认其完成体标记地位，但认为它们"补充说明动作行为'好了''完成了'。"我们认为，把它视为"准完成体标记"应该没有问题。

2. X 为动量词"下"

某些湘方言中，动词与动量词"下"组成的动量短语可以重叠为VX-VX式，表示短时、随意的语义，例如：

（9）邵阳：衣衫冇是蛮马虎，放水窠里<u>摆下摆下</u>唧就干净咖哩。衣服不是很脏，放水中稍微漂洗一下就干净了。

（10）溆浦：你<u>挖下挖下</u>又冇挖哩，要挖到好久前家？你挖一会又停一会，挖一会又停一会，要挖到什么时候？

（11）祁东：你把衣衫<u>扯下扯下</u>就挺敁了。你把衣服扯扯就整齐了。

对于汉语方言中动词"V下V下"重叠式里的这个"下"的性质，屈哨兵（2001）把它称为"语缀"，王红梅、詹伯慧（2007）视为动词后缀。彭小川（2009）没有明确其性质，但她认为，广州话的"V下V下"中"V下"与普通话的"V一下"应该是同源的，"再往前追溯，这个'一下'则与普通话一样，又来源于数量词'一下'"。我们同意这种分析，认为把这个"下"视为动量词更为合适。因为在邵阳、新化、祁东等地的湘方言中，"V下V下"有时候也可以说成"V两下V两下"，这时的"下"无论分析为"语缀"还是"后缀",恐怕都不合适,只能分析为动量词。

▶▶ 三、VXVX 式短语重叠的跨方言考察①

(一)湖南省境内非湘语方言中的 VXVX 式重叠

从我们掌握的文献来看,VXVX 式短语重叠在湖南省境内的西南官话、赣语、湘南土话平话等非湘语方言中都有较为广泛的使用。

1. 西南官话

吉首(李启群,1994):

"V 倒 V 倒"式:

(12)讲倒讲倒他个人就走了。(在紧缩复句中作前一分句的谓语)

(13)比倒比倒画才画得好。(状语)

"V 下 V 下"式:

(14)一个人到车路上走下儿走下儿的,自在得很。(普通谓语)

常德(易亚新,2007):

"V 倒 V 倒"式:

(15)写倒写倒钢笔没水哒。(在紧缩复句中作前一分句的谓语)

(16)瞒倒瞒倒搞的。(状语)

"V 起 V 起"式:

(17)鼻子祝起祝起哒/的。(普通谓语)

(18)几个人争起争起发言。(状语)

"V 哒 V 哒"式:

(19)几个人换哒换哒挑。(状语)

岳阳(方平权,1999;马兰花,2005):

"V 起 V 起"式:

(20)他哩搞起搞起就有得名堂哒。(在紧缩复句中作前一分句的谓语)

"V 倒 V 倒"式:

---

① 由于以往的研究几未涉及次生重叠的 VXVX 式,因此,这里我们暂不将次生重叠纳入比较的范围。

（21）讲倒讲倒就哭哒起来。（在紧缩复句中作前一分句的谓语）

（22）椅子最好挨倒挨倒摆。（状语）

华容（吴泽顺、张作贤，1989）：

"V下V下"式：

（23）方家爹在田里挖下挖下。（普通谓语）

洪江（曾美勤，2000）：

"V倒V倒"式：

（24）爸爸坐倒坐倒就栽起眼闭来了。（在紧缩复句中作前一分句的谓语）

"V起V起"式：

（25）天阴起阴起的，要落雨。（普通谓语）

（26）肚子绞起绞起痛。（状语）

2. 赣语

常宁（吴启主，1998）：

"V哒V哒"式：

（27）佢开头跑得快，跑哒跑哒慢刮到。（在紧缩复句中作前一分句的谓语）

（28）煨薯，要拿薯得红灰蒙哒蒙哒。（处置谓语）

"V刮V刮"式：

（29）拿盘子洗刮洗刮。（处置谓语）

攸县（伍云姬，1996）：

"V起V起"式：

（30）唱起唱起佢自家笑起来哩。（在紧缩复句中作前一分句的谓语）

"V餐V餐"式：

（31）吃餐吃餐，佢走过哩。（在紧缩复句中作前一分句的谓语）

浏阳（夏剑钦，1998）：

"V定V定"式：

（32）讲定讲定，笑起来听。（在紧缩复句中作前一分句的谓语）

3. 湘南土话平话

东安（陈芝，2004）：

"V倒V倒"式：

（33）那盏灯<u>跳倒跳倒</u>就不亮了。(在紧缩复句中作前一分句的谓语)

（34）他<u>看倒看倒</u>书在，莫吵他。(普通谓语)

（35）别个的仇莫老<u>记倒记倒</u>。(祈使谓语)

（36）她总<u>省倒省倒</u>用，蛮会过日子的。(状语)

（37）你<u>急倒急倒</u>的事别个根本就没放心上。(定语)

（38）他成天<u>捧倒捧倒</u>的是什么细？(关系化后作主语)

"V咖V咖"式：

（39）他们<u>闹咖闹咖</u>又和好咖。(在紧缩复句中作前一分句的谓语)

（40）<u>讲咖讲咖</u>的话你当作耳边风。(定语)

"V起V起"式：

（41）老家的那条路<u>烂起烂起</u>，蛮难走。(普通谓语)

（42）她爱吃辣椒，嘴巴辣起<u>肿起肿起</u>了还吃。(补语)

宁远(张晓勤，1999)：

"V起V起"式：

（43）伊点事，之<u>讲起讲起</u>就想哭。(在紧缩复句中作前一分句的谓语)

（44）地高头的谷子，<u>扫起扫起</u>有四、五斤。(普通谓语)

（45）大侪<u>排起排起</u>走。(状语)

"V倒V倒"式：

（46）<u>盯倒盯倒</u>书就眠着呱了。(在紧缩复句中作前一分句的谓语)

（47）两个人走路<u>黏倒黏倒</u>。(普通谓语)

（48）三个人<u>挤倒挤倒</u>眠。(状语)

（二）湖南省境外汉语方言中的 VXVX 式重叠

VXVX 重叠式是在汉语方言中较为常见的一种与动词相关的重叠类型，王红梅、詹伯慧（2007）在对近 30 种方言材料进行考察的基础上，将汉语方言中的 VXVX 式归纳为 "V倒V倒""V起V起""V哒V哒""V着V着""V餐V餐""V住V住""V法V法""V下V下" 等八种不同的结构形式，梳理了每种结构形式的重叠式在汉语方言中的大致分布和使用情况。下面我们主要根据该文表一所提供的线索，并结合其他方言材料，对湖南省境外汉语方言中的 VXVX 式的使用情况进行重新检视：

贵州贵阳（涂光禄，2000）：

"V倒V倒"式：

(49) 坐倒坐倒嘞就把睡着噢。（在紧缩复句中作前一分句的谓语）

(50) 省倒省倒嘞用钱。（状语）

"V起V起"式：

(51) 他偏要歪起歪起嘞坐。（状语）

云南昆明（荣晶、丁崇明，2000；张宁，1987）：

"V着V着"式：

(52) 写着写着就写歪了①。（在紧缩复句中作前一分句的谓语）

(53) 你莫学着学着的，这个不是好习惯。（否定祈使谓语）

(54) 一大家人吃饭，抢着抢着呢吃，吃呢怪香呢。（状语）

四川成都（杨玲，2005）：

"V倒V倒"式：

(55) 摆倒摆倒龙门阵，天就落起雨来了。（在紧缩复句中作前一分句的谓语）

(56) 你可以试倒试倒问他。（状语）

"V起V起"式：

(57) 把水烧起烧起，把衣服泡起泡起。（处置谓语）

(58) 你咋个哭起哭起地说话。（状语）

(59) 你看他那个挺起挺起的肚子。（定语）

(60) 跳得勾起勾起的还在跳。（补语）

"V兮V兮"式：

(61) 外头晒兮晒兮的。（普通谓语）

(62) 汽车在土路上晃兮晃兮开了一天。（状语）

重庆（喻遂生，1990）：

"V倒V倒"式：

---

① 张宁（1987）在讨论"V着V着"式时说："这种重叠式不包括'坐着坐着就睡着了''写着写着就写歪了'之类的'V着V着'。它是指'V着V着＋呢（地）＋主要动词'。这种重叠式起着副词的作用，表示动作时的状态。"但丁崇明（2005：31）在讨论昆明话的动态助词"着"时则说，"着"表示动作正在进行或状态的持续的用法，与北京话的"着"基本相同。如此看来，昆明话的"V着V着"式可能并非没有"坐着坐着就睡着了"之类用法，只是张宁（1987）为了突出昆明话的特点而说了上面那样的话，具体情况还有待进一步核实。

(63) <u>走倒走倒</u>摔了一筋斗。(在紧缩复句中作前一分句的谓语)

(64) 他把我<u>恨倒恨倒</u>的。(处置谓语)

(65) <u>看倒看倒</u>地走。(状语)

"V起V起"式：

(66) 天<u>阴起阴起</u>的。(普通谓语)

(67) 肚子<u>绞起绞起</u>痛。(状语)

(68) 肚子胀得<u>鼓起鼓起</u>的。(补语)

四川苍溪 (李润生, 2002)：

"V嗒V嗒"式：

(69) <u>写嗒写嗒</u>笔没水了。(在紧缩复句中作前一分句的谓语)

(70) 他们天天把我<u>防嗒防嗒</u>的。(处置谓语)

(71) <u>争嗒争嗒</u>地做。(状语)

"V住V住"式：

(72) <u>看住看住</u>要过年了。(在紧缩复句中作前一分句的谓语)

(73) <u>挨住挨住</u>地放。(状语)

陕西户县 (孙立新, 2003)：

"V着V着"式：

(74) <u>走着儿走着儿</u>天黑咧。(在紧缩复句中作前一分句的谓语)

(75) <u>撵着撵着</u>打瘟三。(状语)

北京 (王继同, 1991)：

"V着V着"式：

(76) <u>听着听着</u>,她捂着嘴偷偷笑了。(在紧缩复句中作前一分句的谓语)

浙江海盐 (胡明扬, 1996)：

"V发V发"式：

(77) 侪勒袋里<u>摸发摸发</u>啥?(普通谓语)

江苏苏州 (刘丹青, 1996)：

"V法V法"式：

(78) 侪手勒背心浪<u>拍法拍法</u>。(普通谓语)

湖北宣恩 (屈哨兵, 2001)：

"V下V下"式：

（79）他在水里摸下摸下的，一下就摸起一条鱼来。（在紧缩复句中作前一分句的谓语）

（80）她跳下跳下地骂人。（状语）

（81）小猴儿身子吓得缩下缩下的。（补语）

（82）那摆下摆下的东西叫么子名字？（定语）

浙江温州（潘悟云，1996）：

"V下V下"式：

（83）他整日荡下荡下不做事干。（普通谓语）

广东广州（彭小川，2009）：

"V下V下"式：

（84）佢行下行下跌咗落个凼度。（在紧缩复句中作前一分句的谓语）

（85）两只鹅伸下伸下条颈，拍下拍下对翼。（普通谓语）

（86）佢趷下趷下噉行入嚟。（状语）

（87）啲细路仔高兴到跳下跳下噉。（补语）

湖北荆门（陶立军，2016）：

"V倒V倒"式：

（88）跑倒跑倒，他突然就搭咕溜子哒。（在紧缩复句中作前一分句的谓语）

（89）写倒写倒，笔没得芯子哒。（在紧缩复句中作前一分句的谓语）

湖北长阳（宗丽，2014）：

"V倒V倒"和"V的V的"式：

（90）走倒走倒就撞到墙哒。（在紧缩复句中作前一分句的谓语）

（91）在田里刨的刨的做。（状语）

浙江杭州（谢冰凌，2014：18）：

"V记V记"式：

（92）他生毛病的，还拖记拖记来上班。（状语）

"V法V法"式：

（93）小姑娘儿粘法粘法个话。（状语）

（三）VXVX式短语重叠的跨方言比较

王红梅、詹伯慧（2007）在对汉语方言中的VXVX式重叠现象进行归纳、比较后，得出的结论可以概括为：

①不同类型的 VXVX 重叠式之间的显性区别在于其中的 X，X 按性质可分为持续体标记和动词后缀两种。

②VXVX 重叠式常出现的句式有两类，一类是进入紧缩复句（该文叫"动词重叠句"）作前一分句的谓语，一类是在一般单句中充当谓语、状语。

③虽然不同类型的 VXVX 重叠式的常用句式不尽相同，但排除句式及共现成分等外在因素的干扰，单就重叠式本身来看，VXVX 式重叠的语法意义为表示某一动作行为或状态的持续。

尽管该文所考察的方言数量较为有限，但也覆盖了官话、湘语、赣语、吴语、粤语、平话、白话等方言区，因而得出的结论有一定的代表性。下面我们结合湘方言和湖南省境外非湘语方言中 VXVX 式的使用情况，做一些补充性的分析、讨论。

1. 关于 VXVX 重叠式中的 X

按照王红梅、詹伯慧（2007）的观点，VXVX 重叠式中的 X 主要是持续体标记或动词后缀，X 的性质不同，其句法、语义功能有别，例如，在句法功能上，一般只有 X 为持续体标记的 VXVX 式才可进入所谓"动词重叠句"，而 X 不是持续体标记的一般不能进入；在语法意义上，X 为持续体标记的 VXVX 式强调动作行为或状态的持续，X 为后缀的 VXVX 式则是通过某一动作行为的反复进行来达到表持续的目的的。这些差别说明，在 VX-VX 式重叠的问题上，X 的"持续体标记"与"动词后缀"的性质差别具有一定的类型学意义。

不过，该文把某些吴语中的"V 法 V 法""V 发 V 发"和某些官话、吴语、粤语中的"V 下 V 下"中的"法""发""下"都视为动词后缀，对于其中的"下"的性质，我们上文已经指出以视为"动量词"为宜。从上文的例子我们可以看到，海盐、苏州方言中以动词后缀"法、发"等构成的VXVX 式，确实不能进入"动词重叠句"，但某些方言中以动量词"下"构成的"V 下 V 下"式，却也是可以进入"动词重叠句"的，如宣恩话、广州话。看来，将"动词后缀"和"动量词"区分开来是有必要的。①

---

① 汪化云、谢冰凌（2012）所描写的杭州话的情况也说明，在这个问题上将动词后缀与动量词区分开来是有意义的：杭州话中，有"V 记 V 记"和"V 法 V 法"两种 VXVX 式，其中的"记"和"法"作者明确说明分别是"动量词"和"后缀"。

此外，上文的研究表明，在邵阳、新化、祁阳等地的湘方言中，"咖、起、哩、仗"等完成体标记或"准完成体标记"也可以构成 VXVX 式。湖南常宁赣语"V 刮 V 刮"中的"刮"，吴启主（1998：255）也认为是专表动作完成的动态助词。湖南东安土话"V 咖 V 咖"中的"咖"，陈芝（2004）也认为是附在动词后表动作的经历态或行为变化的完成态的"语助词"。看来，在湖南省境内的某些湘语、赣语和土话中，由完成体标记构成的 VXVX 式并不鲜见。

由此看来，根据我们考察的材料，可以得出：

①汉语方言中 VXVX 重叠式里的 X，根据其性质至少可以分为三大类四小类：一类是体标记（包括持续体标记和完成体标记），一类是动词后缀，一类是动量词。

②从句法功能上说，由动词后缀构成的 VXVX 式一般不能进入"动词重叠句"中作前一分句的谓语，其他类型的 X 构成的 VXVX 式能否进入"动词重叠句"，因不同的方言存在差别。

2. 从湖南方言看 VXVX 重叠式的蕴含共性

从上文可看出，虽然湖南省境内各方言中 VXVX 重叠式的数量不等，每种重叠式的句法、语义功能也可能存在差异，但是，仔细观察会发现，凡是某种方言中存在由完成体标记（含"准完成体标记"）构成的 VXVX 式，该方言中至少还存在一种 VXVX 式是由持续体标记构成的，例如邵阳、新化、冷水江、祁阳等地湘语、常宁赣语、东安土话等。这说明，这类方言代表了 VXVX 式重叠的一种类型，具有一定的方言类型学意义。我们可以根据重叠式中 X 的体标记性质，将 VXVX 式区分为"持续体标记重叠式"和"完成体标记重叠式"。通过与其他汉语方言的比较，我们可以提出一条蕴含共性：

完成体标记 VXVX 式重叠 ⊃ 持续体标记 VXVX 式重叠

这条共性表示：在某种汉语方言中，如果存在由完成体标记构成的 VXVX 式重叠，则肯定存在由持续体标记构成的 VXVX 式重叠。

这条共性说明，存在上述两种 VXVX 式均具备的汉语方言，如上述几种湖南方言；存在只有"持续体标记重叠式"而没有"完成体标记重叠式"的汉语方言，如北京话只有"V 着 V 着"式一种"持续体标记重叠式"；存在上述两种 VXVX 式皆无的汉语方言，如苏州话①；不存在有"完成体标记重叠式"反而没有"持续体标记重叠式"的汉语方言，至少到目前为止还没有相关报道。

我们重新检视了王红梅、詹伯慧（2007）在比较方言 VXVX 式重叠时所列的近 30 种汉语方言，只有湖南华容话和湖北房县话看起来似有例外。对于华容话，吴泽顺、张作贤（1989：270-271）曾论及该方言中的"V 下 V 下"式，从该书我们无从知晓其是否还有其他结构形式的 VXVX 式。但根据刘吉力（2012：22-23），则可知华容话有"河水看倒看倒涨起来哒"的例子，该文将其中的"看倒"视为表未然态的"无定时体副词"，说明它已进一步语法化。另据刘吉力相告，华容话中也有尚未虚化为时体副词的"V 倒 V 倒"式，如"写倒写倒就笑起来哒"。此外，该方言"V 下 V 下""V 起 V 起"等结构形式的 VXVX 式也可用于"动词重叠句"，如"看下看下困着哒、说起说起就哭起来哒"等，它们中的 X 都为持续体标记或动量词，但没有完成体标记用于 VXVX 式的情况。对于房县话，王红梅、詹伯慧（2007）仅提供了该方言"想倒想倒说"这一个例子，由于目前尚未见到有专门研究该方言的文献，我们也无从知晓其该方言是否还有其他结构形式的 VXVX 式，只好存疑。除此而外，在这近 30 种汉语方言中，没有其他一种方言存在例外，说明这一共性还是具有一定的概括性的。当然，它们是否能站得住脚，还有待用更多的方言事实来验证。

▷ 四、湘方言 VXVX 式短语重叠的历时考察

对于 VXVX 式短语重叠的历时来源和发展，目前似乎尚未有人专门论及，一些研究动词重叠历时发展的论文论著也少有涉猎。我们通过对"北

---

① 要断定一种方言是否两种重叠式都没有是件很困难的事，我们认为，由体标记构成的动词 VXVX 式重叠应该仍然属于体貌范畴，但从刘丹青（1996）和李小凡（1998）这两种专门研究苏州话体貌系统的文献的描述来看，苏州话动词只有由词缀"法"构成的"V 法 V 法"一种 VXVX 式重叠。

京大学中国语言学研究中心"古代汉语语料库的检索，发现这种重叠式大约在明朝中叶才开始使用，而且在至清朝中叶的近200年时间里，用例十分有限，我们只在《西游记》和《红楼梦》中找到以下用例：

（94）师父，今日且把这慈悲心略<u>收起收起</u>，待过了此山，再发慈悲罢。（明朝中叶·《西游记》）

（95）薛蟠忙道："我喝，喝。"<u>说着说着</u>，只得俯头向苇根下喝了一口。（清朝中叶·《红楼梦》）

其中，例（94）是"V起V起"式用作处置谓语的情况，例（95）是"V着V着"式用于复句中的情况。

直到清末民初，VXVX短语重叠式的使用才渐次增多，例如：

（96）张老道："等我把家伙先拣下去，<u>归着归着</u>。"（清末·《儿女英雄传》）

（97）他的困大，<u>抽着抽着</u>就睡着了。你们还是孝顺我来罢。（清末民初·《七侠五义》）

（98）老头<u>吃着吃着</u>，"嘿嘿嘿！"自己笑啦。（清末民初·《三侠剑》）

（99）两个人就杀在一处，曾天寿刀法纯熟，<u>杀着杀着</u>就瞧贼人往圈外一跳，一拧身窜上了北房。（民国初期·《彭公案》）

例（96）是"V着V着"式用作处置谓语的用例，其他各例是其用于紧缩复句的例子。虽然这时的用例开始增多，但句法功能却不见丰富，作状语、作补语等其他成分的用法始终没有出现，直到现代汉语都是如此。

由以上分析可以看出，现代汉语共同语中普遍使用的"V着V着"式短语重叠，是在明朝中叶开始萌芽，到清末民初才逐渐发展起来的。它们的产生和发展，得益于"着"作为动态助词用法的发展和完善，根据吴福祥（2004）的研究，"着"作为典型的持续体标记在北宋时期就已经可以见到了。明清时期曾经有过"V起V起"式的萌芽，却在共同语中并没有发展起来，而在某些汉语方言中却得以继承和发展，湘方言中的"V起V起"式应该就是如此，当然，由于缺乏湘方言的历史语料，这种重叠式在湘方言中究竟产生于何时，我们无从考证。至于湘方言（或许其他方言也是如此）中的其他VXVX式，也当是在其中的X作为动态助词或动量词的用法比较完善的某个历史时期所产生的方言创新用法。

本章小结

本章对湘方言中的量词短语、动词短语和形容词短语等三大类短语的重叠现象进行了概述性的描写、分析，重点讨论了 VXVX 式动词短语重叠，并结合湖南省境内非湘语方言及省外其他汉语方言中 VXVX 式的使用情况，对该类型的动词短语重叠进行了跨方言的比较。

就量词短语重叠而言，普通话中常用的"一量量""一量一量""一量名一量名""形量形量""一形量一形量"等重叠形式，虽然在大多数湘方言中都有不同程度的使用，其句法、语义功能也与普通话差不多，但是，相对来说，它们都是比较"文雅"的说法，多数湘方言中更多地是以"副词＋形容词＋量词"短语及其重叠式、"副词＋形容词"短语重叠式、量词的 AA 式、AXA 式重叠式等其他方式来表达。

相比较而言，某些湘方言中的"数＋量（＋名）"短语重叠更有特色，它们具有表达"容纳量—容纳方式—被容纳量"的语义关系，表示分组按次序或反复进行某个动作行为等语义功能，且其中的数词不像普通话那样多限于"一"。

就形容词短语重叠而言，湘方言的形容词短语重叠在结构形式和句法、语义等方面都与普通话相差无几，主要包括"形容词＋形容词"短语重叠和"副词＋形容词"短语重叠，所不同的只是将其中的程度副词换成湘方言各点常用的单音节程度副词。

就动词短语重叠而言，湘方言中使用"一 V 一 V"这样的数动短语重叠式，也是比较"文雅"的说法。某些湘方言中，"数＋动"短语重叠后，其中的数词不限于"一"，而形成"两 V 两 V"或"几 V 几 V"式的固定格式。

某些湘方言中，存在"乱 V 乱 V""忙 V 忙 V"和"碎 V 碎 V"等结构形式的"形＋动"短语重叠式，它们与其他方言和汉语史上的"形＋动"短语重叠式具有很多共同之处，所不同的只是由于不同方言在形容词性成分的使用上存在差异，导致各重叠式的形式和所表示的附加意义存在区别。

湘方言中，VXVX 式短语重叠的结构形式非常丰富，表义功能也复杂多样，从重叠的性质和来源上看，既有属于原生重叠的，也有属于次生重叠的。属于原生重叠的 VXVX 式，其句法功能主要包括：①在紧缩复句中作前一分句的谓语；②在普通主谓句中作谓语；③在否定祈使句中作谓语；④在处置句或被动句中作谓语；⑤作状语、补语、定语等其他成分。属于次生重叠的 VXVX 式主要出现在以下句法环境中：①构成拷贝式话题结构；②构成重叠式引语性话题句及其相关构式。

经过将湘方言与湖南省境内非湘语方言和境外其他方言的比较，我们对王红梅、詹伯慧（2007）的观点做了补充和修正，认为汉语方言中 VX-VX 重叠式里的 X，根据其性质至少可以分为三大类四小类：一类是体标记（包括持续体标记和完成体标记），一类是动词后缀，一类是动量词。

此外，VXVX 重叠式里 X 的体标记性质差异，具有一定的方言类型学意义，可以据之提出一条蕴含共性：

在某种汉语方言中，如果存在由完成体标记构成的 VXVX 式重叠，则肯定存在由持续体标记构成的 VXVX 式重叠。

通过历时考察可知，在明清时期曾经有过"V 起 V 起"式的萌芽，但在共同语中并没有发展起来，而在某些汉语方言中却得到了继承和发展，湘方言中的"V 起 V 起"式当是如此。而湘方言中的其他 VXVX 式，则应该是在其中的 X 作为动态助词或动量词的用法比较完善后的某个历史时期所产生的方言创新用法。

第六章
湘方言中的两种与重叠相关的句式

本章主要讨论湘方言中两种与重叠相关的句式，即重叠式反复问句和拷贝式话题结构，它们或是由句法结构演变而来的次生重叠，或有形态化为次生重叠的趋势。我们在描写它们的用法和分布后，将其与其他方言进行比较，探讨它们的类型学意义。

第一节　湘方言中的重叠式反复问句

▶▶ 一、湘方言反复问句概说

"反复问句"，又称"正反问句"，指把事情可能有的正面（肯定）和反面（否定）并列在一起，让人选择一项作答的疑问句。目前，对于反复问句是否为一种独立的疑问句类型及反复问句究竟包括哪些形式，学术界还存在一定的分歧。朱德熙（1991）曾用两个图总结了汉语方言中反复问句的形式，我们将其整合如图一所示。

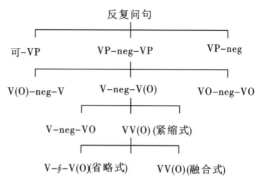

图一　汉语方言中反复问句的主要形式

朱德熙（1991）对方言反复问句的研究影响非常深远，下面我们就按照上图的框架，结合已有文献的研究来简单介绍湘方言中反复问句的使用情况。湘方言中反复问句的常见格式主要有：

（一）"VP-neg?"式

湘方言中，否定副词主要有"不、冇、莫"等，其中"不"在南部湘语中多读"[n̩]"或"[ŋ̍]"，有的文献写作"唔"或"怀"等，"冇"有的文献写作"冒"等。（卢小群，2007：250）由之构成的反复问句有"VP-不?"和"VP-冇?"两种形式，它们在湘方言各点中都使用得很普遍。

1. "VP-不?"式

例如：

（1）长沙：逢年过节，你还想吃肉不啦? 逢年过节，你还想不想吃肉？（鲍厚星等，1999：339）

（2）长沙：太阳出来哒啵/不啰? 太阳出没出来？（鲍厚星等，1999：340）

（3）长沙：你买哒米吧/不啦? 你买没买米？（鲍厚星等，1999：340）

（4）益阳：咯本书是你的啵? 这本书是不是你的？（徐慧，2001：297）

（5）益阳：你的表准哗? 你的表准不准？（徐慧，2001：297）

（6）湘潭：咯支笔是你的不? 这支笔是不是你的？（曾毓美，2001：91）

（7）衡阳：你喜欢其不? 你喜不喜欢他？（彭兰玉，2005：263）

（8）衡山：你惹刻讲叮果下话啵? 你刚才说没说过这种话？（彭泽润，1999：291）

（9）娄底：你看书不啊? 你看不看书啊？（刘丽华，2001：273）

（10）涟源：佢晓得不? 他知道不知道？（陈晖，1999：294）

（11）祁东：你去耍不? 你去不去玩？

2. "VP-冇?"式

例如：

（12）长沙：你的猪草洗好哒冇啦? 你的猪草洗好了没有？（鲍厚星等，1999：340）

（13）益阳：水热咖哒哎? 水热了没有？（徐慧，2001：303）

（14）益阳：你侬老弟有消息嘎? 你弟弟有消息没有？（徐慧，2001：306）

（15）衡阳：还有吗咯问题冇? 还有没有什么问题？（彭兰玉，2005：264）

（16）娄底：你洗介澡哩冇啊? 你洗没洗澡啊？（刘丽华，2001：274）

（17）新化：你去哩你俚姐姐那冇有? 你去了你姐那儿没有？（邵敬敏等，2010：56）

（18）涟源：佢吃介饭哩，你吃介饭有唻？他吃了饭了，你吃了饭没有呢？（陈晖，1999：292）

（19）邵阳：你明日要去读书有？你明天要不要去上学？

（20）邵东：其来有？他来不来？（孙叶林，2009：175）

（21）祁阳：你到过北京去冒？你到过北京没有？（李维琦，1998：198）

（22）溆浦：他呷呱饭了，你呷呱饭了有？他吃了饭了，你吃了饭没有呢？（贺凯林，1999：255）

（23）祁东：你写呱作业有？你写完作业了没有？

在某些湘方言中，反复问句中的否定副词有进一步虚化为语气词的倾向。比如，长沙话中，"不"与语气词"啰"合音为"啵"，与语气词"啦"合音为"吧"（鲍厚星、崔振华、沈若云、伍云姬，1999：340）。益阳话中，"不"与语气词"啰、唻"合音成"啵、啡"，"有"与语气词"唻、啊"合音成"呗、嘎"（崔振华，1998：294）。衡山话中，"不"与语气词"哦"合音成"啵"，与语气词"唉"合音成"呗"，"冒"与语气词"嘛"合音成"唛"（彭泽润，1999：290-291）。这些合音而成的单位都可以用于"VP-neg?"式反复问句中，如例（2）（3）（4）（5）（8）（13）（14）等。崔振华（1998：295）认为，益阳话中的"啵、啡、呗、嘎"等分别由否定词"不、有"演变而来，这与普通话的"吗"是相类似的，"吗"在清代才出现，它来源于"么"，而"么"又是由中古的"不、无、未"等否定词演变而来。这种分析是有道理的，其他湘方言中反复问句末的语气词在来源上也多是如此。

（二）"VP-neg-VP?"式

湘方言中，"VP-neg-VP?"式反复问句主要包括以下几种形式：

1. "VO-neg-VO?"式

这是动宾短语完整反复出现的形式，由于显得比较啰唆，其实际的使用频率并不高，尤其当动词为双音节动词或者宾语较长时，更是如此。例如：

（24）长沙：你吃饭不吃饭啰？你吃不吃饭啊？（卢小群，2007：336）

（25）益阳：你讲理阿不讲理唻？你讲不讲理？（徐慧，2001：305）

（26）衡阳：晓得箇事不晓得箇事？ 知不知道这件事？（彭兰玉，2005：266）

（27）娄底：你看书不看书啊？ 你看不看书啊？（刘丽华，2001：273）

（28）新化：其倻看电影唔看电影？ 他们看不看电影？（邵敬敏等，2010：56）

2. "VO-neg-V？"式

这是否定词后面的动词宾语承前省略的形式，它们在北方方言中较为常见，湘方言中，这种形式用得并不多。例如：

（29）长沙：你还做生意不做啦？ 你还做不做生意啦？（卢小群，2007：337）

（30）衡阳：晓得箇事不晓得？ 知不知道这件事？（彭兰玉，2005：266）

（31）娄底：你做路不做啊？ 你做不做事情啊？（刘丽华，2001：274）

（32）新化：你倻看哩尔个电视剧有看？ 你们看没看那个电视剧？（邵敬敏等，2010：55）

3. "V-neg-V（O）？"式

这种形式中，否定词前面的动词宾语可以蒙后省略，当动词为双音节动词 AB 时，否定词前面的动词只出现第一个音节，构成"A-neg-AB（O）？"的形式。这种形式在南方方言中较为常见，在湘方言中也用得很普遍。例如：

（33）长沙：你认不认得那个人？ 你认不认识那个人？（鲍厚星等，1999：347）

（34）湘潭：你吃不吃烟？ 你抽不抽烟？（曾毓美，2001：110）

（35）衡阳：你喜不喜欢其？ 你喜不喜欢他？（彭兰玉，2005：265）

（36）衡山：你眼不眼认他？ 你喜不喜欢他？（彭泽润，1999：297）

（37）娄底：你看不看书啊？ 你看不看书啊？（刘丽华，2001：273）

（38）新化：你倻喜唔喜欢看足球比赛？ 你们喜不喜欢看足球比赛？（邵敬敏等，2010：56）

（39）邵东：其行唔行唵？ 他走不走？（孙叶林，2009：175）

（40）涟源：佢愿不愿意讲？ 他愿意不愿意说？（陈晖，1999：293）

（41）祁阳：己晓不晓得？ 他知道不知道？（李维琦，1998：199）

4. "VV（O）？"式

这是由"V-neg-VO？"式紧缩而来的"重叠式反复问句"，在湘语其他片很少使用，但在邵阳等地的娄邵片湘语和祁东等地的永全片湘语中却较为常见，孙叶林（2009：176）曾简单描写了邵东话中的这类反复问句，例如：

(42) 今日你到底行行？_{今天你究竟走不走？}

(43) 箇滴菜你吃吃哩？_{这些菜你吃不吃啦？}

(44) 懒⁼只妹唧好好看？_{那个女孩好看不好看？}

再如祁东话：

(45) 我煮个饭好好吃？_{我煮的饭好吃不好吃？}

湘方言中的这类反复问句较为特殊，具有一定的类型学意义，在下一小节中，我们将以邵阳话为例进行详细讨论，这里暂不展开。

从上面的描写我们可以看出，湘方言中没有"可-VP？"类的反复问句，其反复问句的共现格局印证了朱德熙（1985）所提出的"VP-neg-VP？"和"可 VP？"两类反复问句"互相排斥，不在同一种方言里并存"的论断，与袁毓林（1993）的观点也是相符合的。袁文曾将"VP-neg-VP？""VP-part？"和"可-VP？"三类问句统称为广义的正反问句，认为广义的正反问句是个重要的类型学参项，这三类问句在方言分布上有较强的类型学比较价值，一般而言，有"VP-neg-VP？""VP-part？"问句的方言没有"可-VP？"问句，有"VP-part？"问句的方言一定有"VP-neg-VP？"问句。

▶ 二、湘语邵阳话的重叠式反复问句①

（一）邵阳话重叠式反复问句的构成

与大多数汉语方言一样，邵阳话也存在"VP-neg-VP？"类型的反复问句，其中的否定词为"唔［ŋ³⁵］"和"冇［mau³⁵］"，"唔"大致相当于普通话的"不"，"冇"大致相当于普通话中的"没"。该方言中，除了动词和形容词外，一些时间词、介词、副词等词类，述宾短语、连谓短语、兼语短语、述补短语等短语单位，甚至于一些复句形式，也可以作为疑问点而构成"VP-neg-VP？"类的反复问句，其中"VP-唔-VP？"式主要用于询问现在和将来的情况，"VP-冇-VP？"式主要用于询问过去的情况。我们要讨论

---

① 本节的部分内容以《湘语邵阳话中的重叠式反复问句及其类型学意义》为题发表于《中国语文》2013 年第 3 期。

的重叠式反复问句，就是在"VP-唔-VP?"式反复问句的基础上，进一步脱落其中的否定副词"唔"而形成的。脱落"唔"以后，整个反复问句看上去就像是一个重叠形式，提问部分如果是单音节词，直接重叠该音节，提问部分如果是多音节词语，则不管有几个音节，只重叠第一个音节。下面根据重叠部分的性质分别举例说明。

1. 由形容词重叠构成的反复问句

邵阳话中，形容词很容易在谓语位置上重叠构成反复问句，例如：

（1）你那里<u>冷冷</u>? 你那里冷不冷?

（2）简只衣衫我穿<u>大大</u>? 这件衣服我穿大不大?

（3）渠屋里<u>干干净</u>? 他家里干净不干净?

（4）渠结婚<u>闹闹热</u>? 他结婚的时候热闹不热闹?

该方言中，形容词还可以在述补短语的补语位置上重叠构成反复问句，此时的补语可以为结果补语、状态补语或程度补语等补语类型。例如：

（5）简只衣衫洗得<u>干干净</u>? 这件衣服洗得干净不干净?

（6）今晌午吃得<u>饱饱</u>? 今天中午吃得饱不饱?

（7）你肚子痛得<u>厉厉害</u>? 你肚子疼得厉害不厉害?

一些表示"难、易"意义的形容词如"难、好、容易、易得"等，也可以在状语位置上重叠构成反复问句，例如：

（8）我简部电视机<u>难难</u>修? 我这台电视机难修不难修?

（9）简只事<u>好好</u>办? 这件事好不好办?

（10）在学校里入党<u>易易得</u>入? 在学校里入党容易不容易?

（11）考试题目<u>容容易</u>做? 考试题目容易不容易做?

2. 由动词和动词性短语重叠构成的反复问句

普通动词和动宾短语都很容易在谓语位置上重叠构成反复问句，有时候还可以构成连谓短语。例如：

（12）渠到底<u>来来</u>哩? 他到底还来不来了?

（13）你<u>打打</u>羽毛球? 你打不打羽毛球?

（14）渠平时<u>团团</u>结同学? 他平日里团结同学不团结同学?

（15）你明日还<u>去去</u>北京出差哩? 你明天还去不去北京出差了?

　　由判断动词"是"重叠构成的反复问句也非常常见，它又有两种表现形式：一种是"是"在谓语中心语位置上直接重叠的"是是 NP/VP？"句式，例如：

（16）渠是是大学老师？他是不是大学老师？

（17）你是是昨日回来个？你是不是昨天回来的？

（18）我俚是是歇肩着？我们是不是歇一会儿？

　　另一种情况是在一个判断句后边追加一个"是是？"疑问小句构成反复问句，例如：

（19）你是只大老板，是是？你是个大老板，是不是？

（20）你叫君君，是是？你叫君君，是不是？

（21）渠是哄起我个，是是？他是骗我的，是不是？

　　一些能愿动词如"能、要、得、肯、敢、愿意、可以、是得可能、要得好、载得值得、应该、该"等也可以在谓语中心语位置上重叠构成反复问句，例如：

（22）你能能帮我只忙？你能不能帮我一个忙？

（23）要要我去帮你买车票？要不要我去给你买车票？

（24）今日得得落雨？今天会不会下雨？

（25）渠肯肯帮你啊？他肯不肯帮你啊？

（26）你敢敢打赌？你敢不敢打赌？

（27）渠愿愿意嫁把你？她愿意不愿意嫁给你？

（28）我可可以去看下电视？我可不可以去看一会电视？

（29）简只衣衫载载得洗哩？这件衣服是不是该洗了？

（30）我到底该该帮渠呢？我到底该不该帮他呢？

　　一些使令动词如"请、喊、打发、派"等可以在兼语句中重叠构成反复问句，例如：

（31）你到底请请我吃饭哩？你到底请不请我吃饭了？

（32）你今后喊喊渠去打游戏哩？你今后还会不会叫他去游戏了？

（33）你打打发个人去看一下哩？你要不要派个人去看一下呢？

（34）你派派个人去探下信哩？你要不要派个人去探听一下消息呢？

动词也可以在述补短语的述语位置上重叠构成反复问句，这时的述补短语多是表示可能性的，例如：

（35）箇只骨头你拉=拉=得烂？ _{这块骨头你能不能咬动？}

（36）你厂里发发得工资出？ _{你们厂能不能发出工资来？}

（37）老师讲课你听听得懂？ _{老师讲课你能不能听懂？}

（38）箇件事把你去做你做做得好？ _{这件事要是让你去做你能不能做好？}

（39）箇只衣衫洗洗得干净？ _{这件衣服能不能洗干净？}

（40）你在学校吃吃得饱？ _{你在学校能不能吃饱？}

从本小节例（5）和（39）可以看出，普通话中既可以理解为可能式又可以理解为述结式的述补结构，在邵阳话里可以用变换成反复问句的方式来加以区分，比如"箇只衣衫洗得干净"中，"干净"做结果补语时，可以问"箇只衣衫洗得干干净？"，做可能补语时，可以问"箇只衣衫洗洗得干净？"。

3. 由时间词重叠构成的反复问句

一些表示时间的词语，如"早起间_{早上}、上午间_{上午}、晌午间_{中午}、下午间_{下午}、夜里间_{夜里}、日里间_{白天}、半夜、清里八早_{大清早}、半前上午_{上午的前半段}、半前晌午_{中午的前半段}、半前下午_{下午的前半段}、整天、经常、扯=常日_{整日}"等，也可以在状语位置上重叠构成反复问句。例如：

（41）渠还早早起间洗澡哩？ _{他还在不在早上洗澡了？}

（42）你还夜夜里间做作业哩？ _{你还在不在晚上做作业了？}

（43）你清清里八早就去山里唱歌哩？ _{你还会不会清早就去山上唱歌了？}

（44）你整整天喊零食吃哩？ _{你还会不会整天嚷嚷着要吃零食了？}

（45）你扯=扯=常日打起副烂哭相哩？ _{你还会不会整天哭丧着脸了？}

4. 由介词重叠构成的反复问句

这些介词主要包括"把、从、走、向、在、拿、连、和、跟、和倒_和、靠倒_{靠着}、对倒_{对着}、照倒_{照着}、理=倒_{顺着}、逗起_让、通过"等，它们都是通过组成介宾短语，在状语位置上重叠构成反复问句。例如：

（46）你到底把把我个钱还把我？ _{你到底把不把我的钱还给我？}

（47）你去东安去走走五峰铺过？ _{你去东安要不要经过五峰铺？}

（48）你还<u>向向</u>渠借钱哩？你还向不向他借钱了？

（49）你<u>在在</u>墙高头乱画哩？你在不在墙上乱画了？

（50）你<u>拿拿</u>我当猴子要哩？你还会不会拿我当猴要了？

（51）你<u>连连</u>渠一起告哩？你是不是还要连他一起告呢？

（52）你<u>和和</u>我要哩？你和不和我玩了？

（53）渠<u>跟跟</u>我里一起去哩？他跟不跟我们一起去了？

（54）渠还<u>靠靠</u>倒渠婆娘弄吃哩？他是不是还依靠他老婆讨生活？

（55）你还<u>对对</u>倒别个吐口水哩？你还会不会再对着别人吐唾沫了？

（56）我<u>照照</u>倒书念哩？我要不要再照着书念了？

（57）我里<u>理‾理‾</u>倒箇条路行？我们要不要顺着这条路走？

（58）你<u>通通</u>过渠拉关系哩？你通不通过他拉关系了？

5. 由副词重叠构成的反复问句

这些副词主要包括"先、齐倒—起、打队—起、拗倒非得、尽倒—直、只嘎不断地、恣要故意、赶倒赶紧、重新、专门、亲自"等。它们也是在状语位置上重叠构成反复问句，例如：

（59）<u>先先</u>吃咖饭着？是不是先吃了饭再说？

（60）大齐还<u>打打</u>队去哩？大家是不是还一起去呢？

（61）你<u>拗拗</u>倒要妈妈穿衣衫哩？你还会不会非要你妈妈穿衣服啊？

（62）你<u>尽尽</u>倒哭哩？你会不会还老是哭？

（63）渠<u>只只</u>嘎作呕哩？他是不是还不停地呕吐？

（64）你<u>恣恣</u>要哄起我哩？你还会不会故意骗我了？

（65）你<u>赶赶</u>倒去医院看渠哩？你要不要赶紧去医院看他了？

（66）菜<u>重重</u>新热一到哩？菜要不要重新热一遍了？

（67）我<u>专专</u>门去一到哩？我要不要专门去一趟呢？

（68）你<u>亲亲</u>自去接渠哩？你要不要亲自去接她呢？

6. 由俗语性短语重叠构成的反复问句

一些带有俗语性质的短语也可以在谓语位置上重叠第一个音节构成反复问句，例如：

（69）你还**三三**只手哩？你还做不做"三只手"（意即做小偷）了？

（70）你**一一**肚子花花肠子哩？你还会不会"一肚子花花肠子"（意即耍小聪明、出坏主意）了？

（71）你**镦镦**鸡脑壳哩？你还做不做"镦鸡脑壳"（意即怕老婆）了？

（72）你**死死**蛇戳得把哩？你会不会再去惹是生非了？

（73）你**挖挖**眼寻蛇打哩？你会不会再去惹是生非了？

（74）你**挖挖**古挖孽①哩？你会不会再去惹是生非了？

（75）你**耀耀**武扬威哩？你会不会再耀武扬威了？

7. 由复句形式重叠构成的反复问句

某些复句形式也可以在谓语位置上重叠其第一个音节构成反复问句。目前我们发现的只有由"因为……就……"引导的因果复句和由"一……就……"构成的紧缩条件复句有这种用法。这种情况也可以视为由连词等重叠构成的反复问句。例如：

（76）你**因因**为别个有得钱就喊别个是只叫花子哩？你还会不会因为别人没有钱就管人家叫作叫花子了？

（77）你**因因**为我爱打牌就讲要和我离婚哩？你还会不会因为我爱玩牌就讲要和我离婚了？

（78）渠**一一**看到狗就尖尖叫哩？他会不会还一看到狗就尖叫？

（79）你**一一**提风就是雨②哩？他会不会提风就是雨了？

邵敬敏、朱彦（2002）指出，一般动词的"VP不VP？"式反复问句格式在使用上要受到很多限制，最根本的一条就是，复杂谓语一般不能作"VP不VP？"正反重叠。他们所举的例子之一是"＊你因为没因为革命友谊蜕化成儿女私情，就有点转不过弯来？"在普通话中是不能成立的，而必须转换成"你是不是因为革命友谊蜕化成儿女私情，就有点转不过弯来？"这样的"是不是VP？"格式才能成立。但是在邵阳话中，"你因因为革命友谊蜕化成儿女私情，就有点转不过弯来？"这类句子是完全可以说的。

---

① 例（72）～（74）中的"死蛇戳得把""挖眼寻蛇打""挖古挖孽"等都是邵阳话里形容没事找事、无事生非的俗语。

② "提风就是雨"是邵阳话中形容性子急或没有个人主见，听到一点点不确切的消息就信以为真的俗语。

(二) 邵阳话重叠式反复问句的语义分析

1. 邵阳话重叠式反复问句的语义分类

邵敬敏等（2010：140）从语义上将北京话的反复问句分为性状句和行为句两个大类，其中行为句又包括动作类、能愿类、判断类和存在类等四个小类，这是就反复问句的提问内容来做的语义分类，这种分类基本上可以涵盖反复问句的各种情况。他们的分类中，"存在类"指的是"有没有NP/VP？"这种疑问句，其中"有没有NP？"问的是事物存在或领有，"有没有VP？"问的是行为、事件的发生与否。邵阳话中，重叠式反复问句不可以就事物的存在、领有和行为、事件的发生与否进行提问，该方言中，询问这些情况通常用"有NP冇？""有冇有NP/VP"或"V冇VP？"的形式，如当地人说"你有房子冇？""你有冇有房子？""你昨日有冇有去读书？"或"你昨日去冇去读书？"，而不是用重叠式反复问句"＊你有有房子？""＊你昨日有有去读书？""＊你昨日去去读书？"等形式提问。因此，我们可以参照邵敬敏等（2010）的分类，将邵阳话重叠式反复问句在语义上分为性状类、动作类、能愿类和判断类等四个小类。

2. 邵阳话重叠式反复问句的信疑度

"信疑度"指的是疑问句所表达的确信与疑问的程度。对于反复问句的信疑度，赵元任（1979：356）认为"是不偏于哪一边的"，信疑度居中。邵敬敏（1996：12）也认为："正反问由于提出肯定、否定两项，因此可能与不可能各占一半，疑惑程度居中，即信、疑各为1/2。"邵阳话中，重叠式反复问句的信疑度与其语义类别有关系，大体上来说，除了性状类反复问句的信疑度是信疑各半的以外，能愿类、动作类和判断类都有信疑各半和信大于疑的分别。下面我们按语义类型逐一分析：

①性状类

从构成上看，性状类重叠式反复问句多由形容词重叠而成。它们多是有疑而问，问话不带说话人的任何倾向性。例如上文所举"你那里冷冷？""渠屋里干干净？"都是就天气冷热和房间是否干净的情况进行询问，说话人事先不知道具体情况究竟为何。

②能愿类

从构成上看，能愿类重叠式反复问句是由能愿动词在谓语中心语位置上重叠而成，或由一些动作动词在述补结构的述语位置上重叠而成。这类反复问句中，由动词在述补结构的述语位置上重叠而成的，多是就动作或事件发生的可能性提问，例如上文所举"你厂里发发得工资出？""你在学校吃吃得饱？"等，它们属于信疑各半的疑问句。由能愿动词在谓语中心语位置上重叠而成的反复问句，大多数也是信疑各半，如"今日得得落雨？""你敢敢打赌？"等，但由"能""可以"等重叠构成的反复问句用于请求时，多不是真的有疑而问，而是希望得到对方的肯定回答，当属信大于疑一类，例如"你能能帮我只忙？""我可可以去看下电视？"等。

③判断类

从构成上看，判断类重叠式反复问句是由判断动词"是"重叠而成的。就信疑度来说，在判断句后追加"是是？"疑问小句而成的反复问句，是对某人物的行为、属性做出判断以后再行确认，属于信大于疑一类，如"你叫君君，是是？""你还是个学生，是是？"；"是是 NP？"句式多是有疑而问，属信疑各半一类，如"你是是老师？"；"是是 VP？"句式多数情况下是信疑各半的，如"你是是昨天回来的？"，但当用于建议、责问、警告等言语行为时，是信大于疑的。例如，"是是歇肩着？"表示建议，"你是是又冇写作业？"表示责怪，"你是是要我来打你？"表示警告，这时的疑问度大为减弱。

④动作类

从构成上看，普通动词、动宾短语、兼语短语、时间词、介词、副词、俗语性短语和复句形式等重叠而成的反复问句，基本上都可以归入这一类。就信疑度来说，动作类反复问句可以表示信疑各半，例如"你今日来来上班？""我专专门去一道哩？""你平时打打羽毛球？"等是就某个未然性行为发生的可能性或必要性提问，或就某个惯常性行为提问，属于信疑各半一类；当用于建议、责问、警告等言语行为时，是信大于疑的，例如"派派个人去探下信哩？""吃吃咖饭着？"等表示建议，"你整整天喊零食吃哩？""你死死蛇戳得把哩？"等表示责问、警告，当属信大于疑一类。

下面我们通过一个表格对邵阳话重叠式反复问句的信疑度做一个总结：

表一　邵阳话重叠式反复问句的信疑度

语义类型	句法、语义条件		信疑度
性状类	无例外		信疑各半
能愿类	动词在述补结构的述语位置上重叠而成		信疑各半
	能愿动词在谓语中心语位置上重叠而成		
	"能、可以"等重叠构成用于请求		信大于疑
判断类	是是 NP?		信疑各半
	是是 VP?	多数情况下	信疑各半
		用于建议、责问、警告等言语行为	信大于疑
	在判断句后追加"是是?"疑问小句而成		信大于疑
动作类	就某个未然行为发生的可能性或必要性提问		信疑各半
	就某个惯常行为提问		
	用于建议、责问、警告等言语行为		信大于疑

　　方言学者较少关注各方言中反复问句的信疑度问题。邵敬敏等（2010：142）在探讨北京话反复问句的信疑度时认为，北京话中性状类、动作类、能愿类、存在类反复问句都是信疑各半的疑问句，判断类反复问句可以表示信疑各半，但在表示建议、责问等意义时多为信大于疑。我们将邵阳话重叠式反复问句与北京话反复问句做一比较，可以发现以下几点：

　　A. 反复问句的信疑度多与其语义类别有关系，不同语义类别的反复问句，在表达信疑各半和信大于疑的功能上存在差异，判断类反复问句一般既能表达信疑各半，又能表达信大于疑；

　　B. 反复问句可以用来表达请求、建议、责问、警告等意义，这时其信疑度多为信大于疑；

　　C. 邵阳话中，重叠式反复问句表达信大于疑的功能要比北京话强大得多。

（三）邵阳话重叠式反复问句的应答方式

　　朱德熙（1991）指出："反复问也是一种选择问句。区别在于一般的选择问要对方在 X 与 Y 里选择一项作为回答，反复问句是让人在 X 和非 X 里选择一项作为回答。"邵阳话中，重叠式反复问句的应答方式根据其信疑度而有所分别，下面我们按信疑各半和信大于疑两个大类来分别讨论。

1. 信疑各半类反复问句

对于这类疑问句，其问话没有任何倾向性，问话人需要对方在 X 和非 X 里选择一项作为回答，回答时可以直截了当地选择 X 项或非 X（"唔 X"）项作答，如问"你那里冷冷？"可以直接回答"冷"或是"唔冷"，问"你在学校吃吃得饱？"可以回答"吃得饱"或"吃唔饱"，等等。

有时候，回答者虽然选择 X 项作答，但说话并不是很干脆，而是要附加说明某种条件或情况，这时的答句就表现为一个含有重叠形式的转折让步复句"XX，（但是/只不过）Y"。该复句前一个分句是原来问句中 X 项的重叠形式，其重叠规则也是单音节词直接重叠该音节，多音节词语则不管有几个音节，只重叠第一个音节。例如：

（1）A. 渠今日<u>来来</u>上班？他今天来不来上班？

　　　B. <u>来来</u>，只不过要暧滴唧来。来是会来，只不过要玩一会儿才来。

（2）A. 你<u>晓晓</u>得打羽毛球？你会不会打羽毛球？

　　　B. <u>晓晓</u>得，打得冇是蛮好。会倒是会，但打得不是太好。

这时的答句中，第一个 X 可以看作是个话题性成分，后面的成分是对这个话题进行说明，整个句式是一个"拷贝式话题结构"。形式上表现为这个 X 后面可以有个短暂停顿，可以加上话题标记"嘛"，或在前面可以加上"要讲、你讲"等话题标记性成分，如例（1）中的"来来"也可以说成"来嘛，是得来个"或"要讲来嘛，是得来个"。关于邵阳话的拷贝式话题结构，下文还会专门讨论，这里暂不详述。

2. 信大于疑类反复问句

这类疑问句的应答方式大致包括以下几种情形：

Ⅰ. 对于在判断句后追加"是是？"疑问小句而成的反复问句，其应答方式包括以下两种情况：

①如果问句中的判断句是肯定命题，回答者可以在"是/嗯"与"冇是/冇有"中选择一项作答，例如：

（3）A. 你在二中读书，<u>是是</u>？你在二中上学，是不是？

　　　B₁. 是/嗯。是。

B₂. 冇是/冇有。不是。

②如果问句中的判断句是个否定命题，假如答句命题也是否定的，就用"是/嗯"作答，假如答句命题是肯定的，则需要用"冇是/冇有"加肯定命题作答，例如：

(4) A. 你昨日又冇去读书，<u>是是</u>? 你昨天又没去上学，是不是?

　　　B₁. 是/嗯。是。

　　　B₂. 冇是/冇有啊，我去咖个啊。不是，我去了的。

B₁ 直接用"是/嗯"作答，表示他昨天确实没去上学，B₂ 用"冇是/冇有啊，我去咖个啊"作答，表示他昨天去上学了。可见，在这个问题上邵阳话属于"问答关系型"语言①。

Ⅱ. 这一类中表示请求或建议的反复问句，其应答方式与信疑各半类相类似：既可以直截了当地在 X 项或非 X 项中选择一项作答，也可以用一个话题拷贝式转折让步复句作答。例如：

(5) A. 我<u>可可</u>以去看下电视? 我可不可以去看一会电视?

　　　B₁. 可以/唔可以。可以/不可以。

　　　B₂. <u>可可</u>以，但是要先做起作业着。可以倒是可以，但是要先做完作业才能看。

Ⅲ. 这一类中表示责问或警告的反复问句，多用于孩子做错了什么事情，父母教训孩子的时候，或用于其他责备或警告性言语行为中，其中的 X 项在问话者看来多是错误的行为，问话人期待对方对其犯了 X 所指的错误进行悔过，或对以后不再犯同样的错误做出承诺，由于发话人的强势地位一般不容许回答者有选择 X 项作答的余地，回答者只能选择非 X 项或其减省形式作否定性回答，例如：

(6) A. 你<u>整整</u>天喊零食吃哩? 你还会不会整天嚷嚷着要吃零食了?

　　　B. 我唔整天喊零食吃哩/唔喊哩。我不会整天嚷嚷着要吃零食了/不嚷着要吃了。

(7) A. 你<u>死死</u>蛇戳得把哩? 你还会不会再去惹是生非了?

---

① 关于"问答关系型"与"答句定位型"，请参见刘丹青. 语法调查研究手册［M］. 上海：上海教育出版社，2008：10。

　　　　B. 唔死蛇戳得把哩。我不会再去惹是生非了。

（8）A. 你还对对倒别个吐口水哩？你还会不会对着别人吐痰了？

　　　　B. 唔对倒别个吐口水哩/唔吐哩。我不会对着别人吐痰了/不吐了。

　　这类表示责问或警告的重叠式反复问句，多用于第二人称，句末用语气词"哩"，构成"（你）XX哩?"结构，这种结构具有很强的类推性，很多在一般情况下不能重叠的语法单位都能够进入到结构中来，如上文所提及的由复句形式构成的反复问句就多属于这种情况。刘丹青（2008a）认为，反复问句已不是一个自由的句法组合，而是一种有一定程度凝固化和形态化的"构式"，典型的构式意味着听说者更多的是从构式整体上，而不是从其分解形式的组合推导上来使用和理解构式的语义。正因为如此，那些在一般情况下不能重叠的语法单位能够重叠构成反复问句，就不足为怪了。

▶▶　三、重叠式反复问句的类型学再探

　　上文我们以邵阳话为例，考察了湘方言中的重叠式反复问句。据调查，这种重叠式反复问句在湘方言中的分布范围比较有限，主要见于邵阳地区所辖市县的娄邵片湘语以及与之毗邻的祁东等地的永全片湘语中，其他湘语中，"VP-neg-VP?"类反复问句中的否定词一般都难以脱落。

　　朱德熙（1991）、邵敬敏、周娟（2007）、刘丹青（2008a）等在重叠式反复问句的类型学考察方面做出了有益的探索，之后，李文浩（2009）、郭利霞（2010）、唐浩、王芳（2017）、王芮（2018）、胡乘玲（2018）、黄怡辛、林华勇（2018）、李娌（2021）等又陆续报道了一些方言中的重叠式反复问句。这里略举几例，更多用例可以参看邵敬敏、周娟（2007）、刘丹青（2008a）、黄怡辛、林华勇（2018）、李娌（2021）等的归纳：

（9）淮阴官话：你帮帮忙啊？你帮不帮忙？（李文浩，2009）

（10）平鲁晋语：今年收成不赖，是是？（郭利霞，2010）

（11）五台晋语：你爬爬不上去？你能爬上去爬不上去？（郭利霞，2010）

（12）东海官话：这衣服洗得干干净昂？这件衣服洗得干净不干净啊？（唐浩、王芳，2017）

（13）赣榆官话：我待会儿去赶青口，你一一起去？（王芮，2018：23）

（14）东安官话：这块衣衫太太大了啊？这件衣服是不是太大了？（胡乘玲，2018）

通过将邵阳话与其他汉语方言的比较，我们认为其重叠式反复问句具有一定的类型学意义。

1. 从构成上看，汉语方言中的重叠式反复问句一般只能由动词、形容词等谓词性成分重叠而成，刘丹青（2008a）检视了数十种汉语方言文献所载的数百种方言材料，发现存在重叠式反复问句的方言，其重叠式反复问句都是属于这种情况，因此，该文的标题就直接冠以"谓词重叠疑问句"。邵阳话中，除了谓词性成分以外，一些时间词、介词、副词、俗语性短语和复句形式等也可以构成重叠式反复问句，这种情况在汉语方言中并不多见，我们之前只在许卫东（2005）所描写的山东招远话中见到有动词性、形容词性以外的成分重叠构成反复问句的报道。据此，我们可以根据句中重叠成分的性质将汉语方言的重叠式反复问句区分为"谓词重叠疑问句"和"非谓词重叠疑问句"，可以将汉语方言区分为"谓词重叠疑问句独用型方言"与"谓词重叠疑问句和非谓词重叠疑问句并用型方言"，邵阳话和山东招远话所代表的是后一种方言类型。近几年来，在本书的修改过程中，唐浩、王芳（2017）、王芮（2018：23）、胡乘玲（2018）、黄怡辛、林华勇（2018）等又陆续报道了在江苏连云港所辖的东海、赣榆、湖南东安以及广东怀集等地方言中存在"非谓词重叠疑问句"，这些地方也属于谓词重叠疑问句和非谓词重叠疑问句并用型的方言。

通过对使用重叠式反复问句的汉语方言的梳理和比较，我们可以提出一条蕴含性共性：

非谓词重叠疑问句⊃谓词重叠疑问句

这条共性表示：在汉语方言中，如果有由非谓词重叠构成的重叠式反复问句，则肯定有由谓词重叠构成的反复问句。

这条共性可以用四分表表述如下：

+非谓词重叠疑问句，+谓词重叠疑问句	—非谓词重叠疑问句，+谓词重叠疑问句
*（+非谓词重叠疑问句，—谓词重叠疑问句）	—非谓词重叠疑问句，—谓词重叠疑问句

该共性说明，存在既有谓词重叠疑问句又有非谓词重叠疑问句的汉语

方言，如湖南邵阳话、山东招远话、湖南东安话、江苏连云港的东海话、赣榆话等方言；存在只有谓词重叠疑问句但没有非谓词重叠疑问句的汉语方言，如刘丹青（2008a）曾举例讨论过的随州话、绍兴话、于都客家话、连城客家话、长汀客家话等方言；存在既没有谓词重叠疑问句也没有非谓词重叠疑问句的汉语方言，如包括严州方言、徽州方言、粤北十县市粤方言等在内的多数汉语方言；不存在有非谓词重叠疑问句反而没有谓词重叠疑问句的汉语方言，至少到目前为止还没有相关报道。

2. 从来源上看，刘丹青（2008a）概括出了由反复问句脱落否定词而形成的谓词重叠疑问句的两种生成模式：

1）由单音节谓词重叠而成的反复问句，其生成模式为"A⇒A-neg-A → AA"①，如"看看？想想？好好？肯肯？"等。

2）由双音节谓词重叠而成的反复问句，其生成模式为"AB⇒AB-neg-AB →A-neg-AB→ AAB"，如"商商量？高高兴？要要紧？愿愿意？"等。

刘文从这两种生成模式中提炼出两条语言共性，其共性二为："在使用重叠问句的方言中，如果有 AB 两次都完整出现的 AB-neg-AB 式正反问，则肯定有其中一个 AB 脱落一个音节的 A-neg-AB 式正反问。"这条共性说明，假如双音节谓词的重叠问句与其源构式反复问句在某方言中同时存在，必定有 B 脱落的 A-neg-AB 式，但可以没有不脱落的 AB-neg-AB 式。邵阳话的情况正是如此：该方言中普遍使用 A-neg-AB 式，却不存在 AB-neg-AB 式，如邵阳话中有"商唔商量？高唔高兴？要唔要紧？"等说法，但一般没有"＊商量唔商量？＊高兴唔高兴？＊要紧唔要紧？"等说法。

从之前所见到的研究成果来看，各方言中可以通过重叠手段生成反复问句的词语很少有超过两个音节的，因此，刘丹青（2008a）总结出的这两种生成模式很有概括性。但是，面对像邵阳话这样一些多音节词语也能重叠构成反复问句的情况，上述两种生成模式的概括力就会略显不足了。我们认为，随着方言事实的进一步挖掘，重叠式反复问句在理论上还可能会存在第三种生成模式：

---

① 其中"⇒"表示疑问操作；"→"表示脱落的操作，下同。

3）由多音节词语重叠而成的反复问句，其生成模式为"ABC⇒ABC-neg-ABC → A-neg-ABC → AABC"，其中 ABC 代表多音节词语，A 代表其第一个音节。

从前文的描写可以看出，邵阳话中的某些重叠式反复问句就是由这种模式生成的，例如"你——肚子花花肠子哩?""你挖挖眼寻蛇打哩?"等。

从这种生成模式中，我们也可以提炼出一条方言共性：

ABC-neg-ABC 式反复问句 ⊃ A-neg-ABC 式反复问句

这条共性表示：在使用重叠式反复问句的方言中，如果有 ABC 两次都完整出现的 ABC-neg-ABC 式反复问句，则肯定有其中一个 ABC 脱落其第一音节后所有音节的 A-neg-ABC 式反复问句。

这条共性说明，假如多音节词语的重叠式反复问句与其源构式反复问句在某个汉语方言中同时存在，必定有第一音节后所有音节脱落的 A-neg-ABC 式，但可以没有不脱落的 ABC-neg-ABC 式。如邵阳话中，除了重叠式反复问句以外，还有属于 A-neg-ABC 式的"你一唔一肚子花花肠子哩?""你挖唔挖眼寻蛇打哩?"的说法，但一般不说"＊你一肚子花花肠子唔一肚子花花肠子哩?""＊你挖眼寻蛇打唔挖眼寻蛇打哩?"等这种属于 ABC-neg-ABC 式的句子。因为这样的说法太啰唆，不符合语言的经济性。

3. 从信疑度和应答方式来看，邵阳话重叠式反复问句表达信大于疑的功能比较强大，其应答方式也有其特殊之处，比如某些问句可以用拷贝式话题结构作为应答，某些问句只能用否定项作出回答，等等。由于目前方言学界较少关注重叠式反复问句的信疑度和应答方式，我们无法将邵阳话与其他方言进行大范围的比较，要讨论其类型学意义可能还为时尚早。我们期待有更多的学者来共同关注这些问题。

第二节 湘方言中的拷贝式话题结构①

拷贝式话题结构，又叫同一性话题结构，指句法结构中话题（含次话题）和述题中的某个成分完全或部分同形，同形成分间在语义上也是一致的，形成一种拷贝（复制）关系。"拷贝"是个比喻，只是说明前后两个成分相同，并不表示何为基础形式何为拷贝出来的形式，如上海话的"水末水紧张，电末电紧张"（刘丹青，2007）。在部分湘方言中，拷贝式话题结构可能减省其中的提顿词等成分，而从形式上看是一种重叠形态。

在本节中，我们首先描写、分析湘语邵阳话中拷贝式话题结构的结构类型及其重叠形态化，然后考察拷贝式话题结构在其他湘语中的使用情况，并将其与其他方言进行比较。徐烈炯、刘丹青（1998）为描写汉语方言中的拷贝式话题结构提供了一个很好的分析模式，我们的研究也以他们所建立的框架作为参照。

一、湘语邵阳话中的拷贝式话题结构及其重叠形态化

（一）邵阳话中拷贝式话题结构的句法、语义功能

邵阳话中的拷贝式话题结构丰富多样，据我们观察，主要有以下 10 余种结构类型：

1. NP₁（＋唉/呢）＋NP₁＋VP₁，NP₂（＋唉/呢）＋NP₂＋VP₂②

这一类是拷贝部分为名词性成分的话题结构，一般不能单独出现，而需由两个或更多个同类拷贝式话题小句整齐地并列起来，形成对举式话题结构，用于陈述两种或多种具有平行关系的事实，前后通常有表示总括意义或总体评价的小句。话题后面可以加"唉、呢"等提顿词，但都不是必须的。例如：

---

① 本节的部分内容以《湘语邵阳话的拷贝式话题结构及其语序类型》为题发表于《方言》2015 年第 3 期。

② 各结构类型中，括号内为可以不出现的成分，下同。

（1）渠屋里硬是背咖只时哩，爷呢爷死咖，娘呢娘瘫痪咖。他家硬是背时，父亲呢去世了，娘呢又瘫痪了。

（2）我衣衫哙衣衫有要你洗，饭哙饭有要你做，就只要你把我读书。我衣服不要你洗，饭不要你做，只要你为我读书。

（3）渠箇只当就莫放起，那只伢唧屋里屋屋莫得，钱钱莫得。她这个对象就没找好，那个后生家里房子没有，钱也没有。

（4）你屋里夜里家哙夜里家细个子哭得个刚＝刚＝叫，日里家哙日里家大人骂得个刚＝刚＝叫，日里家哙日里家大人骂得个刚＝刚＝叫。你要我在你屋里何嘎安得身？你们家晚上小孩哭得厉害，白天大人吵得厉害，你叫我在你们家怎么安身？

这类结构中被拷贝的 NP 可以是谓语动词前的施事主语、受事主语、时间方所等多种成分。当被拷贝的 NP 为受事主语时，可以转换成"NP_1＋（哙/呢）＋$VP_1 + NP_1$，NP_2＋（哙/呢）＋$VP_2 + NP_2$"的形式，例如上面例（2）（3）中的话题结构，可以转换成下面的形式：

（2'）我衣衫哙有要你洗衣衫，饭哙有要你做饭。

（3'）那只伢唧屋里，屋莫得屋，钱莫得钱。

2. VP_1（＋哙/呢/亦/又）＋VP_1，VP_2（＋哙/呢/亦/又）＋VP_2

这一类是拷贝部分为动词性成分的话题结构，形式上它们与第一类一样，一般也需要两个同类拷贝式话题小句并列着使用。除了提顿词"哙、呢"等之外，副词"亦、又"等也可在话题之后起话题指示语的作用。例如：

（5）你中咖只卵用！打哙打别个唔赢，讲哙讲别个唔赢。你也太不中用了！论打吧，打不过人家，论讲吧，也讲不过人家。

（6）你哙读书哙读书唔发狠，做路哙做路又唔行，看你何嘎下得场？你呀，学习吧，学习不努力，干活吧，干活又不行，看你怎么办？

（7）种起箇多把多菜拿做么个？吃亦吃唔完，卖亦卖唔脱。种这么多菜干什么？吃吧，又吃不完，卖吧，又卖不掉。

（8）箇只事办莫一定办得成，我答亦要答应你喃。这件事虽然不一定能办成，但我还是要答应你。

（9）箇滴菜吃下巴唧吃唔完喃，买亦要买倒咪——便宜哉！这些菜一时半会可能真吃不完，但还是要买下来——便宜嘛！

（10）箇部电视机修难得修好喃，拆亦要拆咖看一下咪。这台电视机很难修好，但还是要拆开看看。

（11）别个托付把你个事你办亦莫办成，充亦充起只狠去答应别个！别人托付给你的事你办不成，当初却要打肿脸充胖子答应人家！

（12）简多把多水果吃亦唔吃，买亦要买倒！这么多的水果又不吃，当初却要买下！

（13）我部电视机你修亦莫修好，拆又要拆咖我个！我的电视机你没修好，却把它给拆了！

以上各例中的拷贝话题多是单个动词，也有的为双音节动词的第一个音节，如例（8）（11）中的动词"答应"和"充狠"只拷贝其第一个音节"答"和"充"。①

从并列项之间的语义关系来看，例（5）～（7）为平行关系。这时前后通常有表示总括意义的小句，两个并列小句没有主次之分，可以自由地互换位置。如例（5）也可以说成"你中咖只卵用！讲哝讲别个唔赢，打哝打别个唔赢。"两个并列小句从不同的方面对总括性小句"你中咖只卵用！"进行解说。

例（8）～（13）为转折关系。这时的两个并列小句存在主次之分，因此不能互换位置，至少不像例（5）～（7）那样自由地互换位置。其中，例（8）～（10）表示明知可能会出现某种情况，却仍然要做出某种行为，例（11）～（13）则是对没有发生预想的情况却做出了某种行为的一种埋怨。

3. AP₁（＋哝／呢／亦／又）＋AP₁，AP₂（＋哝／呢／亦／又）＋ AP₂

这一类是拷贝部分为形容词性成分的对举式话题结构，对举的两个话题小句间没有主次之分，可以互换位置。作为话题的形容词多为表示事物性状或质量特征的、具有极性反义关系的单音节词，如"冷｜热、咸｜淡、大｜细、高｜矮、胖｜瘦、长｜短"等。整个结构表示某事物在性状或质量特征上要么具有过于［＋A］的特征，要么具有过于［-A］的特征，总是不能让人满意，带有说话人某种不耐烦的情绪。例如：

---

① 邵阳话中，除双音节的动词外，双音节的形容词性成分、名词性成分也可以在某些结构中拷贝其第一个音节做话题，其用例在下文的描写中可以见到。它们很难再被看成句法成分，由它们构成的话题结构在性质上更接近形态而非句法，因为单独一个不成词音节是不能进入句法过程的。

（14）箇回唧天气太反常哩，冷亦冷死，热亦热死。这段时间天气太反常了，冷吧，就冷死，热吧，又热死。

（15）渠太难招呼哩，菜咸点唧呢咸哩，淡点唧呢又淡哩。他太难伺候了，菜稍微咸一点儿吧，他嫌咸了，稍微淡一点儿吧，他又嫌淡了。

（16）箇滴衣衫咹大亦大哩，细亦细哩，莫得一只中身个。这些衣服要么大了，要么小了，没有一件合身的。

（17）胖哩亦胖哩，瘦哩亦瘦哩，你到底要我帮你介绍只么样个婆娘？胖了吧，你说胖了，瘦了吧，你又说瘦了，你到底要我帮你介绍个什么样的对象？

4. AP（十咹/亦/又）十AP

这一类的拷贝部分多是形容词性成分，与上一类不同的是，它一般不需要两个话题小句对举着使用，但后面的 AP 之后必须有表示程度高的补语，整个小句带有感叹语气，已经非常接近表示程度感叹的一种专用格式或形态。例如：

（18）渠疑起自家只味，傻又傻得要死！他自以为是，其实傻到家了！

（19）又穿到箇只衣衫，难亦难看死哩！又穿这件衣服，太难看了！

（20）困到十一二点还唔起来，懒亦懒死哩！睡到十一二点还不起床，你真懒！

5. NP（十咹/哒）十VP十NP

这一类结构拷贝谓语动词后的名词性成分（多为宾语）做话题，用于对某种情况进行肯定或强调。话题前后还可以插入句子的主语。例如：

（21）手机咹渠耍坏我好几部手机哩。要说手机吧，他用坏了我好几部。

（22）渠电话咹只嘎打电话回来哩。要说打电话吧，他经常打电话回来。

（23）你放心，钱我肯定会寄钱把你个。你放心，钱我肯定会给你寄的。

（24）泥鳅哒隔壁就有卖泥鳅个啰。泥鳅嘛，隔壁就有卖泥鳅的。

6. VP/AP（十哒/是/亦）十VP/AP

这一类是拷贝部分为谓词性成分而表示让步转折关系的话题结构，前面表示让步的话题小句对某种情况进行有限的肯定，后面的转折小句则从另一方面对之做出某些修正，有时候让步小句还不止一个。结构中起话题指示语作用的"哒/是/亦"与让步小句末尾的语气词往往配对使用，前面用"哒"则后面用"呢"，前面用"亦"则后面用"唻"，而前面用"是"时，后面一般不用语气词。例如：

（25）A：你还吃酒吗？你还喝酒吗？

B：吃是吃，只不过吃得少得点唧哩个话。喝倒是还喝，只是喝得少一些而已。

（26）A：今日考试，班长莫通知你吗？今天考试，班长没通知你吗？

B：通哒通知过呢，将将唧通知个唻，有么个用？通知倒是通知了，刚刚才通知的，有什么用？

（27）箇只衣衫乖哒乖他＝呢，就是贵咖点唧。这件衣服漂亮倒是漂亮，就是太贵了点。

（28）今日个菜办亦办得好吃唻，就是少咖点唧。今天的菜做得吃倒是好吃，就是少了点。

（29）箇只路辛是辛苦，邋是邋遢，不过弄得两百块钱天倒，也好呢。这种事固然又累又脏，但是一天能挣两百块，也不错。

这一类话题结构中，当拷贝的谓词性成分为双音节词语时，拷贝操作可以只作用于第一个音节，如（26）中的"通哒通知"、（27）中的"乖哒乖他＝"、（29）中的"辛是辛苦""邋是邋遢"，当然，它们也可以完整拷贝成"通知哒通知""乖他＝哒乖他＝""辛苦是辛苦""邋遢是邋遢"。而且，拷贝操作也不一定作用于谓语动词部分，有时候也可以用在补语性成分中，如例（28）也可以说成：

（28'）今日个菜办得好吃亦好吃唻，就是少咖点唧。

上文第五章在讨论 VXVX 式短语重叠时，我们曾提到一种由"VX 倒是 VX"减省其中的"倒是"而来的 VXVX 式，如"（空调）开起开起哦！冇吹起感冒嘞！"其实，它们就是由这一类拷贝式话题结构中的一种减省而来，只是其中的拷贝部分是动助短语而已。

7. XP（＋啊/也）＋XP

这一类是专门用来强调事件的发生与完成的拷贝式话题结构，多表示说话人觉得时间太晚了，也可以表示正是时候之类的含义。其中的 XP 多是谓词性成分，例如：

（30）等到你赶到那里，电影散啊散咖场哩。等你赶到那里的时候，电影都散场了。

（31）我大齐到边个时候，天已经黑也黑咖哩。我们到那里的时候，天已经黑了。

（32）吃也吃饭哩，你又行起！都是吃饭的时候了，你又走了！

有时候，某些表示时间的名词性成分，甚至一些副词如"已经、快性快、只讲即将"等也可以通过拷贝构成话题结构，例如：

（33）九啊九点哩，还困倒唔起来！都九点了，还不起床！

（34）今年炮也炮月嘎哩，渠屋爷还莫寄学费回来。今年都快十月了，他爸还没寄学费回来。

（35）已啊已经九点哩，渠还莫动身啊？都九点了，他还没动身啊？

（36）比赛快也快性开始哩，你还唔快滴！比赛都快开始了，你还不迅速点！

（37）只也只讲开春哩，农田物资还莫得钱买得！都快开春了，农田物资还没钱买！

一般地，拷贝式话题可以是名词性单位，也可以是谓词性单位，但一定不能是副词性单位。（刘丹青，2007）看来邵阳话的情况显得比较特殊。虽然以上几例中拷贝式话题的话题功能已经不太明显，但从形式上看，它们显然是由拷贝式话题结构经过某种程度的形态化发展而来。

8. AP（＋哒/啊/也）＋AP（＋得）＋滴/点唧

这一类是拷贝形容词性成分、专门用来表示比较的拷贝式话题结构，当形容词性成分为多音节词语时，拷贝操作只作用于第一个音节，其中的不定量成分"滴/点唧"也可以换成其他数量短语，整个句子带有较强的肯定语气和说话人的主观满意色彩。例如：

（38）穿短裤凉哒凉快得点唧哩。穿短裤凉快确实凉快一些。

（39）箇双鞋子大大得点唧，合合式滴。这双鞋大稍微大得一点了，合脚是合脚一些了。

（40）还是坐火车去吧，便也便宜几百块钱哉！还是坐火车去吧，便宜几百块钱呢！

（41）在大城市里住起，舒哒舒服得点唧啰。住在大城市里，舒服当然舒服一些啰。

9. XP＋数量名短语（＋就）＋XP＋数量名短语

这一类拷贝式话题结构多用于对话中，其中数量名短语的数词可以是表约量的"几、两、三"等，也可以是其他表示具体数量的数词，如果是

"一"则通常会省略，有时候名词也可以省略。

其中的 XP 多为具有［＋自主］语义特征的单个动词或简短的状中结构。这时表示说话人同意或附和对方的观点，多带有干脆、直截了当或随意、无所谓的意味。例如：

(42) A：今日个柑子蛮便宜，你要唔要买两斤？今天的橘子很便宜，你要不要买两斤？

B：买两斤就买两斤嘛！买两斤就买两斤吧！

(43) A：歇唔歇肩咋？要不要歇一会儿？

B：歇肩咋歇肩咋！歇一会就歇一会吧！

(44) A：我给你称二十块钱个？我给你称二十块钱的？

B：称二十块钱个称二十块钱个！称二十块钱的就称二十块钱的嘛！

(45) A：医生要你久困下唧。医生要求你多睡一会。

B：久困下唧就久困下唧。多睡一会就多睡一会。

(46) A：你看到渠要把我多讲渠两句。你见到他要帮我多批评他几句。

B：好！多讲两句就多讲两句。好！多批评几句就多批评几句。

XP 也可以是形容词，这时表示虽然不尽如人意，但尚可勉强接受。例如：

(47) A：箇只衣衫太贵咖点唧。这件衣服太贵了点。

B：贵点唧贵点唧喃，也就是两百块钱个事。贵点就贵点吧，也就是两百块钱的事而已。

(48) A：箇咖你好麻烦！这样你多麻烦！

B：只要你觉得舒服，我麻麻烦点唧喃。只要你觉得舒服，我麻烦点就麻烦点吧。

10. VP（＋就/唔）＋VP

这一类拷贝动词性划分构成的话题结构也用于对话中，表示说话人觉得无关紧要、不在乎的态度，有时候则带有说话干脆、直爽，不拖泥带水的意味。其中的 VP 多为非单音节动词或述补结构，自主或非自主动词均可。如果是单音节动词，则必须加上动态助词"咖"等。该结构中"就、唔"可以省去，但省去以后小句末尾一般需要加语气词"咪"。例如：

(49) A：你拿我个索子绷断啰！你别把我的绳子扯断了！

B：绷断绷断咪，反正莫得么个卵用。扯断就扯断吧，反正没什么用。

（50）A：你屋娘晓得哩唔打死你！你妈知道了不打死你！

B：晓得唔晓得，打死唔打死。知道就知道，打死就打死。

（51）A：你还在简里！你屋里婆娘要死嘞！你还在这里！你老婆都快要死了！

B：死咖就死咖咪，死咖还好滴！死了就死了吧，死了还好些！

（52）A：你妈妈拿你个单车卖咖嘞！你妈妈把你的自行车卖了！

B：卖咖唔卖咖，卖咖买部新个。卖了就卖了吧，卖了买辆新的。

上文第五章在讨论 VXVX 式短语重叠时，提到一种由"VX 就 VX"减省其中的"就"而来的 VXVX 式，其实，它们就是由这一类拷贝式话题结构中的一种减省而来，只是其中的拷贝部分是动助短语而已，如这里的例（51）和（52）如果去掉"就"或"唔"，就成了 VXVX 式了。

邵阳话中，"VP＋唔＋VP"结构也可以构成反复问句，与拷贝式话题结构的区别在于：①反复问句有疑问语气，拷贝式话题结构则是陈述语气；②反复问句中的动词多为自主动词，非自主动词一般不能构成反复问句，例如，邵阳话不能说"＊你屋里个牛死唔死?"或"＊你屋里个牛死咖唔死咖?"，而拷贝式话题结构则没有这方面的限制；③反复问句多用于将来时，拷贝式话题结构则没有这方面的限制；④如果是多音节的动词性成分，构成反复问句时，可以只拷贝其第一个音节，如邵阳话可以说"你晓唔晓得?"或"你晓晓得?"而拷贝式话题结构必须完整拷贝，如例（50）就不能说成"＊晓唔晓得，打唔打死"。有关邵阳话中的反复问句，详见本章第一节。

11. XP（＋唔等其）＋XP（＋去个）

与上一类类似，这一类话题结构也表示说话人觉得无关紧要、不在乎的态度，大致相当于普通话中的"A 就 A"或"爱 A 不 A"结构。其中的XP 可以是自主性的光杆动词，也可以是"动词＋助词"结构、述补结构、述宾结构、形容词等。其中的"去个"一般只在 XP 为单音节的动词或形容词时才出现。例如：

（53）A：你屋里崽又哭嘞！你家孩子又哭了！

B：哭唔等渠哭去个！哭得只人死唉？哭就让他哭吧，哭得个人死啊？

（54）A：渠拿你个糖吃咖嘞！他把你的糖吃了！

　　　B：吃咖唔等渠吃咖，反正又唔好吃。吃了就让他吃了吧，反正不好吃。

（55）A：你妹妹拿你个书撕烂咖嘞！你妹妹把你的书撕烂了！

　　　B：撕烂唔等渠撕烂，反正莫得用哩！撕烂就让她撕烂吧，反正没有用了！

（56）A：你妈妈又骂人哩。你妈妈又骂人了。

　　　B：骂人唔等渠骂去个，又骂只人唔死。骂就让她骂呗，又骂个人不死。

（57）A：箇滴番瓜又要坏哩。这些南瓜又要坏了。

　　　B：坏唔等渠坏去个，坏咖拿喂猪就是个。坏就让它坏吧，坏了就用来喂猪。

该结构中的"唔等渠"也可以不出现，此时句末一般要有语气词"唻"，例如（53）（54）的答句也可以说成"哭哭唻!""吃咖吃咖唻。"

（二）邵阳话拷贝式话题结构的形态化

从上面的描写、分析可以看出，邵阳话的拷贝式话题结构种类丰富，语义语用功能也多样，它们有的已成为表示肯定、强调、感叹、比较或让步的常见格式，有的具有表达已然、完成等时体范畴的功能，有的则可以用来表达无所谓、不在乎等主观态度。这说明邵阳话的拷贝式话题已经高度语法化。

刘丹青（2007）指出，拷贝式话题的演化一般会经历一个"条件小句＞含条件义的话题＞句法话题＞形态话题"的语法化连续统，这个连续统符合"语义/语用＞句法＞形态"的语法化普遍模式，并认为话题的语法化可以有三种不同的路径和终点，原来的话题在经历了更进一步的语法化后，甚至可以变成一种形态单位，如类似于汉语的拷贝式话题，就有可能会变成承担某种句法功能的形态单位。上文的描写中我们已经提到，邵阳话的某些拷贝式话题结构在性质上更接近形态而非句法，以下的分析将显示，该方言中某些拷贝式话题结构完整地经历了这个语法化链条。例如，以下各句都是"在大城市里住着，要说舒服，我倒是舒服得一点"的方言表达形式：

（58）在大城市里住起，要讲舒服，我哒舒服得点唧啰。

（59）在大城市里住起，舒服哒我舒服得点唧啰。

（60）在大城市里住起，我舒服哒舒服得点唧啰。

（61）在大城市里住起，我舒哒舒服得点唧啰。

例（58）用条件小句"要讲舒服"引入话题，是纯粹的语用性话题；例（59）用后附性话题标记"哒"标明话题，句法化程度较高；例（60）中"舒服哒"置于次话题的位置，语用性话题功能减弱，句法化程度更高；例（61）中用单独一个不成词的音节"舒"做话题，说明这类话题结构形态性增强，话题功能和句法性都有所减弱。

更有意思的是，邵阳话中的拷贝式话题后面大都可以不出现任何提顿词或话题敏感算子，删除提顿词或话题敏感算子以后的拷贝式话题结构，从形式上看去更像是一种重叠形式，我们甚至可以称其为"重叠式话题结构"。以上 11 种结构形式的拷贝式话题结构，除了第 5 种"NP（＋唵/哒）＋VP＋NP"外，其他 10 种都可以形成这种重叠式话题结构。下面从每一种拷贝式话题结构中举一例加以说明：

（1'）渠屋里硬是赔咖只时哩，<u>爷爷死咖</u>，<u>娘娘瘫痪咖</u>。

（5'）你中咖只卵用！<u>打打别个唔赢</u>，<u>讲讲别个唔过</u>。

（14'）箇段时间天气太反常哩，<u>冷冷死</u>，<u>热热死</u>。

（18'）你疑起自家只味，<u>傻傻得要死</u>！

（25'）（酒我）<u>吃吃</u>，只不过吃得少得点唧哩个话。

（30'）等到你赶到那里，<u>电影散散咖</u>场哩。

（38'）穿短裤<u>凉凉快</u>得点唧哩。

（42'）<u>买两斤买两斤</u>嘛。

（51'）（婆娘）<u>死咖死咖咪</u>，死咖还好滴！

（53'）<u>哭哭咪</u>！唔得只人死唵？

以上各例可以视为由语用性、句法性话题结构演化而来的一种高度形态化的"次生重叠"。这种重叠现象不是由作为抽象语法手段的重叠操作直接作用于某个语言单位（基式）而得到一个重叠式，而是上述话题结构在长期的使用过程中被人们重新分析为一种重叠形式，并作为一种形态现象整合进语言的重叠系统中的。① 可以说，它们在语法化的道路上又向前迈进了一步。

---

① 有关"次生重叠"的性质及其来源，请参看刘丹青（2012）。

邵阳话中，这种次生重叠式话题结构决不会与一般的重叠式相混淆，因为：

一方面，该方言中，表示短时、尝试等意义的动词 VV 式重叠多用"V一下、V下、V下子"等表示，单音节形容词 AA 式重叠后面一般都要加上"哩唧、嘎唧、哩嘎唧"等后缀，因此，该方言中不存在谓词性拷贝话题句与动词 VV 式重叠、单音节形容词 AA 式重叠相混淆的问题。

另一方面，在口语中，邵阳话的拷贝式话题后必须有一个明显的语音停顿，尽管这个停顿在书面上一般不用标点标示，但其时长间隔不仅要明显大于词内或重叠式内的字间停顿，而且要明显大于句中词与词之间的正常停顿。

二、湘方言拷贝式话题结构的内外部比较

（一）湘方言拷贝式话题结构的内部比较

我们从邵阳话的每种拷贝式话题结构中选出一个例句，对长沙、益阳、娄底、新化、溆浦、衡阳、祁东等地的湘方言进行调查，试图弄清楚邵阳话中的拷贝式话题结构在湘方言其他点中的使用情况。现按照邵阳话拷贝式话题结构的结构类型将调查结果排比如下：

1. "NP$_1$（＋唵／呢）＋NP$_1$＋VP$_1$，NP$_2$（＋唵／呢）＋NP$_2$＋VP$_2$"式

例如：

（1）普通话：他父亲呢父亲去世了，娘呢娘又瘫痪了。

（2）邵阳：渠屋爷呢爷死咖，娘呢娘亦瘫痪咖。

（3）长沙：他爷老倌嘞去世的，娘老子嘞，又瘫痪的。

（4）益阳：他爷呢，爷死咖哒，娘呢又瘫咖哒。

（5）娄底：他爷呢爷就死咖哩，娘呢娘又瘫痪咖哩。①

（6）新化：渠俚爷呢，爷死咖，娘呢娘也瘫痪咖。

（7）溆浦：渠爷呢爷死呱了，娘呢娘亦瘫痪了。

（8）衡阳：渠屋爷呢，爷死咕哒，娘又瘫痪哒。

（9）祁东：渠屋爷呢爷死呱了，娘呢娘也瘫呱了。

---

① 这一句该方言也可以说成"他爷爷就死嘎哩，娘娘又瘫痪嘎哩。"

2. "VP₁（＋咹/呢/亦/又）＋VP₁，VP₂（＋咹/呢/亦/又）＋VP₂"式

例如：

（10）普通话：你呀，学习呢，学习不努力，干活呢，干活又不行。

（11）邵阳：你咹读书咹读书唔发狠，做路咹做路又唔行。

（12）长沙：你哎，学习就不搞学习，事又做不得事。

（13）益阳：你哪，学习呢学习又不发狠，做事呢，做事又不灵泛。

（14）娄底：你呢，学习呢学习又不努力，做路呢做路又不行。

（15）新化：你咹，读书咹，读书唔发狠，做事咹，做事唔行。

（16）溆浦：你呢，读书呢读书不攒劲，做事呢，做事又不吃苦。

（17）衡阳：你呀，学习不努力，做事又不行。

（18）祁东：你呢读书读书不下＝米＝，要事要事又不行。

3. "AP₁（＋咹/呢/亦/又）＋AP₁，AP₂（＋咹/呢/亦/又）＋AP₂"式

例如：

（19）普通话：这段时间天气太反常了，冷呢，就冷死，热呢，又热死。

（20）邵阳：箇回唧天气太反常哩，冷亦冷死，热亦热死。

（21）长沙：这项子天气连不正常，要不就冷死个人，要不就热死个人。

（22）益阳：这一发天气太不正常哒，冷呢，冷死个人，热呢，又热死个人。

（23）娄底：箇段时间天气太反常哩，冷就冷得死，热就热得死。①

（24）新化：箇回唧天气太反常哩，冻咹，冻死哩，热咹，又热死哩。

（25）溆浦：这段时间天气太反常，冷呢，亦冷死，热呢，亦热死。

（26）衡阳：箇段时间天气好反常，冷就冷死你，热就热死你。

（27）祁东：箇段时间天气晓＝得＝反常去了，冷呢，冷死人，热呢，热死人。

4. "AP（＋咹/亦/又）＋AP"式

例如：

（28）普通话：又穿这件衣服，难看死了！

（29）邵阳：又穿到箇只衣衫，难亦难看死哩！

---

① 这一句该方言也可以说成"箇段时间天气太反常哩，冷冷得死，热热得死。"

（30）长沙：又穿这件衣服，丑得要死！①

（31）益阳：又穿这件裤子，难又难看死哒！

（32）娄底：又穿哩箇件衣衫，丑得死！

（33）新化：又穿到箇只衣衫，丑死哩！

（34）溆浦：亦穿这件衣服，丑亦丑死了！

（35）衡阳：又穿箇件衣服，难看死哒！

（36）祁东：又穿箇只衣衫，难难看死去了！

5．"NP（＋唵/哒）＋VP＋NP"式

例如：

（37）普通话：钱嘛，我用了他几千块钱了。

（38）邵阳：钱嘛，我用咖渠几千块钱哩。

（39）长沙：我用咖他几千块钱哒。

（40）益阳：钱呢，我是用咖他几千块钱哒。

（41）娄底：钱呢，我用咖他几千块钱哩。

（42）新化：钱唵，我用咖渠几千块钱哩。

（43）溆浦：钱么，我还是用了他几千块了。

（44）衡阳：钱我倒是用哒渠几千块。

（45）祁东：钱呢，我倒是用咖渠几千块了。

6．"VP/AP（＋哒/是/亦）＋VP/AP"式

例如：

（46）普通话：A：你还喝酒吗？

　　　　　　　B：喝倒是还喝，只是喝得少一些而已。

（47）邵阳：A：你还吃酒吗？

　　　　　　　B：吃是吃，只不过吃得少得点唧哩个话。

（48）长沙：A：你还吃酒不啰？

　　　　　　　B：吃还是吃，有以前那多的。

（49）益阳：A：你还吃酒不？

---

①　这一句该方言也可以说成"又穿这件衣服，丑又丑得要死。"

B：吃倒是吃，只是吃得少点而已。

(50) 娄底：A：你还吃酒不？

B：吃还是要吃，就是少吃滴唧。

(51) 新化：A：你还吃酒不喃？

B：吃是吃，只不吃得少粒哩。

(52) 溆浦：A：你还吃酒吗？

B：吃是吃，就是吃得少。

(53) 衡阳：A：你还吃酒不？

B：吃还吃滴唧，就是吃得少哒。

(54) 祁东：A：你还吃酒么？

B：吃还是吃到个，就是吃得少个话。

7. "XP（＋啊/也）＋XP"式

例如：

(55) 普通话：等你赶到那里的时候，电影都散场了。

(56) 邵阳：等到你赶到那里，电影散啊散咖场哩。

(57) 长沙：等你到那里哎，电影都放完的。

(58) 益阳：等你赶到那里的时候，电影都圆功哒。

(59) 娄底：等你到那里个时候，电影哒演完哩。

(60) 新化：等到你赶到嗯落，电影散倒散咖场哩。

(61) 溆浦：等你行到边个时候，电影都散呱场了。①

(62) 衡阳：等你来到那里，电影早就散场哒。

(63) 祁东：等你赶到那里个时候，电影散啊散咖场了。

8. "AP（＋哒/啊/也）＋AP（＋得）＋滴/点唧"式

例如：

(64) 普通话：穿短裤凉快确实凉快一些。

(65) 邵阳：穿短裤凉哒凉快得点唧哩。

(66) 长沙：穿短裤子凉倒是凉快些。

---

① 这一句该方言也可以说成"等你行到边个时候，电影散（都）散呱场了。"

（67）益阳：穿章子裤是凉快些。

（68）娄底：穿短裤子确实要凉快滴。

（69）新化：穿短裤凉是凉快粒唧。

（70）溆浦：穿短裤凉快是凉快。

（71）衡阳：穿短裤凉快都还凉快。

（72）祁东：穿短裤凉啊是凉快点嘎唧。

9.“XP＋数量名短语（＋就）＋XP＋数量名短语”式

例如：

（73）普通话：A：今天橘子很便宜，你要不要买两斤？

　　　　　　　B：买两斤就买两斤嘛。

（74）邵阳：A：今日个柑子蛮便宜，你要唔要买两斤？

　　　　　　B：买两斤就买两斤嘛。

（75）长沙：A：今里橘子便宜下的，你买两斤不啰？

　　　　　　B：买两斤就买两斤噻。

（76）益阳：A：今天橘子很便宜，你买两斤不啰？

　　　　　　B：买两斤就买两斤嘛。

（77）娄底：A：今天个橘子好便宜，你买两斤不？

　　　　　　B：买两斤就买两斤啰。

（78）新化：A：今日橘子蛮便宜，你要唔要买两斤？

　　　　　　B：买两斤就买两斤啰。

（79）溆浦：A：今朝橘子蛮便宜的，你要不要称两斤？

　　　　　　B：称两斤称两斤嘛。

（80）衡阳：A：今日橘子好便宜，你要不要买两斤？

　　　　　　B：买两斤就买两斤。

（81）祁东：A：今日个橘子□［ɤe³⁴］便宜，你要不要称两斤？

　　　　　　B：称两斤称两斤嘛。

10.“VP（＋就/唔）＋VP”式

例如：

（82）普通话：A：你还在这里！你老婆都快要死了！

            B：死了就死了吧，死了还好些！

（83）邵阳：A：你还在箇里！你屋里婆娘要死嘞！

            B：死咖就死咖唻，死咖还好滴！

（84）长沙：A：你还在这里！你堂客都要死哒嘞！

            B：死咖就死咖啰，死咖还清净些！

（85）益阳：A：你还待这里！你堂客罗活要死哒！

            B：死咖就死咖吧，死咖还好些！

（86）娄底：A：你还在箇里！你屋里堂客就要死哩呢！

            B：死就死啰，死咖还好滴！

（87）新化：A：你还在箇落！你俚婆娘倒要死咖哩！

            B：死咖就死咖倒唻，死咖还好粒！

（88）溆浦：A：你还在箇坨！你老婆都要死了！

            B：死了就死了，死了还好呢！

（89）衡阳：A：你还得箇里，你屋老婆都快死哒！

            B：死咖就死咖，死咖还好些！

（90）祁东：A：你还在箇当！你只老婆快死了！

            B：死咖死咖嘛，死咖还好滴。

11. "XP（＋唔等渠）＋XP（＋去个）"式

例如：

（91）普通话：A：你家孩子又哭了！

               B：哭就让他哭吧，哭不死的！

（92）邵阳：A：你屋里崽又哭嘞！

            B：哭唔等渠哭去个！哭唔死个！

（93）长沙：A：你屋里细伢子又哭起来咖哒！

            B：让她去哭，又哭不死人！

（94）益阳：A：你屋里崽又哭哒！

            B：哭就让她哭去吧，哭不死的！

（95）娄底：A：你屋里崽又哭哩！

            B：哭就哭啰，哭不死呢！

（96）新化：A：你屋里崽又哭起！

　　　　　B：哭就让渠哭倒唻！哭唔死个！

（97）溆浦：A：你家爼爼亦哭呱！

　　　　　B：哭就等渠哭去，哭不死个！

（98）衡阳：A：你屋崽又哭哒！

　　　　　B：哭让渠哭去，哭不死人！

（99）祁东：A：你屋细伢唧又哭了！

　　　　　B：哭让渠哭嘛，哭不死个！

　　从以上排比的例句可以看出，邵阳话中拷贝式话题结构的大部分用法，在湘方言其他点中也多可以见到。但是，各个湘方言点的拷贝式话题结构还是存在一定的差异。这种差异性主要表现在以下几个方面：

　　①在拷贝式话题结构的类型丰富性上，湘方言各点存在不平衡性。其中，溆浦话、新化话、祁东话与邵阳话最为接近，几乎具有邵阳话中所具有的各种形式的拷贝式话题结构。而其他几个方言点，总会有几种拷贝式话题结构采用非拷贝式话题的形式来表达，如长沙话的例（3）（21）（39）（57）（93），益阳话的例（58）（67），衡阳话的例（17）（35）（62），娄底话的例（32）（59）（68）。①

　　②在"重叠式话题结构"的使用频率上，湘方言各点存在差异。虽然我们的多数发音合作人认为，在他们的方言里，某些拷贝式话题结构也有可能删除其中的提顿词或话题敏感算子构成"重叠式话题结构"，但是，有的方言中这种"重叠式话题结构"的使用频率特别高，如邵阳话、祁东话，有的方言中的"重叠式话题结构"也较为常见，如娄底话、溆浦话，而在另外一些湘方言点，其使用频率就要低得多，如黄玲（2018）、魏醒（2021）也认为益阳话、衡阳话中的拷贝标记词一般不能省略。

---

　　① 黄玲（2018）、魏醒（2021）所调查的益阳、衡阳方言的拷贝式话题结构多达25种具体形式，可能是因为她们都将拷贝式话题结构分为体词性和谓词性两大类来描写，某些我们作为同一种形式看待的她们分成了两种形式。此外，从她们所举的例句和分析来看，确实存在我们的发音人认为益阳、衡阳话中不能用拷贝式话题结构表达的句子，在她们的发音人看来可以用拷贝式话题结构表达，如例（58）（62），在她们的发音人看来是可以用拷贝式话题结构表达的。这里面跟方言点的选择和发音人的语感有一定的关系。

③在拷贝式话题结构能否用来强调事件的发生与完成上，湘方言各点存在差异。从上文第 7 类可以看到，邵阳话和新化话、溆浦话、祁东话中，这种意义可以用拷贝式话题结构来表达（例 56、60、61、63），但长沙、益阳、娄底、衡阳等地湘方言，却是更多地使用非拷贝式话题结构（例 57～59、62）。

④从我们的调查结果看，在名词性和副词性成分能否拷贝构成话题方面，邵阳话和溆浦话、祁东话也表现出较大的一致性，而与长沙、益阳、衡阳、新化等地方言形成对比。例如普通话"都九点了，还不起床！"在各点的说法是：

（100）邵阳：九啊九点哩，还唔起来！

（101）溆浦：九都九点了，还冇起来！

（102）长沙：都九点钟的，还不死起起来！

（103）益阳：九点钟哒嘞，还不起床！

（104）衡阳：都九点哒，还不起来！

（105）新化：都九点哩，还唔起床！

（106）祁东：都九点钟了，还不起头！ ｜ 九啊九点钟了，还不起头！

普通话"比赛都快开始了，你还不快点！"在各点的说法是：

（107）邵阳：比赛快也快迅开始哩，你还唔快滴！

（108）溆浦：比赛快都快架势了，你还不一动子！

（109）长沙：比赛都要开始哒，还不快点！

（110）益阳：比赛快开场哒，你还不快点！

（111）衡阳：比赛都快开始哒，你还不快滴唧！

（112）新化：比赛都要开始哩，你还唔快粒唧！

（113）祁东：比赛都要开始了，你还不快滴！ ｜ 比赛快啊快开始了，你还不快滴！

黄玲（2018）、魏醒（2021）的调查显示，益阳话、衡阳话中的拷贝式话题结构的拷贝成分可以是名词性成分，但不能是副词性成分。

总的来看，在拷贝式话题结构方面，无论在结构形式的丰富性上，还是在拷贝式话题的形态化程度上，娄邵片中的邵阳话和辰溆片湘语、永全片湘语具有较多的共同点，长益片湘语和衡州片湘语与它们有较大的差异，娄邵片中的娄底、新化话则处于中间状态。

（二）拷贝式话题结构的跨方言比较

关于方言中的拷贝式话题结构，已有的研究并不多，但已覆盖官话、晋语、吴语、湘语、赣语、客家话等方言区（详见绪论部分"相关研究概述"）。

从已经发表的研究材料来看，尽管汉语方言中的拷贝式话题结构在结构形式上有多有寡，但总的来说要比普通话更为丰富，语法化程度也更高。如果承认拷贝式话题结构是话题优先型语言的典型特征，那么，可以认为，不仅仅是普通话，"整体汉语"都是话题优先型的语言。

当然，不同方言中的拷贝式话题结构在拷贝部分的性质、语义语用功能和形态化程度等方面也存在一定的差异：

①多数方言中，拷贝式话题结构的拷贝部分都是谓词性的或名词性的词或短语，尤以谓词性词语最为常见。像邵阳话、溆浦话、祁东话等方言那样，副词性成分也可以拷贝构成话题的情况，不仅仅在湘方言中不是常态，在其他汉语方言中也是不多见的，目前，我们只在尧妍（2019）所描写的江西黎川赣语中见到有副词性成分拷贝构成话题的情况。根据拷贝式话题结构中拷贝部分的性质，可以将汉语方言区分为"拷贝成分可以是副词性成分"和"拷贝成分不可以是副词性成分"两种类型，并且可以得出一条蕴含共性：

拷贝副词性成分构成拷贝式话题结构⊃拷贝谓词性成分构成拷贝式话题结构

这条共性表示：在某种汉语方言中，如果可以拷贝副词性成分构成拷贝式话题结构，则肯定可以拷贝谓词性成分构成拷贝式话题结构。

②总的来说，汉语方言中的拷贝式话题结构可以用于表示肯定、强调、让步、完成、随意、程度感叹、比较等语义语用意义，但在不同的方言中存在差别。一般而言，肯定、强调、让步、完成、随意等功能是普通话、北京话和大多数方言都具有的用法，而表示程度感叹和比较的功能，则只见于少数方言中。比如，拷贝式话题结构表示比较的用法，从目前掌握的

材料看，主要见于湘语、上海吴语和部分晋语、赣语中。湘语的用例见上文，其他方言的用例如：

(114) 上海吴语：侬还是买红个件，嫩也嫩一眼勒。（刘丹青、徐烈炯，1998）

(115) 子长晋语：A. 这件衣服敢小唛么？

B. 一点不小，大大唛！（张兴，2012：26）

(116) 南昌赣语：你恁就买许把菜咯，不但便宜，嫩也嫩得多。（黄玲，2018：44）

而表示程度感叹的用法，主要见于湘语和上海吴语、南昌赣语中。例如：

(117) 上海吴语：伊买了一件衣裳，难看末难看煞了。（刘丹青、徐烈炯，1998）

(118) 南昌赣语：昨日一夜冒困，熬都熬死了。（黄玲，2018：45）

③汉语方言在是否存在"重叠式话题结构"上存在一定的差异。从已有文献来看，大多数汉语方言中都或多或少地存在这类话题结构。例如：

(119) 上海吴语：现在吃饭是不容易呀……屋里屋里要受气，客人客人面前要受气。（刘丹青、徐烈炯，1998）

(120) 上海吴语：昨日夜里向我气气得来。（刘丹青、徐烈炯，1998）

(121) 山阴晋语：儿子儿子没本事，女儿女儿没扎气。（郭利霞，2012）

(122) 山阴晋语：A. 你来顿把娃娃抱上。

B. 抱抱上。（郭利霞，2012）

(123) 子长晋语：这明明就是工伤，单位单位不管，领导领导躲的不见人。（张兴，2012：23）

(124) 子长晋语：A. 你再不来，我就吃完唛哦。

B. 吃完吃完，我才不稀罕。（张兴，2012：9）

(125) 佳县晋语：房子房子是赁的，车车是借的。（任利霞，2012：19）

(126) 佳县晋语：这条裤太恶水了，洗洗不净。（任利霞，2012：19）

(127) 南昌赣语：电电冒有，水水停了，简让人郎住咯！（黄玲，2018：46）

(128) 南昌赣语：A：快回来哦，你崽又在哭哦！

B：哭哭咯，反正又哭不死！（黄玲，2018：34）

但在项梦冰（1998）和郭校珍（2003）所描写的连城客家话和山西晋语中却难以见到这类话题结构。郭利霞（2011）把类似于"大学大学考不上，工厂工厂进不去"和上海话"水末水紧张，电末电紧张"这样的话题结构称作"对举拷贝式话题句"，把类似于"骂就骂吧""差两毛差两毛吧，反正您经常来，算我优惠"这样的话题结构称作"谓词拷贝话题句"。通过对比，我们发现，各方言中的"重叠式话题结构"，基本上都可以归入这两类话题结构。以上所举上海、山阴、子长、佳县、南昌等地的例子中，前一例就是"对举拷贝式话题句"，后一例则是"谓词拷贝话题句"。这些重叠式话题句都是由普通拷贝式话题结构删除提顿词或话题敏感算子而来的形态化重叠，也是属于"次生重叠"。

三、从拷贝式话题结构等看湘方言的语序类型

对于汉语及其方言的语序类型，学术界向来就有 SVO 或 SOV 两种对立的观点。刘丹青、徐烈炯（1998）认为，话题在研究汉语及其方言的语序类型时具有极其重要的地位，并认为普通话和上海话都属于话题优先型语言。刘丹青（2004/2007）则认为，拷贝式话题是话题优先型语言的一项更为典型的特征。上文的分析显示，湘方言中的话题标记发达，拷贝式话题结构类型丰富，语义功能多样，形态化程度高，从这一点上说，湘方言具有话题优先型语言的典型特征。

林素娥（2006）从话题标记的类型、功能和句法化以及小句中受事成分的句法投射等角度，比较了湘方言与吴方言的小句语序类型。该文认为，虽然这两种方言在基本语序和话题化倾向上较为一致，但二者在话题优先和 VO 语序的典型性上存在差异：湘方言是话题优先性相对较弱而 VO 型语序更为典型的方言；吴方言是话题优先性相对较强而 VO 型语序相对较弱的方言。该文主要是通过统计分析长沙等地的地方曲艺或民间故事话语中动宾句和受事话题句的使用情况，而得出上述结论的。我们对邵阳话的考察也基本支持这一观点。

尽管邵阳话具有话题优先型语言的典型特征，但仍然是较为典型的

SVO 型语言。这主要表现在：一方面，与上海话类似，邵阳话中的静态及物结构和及物式，在整体用作嵌入成分时都用 VO 型语序；另一方面，该方言动宾句较之受事话题句占有明显优势。下面分别讨论。

先看以下例句：

(1) 渠天天看书，天天写文章。他每天都看书，每天都写文章。

(2) 我明日要去看电影。我明天要去看电影。

(3) 哪个打你，我就打哪个。谁打你，我就打谁。

(4) 洗衣衫归我婆娘管，买菜做饭归我管。洗衣服的事归我老婆管，买菜做饭的事归我管。

(5) 吃肥肉渠蛮喜欢。他很喜欢吃肥肉。

(6) 渠蛮喜欢吃肥肉。他很喜欢吃肥肉。

(7) 那只卖电视机个人我认得。那个卖电视机的人我认识。

例 (1) ～ (3) 说明邵阳话中静态及物结构在表示习惯性行为、将来事件或假设性条件的句子中多为 VO 型；例 (4) ～ (7) 显示，邵阳话中及物式整体用作嵌入成分（如作主语或话题、作宾语、定语）时，也表现为 VO 语序。它们绝对不能改成以下动词居后的语序：

(1') ＊渠天天书看，天天文章写。

(2') ＊我明日要去电影看。

(3') ＊哪个你打，我就哪个打。

(4') ＊衣衫洗归我婆娘管，菜买饭做归我管。

(5') ＊肥肉吃渠蛮喜欢。

(6') ＊渠蛮喜欢肥肉吃。

(7') ＊那只电视机卖个人我认得。

刘丹青 (2001) 基于独角戏《黄鱼掉带鱼》的脚本，统计了上海话中动宾句和受事话题句的使用情况，为了更好地了解邵阳话动宾句和受事话题句的使用情况并将之与上海话进行比较，我们将该独角戏脚本改编成邵阳话①，并得到如下表所示的统计数据。

---

① 改编人蒋久武，1931 年生，读过私塾，当过生产队长，世居邵阳县五峰铺镇马草村。

表二　邵阳话的动宾句和受事话题句

句类	受事话题句 TV	动宾句 VO	细类
"VP 吗/莫?" 问句	3	16	1 例 STV, 2 例 TSV; 8 例 VO, 8 例 SVO
"V 唔 V" 问句	1	0	1 例 STV
反意疑问句	0	3	1 例 VO, 2 例 SVO
特指问	0	13	5 例 VO, 8 例 SVO
否定陈述句	15.5	14.5	8 例 TV, 4 例 STV, 2 例 TSV; 6 例 VO, 7 例 SVO; 3 例 STVO 两边各算 1.5 例
肯定陈述句	12	62	6 例 TV, 4 例 STV, 2 例 TSV; 19 例 VO, 43 例 SVO
肯定祈使句	2	15	1 例 TV, 1 例 STV; 14 例 VO, 1 例 SVO
总计	33.5	123.5	15 例 TV , 12.5 例 STV, 6 例 TSV; 53 例 VO, 70.5 例 SVO

　　以上数据显示, 邵阳话中话题结构与动宾结构之比为 33.5：123.5, 说明该方言中受事话题句的比例为 21.3%, 而动宾句则占到 78.7%, 相较于孙朝奋等 (1985) 所统计的北京话包括 "把" 字句在内的受事前置句 (他们统称为 OV 句) 不到 10% 的比例, 刘丹青 (2001) 所统计的上海话受事话题句超过三分之一 (实为 36.4%) 的比例, 以及林素娥 (2006) 所统计的长沙话受事话题句 15.0% 的比例, 可以看出, 邵阳话的话题优先性质要强于长沙话和北京话, 弱于上海话, 而在 SVO 型语序的典型性上, 则要高于上海话而略低于长沙话和北京话。

　　上文的分析说明, 相对于吴方言而言, 湘方言是话题优先性相对较弱而 VO 型语序更为典型的方言, 而相对于北京话而言, 湘方言又与吴方言一样, 是属于话题优先性相对较强而 VO 型语序相对较弱的方言。同时, 在话题优先和 VO 语序的典型性上, 湘方言内部也存在一定的差异, 长沙话相对于邵阳话而言, 其话题优先性质要弱, VO 性质要强。

邓思颖（2006）在讨论汉语方言受事话题句的类型时，曾对湘方言的语序类型有过论述。该文采用生成语法的动词移位理论，对汉语方言受事话题句的类型进行重新分析，认为话题化的差异和汉语方言的语序类型最终要由动词移位参数来决定。根据这一论断，该文认为，"整体来讲，湘语受事话题不发达"，"以新化话为代表的湘语才是汉语方言中'最强的 SVO'语言"。按照动词移位的距离，该文给出了一个汉语方言 SVO 型语序的序列：

湘语＞粤语＞普通话、北部吴语＞南部吴语、闽语

可以看出，不同的研究者在不同的理论背景下，根据不同的比较参数，以不同的湘语点为材料，在湘方言的语序类型上会得出不同的结论。看来，在汉语方言语序类型的研究中，如何进行系统的、综合性的比较，还有很多的工作要做。

本章小结

本章对湘方言中的重叠式反复问句和拷贝式话题结构等两类与重叠相关的句式进行了描写、分析，并通过与其他方言的比较，对重叠式反复问句的共性与类型及湘方言的语序类型等问题进行了重新思考。

在研究重叠式反复问句时，我们首先对湘方言中的反复问句进行概述。湘方言中，没有"可-VP？"类反复问句，其反复问句的常见格式主要是"VP-neg？"式和"VP-neg-VP？"式及其紧缩式（包括"VO-neg-VO""VO-neg-V""V-neg-V（O）"等形式）。在邵阳地区的某些湘方言中，还存在由"V-neg-VO"式紧缩而来的重叠式反复问句"VV（O）"式。

以邵阳话为例，我们考察了湘方言这类重叠式反复问句"VV（O）"式的构成、语义分类、信疑度和应答方式等问题。邵阳话中的重叠式反复问句很有特色，某些在别的方言中不能通过重叠手段构成反复问句的语法单位，如介词、副词、某些类型的短语甚至复句形式，也可以构成重叠式反复问句。我们将邵阳话重叠式反复问句在语义上分为性状类、动作类、能

愿类和判断类等四个小类，分别讨论了它们的信疑度和应答方式，通过分析，认为邵阳话的重叠式反复问句表达信大于疑的功能要比北京话强大得多，其应答方式也有其特殊之处。

通过将邵阳话与其他汉语方言的比较，我们对刘丹青（2008a）的观点进行了补充和改良，提出了以下两条具有类型学意义的方言蕴含共性：

共性 1：在汉语方言中，如果有由非谓词重叠构成的重叠式反复问句，则肯定有由谓词重叠构成的反复问句。

共性 2：在使用重叠式反复问句的方言中，如果有 ABC 两次都完整出现的 ABC-neg-ABC 式反复问句，则肯定有其中一个 ABC 脱落其第一音节后所有音节的 A-neg-ABC 式反复问句。

在研究拷贝式话题结构时，我们首先描写、分析了湘语邵阳话中拷贝式话题结构的结构类型，然后考察拷贝式话题结构在其他湘语中的使用情况，并将其与其他方言进行比较。

邵阳话的拷贝式话题结构种类丰富，语义语用功能也多样，它们有的已成为表示肯定、强调、感叹、比较或让步的常见格式，有的具有表达已然、完成等时体范畴的功能，有的则可以用来表达无所谓、不在乎等主观态度，且大多可以删除提顿词或话题敏感算子而形成"重叠式话题结构"，可视为由语用性、句法性话题结构演化而来的一种高度形态化的"次生重叠"，这说明邵阳话的拷贝式话题已经高度语法化。

邵阳话中拷贝式话题结构的大部分用法，在湘方言其他点中也多可以见到。但是，湘方言各点的拷贝式话题结构在结构形式的丰富性、"重叠式话题结构"的使用频率以及语义语用功能上，还是存在一定的差异。总体来看，娄邵片湘语和辰溆片湘语、永全片湘语具有较多的共同点，长益片湘语、衡州片湘语与它们有较大的差异。

尽管汉语方言中的拷贝式话题结构在结构形式上有多有寡，但总的来说要比普通话更为丰富，语法化程度也更高。但是，不同方言中的拷贝式话题结构在拷贝部分的性质、语义语用功能和形态化程度等方面也存在一定的差异。

根据拷贝式话题结构中拷贝部分的性质，可以得出一条蕴含共性：

　　共性 3：在某个汉语方言中，如果可以拷贝副词性成分构成拷贝式话题结构，则肯定可以拷贝谓词性成分构成拷贝式话题结构。

　　本章最后就湘方言的语序类型进行了分析，认为湘方言既具有话题优先型语言的典型特征，又具有 SVO 型语言的典型特征。同时看到，不同的研究者在不同的理论背景下，根据不同的比较参数，以不同的湘语点为考察对象，对于湘方言的语序类型会得出不同的结论。

结　语

本书在类型学视野下，就湘方言主要词类、短语的重叠和某些与重叠相关的句式分别进行了描写和比较，现拟在总结前文内容的基础上，探讨湘方言重叠的共性与差异，分析其形成原因，并总结本书的创新点和有待进一步研究的问题。

第一节　湘方言重叠的共性

▶ 一、湘方言重叠的内部一致性

作为一种大的方言，湘方言内部肯定会存在较大的一致性，这种一致性在重叠问题上也有较为明显的表现。根据以上各章的讨论，我们可以将其内部一致性概括为以下几点：

（1）湘方言中，都或多或少地存在 AA 式、ABB 式、ABCC 式、AAB式、AABC 式、AABB 式等几种名词重叠形式，其构成方式多为构词重叠，以重叠为构形手段形成的名词重叠形式所占比例不多。大多数湘方言中的名词重叠形式都要发生声调变化，而且多有将后一个音节读成［55］调的高调化趋势。

（2）湘方言中，量词多可以按 AXA 式重叠，表达"周遍""逐一""完整"、主观"多量"、主观"少量"、强调计量方式等多种语法意义，同时，还带有说话人对数量大小的主观评判和强烈的感情色彩，体现出较强的主观性。量词重叠式所表示的语法意义与其所充当的句法成分有着十分密切的关系。

（3）湘方言中，表示短时或尝试意义的单纯动词重叠式多比较贫乏，而更多地代之以"V 一下""V 下""V 一个""V 个看""V 一家伙"等表达方式。但表示动作行为持续、反复进行的动词重叠式却相对比较丰富，包括"V 啊个 V""V 嘎 V""连 VYV""XV 子 V""V 山＝V 里＝""V 的＝V 里＝""VVV"等多种具体形式。

（4）湘方言中，形容词重叠式以加缀型重叠为主。由于湘方言中属于"前加式"的 AB 式双音节状态形容词（如"梆硬"）都比较丰富，以其为基式又可以构成多种形容词重叠式（包括"ABAB""AABX""AB 巴 B""AB 子 B""AXXB"式等），这就使得湘方言中由 AB 式双音节状态形容词构成的形容词重叠式特别丰富。

（5）湘方言中，"一量量""一量一量""一量名一量名""形量形量""一形量一形量"等重叠形式多是比较"文雅"的说法，多数湘方言更多的是以"副词＋形容词＋量词"短语及其重叠式、"副词＋形容词"短语重叠式、量词的"AA"式、"AXA"式重叠式等其他方式来表达。湘方言中VXVX式动词短语重叠非常丰富，表义功能也复杂多样，但形容词短语重叠在结构形式和句法、语义等方面与普通话差别不大。

（6）湘方言中，没有"可-VP？"类的反复问句，其反复问句的常见格式主要是"VP-neg？"式和"VP-neg-VP？"式及其紧缩式（包括"VO-neg-VO？"式、"VO-neg-V？"式、"V-neg-V（O）？"式等形式），部分湘方言中的反复问句可以脱落其中的否定词而形成重叠式反复问句。湘方言中的拷贝式话题结构普遍要比普通话更为丰富，语法化程度也更高。

▷▷ 二、湘方言重叠所体现的类型学共性

（一）湘方言重叠所体现的汉语方言类型学共性

上文的研究中，我们通过对湘方言与其他汉语方言的比较，归纳出了一些具有方言类型学意义的蕴含共性，现将其总结如下：

共性 1：重叠型小称⊃附加型小称

这条共性表示：如果某方言使用重叠型小称，则该方言一般也同时使用附加型小称。

共性 2：重叠式词缀表小称⊃名词普通重叠表小称

这条共性表示：如果某方言使用重叠式词缀表示小称，则该方言一般也同时使用普通名词重叠表小称。

共性 3：量词能以多叠式重叠⊃量词能以双叠式重叠

这条共性表示：在某个汉语方言中，如果量词可以按多叠式（AAA 式、AAAA 式等）重叠，则肯定可以按双叠式（AA 式）重叠。

共性 4：量词能以 AXA 式重叠⊃量词能以 AA 式重叠

这条共性表示：在某个汉语方言中，如果量词可以按 AXA 式重叠，则可以按 AA 式重叠。

共性 5：数词能以 AXA 式重叠⊃量词能以 AXA 式重叠

这条共性表示：在某个汉语方言中，如果数词可以按 AXA 式重叠，则量词也可以按这种方式重叠。

共性 6：多音节量词或数词能以 AXA 式重叠⊃单音节量词或数词能以 AXA 式重叠

这条共性表示：在某个汉语方言中，如果双音节或三音节的量词或数词可以按 AXA 式重叠，则单音节的量词或数词也可以按这种方式重叠。

共性 7：量词重叠式表示量减义⊃量词重叠式表示量增义

这条共性表示：在某个汉语方言中，如果量词重叠式可以表示量减义，那么也可以表示量增义。

共性 8：完成体标记 VXVX 式重叠⊃持续体标记 VXVX 式重叠

这条共性表示：在某个汉语方言中，如果存在由完成体标记构成的 VXVX 式重叠，那么也存在由持续体标记构成的 VXVX 式重叠。

共性 9：非谓词重叠疑问句⊃谓词重叠疑问句

这条共性表示：在某个汉语方言中，如果有由非谓词重叠构成的重叠式反复问句，则肯定有由谓词重叠构成的反复问句。

共性 10：ABC-neg-ABC 式反复问句⊃A-neg-ABC 式反复问句

这条共性表示：在使用重叠式反复问句的方言中，如果有 ABC 两次都完整出现的 ABC-neg-ABC 式反复问句，则肯定有其中一个 ABC 脱落其第一音节后所有音节的 A-neg-ABC 式反复问句。

共性 11：拷贝副词性成分构成拷贝式话题结构⊃拷贝谓词性成分构成拷贝式话题结构

这条共性表示：在某个汉语方言中，如果可以拷贝副词性成分构成拷贝式话题结构，则肯定可以拷贝谓词性成分构成拷贝式话题结构。

（二）湘方言重叠所体现的语言类型学共性

研究表明，在重叠问题上，人类语言具有诸多的跨语言普遍共性，湘方言很好地体现了这些共性。下面结合相关研究进行举例性的说明。

共性 1：重叠式表示量减义⊃重叠式表示量增义（Uspensky，1972）①

这条共性表示：如果在某种语言中，重叠式可以表示量减的意义，那么，该语言的重叠式肯定也可以表示量增的意义，量增意义是重叠式的优势语义。

湘方言中，大多数重叠式都表示量增语义，只有少数湘方言中的少数重叠式（如量词的"AXA"式重叠、形容词的"AAX 式"重叠）表示量减语义，而在这些方言中，都同时具有表达量增义的重叠式。

共性 2：部分重叠⊃完全重叠（Moravcsik，1978：297-335）

这条共性表示：如果在某种语言中，具有属于部分重叠的重叠式，那么，它一定具有属于完全重叠的重叠式。

湘方言各点中，都有属于部分重叠的重叠式，且一定有属于完全重叠的重叠式。

共性 3：其他词类重叠⊃动词重叠（Kiyomi，1993）

这条共性表示：如果某种语言中有重叠现象（事实上绝大多数语言都有重叠现象），那么，在绝大多数情况下，该语言有动词重叠。

湘方言中，名词、形容词、量词等词类都有较为丰富的重叠现象，尽管湘方言中普遍缺少普通话中表示短时、尝试义的动词 VV 式重叠，但是，

---

① 括号里为提出或讨论该共性的参考文献，下同。共性 1 和共性 2 转引自王芳（2012a）。

湘方言各点中还有不少其他结构形式的动词重叠式以及动词短语重叠式，因此，还是很好地体现了共性 3。

以上几条是国外学者所提出的关于重叠的普遍共性。我国青年学者王芳（2012b）通过对重叠多功能模式的跨语言比较，也提出了一些与重叠有关的语言共性，如该文认为，重叠语法手段具有跨语类性；重叠手段在负载数量、性状程度和时体意义上存在一个大致的倾向性规律："重叠式最为常见和基本的功能是表达数量意义和程度意义，重叠式可以表达时体意义的语言绝大多数都可以表达数量意义和程度意义"；重叠式经常参与表达话题、条件、让步等篇章性较强的功能，等等。

这些共性在湘方言中也有所体现。比如，湘方言中，某些动词性语素、形容词性语素重叠后可以构成名词（如"挂挂、凿凿、挖挖""香香、矮矮、尖尖"等），就体现了重叠语法手段的跨语类性；湘方言中，名词、量词、形容词及其短语重叠多表达数量意义和程度意义，动词或动词短语多表达时体意义，拷贝式话题结构具有参与表达话题、条件、让步等功能，也体现了上述重叠手段的表义规律。

第二节　湘方言重叠的内部差异

尽管湘方言在重叠问题上存在较多的内部一致性，但其内部差异性也是客观存在的。这种差异既有内部各方言片之间的差异，也有各单点方言之间的差异。

▶ 一、湘方言各片之间的差异

湘方言内部重叠现象纷繁复杂，要在其内部各片中找出具有"内部一致性"和"外部排他性"的差异来，实属不易。我们仅从以下几个方面略作分析。

（一）长益片与其他片之间的差异

它们之间的差异主要有：

（1）长益片湘语中，名词表小称一般采用名词后附"-崽唧、-崽子"等后缀的形式，而在娄邵片、辰溆片、永全片湘语中，除了这种表达法之外，多可采用名词后附重叠式后缀"-崽崽、儿儿"或前加重叠式准词缀"崽崽-、儿儿-、囡=囡=-、孖=孖=-"等形式。衡州片湘语在这方面与长益片湘语表现较为一致。

（2）动词"XV子V"式重叠（如"鬼吵子吵"之类）、形容词"AB子B"式重叠（如"酸甜子甜"之类）等重叠式，在长益片湘语中使用较为广泛，且类推性强，而在其他几片却较少使用，即使偶有使用，也难以类推。

（3）在拷贝式话题结构的使用上，娄邵片、辰溆片、永全片等湘语具有较多的一致性，而与长益片形成对比：前几片"重叠式话题结构"的使用频率比长益片高，且名词性和副词性成分多能拷贝构成话题，而长益片多不具有这些特征。衡州片湘语在这方面也与长益片表现较为一致。

（二）娄邵片与其他片之间的差异

它们之间的差异主要有：

（1）娄邵片湘语中，量词AXA式重叠的结构形式比较丰富，一般都在两种以上，而在长益片、衡州片湘语中，这种重叠式多只有一种形式，辰溆片湘语甚至很少使用。永全片湘语在这方面也与娄邵片湘语表现较为一致。

（2）数量名短语重叠后，用于表示"容纳量—容纳方式—被容纳量"语义关系（如"两个两个坐根凳"）的情况，在娄邵片湘语中的使用频率比其他片要高。

（3）某些重叠式，如动词的"V山=V里=""V的=V里="式重叠，形容词的"V山=V里=""V的=V里=""A闹=A屎="等，多只在娄邵片湘语中使用，在其他片中很少见到。形容词的AXXB式重叠多见于邵阳地区的娄邵片湘语及与之毗邻的永全片湘语。该片湘语重叠式反复问句的形态化程度比其他片要高。

（三）辰溆片与其他片之间的差异

辰溆片区别于其他片的最大特点在于，该片方言由于受西南官话影响，在某些重叠式后需要带上儿尾，如"红红儿、酸啾啾儿了"之类，这在其他片是很少见到的。量词的 AXA 式重叠形式比其他片贫乏得多，使用频率很低。

此外，我们明显地感到，在重叠问题上，衡州片湘语与长益片湘语具有较多的一致性，永全片湘语与娄邵片湘语具有较多的一致性。比如，在讨论量词重叠时，我们曾将湘方言区分为三种类型，其中娄邵片、永全片多属于"AXA 式占优势型"，辰溆片多属于"AA 式占优势型"，而长益片、衡州片多属于"两种重叠式势均力敌型"。再如，在重叠式反复问句、拷贝式话题结构的形态化程度，重叠式词缀"崽崽"等表小称的能力和使用频率等问题上，娄邵片、永全片湘语表现较为一致而与长益片、衡州片表现出较多的差异。这或许说明，尽管从语音特征的角度把永全片从娄邵片划出来，把衡州片从长益片划出来，但如果从重叠这一语法特征来看，把它们分别合为长益片和娄邵片，也是有语言事实基础的。

》 二、湘方言单点之间的差异

在重叠问题上，湘方言各片之间的差异并不那么整齐划一，甚至于在同一片区内部，两个方言点之间也会存在较大的差异。下面我们仅以娄邵片的邵阳话和新化话为例，简单说明湘方言内部单点方言之间的差别。

邵阳话和新化话的不同之处主要有：

（1）邵阳话中，名词前后添加词缀"崽崽"构成"A 崽崽""AB 崽崽""崽崽 AB"式等名词表示小称的用法非常常见，如"鸡崽崽""鸭崽崽""狗崽崽""黄瓜崽崽""崽崽刀子""崽崽栽锄"等，但这种用法在新化话中却很少使用，而是更多地以名词后附加后缀"-崽"或"-崽唧"的方式表达小称，如"鸡崽""鸭崽""刀崽""牛崽唧""狗崽唧"等。

（2）新化话中，量词"A 把 A"式重叠可以表达数量少、频率低的语法意义，如"桌子高落有本把本书唧"，这种用法在邵阳话中多不用重叠式表达，而是直接在量词后加表概数的"把"，如这一句多说成"桌子高头有本把书唧"。

（3）新化话中，有多种形式的重叠用法在邵阳话中难觅踪迹，如动词的"V 山＝V 里＝""V 的＝V 里＝"式重叠，形容词的"A 闹＝A 屎＝""A

个＝A 脑＝""A 的＝A 里＝""A 山＝A 里＝"式重叠，形动短语的"忙 V 忙 V"式重叠等；而邵阳话的 AXXB 式形容词重叠式，在新化话中也不见使用。

（4）邵阳话中，反复问句和拷贝式话题结构的语法化程度很高，可以构成重叠式反复问句和重叠式话题结构，已然演变为一种次生的重叠形态。而在新化话中，反复问句中否定词还不能脱落，拷贝式话题结构中的提顿词或话题敏感算子也难以减省。

第三节　湘方言重叠的共性与差异的成因探析

从理论上来说，当两种或多种语言或方言在语音系统、语法形式或语法范畴等方面具有某种程度的共性的时候，它们的这种共性有可能是由于"语言发生学"上的同源造成的，也有可能是由于语言或方言间的互相接触造成的。李小凡、项梦冰（2009：10）在分析方言差异的成因时指出，"语言系统的内部演变和外部接触是语言演变的两条基本途径"。我们认为，湘方言重叠共性与差异的形成，是多种因素共同作用的结果：

（1）作为汉语的主要方言之一的湘方言（包括其内部各片和不同的方言点），与其他汉语方言具有共同的"发生学"关系，它们都是由古代汉语经过千百年的发展演变而来，它们都从古代汉语中继承了不少语法形式和语法范畴，并且在之后的发展过程中，各方言又有着某些相似的发展轨迹，其中，就包括很多重叠形式，这势必会造成湘方言内部之间以及与其他汉语方言之间，在重叠问题上具有诸多的共性。

（2）语言类型学和认知语言学的研究表明，人类的语言结构与概念结构的对应并不完全是任意的，而是有着广泛的"象似性"的认知基础。"象似性并非仅仅体现在人类语言某些较狭窄的领域"，"也非偶发性地仅存于某些怪异偏僻的语言里，而是广泛存在于大量语言的各种词法、句法组织之中，甚至体现为某些语言共性规律。"重叠作为人类语言普遍使用的语法手段，集中体现了语言的复杂象似性动因和重叠象似性动因。（张敏，1998：

146）湘方言作为一种重叠手段丰富的语言，自然会体现人类语言在重叠问题上的某些共性。

（3）尽管各汉语方言在发生学上有着共同的源头，但是，古代汉语在千百年的发展长河中，产生了形式多样的重叠式，不同的方言在不同的历史时期分别从古代汉语那里所继承的重叠式可能会存在差异，而且，在各方言自身的发展演变过程中，也会产生出一些具有各自特色的创新形式。这一点从我们正文中对湘方言重叠与古代汉语的历时比较中可以看出来。这样，就可以解释为什么湘方言重叠会与其他汉语方言存在差异，也可以解释为什么重叠在湘方言内部不同的方言片乃至不同的方言点之间也会存在差异。

（4）李如龙（2001：26）在谈及方言的演变时说，共同语普及的地方，方言受共同语的冲击大，因而变异也快，方言特有成分消磨得也快，在共同语不普及的地方，方言往往比较稳定、保守，变异也就小。这其实谈的是方言接触对方言演变的影响。我们的研究表明，长益片湘语在诸多方面表现出与普通话相一致的特点，而其他两片特别是娄邵片湘语，则更多地保留了一些独具自己特色的重叠式。这主要是湘方言各片受普通话影响的程度深浅差异造成的。长益片在地理位置上居于湖南省的中心地带，经济较为发达，受普通话的影响较大，一些方言用法已经与普通话趋同。而其他两片处于湖南省的非中心地带，经济较为落后，受普通话影响较小，某些在古代汉语时期产生的创新性重叠用法，较多地在这些方言中得以保留。当然，从发展趋势来看，它们也可能会逐步受普通话影响而丢失某些方言特点，比如，虽然在娄邵片湘语的口语交际中，以使用量词 AXA 式重叠为常，但是，这些方言中已经出现了用"一量量""一量一量""一量名一量名"等普通话常用的、比较"文雅"的重叠形式，而且，这种情况在年轻人中越来越常见。

（5）娄邵片湘语中的重叠式比较丰富，其中大部分情况可以用受普通话影响较小来解释，但是，重叠式反复问句和高度形态化的拷贝式话题结构在邵阳话中的广泛使用，却难以作出同样的解释。我们认为，造成邵阳话中这两种重叠句式与其他两片湘语甚至其他娄邵片湘语存在差异，其原因是语言自身演变的不平衡性，更确切地说，是这两种句式在不同方言中的语法化程度差异所致。上文的研究显示，邵阳话中，这两种句式在形态化的道路上比其他方言走得更远。

综上所述，我们认为，湘方言重叠共性的形成，一方面是对古代汉语中某些重叠形式的共同继承和发展，另一方面是人类语言普遍共性和认知共性的体现。而湘方言重叠内部差异的形成，有古代汉语重叠形式在不同湘方言中有不同的留存和创新的因素，也有湘方言各点受普通话影响的深浅程度不同的因素，还有方言自身语法化程度差异的因素。

第四节　本书的创新点与不足之处

一、本书的主要创新点

本书在以下几个方面有所创新：

1. 为方言重叠的比较研究提供了有价值的湘语材料

本书除了对湘方言中的名词、量词、动词、形容词等主要词类和量词短语、动词短语和形容词短语等主要短语的重叠现象进行了较为全面的描写以外，还对湘方言中重叠式反复问句和拷贝式话题结构等两类与重叠相关的句式进行了初步分析，并将"原生重叠"和"次生重叠"的概念引入到湘方言重叠的研究之中，挖掘出了不少有特色、有价值的方言语料，这不仅使得本书对于湘方言重叠现象的研究更为全面、系统，也丰富了汉语方言重叠研究的语料资源，为方言重叠的比较研究提供了有价值的湘语材料。

2. 自觉运用共时与历时相结合的研究方法

本书较为自觉地贯彻使用方言研究中的比较方法，努力将湘方言重叠现象在湘方言内部，在湘方言与湖南省境内非湘语方言之间，以及在湘方言与其他汉语方言之间，在湘方言与古代汉语之间进行多角度的、立体式的共时历时比较，以探讨湘方言重叠的内外部共性和差异以及古代汉语重

叠现象在湘方言中的留存与创新，这对于认识湘方言重叠的特点及其发展
演变有一定的帮助。

3. 努力挖掘湘方言重叠现象的方言类型学意义

本书在对湘方言重叠现象进行充分描写的基础上，尝试运用语言类型
学的理论方法，通过跨方言的比较，努力挖掘出湘方言重叠现象的方言类
型学价值，且以湘方言重叠为基础，提出了十余条具有较强概括性的方言
蕴含共性，并对王红梅、詹伯慧（2007）、杨俊芳（2008）、刘丹青（2008）
等有关汉语方言重叠现象研究的成果进行了补充或修正，在汉语方言重叠
的类型学研究方面进行了一些有益的探索。

二、本书的不足之处和有待进一步研究的问题

本书可能在以下方面存在不足之处：

1. 对重叠现象的描写和比较可能存在不够准确的地方

本书的语料主要来自于我们的调查，也有一些来自前辈时贤已有的研
究成果。尽管我们在调查中尽力做到全面、细致，在描写时尽力做到详细、
充分，在比较时尽力做到客观、审慎，但是，正如刘丹青（1996）在研究
东南方言的体貌标记时所言，一方面，"根据乔姆斯基的观点，语法是一种
生成句子的能力，因此深藏在句子背后的东西比句子本身可能更丰富复杂，
而非母者不经仔细调查是很难把握得住的"，正因如此，我们对于湘方言
（尤其是那些非母语的湘方言）的调查研究，也可能会存在把握得不够准确
的情况；另一方面，"语法的跨方言比较充满陷阱……，由于材料的间接性
……，因此某些分析有隔靴搔痒之憾"（刘丹青，1996），我们对于湘方言
重叠现象的相关比较研究，也可能会存在这种情况。

2. 对重叠现象范围与分类的界定可能存在交叉和边缘地带

对于重叠现象的范围与分类，学术界素有争议。湘方言中的重叠现象
非常复杂，从不同的角度可以有不同的分类，如既有构词重叠又有构形重
叠，既有原生重叠又有次生重叠，既有词汇单位的重叠又有超词单位的重
叠，等等。虽然我们参考储泽祥（2021）等文献，在文中努力做出区分，
但语言事实本身的复杂性，决定了各种分类角度都仍有可能存在难以一刀

切的情况，我们的研究也还会不可避免地存在类与类之间的交叉和边缘地带。

除了上述不足之处以外，还有一些有关湘方言重叠的课题可做进一步的研究：

1. 湘方言中的重叠现象非常复杂，我们只是在湘方言的 5 个方言片中选取 8 个代表点进行调查、描写和比较，有的重叠现象并不是因现有的方言分区、分片而表现出完全相同或迥然相异的分布特征，有的重叠现象甚至可能会在同一个县乃至同一个乡镇内部存在差异，这种情况适合运用地理语言学的理论方法，来探讨各重叠现象在湘方言中的地理分布。

2. 由于个人语感、方言接触以及方言内部自身发展等多种原因，湘方言重叠现象必然会存在新老派差异，也可能会存在不同的说话人对同一重叠现象的句法、语义特征有不同的理解、甚至会大相径庭的情况。对于这种情况，最好的办法就是通过社会语言学的方法进行研究，彭春芳（2007）在研究涟源杨家滩话的重叠时，就曾有过有益的尝试。

本书受时间、精力和能力所限，没有进行这方面的研究，以后的研究可以在这些方面做些努力。

参考文献

[1] 白云，杨萌．山西方言形容词重叠形式的地理类型与主观性［J］．山西大学学报（哲学社会科学版），2017（4）.

[2] 鲍厚星，陈晖．湘语的分区（稿）［J］．方言，2005（3）.

[3] 鲍厚星，陈立中，彭泽润．二十世纪湖南方言研究概述［J］．方言，2000（1）.

[4] 鲍厚星，崔振华，沈若云，等．长沙方言研究［M］．长沙：湖南教育出版社，1999.

[5] 鲍厚星．长沙话音档［M］．上海：上海教育出版社，1997.

[6] 鲍厚星．近年来湘语研究简说［J］．云南师范大学学报（哲学社会科学版），2009（2）.

[7] 鲍厚星．湘方言概要［M］．长沙：湖南师范大学出版社，2006.

[8] 鲍明炜主编．江苏省志·方言志［M］．南京：南京大学出版社，1998.

[9] 曹芳宇．唐五代量词研究［D］．成都：四川大学，2010.

[10] 曹逢甫．语法化轮回的研究——以汉语鼻音尾/鼻化小称词为例［J］．汉语学报，2006（2）.

[11] 曹志耘．南部吴语的小称［J］．语言研究，2001（3）.

[12] 陈娥．湖南耒阳方言形容词生动形式——以 AAB 崽为例［J］．学术探索，2013（2）.

[13] 陈光磊．江阴话名词的形态类型［C］//复旦大学中国语言研究所编．吴语论丛．上海：上海教育出版社，1988.

[14] 陈晖. 涟源方言研究 [M]. 长沙：湖南师范大学出版社，1999.

[15] 陈晖. 湘方言语音研究 [M]. 长沙：湖南师范大学出版社，2006.

[16] 陈慧英. 广州方言的一些动词 [J]. 中国语文，1982（1）.

[17] 陈洁.《世说新语》名词研究 [D]. 扬州：扬州大学，2009.

[18] 陈珺，李向农. 祈使句中状态形容词的句法语义分析 [J]. 汉语学报，2005（3）.

[19] 陈凯敏. 长治方言形容词重叠研究 [D]. 喀什：喀什大学，2015.

[20] 陈立民. 论动词重叠的语法意义 [J]. 中国语文，2005（2）.

[21] 陈丽冰. 福建宁德方言单音节动词重叠式 [J]. 宁德师专学报（哲学社会科学版），1998（4）.

[22] 陈璐. 优选论框架下现代汉语双音节词重叠现象的研究 [D]. 上海：上海外国语大学，2007.

[23] 陈满华. 安仁方言 [M]. 北京：北京语言学院出版社，1995.

[24] 陈明富，张鹏丽. 河南罗山方言的小称类型考察 [J]. 黑龙江史志，2009（4）.

[25] 陈前瑞. 汉语体貌研究的类型学视野 [M]. 北京：商务印书馆，2008.

[26] 陈庆延. 稷山方言的量词 [J]. 语文研究，1981（2）.

[27] 陈山青. 汨罗长乐话中的"AA哩"重叠式 [J]. 湘潭大学学报（哲学社会科学版），2005（2）.

[28] 陈淑梅. 鄂东方言量词重叠与主观量 [J]. 语言研究，2007（4）.

[29] 陈淑梅. 鄂东方言语法研究 [M]. 南京：江苏教育出版社，2001.

[30] 陈淑梅. 湖北英山方言形容词的重叠式 [J]. 方言，1994（1）.

[31] 陈小荷. 主观量问题初探——兼谈副词"就"、"才"、"都"[J]. 世界汉语教学，1994（4）.

[32] 陈晓光. 动词重叠式的历时发展及语法化 [D]. 苏州：苏州大学，2006.

[33] 陈延河. 惠东多祝客家话名量词、数词的"A打A"重叠式 [J]. 暨南学报（哲学社会科学版），1991（3）.

［34］陈燕玲．泉州方言名词、动词及形容词的重叠式［J］．龙岩学院学报，2009（6）．

［35］陈瑶．祁门方言形容词的程度表示法［J］．黄山学院学报，2006（1）．

［36］陈叶红．张家界方言形容词的重叠［J］．世纪桥，2010（19）．

［37］陈永奕．长沙方言单音形容词生动式研究［D］．广州：暨南大学，2008．

［38］陈泽平．福州方言动词的体和貌［C］∥张双庆主编．动词的体．香港：香港中文大学中国文化研究所吴多泰中国语文研究中心，1996．

［39］陈芝．东安官话中的动词带缀重叠举隅［J］．广西民族学院学报（哲学社会科学版），2004（S2）．

［40］储泽祥．单音名词的 AABB 叠结现象［C］∥汉语重叠问题．武汉：华中师范大学出版社，2009．

［41］储泽祥．邵阳方言研究［M］．长沙：湖南师范大学出版社，1998．

［42］储泽祥．汉语构词重叠与构形重叠的互补分布原则［J］．世界汉语教学，2018（2）．

［43］崔慭知．现代汉语单音节动词重叠研究［M］．上海：学林出版社，2015．

［44］崔山佳．近代汉语动词重叠专题研究［M］．成都：巴蜀书社，2011．

［45］崔应贤．汉语动词重叠的历史考察［M］．北京：光明日报出版社，2011．

［46］崔应贤．论动词重叠的句法功能及意义［J］．河南师范大学学报（哲学社会科学版），2008（4）．

［47］崔振华．益阳方言研究［M］．长沙：湖南师范大学出版社，1998．

［48］戴雪梅．论动词重叠的语法意义及其表达功能［J］．首都师范大学学报，2000（增刊）．

［49］戴宗杰．汉藏语动词重叠式的形式——意义匹配格局［J］．中央民族大学学报（哲学社会科学版），2013（2）．

［50］邓帮云．元代量词研究［D］．成都：四川大学，2005．

［51］邓盾．论现代汉语的 AABB 片段为复合词而非重叠式［J］．世界汉语

教学，2022 (1).

[52] 邓海清. 名词重叠的自由度及语义表达 [J]. 韶关大学学报（社会科学版），1998 (1).

[53] 邓思颖. 汉语方言受事话题句类型的参数分析 [J]. 语言科学，2006 (6).

[54] 邓永红. 桂阳土话语法研究 [D]. 长沙：湖南师范大学，2007.

[55] 邓运方. 谈古代汉语的名词重叠 [J]. 武汉教育学院学报，1982 (2).

[56] 丁崇明. 昆明方言语法研究 [D]. 济南：山东大学，2005.

[57] 丁加勇. 隆回湘语的重叠式名词 [C] // 蒋冀骋，储泽祥主编. 现代汉语研究. 长沙：湖南师范大学出版社，2004.

[58] 丁加勇. 容纳句的数量关系、句法特征及认知解释 [J]. 汉语学报，2006 (1).

[59] 丁姣. 隆回方言语法专题研究 [D]. 桂林：广西师范大学，2012.

[60] 丁雪欢. 湖南沅江话中的一种动词重叠结构 [J]. 方言，2001 (2).

[61] 范继淹. 重庆方言名词的重叠和儿化 [J]. 中国语文，1962 (12).

[62] 范晓，张豫峰等. 语法理论纲要 [M]. 上海：上海译文出版社，2003.

[63] 范晓. 短语 [M]. 北京：商务印书馆，1991.

[64] 范晓. 关于结构和短语问题 [J]. 中国语文，1980 (3).

[65] 范晓. 试论重叠短语 [J]. 杭州大学学报（哲学社会科学版），1984 (增刊).

[66] 范晓. 谈重叠短语 [J]. 语文学习，1983 (12).

[67] 方平权. 岳阳方言研究 [M]. 长沙：湖南师范大学出版社，1999.

[68] 方松熹. 义乌方言研究 [M]. 杭州：浙江省新闻出版局，2000.

[69] 冯爱珍. 福清方言研究 [M]. 北京：社会科学文献出版社，1993.

[70] 冯成麟. 现代汉语形容词重叠式的感情作用 [J]. 中国语文，1954 (5).

[71] 冯杏实. 名词的构形重叠与构词重叠 [J]. 西南民族大学学报（人文社科版），1980 (4).

[72] 付欣晴，胡海金．汉语方言单音节动词重叠式比较研究 [J]．南昌大学学报（人文社会科学版），2012（5）．

[73] 付欣晴．抚州方言研究 [M]．北京：文化艺术出版社，2006．

[74] 付欣晴．汉语方言重叠式比较研究 [D]．武汉：华中师范大学，2013．

[75] 傅佐之．温州方言的形容词重叠 [J]．中国语文，1962（3）．

[76] 甘天龙．广西田林方言名词性重叠形式初探 [J]．广西教育学院学报，1999（3）．

[77] 甘于恩．广东四邑方言语法研究 [D]．广州：暨南大学，2002．

[78] 高海珊．丰县方言语法研究 [D]．上海：上海师范大学，2008．

[79] 高洁茹．内蒙古武川方言重叠式和附加式研究 [D]．西安：陕西师范大学，2016．

[80] 高晓莉．灵石方言动词重叠式的研究 [J]．吕梁学院学报，2014（3）．

[81] 耿铭．陕南安康中原官话重叠儿化名词初探 [J]．新疆教育学院学报，2017（2）．

[82] 龚娜．湘方言程度范畴研究 [D]．长沙：湖南师范大学，2011．

[83] 龚娜．湘方言表程度的形容词重叠形式 [J]．玉林师范学院学报，2014（6）．

[84] 郭继懋．再谈量词重叠形式的语法意义 [J]．汉语学习，1999（4）．

[85] 郭建荣．孝义方言动词的重叠式 [J]．语文研究，1987（1）．

[86] 郭利霞．晋语五台片的重叠式反复问句 [J]．中国语文，2010（1）．

[87] 郭利霞．山西山阴方言的拷贝式话题句 [J]．中国语文，2011（3）．

[88] 郭校珍．晋语的提顿词与话题结构 [C] // 徐烈炯，刘丹青．话题与焦点新论．上海：上海教育出版社，2003．

[89] 郭瑜．长沙方言名量词研究 [D]．长沙：湖南师范大学，2012．

[90] 韩春平．传统与变迁：明清时期南京通俗小说创作与刊刻研究 [D]．广州：暨南大学，2008．

[91] 何杰．现代汉语量词研究（修订版）[M]．北京：民族出版社，2001．

[92] 贺凯林．溆浦方言研究 [M]．长沙：湖南教育出版社，1999．

[93] 贺卫国 . 动词重叠历史考察与分析 [M]. 南宁：广西人民出版社，2009.

[94] 侯精一 . 平遥方言的重叠式 [J]. 语文研究，1988 (4).

[95] 侯精一主编 . 现代汉语方言概论 [M]. 上海：上海教育出版社，2002.

[96] 胡乘玲 . 湖南东安官话方言的副词重叠式反复问句 [J]. 方言，2018 (1).

[97] 胡光斌 . 遵义方言量词的重叠 [J]. 遵义师范学院学报，2007 (1).

[98] 胡绵绵 . 德安方言量词重叠现象研究 [D]. 南昌：南昌大学，2017.

[99] 胡明扬 . 海盐方言的动态范畴 [C] // 胡明扬主编 . 汉语方言体貌论文集 . 南京：江苏教育出版社，1996.

[100] 胡明扬主编 . 汉语方言体貌论文集 [C]. 南京：江苏教育出版社，1996.

[101] 胡蓉 . 会同方言中的重叠式名词 [J]. 民族论坛，2005 (12).

[102] 胡松柏，林芝雅 . 铅山方言研究 [M]. 北京：文化艺术出版社，2007.

[103] 胡伟 . 汉语重叠音系的分布形态学分析 [J]. 中国语文，2017 (2).

[104] 胡习之 . 试论现代汉语名词重叠 [J]. 阜阳师范学院学报（社会科学版），1995 (1).

[105] 胡孝斌 . 动词重叠 AABB 式的语法化 [J]. 汉语学习，2006 (4).

[106] 华玉明，姚双云 . 动词重叠式及其功能的历史发展 [J]. 长沙电力学院学报（社会科学版），2003 (1).

[107] 华玉明 . 从语法构造和语用心理看动词形容词的重叠性 [J]. 湘潭大学社会科学学报，2003a (3).

[108] 华玉明 . 短语重叠的状态形容词倾向 [J]. 邵阳师范高等专科学校学报，2002 (1).

[109] 华玉明 . 功能变化型重叠式的状态形容词倾向 [J]. 湖南师范大学社会科学学报，2003b (3).

[110] 华玉明 . 汉语重叠研究 [M]. 长沙：湖南人民出版社，2003c.

［111］华玉明．名词重叠的表义类型及其语法差异［J］．浙江师范大学学报，1996（1）．

［112］华玉明．试论量词重叠［J］．邵阳师专学报，1994a（3）．

［113］华玉明．试谈短语重叠［J］．邵阳师专学报，1994b（4）．

［114］黄爱芳，肖萍．成都方言的三字格重叠式形容词［J］．现代语文（语言研究版），2015（7）．

［115］黄伯荣，廖序东主编．现代汉语（下册）［M］．北京：高等教育出版社，2007．

［116］黄伯荣主编．汉语方言语法类编［M］．青岛：青岛出版社，1996．

［117］黄玲．江西南昌方言拷贝式话题结构研究［D］．长沙：湖南师范大学，2018．

［118］黄启良．广西灌阳话音系［J］．方言，2011（3）．

［119］黄启良．再论灌阳话的归属［J］．语文研究，2013（2）．

［120］黄拾全．安徽岳西赣语"AXA"式量词重叠及其主观性［J］．南昌大学学报（人文社会科学版），2010（5）．

［121］黄雪贞．永定（下洋）方言形容词的子尾［J］．方言，1982（3）．

［122］黄玉莹．湖南益阳方言拷贝式话题结构研究［D］．长沙：湖南师范大学，2018．

［123］黄正德．汉语正反问句的模组语法［J］．中国语文，1988（4）．

［124］惠红军．《水浒传》量词研究［D］．贵阳：贵州大学，2006．

［125］姬凤霞．慈利方言变形形容词研究［D］．长沙：湖南师范大学，2006．

［126］贾林华．指称与描述：量词重叠的功能差异与韵律表达［J］．汉语学习，2020（5）．

［127］蒋静．湖北建始（城关）方言词汇重叠式［J］．四川民族学院学报，2015（2）．

［128］蒋军凤．湘南石期土话的量词重叠式"量＋哒＋量"［J］．株洲师范高等专科学校学报，2005（4）．

［129］蒋丽娟．《三宝太监西洋记通俗演义》研究［D］．苏州：苏州大

学，2008.

[130] 蒋平，郎大地 . 南京话形容词重叠的声调与重音 [J]. 汉语学报，2004（2）.

[131] 蒋协众 . 邵阳（马草）话的状态形容词 [D]. 延吉：延边大学，2005.

[132] 蒋协众 . 邵阳（南路）话状态形容词的结构类型 [J]. 怀化学院学报，2006（7）.

[133] 蒋协众 . 邵阳（南路）话状态形容词的语法意义 [J]. 语文学刊，2012（2）.

[134] 蒋协众 . 湘语邵阳话中的重叠式反复问句及其类型学意义 [J]. 中国语文，2013（3）.

[135] 蒋协众 .21 世纪重叠问题研究综述 [J]. 汉语学习，2013（6）.

[136] 蒋协众 . 湘语邵阳话中量词的"AXA"式重叠——兼谈量词"AXA"式重叠的方言类型学意义 [J]. 河南科技大学学报（社会科学版），2014（4）.

[137] 蒋协众 . 湘语邵阳话中动词的 VXVX 式重叠——兼谈湖南方言动词 VXVX 式重叠的类型学意义 [J]. 湖南师范大学社会科学学报，2015（4）.

[138] 蒋协众 . 湘语邵阳话的拷贝式话题结构及其语序类型 [J]. 方言，2015（3）.

[139] 蒋协众 . 湘方言中的量词重叠及其主观性 [J]. 武陵学刊，2017（4）.

[140] 蒋协众 . 汉语方言量词重叠的类型学考察 [J]. 南开语言学刊，2018（1）.

[141] 蒋协众，罗昕如 . 湘语邵阳话中"X 得很"的特殊用法及"得很"的演变 [J]. 澳门语言学刊，2012（2）.

[142] 蒋协众，唐贤清 . 名词重叠表小称的跨方言考察 [J]. 励耘语言学刊，2016（1）.

[143] 蒋颖 . 汉藏语系名量词研究 [D]. 北京：中央民族大学，2006.

[144] 金桂桃. 宋元明清动量词研究［M］. 武汉：武汉大学出版社，2007.

[145] 景士俊. 谈 X 是 X 句的类型［J］. 语文学刊，1994（4）.

[146] 鞠志勤. 动词重叠的体标记地位及语篇语用研究［J］. 语言教学与研究，2013（2）.

[147] 瞿建慧. 新世纪十年湖南汉语方言研究新动向［J］. 湖南科技大学学报（社会科学版），2010（6）.

[148] 匡小荣. 汉语口语交谈中的话语重叠现象［J］. 暨南大学华文学院学报，2006（2）.

[149] 赖先刚. 句法结构"V＋也（都）＋VP 的否定形式"［J］. 四川师范大学学报（社科版），1990（4）.

[150] 黎良军. 湘语邵阳话音义疏证［M］. 合肥：黄山书社，2009.

[151] 李宝限. 广东新会话动词重叠研究［D］. 广州：暨南大学，2010.

[152] 李彬. 毕节清水话中的重叠式名词［J］. 毕节师范高等专科学校学报，2005（3）.

[153] 李冬香. 岳阳柏祥方言研究［M］. 北京：中国社会科学出版社，2007.

[154] 李谷城摘译. 主语与主题：一种新的语言类型学［J］. 国外语言学，1984（2）.

[155] 李桂周. 也谈名词的 AABB 重叠式［J］. 汉语学习，1986（4）.

[156] 李劲荣. 状态形容词的量级等级［J］. 广播电视大学学报（哲社版），2006（1）.

[157] 李康澄，何山燕. 汉语数量重叠式的历时考察及其类型［J］. 中南大学学报（社会科学版），2010（5）.

[158] 李康澄. 湖南绥宁方言的量词重叠式及历史层次［J］. 河池学院学报，2010（3）.

[159] 李蓝. 贵州大方方言名词和动词的重叠式［J］. 方言，1987（3）.

[160] 李丽娟. 甘肃成县方言重叠式研究［D］. 西安：陕西师范大学，2015.

[161] 李启群. 吉首方言的重叠式［J］. 吉首大学学报（社会科学版），

1994（1）.

[162] 李人鉴 . 关于动词重叠 [J] . 中国语文，1964（4）.

[163] 李荣主编 . 现代汉语方言大词典 [Z] . 南京：江苏教育出版社，2002.

[164] 李如龙 . 汉语方言学 [M] . 北京：高等教育出版社，2001.

[165] 李如龙 . 泉州方言的体 [C] // 张双庆主编 . 动词的体 . 香港：香港中文大学中国文化研究所吴多泰中国语文研究中心，1996a.

[166] 李如龙 . 论汉语方言的类型学研究 [J] . 暨南学报（哲学社会科学），1996b（2）.

[167] 李润生 . 苍溪方言中的"嗒" [J] . 四川师范学院学报（哲学社会科学版），2002（4）.

[168] 李善熙 . 汉语"主观量"的表达研究 [D] . 北京：中国社会科学院，2003.

[169] 李绍群 . 湖南安乡黄山头话中的小称 [J] . 湖南科技大学学报（社会科学版），2011（4）.

[170] 李申 . 徐州方言志 [M] . 北京：语文出版社，1985.

[171] 李维琦 . 祁阳方言研究 [M] . 长沙：湖南师范大学出版社，1998.

[172] 李文浩 . 动词重叠式的源流 [J] . 汉语学报，2007（4）.

[173] 李文浩 . 汉语"动叠＋补"结构研究 [D] . 上海：上海师范大学，2008.

[174] 李文浩 . 江苏淮阴方言的重叠式反复问句 [J] . 中国语文，2009（2）.

[175] 李文浩 . 量词重叠与构式的互动 [J] . 世界汉语教学，2010a（3）.

[176] 李文浩 . 与"动叠＋补"组合相关的若干类型学参项 [J] . 汉语学习，2010b（4）.

[177] 李文军 . 祁东方言语法研究 [D] . 贵阳：贵州师范大学，2008.

[178] 李小凡，项梦冰 . 汉语方言学基础教程 [M] . 北京：北京大学出版社，2009.

[179] 李小凡 . 苏州方言的体貌系统 [J] . 方言，1998a（3）.

[180] 李小凡. 苏州方言语法研究 [M]. 北京：北京大学出版社，1998b.

[181] 李永明. 长沙方言 [M]. 长沙：湖南出版社，1991.

[182] 李永明. 衡阳方言 [M]. 长沙：湖南出版社，1986.

[183] 李宇凤. 基于实际语用的动词重叠量性研究 [M]. 成都：四川大学出版社，2020.

[184] 李宇明. 跋 [C] // 20 世纪现代汉语语法八大家：邢福义选集. 长春：东北师范大学出版社，2001.

[185] 李宇明. 动词重叠的若干句法问题 [J]. 中国语文，1998 (2).

[186] 李宇明. 汉语量范畴研究 [M]. 武汉：华中师范大学出版社，2000a.

[187] 李宇明. 量词与数词、名词的扭结 [J]. 语言教学与研究，2000b (3).

[188] 李宇明. 论词语重叠的意义 [J]. 世界汉语教学，1996 (1).

[189] 李宇明. 论数量词语的复叠 [J]. 语言研究，1998 (1).

[190] 李宇明. 论形容词的级次 [C] //中国语文杂志社编. 语法研究和探索（八）. 北京：商务印书馆.1997a.

[191] 李宇明. 主观量的成因 [J]. 汉语学习，1997b (5).

[192] 李雨梅，曾常红. 湘乡方言形容词的重叠式 [J]. 文史博览（理论版），2007 (1).

[193] 李曌. 汉语方言的紧缩式正反问 [J]. 汉语学报，2021 (1).

[194] 梁德曼. 成都方言名词的重叠式 [J]. 方言，1987 (2).

[195] 梁福根. 阳朔葡萄平声话研究 [M]. 南宁：广西民族出版社，2005.

[196] 梁嘉乐. 广州话与普通话三字格重叠变式形容词比较研究 [J]. 广东技术师范学院学报，2015 (6).

[197] 梁玉璋. 福州方言的"团"字 [J]. 方言，1989 (3).

[198] 林华勇. 廉江粤语的两种短语重叠式 [J]. 中国语文，2011 (4).

[199] 林立芳. 梅县方言动词的体 [C] //张双庆主编. 动词的体. 香港：香港中文大学中国文化研究所吴多泰中国语文研究中心，1996.

[200] 林连通. 永春话单音形容词表程度的几种形式 [J]. 中国语文，1982

（4）.

［201］林素娥．湘语与吴语语序类型比较［D］．上海：复旦大学，2006.

［202］林一佳．现代汉语"V 都 V 了"格式研究［D］．上海：上海师范大学，2010.

［203］刘村汉，肖伟良．广西平南白话形容词的重叠式［J］．方言，1988（2）.

［204］刘村汉．随州方言语法条例［C］//刘海章等．荆州方言研究．武汉：华中师范大学出版社，1992.

［205］刘丹青，徐烈炯．普通话与上海话中的拷贝式话题结构［J］．语言教学与研究，1998（1）.

［206］刘丹青．东南方言的体貌标记［C］//张双庆主编．动词的体．香港：香港中文大学中国文化研究所吴多泰中国语文研究中心，1996a.

［207］刘丹青．方所题元的若干类型学参项［C］//汉语研究的类型学视角．北京：北京语言大学出版社，2005.

［208］刘丹青．汉藏语系重叠形式的分析模式［J］．语言研究，1988（1）.

［209］刘丹青．实词的拟声化重叠及其相关构式［J］．中国语文，2009（1）.

［210］刘丹青．苏州方言的体范畴系统与半虚化体标记［C］//胡明扬主编．汉语方言体貌论文集．南京：江苏教育出版社，1996b.

［211］刘丹青．苏州方言重叠式研究［J］．语言研究，1986（1）.

［212］刘丹青．同一性话题：话题优先语言一项更典型的属性［C］//强星娜译，徐烈炯，刘丹青．话题的结构与功能（增订本）．上海：上海教育出版社，2007.

［213］刘丹青．谓词重叠疑问句的语言共性及其解释［J］．语言学论丛，2008a（38）.

［214］刘丹青．吴语的句法类型特点［J］．方言，2001a（4）.

［215］刘丹青．语法调查研究手册［M］．上海：上海教育出版社，2008b.

［216］刘丹青．语法化中的更新、强化与叠加［J］．语言研究，2001b（2）.

［217］刘丹青．语言类型学与汉语研究［J］．世界汉语教学，2003（4）.

［218］刘丹青．原生重叠和次生重叠：重叠式历时来源的多样性［J］．方言，2012（1）.

［219］刘凤丽．广西桂北平话及相关土话的名词重叠探究［J］．河池学院学报，2009（1）.

［220］刘海燕．汉语量词重叠能力不平衡性的动因与机制［J］．时代文学，2009（10）.

［221］刘嘉屏．不附加"每一"意思的名词重叠［J］．中国语文天地，1989（4）.

［222］刘静．石门方言的重叠式研究［D］．北京：中央民族大学，2012.

［223］刘珂．陕西三原方言语法研究［D］．北京：中央民族大学，2017.

［224］刘丽华．娄底方言研究［M］．长沙：中南大学出版社，2001.

［225］刘纶鑫．江西客家方言概况［M］．南昌：江西人民出版社，2001.

［226］刘青松．新化方言形容词的构形［J］．中南大学学报（哲学社会科学版），2005（6）.

［227］刘世儒．魏晋南北朝量词研究［M］．北京：中华书局，1965.

［228］刘顺，潘文．南京方言的 VVR 动补结构［J］．方言，2008（1）.

［229］刘祥柏．六安丁集话的反复问形式［J］．方言，1997（1）.

［230］刘勋宁．再论汉语北方话的分区［J］．中国语文，1995（6）.

［231］刘月华．动词重叠的表达功能及可重叠的动词的范围［J］．中国语文，1983（1）.

［232］刘卓彤．新化方言中丰富的动词重叠［J］．湖北经济学院学报（人文社会科学版），2006（9）.

［233］刘卓彤．新化方言重叠式研究［D］．南昌：江西师范大学，2007.

［234］刘自力．仁寿方言名词的重叠式［J］．方言，1987（2）.

［235］卢继芳．都昌阳峰方言研究［M］．北京：文化艺术出版社，2007.

［236］卢小群．湘语语法研究［M］．北京：中央民族大学出版社，2007.

［237］卢卓群．动词重叠式的历史发展［J］．军事经济学院学报，2000（4）.

［238］卢卓群．名词重叠式的历史发展［C］//汉语重叠问题．武汉：华中

师范大学出版社，2009.

[239] 卢卓群. 形容词重叠式的历史发展 [J]. 湖北大学学报（哲学社会科学版），2000（6）.

[240] 陆俭明. "句式语法"理论与汉语研究 [J]. 中国语文，2004（5）.

[241] 陆俭明. 再谈要重视对新的语言事实的挖掘 [J]. 当代修辞学，2013（1）.

[242] 吕建国. 湖南慈利方言的量词变化形式 [J]. 韩山师范学院学报，2010（2）.

[243] 吕叔湘. 中国文法要略 [M]. 北京：商务印书馆，1982.

[244] 吕叔湘主编. 现代汉语八百词（增订本）[M]. 北京：商务印书馆，1980/1999.

[245] 罗福腾. 牟平方言的比较句和反复问句 [J]. 方言，1981（4）.

[246] 罗杰瑞. 汉语概说 [M]. 张惠英，译. 北京：语文出版社，1995.

[247] 罗姝芳. 恩施方言中特殊的形容词重叠式 [J]. 湖北师范学院学报（哲学社会科学版），2007（6）.

[248] 罗昕如，李斌. 湘语的小称研究 [J]. 湖南师范大学社会科学学报，2008（4）.

[249] 罗昕如，彭红亮. 广西湘语的重叠式反复问句 [J]. 汉语学报，2012（4）.

[250] 罗昕如. 湘方言词汇研究 [M]. 长沙：湖南师范大学出版社，2006.

[251] 罗昕如. 湘语与赣语比较研究 [M]. 长沙：湖南师范大学出版社，2011.

[252] 罗昕如. 新化方言研究 [M]. 长沙：湖南教育出版社，1998.

[253] 麻壮绮. 浅析名词重叠结构的特点 [J]. 外语学刊，1996（3）.

[254] 马兰花. 岳阳方言中动态的表达 [J]. 桂林航天工业高等专科学校学报，2005（4）.

[255] 马庆株. 含程度补语的述补结构 [C] //语法研究与探索（四）. 北京：北京大学出版社，1988.

[256] 马庆株. 汉语动词和动词性结构（一编）[M]. 北京：北京大学出版

社，2005.

[257] 马晓琴. 陕北晋语与山西晋语重叠构词法比较［J］. 语文教学通讯·D刊(学术刊)，2014（6）.

[258] 马学良. 马学良民族研究文集［M］. 北京：民族出版社，1992.

[259] 马学良主编. 汉藏语概论［M］. 北京：民族出版社，2003.

[260] 马由.《长阿含经》释词［J］. 古汉语研究，1992（4）.

[261] 马重奇. 漳州方言的重叠式形容词［J］. 中国语文，1995b（2）.

[262] 马重奇. 漳州方言重叠式动词研究［J］. 语文研究，1995a（1）.

[263] 毛修敬. 动词重叠的语法性质、语法意义和造句功能［J］. 语文研究，1985（2）.

[264] 孟庆惠. 安徽省志·方言志［M］. 北京：方志出版社，1997.

[265] 孟庆惠. 歙县方言的AAB、BBA式结构［J］. 安徽师大学报（哲学社会科学版），1981（4）.

[266] 莫超. 白龙江流域汉语方言语法研究［D］. 南京：南京师范大学，2004.

[267] 穆亚伟. 辉县方言形容词重叠式［J］. 华中学术，2015（2）.

[268] 牛海蓉. 元初宋金遗民词人研究［D］. 西安：陕西师范大学，2004.

[269] 潘国英.《西游记》中的动词重叠研究［J］. 郑州大学学报（哲学社会科学版），2007（5）.

[270] 潘国英. 汉语动词重叠的历史研究［M］. 北京：中国社会科学出版社，2015.

[271] 潘家懿. 交城方言的语法特点［J］. 语文研究，1981（1）.

[272] 潘悟云. 温州方言的体和貌［C］//张双庆主编. 动词的体. 香港：香港中文大学中国文化研究所吴多泰中国语文研究中心，1996.

[273] 彭春芳. 湖南涟源杨家滩话重叠式研究［D］. 北京：中央民族大学，2007.

[274] 彭兰玉. 衡阳方言语法研究［M］. 北京：中国社会科学出版社，2005.

[275] 彭小川. 广州话动词重叠的形式与意义［C］//汪国胜，谢晓明主

编. 汉语重叠问题. 武汉：华中师范大学出版社，2009.

[276] 彭泽润. 论"词调模式化"[J]. 当代语言学，2006 (2).

[277] 平田昌司，伍巍. 休宁方言的体 [C] // 张双庆主编. 动词的体. 香港：香港中文大学中国文化研究所吴多泰中国语文研究中心，1996.

[278] 戚圆圆. 浙江余姚话中一种特殊的动词重叠 [J]. 方言，2018 (2).

[279] 乔会. 《儒林外史》量词研究 [D]. 长春：长春理工大学，2006.

[280] 乔全生. 晋方言语法研究 [M]. 北京：商务印书馆，2000.

[281] 屈哨兵. 湖北宣恩话"V 下 V 下的"动词重叠及相关问题 [J]. 方言，2001 (2).

[282] 饶长溶. 长汀方言动词的体貌 [C] // 胡明扬主编. 汉语方言体貌论文集. 南京：江苏教育出版社，1996.

[283] 任利霞. 佳县螅镇方言与普通话话题句比较研究 [D]. 北京：首都师范大学，2012.

[284] 任晓静. 山西河津方言重叠式形容词构成形式浅析 [J]. 内蒙古师范大学学报（哲学社会科学版），2017 (2).

[285] 任鹰. 主宾可换位供用句的语义条件分析 [J]. 汉语学习，1999 (3).

[286] 荣晶，丁崇明. 昆明话动词重叠的句法组配 [J]. 方言，2000 (1).

[287] 阮桂君. 宁波方言语法研究 [D]. 武汉：华中师范大学，2006.

[288] 阮绪和. 江西武宁（上汤）话一种特殊的动词重叠结构 [J]. 江西教育学院学报（社会科学版），2003 (2).

[289] 尚英. 基于大规模调查的动词重叠形式自动识别方法与形式特征研究 [D]. 北京：北京语言大学，2004.

[290] 邵慧君. 广东茂名粤语小称综论 [J]. 方言，2005 (4).

[291] 邵敬敏，刘焱. 比字句强制性语义要求的句法表现 [J]. 汉语学习，2000 (5).

[292] 邵敬敏，吴吟. 动词重叠的核心意义、派生意义和格式意义 [C] // 汉语重叠问题. 武汉：华中师范大学出版社，2009.

[293] 邵敬敏，周娟. 汉语方言正反问的类型学比较 [J]. 暨南学报（哲学

社会科学版），2007（2）.

[294] 邵敬敏，朱彦."是不是 VP"问句的肯定性倾向及其类型学意义
[J]. 世界汉语教学，2002（3）.

[295] 邵敬敏. 现代汉语疑问句研究 [M]. 上海：华东师范大学出版
社，1996.

[296] 邵敬敏等. 汉语方言疑问范畴比较研究 [M]. 广州：暨南大学出版
社，2010.

[297] 邵敬敏主编. 现代汉语通论（第二版）[M]. 上海：上海教育出版
社，2007.

[298] 申屠婷婷. 浙江东阳方言的动词重叠与体范畴 [J]. 方言，2021
（3）.

[299] 沈家煊."糅合"和"截搭"[J]. 世界汉语教学，2006a（4）.

[300] 沈家煊."王冕死了父亲"的生成方式——兼说汉语"糅合"造句
[J]. 中国语文，2006b（4）.

[301] 沈家煊. 如何处置"处置式"？——论把字句的主观性 [J]. 中国语
文，2002（5）.

[302] 沈家煊. 语言的"主观性"和"主观化" [J]. 外语教学与研究，
2001（4）.

[303] 沈明. 山西方言的小称 [J]. 方言，2003（4）.

[304] 盛银花. 安陆方言语法研究 [D]. 武汉：华中师范大学，2007.

[305] 施其生. 汉语方言中词组的"形态"[J]. 语言研究，2011（1）.

[306] 施其生. 汕头方言的体 [C]//张双庆主编. 动词的体. 香港：香港
中文大学中国文化研究所吴多泰中国语文研究中心，1996.

[307] 施其生. 汕头方言动词短语重叠式 [J]. 方言，1988（2）.

[308] 石定栩. 形容词重叠的句法地位 [C]//汪国胜，谢晓明主编. 汉语
重叠问题. 武汉：华中师范大学出版社，2009.

[309] 石锋. 汉语方言的南北分区 [C]. 第九届国际汉语语言学会议宣读
论文（新加坡），2000.

[310] 石毓智. 汉语形容词重叠形式的历史发展 [M]. 北京：商务印书

馆，2010.

[311] 石锓. 论"A 里 AB"重叠形式的历史来源 [J]. 中国语文，2005 (1).

[312] 石汝杰. 苏州方言的体和貌 [C] // 张双庆主编. 动词的体. 香港：香港中文大学中国文化研究所吴多泰中国语文研究中心，1996.

[313] 石毓智. 表现物体大小的语法形式的不对称性——"小称"的来源、形式和功能 [J]. 语言科学，2005 (3).

[314] 石毓智. 汉语发展史上的双音化趋势和动补结构的诞生——语音变化对语法发展的影响 [J]. 语言研究，2002 (1).

[315] 石毓智. 汉语方言中动词重叠的语法意义和功能的差别 [J]. 汉语学报，2007 (4).

[316] 石毓智. 肯定和否定的对称与不对称（增订本）[M]. 北京：北京语言文化大学出版社，2001.

[317] 石毓智. 现代汉语语法系统的建立——动补结构的产生及其影响 [M]. 北京：北京语言大学出版社，2003.

[318] 史秀菊，乔慧芬. 山西榆社方言重叠式形容词考察 [J]. 中北大学学报（社会科学版），2015 (1).

[319] 宋刚. 普通话动词重叠形式早期习得的过程与机制 [J]. 华文教学与研究，2010 (3).

[320] 宋玉柱. 关于量词重叠的语法意义 [C] // 现代汉语语法论集. 北京：北京语言学院出版社，1996.

[321] 苏俊波. 丹江方言的小称 [J]. 汉语学报，2009 (4).

[322] 苏俊波. 丹江方言语法研究 [D]. 武汉：华中师范大学，2007.

[323] 苏新春，洪桂治，唐诗瑶. 再论义类词典的分类原则与方法 [J]. 世界汉语教学，2010 (2).

[324] 隋娜，胡建华. 动词重叠的句法 [J]. 当代语言学，2016 (3).

[325] 孙毕. 马卜江村方言语法研究 [D]. 桂林：广西师范大学，2000.

[326] 孙宏开，刘璐. 怒族语言简志 [M]. 北京：民族出版社，1986.

[327] 孙景涛. 古汉语重叠构词法研究 [M]. 上海：上海教育出版

社，2008.

[328] 孙力平，刘挺. 数量结构重叠的语法功能与分布 [J]. 浙江工业大学学报（社会科学版），2002（3）.

[329] 孙立新. 陕西户县方言的助词"着" [C] // 戴昭铭主编. 汉语方言语法研究和探索. 哈尔滨：黑龙江大学出版社，2003.

[330] 孙叶林. 邵东方言形容词的生动形式 [J]. 南华大学学报（社会科学版），2008（6）.

[331] 孙叶林. 邵东方言语法研究 [M]. 广州：花城出版社，2009.

[332] 孙宜志. 宿松方言的"一 VV 到"和"一 VV 着"结构 [J]. 语言研究，1999（2）.

[333] 太田辰夫. 中国语历史文法 [M]. 蒋绍愚，徐昌华，译. 北京：北京大学出版社，1987.

[334] 谭永祥. 谈名词的重叠 [J]. 中国语文通讯，1980（1）.

[335] 唐爱华. 宿松方言研究 [M]. 北京：文化艺术出版社，2007.

[336] 唐浩，王芳. 江苏东海（驼峰）话的反复问句 [J]. 盐城师范学院学报（人文社会科学版），2017（4）.

[337] 唐善生. 句法小夸张 [J]. 语文知识，2001（10）.

[338] 唐茜. 湘方言状态形容词考察 [D]. 金华：浙江师范大学，2016.

[339] 唐贤清. 汉语重叠式副词研究 [J]. 古汉语研究，2021（4）.

[340] 陶立军. 荆门方言的重叠式 [J]. 荆楚学刊，2016（5）.

[341] 田琳. 现代汉语物量词重叠式研究 [D]. 湘潭：湘潭大学，2005.

[342] 田希诚. 霍州方言的小称变韵 [J]. 山西大学学报（哲学社会科学版），1992（1）.

[343] 涂光禄. 贵阳方言的名词重叠式 [J]. 方言，1987（3）.

[344] 涂光禄. 贵阳方言的重叠式 [J]. 方言，2000（4）.

[345] 涂光禄等. 贵州省志·汉语方言志 [M]. 北京：方志出版社，1998.

[346] 宛新政. "V 就 V 在 P"格式的语义结构和语用功能 [J]. 语言教学与研究，2006（3）.

[347] 万波. 安义方言的体 [C] // 张双庆主编. 动词的体. 香港：香港中

文大学中国文化研究所吴多泰中国语文研究中心，1996.

[348] 汪国胜，付欣晴. 汉语方言的"动词重叠式＋补语"结构 [J]. 汉语学报，2013（4）.

[349] 汪国胜. 大冶金湖话的"的"、"个"和"的个" [J]. 中国语文，1991（3）.

[350] 汪化云，谢冰凌. 杭州方言的动词重叠 [J]. 浙江外国语学院学报，2012（6）.

[351] 汪化云. 黄州话形容词的生动形式 [J]. 黄州师专学报，1999（1）.

[352] 汪平. 湖北省西南官话的重叠式 [J]. 方言，1987（1）.

[353] 汪志远. 口语句式"X就X"研究 [J]. 武汉大学学报，1993（1）.

[354] 王昌茂，勾俊涛. 古汉语构形重叠词研究 [J]. 华中师范大学学报（人文社会科学版），2000（2）.

[355] 王东. 河南罗山方言研究 [M]. 北京：中国社会科学出版社，2010.

[356] 王芳. 重叠式功能跨语言研究综述 [J]. 晋中学院学报，2012a（2）.

[357] 王芳. 重叠多功能模式的类型学研究 [D]. 天津：南开大学，2012b.

[358] 王红梅，詹伯慧. 汉语方言 VXVX 动词重叠式比较研究 [J]. 语言研究，2007（3）.

[359] 王红梅. 动词重叠研究的方言视角 [J]. 方言，2009a（2）.

[360] 王红梅. 汉语动词重叠的语法意义及其影响因素 [J]. 齐齐哈尔大学学报（哲学社会科学版），2009b（3）.

[361] 王红梅. 汉语方言表持续的动词重叠 [J]. 语言研究，2005a（3）.

[362] 王红梅. 汉语方言动词重叠比较研究 [D]. 广州：暨南大学，2005b.

[363] 王红梅. 西南官话动词重叠比较研究 [J]. 学术交流，2006（11）.

[364] 王洪钟. 海门方言语法研究 [D]. 南京：南京师范大学，2008.

[365] 王华. 动词重叠式的深层语法意义 [J]. 伊犁教育学院学报，2006（2）.

[366] 王箕裘，钟隆林. 耒阳方言研究 [M]. 成都：巴蜀书社，2008.

[367] 王继同. 论"V 着"重叠与"V 着"叠用 [J]. 浙江大学学报（人文社会科学版），1991 (4).

[368] 王健，高凤. 无锡方言的重叠式名词 [J]. 常熟高专学报，2003 (3).

[369] 王健. 汉语方言中的两种动态范畴 [J]. 方言，2005 (3).

[370] 王军虎.《西安方言词典》引论 [J]. 方言，1995 (2).

[371] 王力. 汉语史稿 [M]. 北京：商务印书馆，1980.

[372] 王力. 中国现代语法 [M]. 北京：商务印书馆，1985.

[373] 王临惠. 山西方言"圪"头词的结构类型 [C] // 王蕴智主编. 汉语汉字研究论集. 北京：中华书局，2004.

[374] 王琴. 安徽阜阳方言的"可 VP"反复问句 [J]. 方言，2008 (2).

[375] 王芮. 赣榆方言动词重叠研究 [D]. 上海：上海外国语大学，2018.

[376] 王三敏，杨莉. 商州方言的小称形式 [J]. 商洛学院学报，2010 (1).

[377] 王圣博. 试论"V 也/都 VP"的构造特征及其"也"、"都"的表达功用 [J]. 汉语学习，2008 (5).

[378] 王淑一. 永州方言的重叠式名词 [J]. 湖南科技学院学报，2006 (8).

[379] 王霞. 动词重现话题化紧缩句"V 也 VP" [J]. 北方论丛，2008 (5).

[380] 王霞. 湖南慈利话的重叠儿化量词、量词结构及主观量 [J]. 牡丹江大学学报，2009 (1).

[381] 王贤钏，张积家. 形容词、动词重叠对语义认知的影响 [J]. 语言教学与研究，2009 (4).

[382] 王小方. 名词重叠形式探 [J]. 嘉应大学学报，1994 (1).

[383] 王晓婷. 清徐方言重叠式研究 [D]. 太原：山西大学，2014.

[384] 王焱. 禄劝方言名词重叠式研究 [J]. 齐齐哈尔大学学报（哲学社会科学版），2018 (1).

[385] 王毅. 湖南祁东方言的名词重叠式 [J]. 钦州学院学报，2017 (6).

[386] 王永娜. 汉语表短时体的动词重叠的韵律机制和语体动因 [J]. 汉语学习, 2010 (4).

[387] 王远明.《五灯会元》量词研究 [D]. 贵阳：贵州大学, 2006.

[388] 韦庆稳. 壮语语法研究 [M]. 南宁：广西民族出版社, 1985.

[389] 韦璇, 张思慧. 柳州方言的重叠形容词类型探究 [J]. 文教资料, 2015 (33).

[390] 魏醒. 湖南衡阳方言拷贝式话题结构研究 [D]. 长沙：湖南师范大学, 2021.

[391] 吴福祥. 也谈持续体标记"着"的来源 [J]. 汉语史学报, 2004 (1).

[392] 吴继章. 河北官话方言区单音节动词的两种重叠形式 [C] // 首届官话方言国际研讨会论文集. 青岛：青岛出版社, 2000.

[393] 吴立红. 状态形容词在使用过程中的程度磨损 [J]. 修辞学习, 2005 (6).

[394] 吴联琼. 苍南蛮话重叠式研究 [D]. 广州：暨南大学, 2018.

[395] 吴启主. 常宁方言研究 [M]. 长沙：湖南教育出版社, 1998.

[396] 吴硕官. 试谈"N 是 N"格式 [J]. 汉语学习, 1985 (3).

[397] 吴吟, 邵敬敏. 试论名词重叠 AABB 式语法意义及其他 [J]. 语文研究, 2001 (1).

[398] 吴云霞. 万荣方言语法研究 [D]. 厦门：厦门大学, 2002.

[399] 吴泽顺, 张作贤. 华容方言志 [M]. 长沙：湖南人民出版社, 1989.

[400] 吴之翰. 形容词使用情况的一个考察 [J]. 中国语文, 1965 (6).

[401] 伍巍, 王媛媛. 徽州方言的小称研究 [J]. 语言研究, 2006 (1).

[402] 伍云姬主编. 湖南方言的动态助词 [C]. 长沙：湖南师范大学出版社, 1996.

[403] 夏剑钦. 浏阳方言研究 [M]. 长沙：湖南教育出版社, 1998.

[404] 夏俐萍. 湘语益阳（泥江口）方言参考语法 [M]. 北京：商务印书馆, 2020.

[405] 夏俐萍. 湘语完成义标记"咖""哒"的分途与交汇 [J]. 中国语文,

2021 (2).

[406] 夏先忠. 溆浦汉语方言的重叠方式 [J]. 怀化学院学报（社会科学版），2003 (6).

[407] 项梦冰. 连城（新泉）话的反复问句 [J]. 方言，1990 (2).

[408] 项梦冰. 连城（新泉）话相当于北京话"的"字的语法成分 [J]. 方言，1989 (1).

[409] 项梦冰. 连城（新泉）方言的体 [C] // 张双庆主编. 动词的体. 香港：香港中文大学中国文化研究所吴多泰中国语文研究中心，1996.

[410] 项梦冰. 连城方言的话题句 [J]. 语言研究，1998 (1).

[411] 谢冰凌. 杭州方言重叠形式研究 [D]. 杭州：浙江财经大学，2014.

[412] 谢建红. 贵州剑河方言的词法 [J]. 凯里学院学报，2015，(4).

[413] 谢明英. 现代汉语"X 就 X 在 Y（上）"构式研究 [D]. 上海：上海师范大学，2010.

[414] 谢新卫. 浅谈动词重叠所表示的语法意义 [J]. 语言与翻译（汉文版），2004 (4).

[415] 谢元春. 冷水江方言中的"V 山 V 里"：语法还是修辞？[J]. 修辞学习，2009 (2).

[416] 谢元春. 冷水江方言中动词的重叠用法 [J]. 湖南人文科技学院学报，2005 (6).

[417] 辛菊. 稷山方言重叠式合成名词的构成及意义 [J]. 语文研究，2009 (2).

[418] 辛永芬. 浚县方言语法研究 [M]. 北京：中华书局，2006.

[419] 邢福义. 汉语复句格式对复句语义关系的反制约 [J]. 中国语文，1991 (1).

[420] 邢福义. 汉语语法学 [M]. 长春：东北师范大学出版社，1997.

[421] 邢向东. 神木方言的语法特点 [J]. 内蒙古师大学报（哲学社会科学版），1985 (4).

[422] 邢向东. 西部官话中名词小称形式的分布和类型——兼及动词重叠式的分布 [J]. 语言研究，2020 (1).

[423] 熊赛男，龙理鹏．沅江话的形容词重叠式研究［J］．重庆科技学院学报（社会科学版），2007（2）．

[424] 徐慧．益阳方言语法研究［M］．长沙：湖南教育出版社，2001．

[425] 徐建波．现代汉语形容词重叠研究［D］．上海：上海外国语大学，2009．

[426] 徐烈炯，刘丹青．话题的结构与功能（增订本）［M］．上海：上海教育出版社，2007．

[427] 徐烈炯，邵敬敏．上海方言形容词重叠式研究［J］．语言研究，1997（2）．

[428] 徐阳春．汉语动词重叠式的语用考察［J］．南昌大学学报（人文社会科学版）．2007（6）．

[429] 徐阳春．南昌方言的体［J］．南昌大学学报（人文社会科学版），1999（3）．

[430] 徐正考．单音节动词重叠形式探源［J］．吉林大学社会科学学报，1990（3）．

[431] 许宝华，汤珍珠．上海市区方言志［M］．上海：上海教育出版社，1988．

[432] 许卫东．山东招远话中的 AA 式和 AAB 式正反问句［J］．中国语文，2005（5）．

[433] 禤伟莉．宁明白话形容词的重叠式［J］．桂林师范高等专科学校学报，2009（3）．

[434] 薛宏武，胡惮．现代汉语里谓语拷贝话题句的功能［J］．语言与翻译，2009（1）．

[435] 闫立媛．"越 A 越 B"的语义、语法制约［J］．柳州职业技术学院学报，2005（1）．

[436] 颜清徽，刘丽华．娄底方言词典［M］．南京：江苏教育出版社，1998．

[437] 杨发兴．湖北长阳方言名词和动词的重叠式［J］．方言，1987（3）．

[438] 杨俊芳．汉语方言形容词重叠研究［D］．上海：复旦大学，2008．

［439］杨玲. 成都话动词重叠格式的句法和语义特征［J］. 成都大学学报（社科版），2005（2）.

［440］杨曼芬. 重叠短语新论［J］. 西江大学学报，2000（3）.

［441］杨平. 动词重叠式的基本意义［J］. 语言教学与研究，2003（5）.

［442］杨乾明. 温州方言的量词［C］∥复旦大学中国语言研究所编. 吴语论丛. 上海：上海教育出版社，1988.

［443］杨月蓉. 重庆方言量词的语法特点［J］. 渝州大学学报（社会科学版），2000（2）.

［444］杨喆俊. 祁县话重叠式名词研究［D］. 长春：吉林大学，2018.

［445］杨振兰. 形容词的重叠构形试析［J］. 文史哲，1995（3）.

［446］尧妍. 江西黎川方言拷贝式话题结构研究［D］. 开封：河南大学，2019.

［447］叶晨. 天台方言中的量词重叠"A加A"式［J］. 汉字文化，2011（4）.

［448］叶祖贵. 汉语方言中的两类"VV"式动词重叠［J］. 汉语学报，2020（2）.

［449］易亚新. 常德方言语法研究［M］. 北京：学苑出版社，2007.

［450］易亚新. 石门方言的"非重叠＋儿"与"重叠＋儿"［J］. 湖南师范大学社会科学学报，2005（1）.

［451］殷相印. 微山方言语法研究［D］. 南京：南京师范大学，2006.

［452］尹钟宏. 娄底方言重叠式的构成形式及特征［J］. 湖南人文科技学院学报，2005（6）.

［453］应雨田. 安乡话的"儿化"［J］. 常德师专学报（哲学社会科学版），1983（2）.

［454］游黎. 唐五代量词研究［D］. 成都：四川大学，2002.

［455］玉柱. 连谓式及其连贯复句、紧缩句之间的区别［J］. 逻辑与语言学习，1984（1）.

［456］喻遂生. 重庆方言的"倒"和"起"［J］. 方言，1990（3）.

［457］袁家骅. 汉语方言概要［M］. 北京：文字改革出版社，1960.

［458］袁伟，朱德康 . 江苏睢宁话 BA 式形容词一种表程度量级的重叠式 ［J］. 中国语文，2014（5）.

［459］袁毓林 . 汉语话题的语法地位和语法化程度——基于真实自然口语的 共时和历时考量［J］. 语言学论丛，2002（25）.

［460］袁毓林 . 正反问句及相关的类型学参项［J］. 中国语文，1993（2）.

［461］臧晓云 . 现代汉语"越 X 越 Y"格式研究［D］. 延吉：延边大 学，2007.

［462］曾常年 . 动词重叠式中动词的语义虚化与发音轻化［J］. 北京大学学 报（哲学社会科学版），2001（6）.

［463］曾美勤 . 洪江方言动态助词的考察［J］. 怀化师专学报，2000（3）.

［464］曾献飞 . 汝城方言研究［M］. 北京：中国社会科学出版社，2006.

［465］曾小明 . 例析五华话的量词重叠［J］. 韶关学院学报，2008（11）.

［466］曾毓美 . 韶山方言研究［M］. 长沙：湖南师范大学出版社，1999.

［467］曾毓美 . 湘潭方言语法研究［M］. 长沙：湖南大学出版社，2001.

［468］曾毓美 . 湘潭话音档［M］. 上海：上海教育出版社，1997.

［469］翟维娟 . 山西新绛方言的儿化、子尾和重叠［D］. 天津：天津师范 大学，2015.

［470］詹伯慧 . 方言分区问题再认识［J］. 方言，2002（4）.

［471］张爱民，吴剑锋 . 概数助词"把"字的语法分析［J］. 徐州师范大学 学报（哲学社会科学版），1999（3）.

［472］张伯江 . 疑问句功能琐议［J］. 中国语文，1997（2）.

［473］张赪 . 现代汉语"V 一 V"式和"VV"式的来源［J］. 语言教学与 研究，2000（4）.

［474］张恒悦 . 量词重叠式的语义认知模式［J］. 语言教学与研究，2012 （4）.

［475］张辉 . 南阳方言的名词重叠式［J］. 南阳师范学院学报，2004（11）.

［476］张惠泉 . 贵阳方言动词的重叠式［J］. 方言，1987（2）.

［477］张建民主编 . 泰县方言志［M］. 上海：华东师范大学出版社，1991.

［478］张静 . 论汉语动词的重叠形式［J］. 郑州大学学报，1979（3）.

［479］张敏 . 从类型学和认知语法的角度看汉语重叠现象［J］. 国外语言

学，1997（2）.

［480］张敏．汉语方言体词重叠式语义模式的比较研究［C］∥汉语方言共时与历时语法研讨论文集．广州：暨南大学出版社，1999.

［481］张敏．汉语方言重叠式语义模式的研究［J］．中国语文研究，2001（1）.

［482］张敏．认知语言学与汉语名词短语［M］．北京：中国社会科学出版社，1998.

［483］张宁．昆明方言的重叠式［J］．方言，1987（1）.

［484］张盛裕．潮阳方言的重叠式［J］．中国语文，1979（2）.

［485］张双庆主编．动词的体［C］．香港：香港中文大学中国文化研究所吴多泰中国语文研究中心，1996.

［486］张桃．宁化客家方言语法研究［D］．厦门：厦门大学，2004.

［487］张天明．离石方言重叠式研究［D］．太原：山西大学，2014.

［488］张晓勤．宁远平话研究［M］．长沙：湖南教育出版社，1999.

［489］张晓涛，刘富华．语境中动词重叠的考察［J］．学术交流，2008（10）.

［490］张兴．子长话的拷贝式话题结构［D］．西安：陕西师范大学，2012.

［491］张一舟．成都话主观量范畴的特殊表达形式［J］．四川大学学报（哲学社会科学版），2001（5）.

［492］张谊生．试说概数助词"把"［J］．暨南大学华文学院学报，2001（3）.

［493］张谊生．现代汉语名词的 AABB 复叠式［J］．徐州师范学院学报（哲学社会科学版），1999（1）.

［494］张映庚．大关方言志［M］．北京：语文出版社，1990.

［495］张云徽．现代汉语中"重叠短语"的界定［J］．现代语文（学术综合版），2012（10）.

［496］张则顺．汉语名词重叠研究的类型学视角［J］．湘潭师范学院学报（社会科学版），2009（3）.

［497］赵怀印．霍邱方言中的一种动词重叠句［J］．方言，1995（3）.

［498］赵红，谭治琪．环县方言中的词法［J］．哈尔滨师范大学社会科学学

报，2017（6）.

[499] 赵琴. 湖南岳阳方言形容词生动式研究 [D]. 长沙：湖南师范大学，2012.

[500] 赵元任. 汉语口语语法 [M]. 北京：商务印书馆，1979.

[501] 郑庆君. 常德方言研究 [M]. 长沙：湖南教育出版社，1999.

[502] 郑庆君. 湖南常德方言的名词重叠及其儿化 [J]. 武陵学刊，1997（2）.

[503] 郑懿德. 福州方言形容词重叠式 [J]. 方言，1988（4）.

[504] 中国社会科学院语言研究所词典编辑室. 现代汉语词典（增补本）[Z]. 北京：商务印书馆，2002.

[505] 周本良. 临桂义宁话研究 [M]. 南宁：广西民族出版社，2005.

[506] 周定一. 酃县客家话的语法特点 [J]. 中国语言学报，1988（3）.

[507] 周洪学. 湖南安仁方言语法研究 [D]. 武汉：华中师范大学，2012.

[508] 周建红. 江山方言动词、形容词重叠式研究 [J]. 语文学刊，2015（14）.

[509] 周琴. 泗洪方言语法研究 [D]. 南京：南京师范大学，2007.

[510] 周婷，罗昕如. 武陵方言名词性小称的弱化与更新 [J]. 湘潭大学学报（哲学社会科学版），2020（3）.

[511] 朱德熙. "V-neg-VO"与"VO-neg-V"两种反复问句在汉语方言里的分布 [J]. 中国语文，1991（5）.

[512] 朱德熙. 北京话、广州话、文水话和福州话里的"的"字 [J]. 方言，1980（3）.

[513] 朱德熙. 潮阳话和北京话重叠式象声词的构造——为第十五届国际汉藏语言学会议而作 [J]. 方言，1982a（3）.

[514] 朱德熙. 从方言和历史看状态形容词的名词化 [J]. 方言，1993（2）.

[515] 朱德熙. 关于《说"的"》[J]. 中国语文，1966（1）.

[516] 朱德熙. 汉语方言里的两种反复问句 [J]. 中国语文，1985（1）.

[517] 朱德熙. 说"的"[J]. 中国语文，1961（12月号）.

[518] 朱德熙. 现代汉语形容词研究 [J]. 语言研究，1956（1）.

[519] 朱德熙. 现代汉语语法研究 [M]. 北京：商务印书馆，1980.

[520] 朱德熙. 语法讲义 [M]. 北京：商务印书馆，1982b.

[521] 朱德熙. 自指和转指：汉语名词化标记"的、者、所、之"的语法功能和语义功能 [J]. 方言，1983 (1).

[522] 朱建颂. 武汉方言的重叠式 [J]. 方言，1991 (1).

[523] 朱景松. 形容词重叠式的语法意义 [J]. 语文研究，2003 (3).

[524] 朱习文. 遂宁话量词的"A 是 A"重叠式 [J]. 乐山师范学院学报，2001 (3).

[525] 朱晓农. 亲密与高调——对小称调、女国音、美眉等语言现象的生物学解释 [J]. 当代语言学，2004 (3).

[526] 朱彰年. 宁波方言量词的重叠式 [J]. 中国语文，1981 (3).

[527] 宗丽. 长阳方言的动词重叠 [J]. 语文学刊，2014 (24).

[528] Bernard Comrie. Language Universals and Linguistic Typology：Syntax and Morphology [M]. Chicago：University of Chicago Press，1989.

[529] Charles N Li，Sandra A Thompson. Subject and Topic：A New Typology of Language [C] //Charles N Li. Subject and Topic. New York：Academic Press，1976.

[530] Greenberg J H. Numeral Classifiers and Substantial Number：Problems in the Genesis of a Linguistic Type [J]. Working Papers on Language Universal，1972 (9).

[531] Kiyomi S. A Typological Study of Reduplication as a Morpho-Semantic Process：Evidence from Five Language Families [D]. Bloomington：Indiana University，1993.

[532] Suzumo Kuno. Functional Syntax：Anaphora，Discourse and Empathy [M]. Chicago：University of Chicago Press，1987.

[533] ZHANG Hongming. The Grammaticalization of 'bei' in Chinese [C] // LI Jen kuei，et al. Chinese Languages and Linguistics，Ⅱ. Taipei：Academia Sinica，1994.

附录
邵阳话的声韵调系统①

1. 声母

邵阳话的声母共 28 个，包括零声母在内：

p 巴布波拜　pʰ 怕普派炮　b 爬步婆浮　m 马目慢尾　f 飞灰夫虎　v 胡父闻问

t 低独屌对　tʰ 梯兔挑讨　d 糖电徒啼　n 男囊篮梨

ts 支资周邹　tsʰ 齿此耻族　dz 慈字售惭　s 诗司苏生　　z 蛇是神受

tɕ 鸡精猪结　tɕʰ 清枪雀直　dʑ 齐技祥净　ȵ 娘年艺女　ɕ 西细乡休　ʑ 移银县完

k 高街光教　kʰ 敲苦慨亏　g 葵狂柜跪　ŋ 爱鸭恩咬　　x 喝货海哼　ɤ 鞋豪贺恨

∅ 院衣阿玉耳

2. 韵母

邵阳话的韵母有 34 个，包括自成音节的 [ŋ̍] 在内。

ɿ 支姿翅寺　　　i 低梯题梨　　　u 铺都祖沃

ʅ 笔眉鸡知

ʮ 朱女注区雨

a 花茶麻车　　　ia 加斜爷夏　　　ua 抓啄瓜括　　　ya 握，抓丢，扔

o 母拖个捉　　　io 勺略弱岳

　　　　　　　　iɛ 乙借铁写　　　　　　　　　　　　　　yɛ 决血悦月

ai 排该鞋怀　　　　　　　　　　　uai 衰洒怪歪

ei 杯辉汇每　　　　　　　　　　　uei 堆雷述归

---

① 本书所记为邵阳县五峰铺镇、下花桥镇一带的方言，发音合作人徐爱冬女士，1955 年生，五峰铺镇马草村人。

au 抛少造恼　　iau 标笑轿谬

əɯ 走收宙狗　　iəɯ 秋油旧六

ən 门魂灯真　　in 兵民迅井　　uən 昆滚瓮稳　　yn 君准顷永

an 班蛮看<u>闲</u>　　ian 鞭棉电<u>限</u>　　　　　　　　yan 专浅选院

aŋ 搬盘王<u>江</u>　　iaŋ <u>江</u>良相样　　uaŋ 端团钻床

　　　　　　　　　　　uŋ 朋东梦统　　yŋ 兄嗅浓容

ŋ□不□你

3. 声调

邵阳话有五个单字调，轻声在外。

阴平 [55]　　低 ti⁵⁵　　鸡 tɕi⁵⁵　　都 tu⁵⁵　　猪 tɕy⁵⁵　　八 pa⁵⁵　　侄 tɕi⁵⁵

阳平 [13]　　题 di¹³　　奇 dʐɿ¹³　　途 du¹³　　除 dʐy¹³　　爬 ba¹³　　池 dʐɿ¹³

上声 [33]　　底 ti³³　　挤 tɕi³³　　堵 tu³³　　举 tɕy³³　　马 ma³³　　纸 tsɿ³³

阴去 [35]　　帝 ti³⁵　　计 tɕi³⁵　　句 tɕy³⁵　　毒 tu³⁵　　砸 tsa³⁵　　室 ɕɿ³⁵

阳去 [324]　　弟 di³²⁴　　忌 dʐɿ³²⁴　　度 du³²⁴　　巨 dʐy³²⁴　　择 tsʰa³²⁴　　杰 tɕʰie³²⁴

后　记

　　摆在读者面前的这本小书是在我的博士论文的基础上修改而成的。从博士论文开题到现在，不知不觉已过去 10 年，距离通过论文答辩也有 8 年了。

　　表面上看起来，我的博士论文反响还不错，得到了老师和同行们的诸多鼓励和认可。例如，盲审时五位专家都给了"优秀"的等级，并给予了诸如"具有重要的理论意义和类型学研究参考价值""具有很高的学术水平""具有很高的学术价值"等较高评价；论文答辩会上得到了老师们的一致肯定；2016 年被评为"湖南省优秀博士学位论文"；宗守云（2021）在倡导方言语法研究的类型学方法时，用我们关于方言量词重叠的类型学考察作为示例①；在"中国知网"上，博士论文及以之为基础的单篇论文累计被同行引用 120 余次；等等。但我深深地知道，其中还存在着较多的不足之处和需要完善的地方，我在博士论文的结语部分就总结了四条。我清楚地记得，答辩主席储泽祥教授建议我，再尽力量去把重叠的性质和类型界定得更加清楚一点；鲍厚星教授鼓励我说，湘方言重叠是一个很好的选题，希望你继续在这块宝地上"深耕"下去。导师罗昕如教授也希望我好好地对博士论文加以修改和完善。这样，带着老师们的建议和期望，我不能有些许的松懈。

　　这些年，我主要对书稿做了如下修改和完善：

　　1. 对重叠的性质和类型的界定。在博士论文的撰写过程中，我就曾雄心勃勃地试图就重叠现象提出一套简单而有效的界定方法，并严格按照这种方法来进行描写和比较，但苦于现象的复杂性而不得不放弃。这也是储

---

① 宗守云.方言语法研究：语料、方法、体系［J］.上海师范大学学报（哲学社会科学版），2021，（1）.

泽祥教授建议我尽力量界定清楚的原因。这个问题一直困扰着我。好在后来储老师（2018）专门发表了一篇关于构词重叠和构形重叠关系的宏文，其中对重叠的界定及重叠方式的类别等进行了深入讨论①，胡伟（2017）②、邓盾（2022）③ 等也有关于重叠性质和分类等的论述，这些最新研究成果为本书稿的修改提供了重要的借鉴。我们参考上述研究成果对湘方言重叠现象进行了仔细的甄别，但由于重叠现象本身的复杂性，我不敢说现在已经界定得很清楚了，但是应该可以说"更加清楚一点"了。

2. 对方言材料的补充调查和分析。博士论文按照湘方言内部分三片的观点进行布点调查，当初只调查了长沙、益阳、衡南、娄底、邵阳、新化、溆浦 7 个湘方言点，修改时增加了对祁东话的调查，并对调查点的归片进行了调整，使得考察对象覆盖到目前通行的湘方言五个片。这样做的目的是，除了提供更多、更全面反映湘方言重叠的语料外，希望对湘方言重叠的共性和特点的把握更加全面、准确一些。

3. 对类型学蕴含共性的补充和检验。蕴涵性共性的建立和表达是类型学研究的基本方法。博士论文尝试运用类型学方法，提出了若干条与重叠相关的蕴含共性，这是所有外审专家包括我自己都比较看重的方法论上的创新。蕴含共性所概括的现象需要更多方言事实的验证。在书稿的修改过程中，学术界围绕方言重叠现象又发表了很多成果，我们尽量把有代表性的成果补充进来，重点关注新发表的成果所反映的方言重叠现象是否违背这些蕴含共性，对于不同意见进行反思和解释。检验结果表明，我们所归纳的蕴含共性是具有较大的普适性的。此外，根据近年来拷贝式话题结构研究的新增材料，还补充了一条新的蕴含共性：拷贝副词性成分构成拷贝式话题结构⊃拷贝谓词性成分构成拷贝式话题结构。

以上修改，如有错讹之处，还请读者批评指正。

本书的研究和出版得到来自多方面的支持和帮助，我要对他们表示衷心的感谢！

我首先要感谢我的博士生导师罗昕如教授，感谢她对我博士学业的悉心指导，感谢她推荐我留在湖南师范大学文学院工作，感谢她对本书修改进程的关注和指导，感谢她慷慨拨冗为本书赐序。

① 储泽祥. 汉语构词重叠与构形重叠的互补分布原则 [J]. 世界汉语教学，2018，(2).
② 胡伟. 汉语重叠音系的分布形态学分析 [J]. 中国语文，2017，(2).
③ 邓盾. 论现代汉语的 AABB 片段为复合词而非重叠式 [J]. 世界汉语教学，2022，(1).

　　我要感谢博士论文导师组各位老师的认真指导，感谢盲审专家和答辩委员会对我的鼓励和所提出的宝贵修改意见，感谢《中国语文》《方言》《汉语学习》《励耘语言学刊》《南开语言学刊》《湖南师范大学社会科学学报》《河南科技大学学报》《武陵学刊》等刊物，为我刊发与本书内容相关的论文，这些刊物的审稿专家和编辑老师们提出的修改意见，为本书增色不少。

　　我要感谢我的博士后合作导师唐贤清教授，感谢他让我加入一个充满活力的学术团队，感谢他把本书纳入他主编的"南方语言文化研究丛书"，并入选"十四五"国家重点出版物出版规划项目。

　　我要感谢我的硕士生导师曹秀玲教授，感谢她把我领进语言学研究的大门，感谢她多年来对我学术成长的关注、支持和帮助。

　　我要感谢国家社科规划办、教育部社科司等机构对本研究课题和本书出版的立项资助。感谢本书所有的发音合作人，他们的配合和支持为本书的研究提供了材料保证。感谢所有参考文献的作者们，他们的研究成果为本书的研究提供了重要的基础。

　　我要感谢湖南师范大学出版社和本书的责任编辑刘苏华先生为本书的出版所付出的辛勤劳动。

　　我要感谢我所指导的研究生们。感谢陈鑫鑫、唐萍、吴行望等为书稿的修改做了大量诸如搜集文献、整理语料等基础性工作，唐萍还帮助我调查她的家乡方言祁东话。感谢邱艳、赵笑笑、伏照照、张妍、黄依萍、杨欢等帮我校对书稿。

　　我要感谢我亲爱的家人们。感谢我的母亲徐爱冬女士，这些年她不仅承担了我们家几乎所有的家务，还当之无愧地是本书最重要的发音合作人。感谢我的爱人蒋遐女士，她不仅是我人生之路上悲喜与共的"全天候战略合作伙伴"，还是我学术之路上最亲密的战友和合作者，今年是我们相恋20周年，我愿把这本小书作为一份礼物送给她。感谢我的两个小丫头乐乐和欣欣，她们不仅是我的贴心"小棉袄"和快乐之源，还经常是我的"出气筒"。感谢对我寄予厚望的已逝去的我的父亲蒋怀奇先生和岳父蒋共和先生。

　　此时此刻，我还想到了当年在博士论文后记中所感谢过的所有的师友亲朋，限于篇幅，这里就不再一一具名了，一并向他们表示衷心的感谢！

　　科研之路充满艰辛和快乐，我将继续前行！

2022 年春于长沙金凤楼补拙斋